国家社会科学基金重点项目

"整顿和规范房地产市场秩序的制度设计、政策分析和路径选择"

（项目批准号 10AZD016）课题研究成果

China's
Real Estate
Market

Institutions, Structures, Behaviors
and Performance

中国
房地产
市场

制度、结构、行为和绩效

贾生华 等◎著

ZHEJIANG UNIVERSITY PRESS
浙江大学出版社

前　言

一、成果来源

近 20 年来,房地产问题日益成为经济热点、社会焦点和政策难点,反映了房地产的多重属性和房地产政策的多重目标所带来的内在冲突。随着我国全面建成小康社会的不断实现,社会发展阶段逐步向城镇化、国际化的富裕社会转化,整顿和规范房地产市场秩序的任务十分艰巨。房地产调控实践表明,不能依靠局部性、应急性的调控和监管措施解决问题,需要从整体上考虑房地产制度安排的进一步改革,并与全面深化改革的进程协调推进,才能形成房地产持续、稳定、健康发展的长效机制。

本书是在国家社科基金重点项目"整顿和规范房地产市场秩序的制度设计、政策分析和路径选择"(项目批准号 10AZD016)课题研究成果基础上,经过适当补充完善出版的。该课题 2010 年 10 月申报立项,2016 年 10 月通过结项审核,前后持续了 6 年时间。在课题负责人贾生华教授主持下,骆建艳、李航、杨鸿、周刚华、李鹏、王心蕊、陆嘉玮、邓韬等课题组成员先后参与课题研究工作,分别完成了专题研究和总报告部分内容的研究任务,本书是课题组集体研究成果。

尽管本书的相关内容是在 3～5 年前完成的,现在读来,仍然具有现实意义。总论部分的框架和逻辑,能够很好解释中国房地产的过去和现状,对未来发展也有启示作用。专论部分是专题研究,聚焦问题深入研究,留下一些具有历史意义的案例和片段,也非常有研究价值。因此,借浙江大学管理学院推出学术著作丛书之契机,在保留课题成果基本框架和主要内容的基础上,进行适当修改和补充完善,公开出版发行,希望对读者研究、分析和了解中国房地产市场有所裨益,与大家一起努力,促进房地产市场持续健康发展。

二、内容安排

本书内容分为总论和专论两部分。

总论是对中国房地产市场的整体研究,包括制度分析、行为分析、理论框架、政策设计和路径选择,形成理解中国房地产市场的一个系统分析框架。从房地产制度安排(第一章)入手,通过城市政府(第二章)、房地产企业(第三章)、居民家庭(第四章)、金融机构(第五章)、中央政府(第六章)等房地产市场主要利益主体的市场参与行为分析,总结评价了房地产市场的整体绩效(第七章)。应用产业经济学原理,构建了房地产市场"扩展的 SCP 分析框架",揭示了现阶段中国房地产问题的制度根源。提出以房地产市场"持续稳定健康发展"为整体绩效目标,通过系统的制度建设、体制改革和政策调整,引导和规范不同类型市场参与主体的行为,可以形成房地产市场持续健康发展的长效机制(第八章)。根据房地产长效机制的整体设计,研究了培育农村土地使用权市场、完善城镇住房保障体系、改革房地产税收体系、创新房地产金融体系、完善商品房预售管理等重点政策问题(第九章),并设计了"主体分层次、改革分阶段、城市分类型"的房地产制度创新和体制改革路径选择策略(第十章)。

专论是对房地产市场的具体问题的专题研究,从不同的视角和范围,对微观主体投资行为进行具体研究,通过调查城市层面的房地产市场运行状态,提出了适合当地的具体政策建议。包括"土地出让收入对城市增长的影响机制研究"(第十一章)、"噪声交易者预期与房地产泡沫"(第十二章)、"万科地产 128 个房地产开发项目销售利润率调查分析"(第十三章)、"浙江省11 个城市 169 个房地产项目调查报告"(第十四章)、"浙江省 11 个城市住房市场运行观测与分析"(第十五章)、"杭州市公共租赁住房'十二五'规划研究"(第十六章)等内容。这些专题研究成果从实证研究角度,对总论提出的分析框架和政策建议做出了进一步的具体解释和说明,并在浙江省和杭州市得到应用研究。

三、主要观点

(一)房地产制度安排导致地价和房价互动攀升

在现行制度安排和运行机制下,城市政府垄断土地供给,开发商在商品房市场具有较强的垄断势力,形成了"双重垄断性供给"的房地产市场制度安排和结构特征。

在卖方垄断的土地市场上,城市政府采取"招拍挂"出让有限的土地使用权,众多房地产企业在土地出让过程中激烈争夺,土地价格不断被推高。同样,在卖方垄断势力占优势的商品房市场上,开发商"捂盘惜售",营造供给稀缺性,大批购房者不惜漏夜排队,"摇号"争夺有限的房源,推动商品房价格持续上涨。

土地市场与商品房市场嵌套在一起,地价与房价是相互影响的。地价上涨不仅抬高了该地块未来开发的商品房成本,更重要的是通过"市场信号传递",直接带动了周边商品房价格上涨。房价上涨不仅增加了正在销售的商品房的利润,更重要的是通过"市场预期强化",增强了开发商在土地市场上高价拿地的信心和决心。因此,形成了地价和房价互动攀升的"自激效应"。

从动态过程来看,随着地价和房价的持续上涨,房地产开发投资和购房投资的收益率提高,形成了财富效应和示范效应,吸引大量资本从企业和家庭向房地产领域集聚,进一步增加土地市场和商品房市场的需求,形成正反馈循环。房地产金融支持和房地产税收鼓励进一步提高了房地产投资的超额收益,激发了越来越强大的房地产投资需求,推动地价和房价形成长期上涨趋势。

2005年以来,房地产调控政策持续不断,但没有改变房地产以"双重垄断性供给"为特征的市场结构,没有改变地价和房价的"互动攀升"机制,从而没有形成房地产市场稳定健康发展的"长效机制"。在现有土地制度和住房制度框架下,市场相关参与主体的微观行为是符合经济理性的,地价和房价持续上涨具有必然性。

(二)房地产市场存在正负两个方面的多重绩效

中国房地产市场培育和繁荣的 20 多年中,房地产对于政府主导的大规模快速城市化进程功不可没,形成了显著的正面绩效。房地产开辟了城市发展空间,积累了城市建设资金,改善了城镇居民居住条件,并成为社会财富的重要载体。同时,房地产与其上下游几十个产业具有联动关系,对国民经济具有十分重要的带动作用。在 1997 年亚洲金融危机和 2008 年美国金融海啸以后,房地产都担当了"英雄救美"的重要角色。

然而,房地产不仅有着"天使的面孔",而且具有"魔鬼的性格"。随着房地产市场的持续繁荣,城市地价和房价互动攀升,也产生了日益严重的负面影响。在房价高企的城市中,"新城市人"购房置业难度加大,形成了住宅资产占有的"代际差距"。中低收入家庭住房消费升级困难,住房保障压力不断增加。社会资本过度向房地产业集中,对实体经济产生"挤出效应",房地产金融风险日益积累,成为一头"灰犀牛"。

房地产市场绩效的双重特征表明,房地产问题具有复杂性和系统性。由于耐久性、不动产等特点,房地产具有消费品和投资品的双重属性,房地产市场具有消费市场、投资市场和金融市场三重特征,房地产业承担着"促进经济增长""保障居住需要""支撑城市建设"和"防范金融风险"等多重任务,房地产市场运行客观存在许多内在的矛盾和冲突,并且容易出现波动,甚至形成泡沫,危害经济稳定和社会和谐。因此,研究房地产问题需要从国家战略高度,强调整体性、系统性、动态性、差异性等原则,克服经常出现的"情绪化、非理性、不全面"等偏差,致力于"长效机制"的构建和动态完善。

(三)房地产业是国民经济重要的基础性产业

整体来看,中国正处于快速城市化进程中,2018 年末全国城镇常住人口比例为 59.58%,其中还有 2 亿多"外来人口",没有完全实现市民身份的转换。在全面建成小康社会和推进新型城镇化战略过程中,稳定增长的房地产投资、平稳发展的房地产市场,将有利于促进经济增长、支撑城市建设,并满足城镇化和全面建成小康社会对更多、更好住房的需要。因此,房地产业仍然具有支柱产业的地位和作用。

当然,房地产市场的过度投资投机、土地和商品房价格的过快上涨,会加剧住房保障压力,加快家庭财产的两极分化,扭曲社会资源的配置结构,甚至引发房地产泡沫危机,造成严重的社会经济危害。

针对房地产市场出现的问题,不能因噎废食,简单采取"去房地产化"的态度和策略,而是要对现行房地产制度进行改革创新,从制度建设、体制改革和政策调整等方面系统地研究和构建房地产市场健康发展的"长效机制",继续发挥房地产的"天使"作用,并有效约束其"魔鬼"性格。

(四)房地产市场需要动态权衡四个基本绩效目标

房地产的客观属性和特殊地位表明,房地产市场运行状态应该保持在合理的区间,既要使其在稳定经济增长、支持城市建设、改善居住条件等方面发挥"天使"作用,又要防止它在加大住房保障压力、积累金融风险、影响社会经济和谐发展等方面呈现出的"魔鬼"性格。在不同绩效目标之间进行权衡和动态组合,是房地产市场"持续、稳定、健康"发展总体绩效目标的本质要求。

根据房地产市场周期波动原理,房地产市场绩效目标并不是一成不变的,而要根据不同目标之间的匹配关系,随市场周期阶段变化而动态组合和调整。政府可以通过"逆风行事、反向调节"的政策措施,减小经济周期波动幅度,防止市场的大起大落,提高房地产市场的整体绩效。换言之,市场剧烈波动本身会降低市场绩效,"过热"和"过冷"都是不健康的表现,维护房地产市场平稳发展是政府宏观调控的重要任务之一。

(五)房地产市场的长效机制有赖于完善的市场机制

在经历了不断强化的房地产调控以后,2013 年中央政府明确了"建立房地产市场健康发展长效机制"的新思路。对于什么是"长效机制",已经有许多不同角度的讨论,但还没有形成系统的认识。根据十八届三中全会精神,长效机制必须改变"依据政府目标、采取行政干预、限制市场行为、损害市场机制"的做法,而要约束和规范政府行为,尽量减少行政干预和限制,让市场机制发挥主导和决定性作用。

基于房地产市场扩展的 SCP 分析框架,按照"结构优化—行为调整—绩效改善"的产业政策分析工具和逻辑思路，为了实现"持续健康发展"的房地产市场绩效目标，需要对房地产市场参与主体的行为进行分析、引导和调节。更为重要的是，引导和调节市场行为的手段，不是利用政府和国家机构的公共资源进行行政干预和限制，而是要在尊重市场主体自主决策权利的基础上，通过优化房地产市场制度安排和体制改革，改变市场的"游戏规则"，使市场主体的行为更加规范、理性、合理，依靠市场机制协调微观与宏观、个体与集体、短期与长远等复杂的利害关系，实现市场绩效整体性、综合性、持续性的动态优化。显然，这正是房地产市场持续健康发展长效机制的实质内容。

针对中国房地产市场发展的历史、现状和问题，可以把基于房地产市场扩展的 SCP 分析框架所构建的"长效机制"内容体系及其作用机制联系起来，在全面深化改革的过程中，依靠市场机制的健全和完善系统地加以解决。其中，政府行政管理体制、土地制度、房地产税收、房地产金融、住房保障等方面的体制改革和政策调整已经十分迫切，也积累了丰富的实践经验和研究成果，应该加快推进。

（六）房地产政策要"分类调控、因城施策"

房地产体制改革和"长效机制"的建立是一个渐进的动态过程，不可能"一蹴而就"。同时，作为一个幅员辽阔、规模巨大的经济体，中国的房地产市场客观存在着区域性、阶段性、复杂性、差异性等特点，房地产政策要"分层次、分阶段、分区域、分类型"实施。

根据房地产的产业属性、不动产特征和投资与消费行为，房地产市场研究的视角分为宏观、中观和微观三个不同的层次。宏观层次以总量指标为对象，主要研究资产价格和金融体系的问题，分析房地产投资对宏观经济运行的影响，分析土地和商品房价格与货币政策的关系；中观层次以城市为研究单元和对象，主要研究具体物业市场的供求关系和价格变化，分析房地产开发建设和房地产市场对城市功能发育、人口和产业集聚、城市竞争力等方面的影响；微观层次以具体的宗地和物业为对象，研究其功能、业态、用途、租金、价格、投资开发、资产管理等具体的经营管理问题。

房地产市场的供求关系、价格水平、饱和与空置、泡沫大小、潜力大小等问题,基本是一个中观层次的问题,应该以城市为单元开展研究才有意义。以往一些针对全国房地产市场"一刀切"的市场研究、改革方案和政策措施,往往缺乏针对性,在解决部分城市问题的同时,加剧了其他城市的问题,必须纠正。

四、政策建议

(一)继续深化改革,完善现代市场经济治理体系

在人们的思维模式中,政府往往被假设为超越现实的一个理性行为主体,希望这个抽象的"政府"代表全社会进行整体和长远利益的思考和决策,做出完美的"顶层设计"。而现实并非如此简单,事实上,政府是一个庞大的系统,既有中央政府和地方政府的层级管辖体系,又有不同政府业务部门的职能分工体系,他们各自都有自己的职能定位和职权关系,往往对房地产市场发展和体制改革有不同的利害关系和行为取向。因此,通过政治体制、行政体制和国家治理体制的现代化建设,形成高效廉洁的行政体系,是房地产体制改革的重要基础。

在房地产市场发展方面,中央政府的制度建设和体制改革应该进一步系统化,更多关注房地产业对投资和经济增长的影响,克服房地产调控目标短期化的倾向。地方政府行为往往表现出更加"偏爱房地产"的倾向,更加重视房地产业对地方经济增长、地方财政收入增加甚至地方官员政绩的影响,热衷于"土地出让和城市经营"。这就需要深化财税体制改革,完善政绩考核体系,把地方政府行为目标更多导向全面、长期、均衡发展目标。

(二)规范发展农村集体土地使用权市场

城镇国有土地使用权的垄断性供给和严格控制,导致了商品房用地的供给失衡,这是快速城镇化过程中房价持续快速上涨的根本原因。同时,不允许农村集体建设用地进入商品房市场,扭曲了土地资源的价格和要素市场的发展,导致乡村土地的低效利用和严重浪费。通过大规模土地征用,维持高额"土地价格剪刀差",扩大了城乡差距,不利于改善城乡关系,难以促进社会和谐。

党的十八大以来，中央政府加快推进不动产统一登记制度，促进农地承包权市场化流转，强调建立城乡统一的建设用地市场，实现国有土地与集体土地"同权同价"，依法保护农民财产权利，使他们分享国家现代化进程中土地资产的增值收益。因此，培育农村土地使用权市场是全面深化改革、统筹城乡发展的战略任务。市场化流转的方向十分明确，关键是要在总结多年实践经验和研究成果的基础上，从法律法规和政策体系方面加快改革进度。

2019 年 8 月 26 日，第十三届全国人大常委会第十二次会议审议通过了修改《土地管理法》和《房地产管理法》的议案，依法保障农村土地征收、集体经营性建设用地入市、宅基地管理制度等改革在全国范围内实行，对促进乡村振兴和城乡融合发展具有重大意义。接下来，应该参照《城镇国有土地使用权出让和转让暂行条例》，出台《农村集体建设用地使用权出让转让条例》，明确集体建设用地产权主体和市场化流转的管理办法，针对宅基地、企业用地、基础设施用地等不同类型，建立土地使用权市场规范发展的制度框架。同时，实行统一登记，完善土地利用规划和用途管制，实现集体建设用地市场的规范发展。

(三)深化财税体制改革，逐步开征房地产税

目前，中国的城市政府主要依靠土地财政为城市发展提供资金来源，随着城市化速度的逐步降低，以土地和房地产增量开发为主的房地产市场结构，将会转变为以存量经营和流转为主，土地出让收益必然减少。为了城市的可持续发展，必须深化财税体制改革，精简取得环节的相关税费，增加持有环节的税种，规范转让环节的税收，完善房地产税收体系。

土地增值税是在房地产转让环节征收的主要税种，其功能定位是调节房地产的投资收益，在更大范围分享城市发展带来的房地产增值红利，平衡社会财富占有关系，促进城市社会经济的协调发展。然而，土地增值税的征收一直不够规范和到位。在对房地产开发企业征收土地增值税的过程中，基本采取粗糙的预征方式，清算不及时，项目之间税赋不平衡，难以达到土地增值税征收的目的和效果。对于单位和个人房地产的转让情况，基本没有规范和严格征收土地增值税。

在个人转让房地产环节，还有所得税的问题。根据个人所得税法，个人

转让财产所得应该缴纳所得税。1999 年 12 月、2006 年 7 月和 2013 年 3 月，国务院及相关部委多次就"个人转让住房所得征收个人所得税有关问题"发出通知，要求严格规范征税，但实际操作中减免和简化征收的情况比较普遍。

增值税和所得税都是房地产转让环节的税种，对调节房地产投资收益、改变社会资本过度流入房地产领域十分有效，应该尽快改变预征、总价计征等粗放的征管方式，严格执行差别税率和累进税率，增强征税调节效果。

2013 年 11 月，党的十八届三中全会通过的《中共中央关于全面深化改革若干重大问题的决定》提出，要"加快房地产税立法并适时推进改革"。十九大以后，财政部提出按照"立法先行、充分授权、分步推进"的原则，推进房地产税立法和实施。逐步建立完善的现代房地产税制度，适当降低建设、交易环节税费负担，在持有环节开征房地产税，成为深化改革的重点任务。

(四)鼓励房地产信托投资基金等金融创新

目前，中国房地产金融体系的发育程度较低，重融资、轻投资；重间接债务融资、轻直接权益融资；重项目开发和物业买卖投资，轻物业持有和经营投资。房地产金融产品创新不足，不能满足房地产市场各类参与者的投融资需要，创新发展的任务十分艰巨。

随着快速城市化进入后期，房地产增量开发为主的市场格局将向以存量流转和资产经营为主的方向转化，为房地产金融体系完善和产品创新提供了有利条件。在此背景下，应逐步建立起多层次、全方位的房地产金融市场。不仅要有间接融资的信贷市场，也要有大力发展直接融资的资本市场，改变当前直接融资和间接融资之间不合理的结构；不仅要有直接提供融资服务的一级市场，也要有分担一级市场风险的二级市场，加快推进证券化二级市场的建设。通过金融创新产生丰富的房地产金融工具，加快发展债券市场和证券市场，解决房地产资金期限错配、交易规模和流动性不足等问题。利用不同的融资方式、不同的金融产品、不同的金融市场来满足多层次投融资的需求。

对于房地产投资需求，也不能简单地排斥和限制，要通过金融产品引导社会资金有序、合理地参与房地产市场投资，根据人群不同的风险偏好、不同的收入、不同的信用等情况，积极推进房地产信托投资基金（REITs）、住房抵押贷款支持证券（MBS）和房地产私募基金的发展，形成资金融通、收益分享、风险分担的有效机制。

（五）住房保障实现城镇常住人口的全面覆盖

住房保障体系的目标定位是"保障居民家庭基本居住消费需要，实现住有所居"。随着户籍制度改革和新型城镇化战略的实施，城镇住房保障政策的覆盖范围要尽快从户籍人口扩大到全部常住人口，实现"全面覆盖和应保尽保"。

住房保障方式分为实物保障和经济补助两种类型。前者是指将政府开发建设和筹集的住房资源，配售或者配租给保障对象，满足他们的住房需要；后者则是给予保障对象一定的购房或者租房经济补助，减轻住房经济负担，保障基本的住房消费能力和水平，具体包括租房补贴、购房补贴、政策性金融支持、税费减免、税收抵扣等。

以往住房保障方式以实物保障为主，房源以政府投资和开发建设为主，这与经济体制和政府行为模式有关，已经暴露出许多弊端。特别是在住房累积存量逐步增加的背景下，许多城市住房总体短缺的时代即将结束，政府不能再大规模开发建设保障性住房，在住房保障方式选择上应该加大经济补助的比例，更多地利用市场房源满足保障对象的住房需要。

住房保障内容一般可分为购房保障、租房保障和租售结合三种。根据"住有所居"的目标定位，租房保障应该成为主导的保障内容，结合保障方式的货币化和市场化，住房保障体系的效率会逐步提高，并与住房市场形成良性互动。

五、成果价值

（一）学术价值：构建了房地产市场"扩展的 SCP 分析框架"

应用产业经济学的原理，结合房地产的多重属性、房地产市场的多重目标、中国房地产业政府参与度高等现实问题，本书系统构建了房地产市场"扩展的 SCP 分析框架"，具有一定的理论创新性。与经典的"SCP 分析框架"相比,这里讲的"扩展"体现在以下几个方面:一是分析对象从单纯的产品市场,扩展到要素市场(土地市场)和产品市场(商品房市场);二是市场结构从供给结构,扩展到供给结构和需求结构;三是行为主体从单纯生产企业,扩展到中央政府(制度供给)、城市政府(土地供给)、房地产企业、家庭和金融机构;四是绩效目标从单纯的经济效率,扩展到住房保障、城市发展、经济稳定和金融风险等。

(二)应用价值:提出了"分层次、分阶段、分类型"的改革路径

应用房地产市场"扩展的 SCP 分析框架",本书提出了"主体分层次、改革分阶段、城市分类型"的改革路径设计,对于全面深化改革背景下房地产制度建设和体制改革有现实应用价值。主体分层次是指中央政府加大"制度供给"力度,地方政府针对当地实际实施差异化的房地产政策;改革分阶段是指土地制度、税收体制、金融体制、住房保障等方面的改革都需要分阶段实施;城市分类型是指过热城市、过剩城市、平稳城市要分类调控,实施差异化的房地产政策。党的十九大以来,房地产体制改革和政策调控的实践表明,中央和地方联动、协同推进、因城施策、双向调节等,正在成为房地产长效机制建设的基本方向。

目　录

总　论

专 论

总　论

第一章　房地产市场基本制度安排

　　房地产市场交易的核心内容是土地和房屋的相关财产权利,是在特定制度安排框架下运行的。20 世纪 80 年代后期开始,随着城镇土地使用制度改革和住房制度改革的逐步推进,城镇房地产市场逐步发育和活跃,在促进经济增长、加快城市建设、改善居住条件、积累社会财富等方面发挥了十分重要的作用。到 21 世纪初,房地产业已成为国民经济重要的基础性支柱产业。

　　然而,房地产不仅具有"天使的面孔",而且带着"魔鬼的性格"。2004 年开始,中央政府针对房地产投资过热、房价快速上涨及其带来的经济过热、住房保障困难、居民财富差距扩大等问题,持续进行房地产市场调控,希望促进房地产市场平稳健康发展。但是,房价"十年九调,屡调屡涨",房地产逐步成为"经济热点、社会焦点、政策难点"。

　　房地产问题错综复杂,就市场运行的现象和结果进行讨论,不仅难以找到问题的根源和解决方案,而且容易陷入利益诉求和价值判断的纷争。本书试图从房地产市场基本制度安排入手,通过对市场参与主体的行为分析,理解市场运行的机制和内在逻辑,从而揭示房地产问题的体制根源,为寻找解决问题的思路和形成系统化方案确立合理有效的出发点。

　　改革开放前,中国实行计划经济体制,宪法规定土地公有并禁止土地买卖、租赁等市场活动。现行房地产市场基本制度安排包括土地制度、住房制度以及商品房开发、房地产信贷、房地产税收等方面的法律、法规和政策体系,是在改革开放过程中,作为社会主义市场经济体系重要组成部分逐步建立起来的,并孕育和造就了中国特色的房地产市场。

1.1 土地制度与土地管理

土地问题一直是中国革命和建设的核心问题。新中国成立以后，为了建立生产资料公有制为基础的社会主义计划经济体制，经过合作化、集体化、国有化等一系列革命性运动，逐步建立了土地公有制，并禁止任何土地市场行为，从而消除了房地产市场的制度基础。《宪法》(1982 年)第十条明确规定，城市的土地属于国家所有。农村和城市郊区的土地，除由法律规定属于国家所有的以外，属于集体所有。宅基地和自留地、自留山，也属于集体所有。任何组织或者个人不得侵占、买卖、出租或者以其他形式非法转让土地。

从 20 世纪 80 年代开始，在改革开放大潮中，在坚持土地公有制的基础上，土地使用制度改革发挥了关键作用。农村家庭联产承包责任制极大地解放了农业生产力，中国人民很快解决了温饱问题，实现了丰衣足食。城镇国有土地使用制度改革激活了城镇房地产市场，极大地推进了工业化、城市化进程。在这个过程中，土地市场主要承担着显化国有土地资产价值、推动大规模城市建设的任务，农村集体建设用地使用权被限制在土地市场之外，土地征用制度提供了廉价建设用地来源，土地储备和"招拍挂"制度实现了土地出让市场价值的最大化，形成了城市政府垄断土地市场供给的基本格局。

1.1.1 农村集体土地使用制度

农村土地在法律上归集体所有，主要分为农地(包括农、林、牧、渔等生产用地)和农村集体建设用地(包括农民宅基地和各类农村非农产业用地)。

农地使用制度改革是 20 世纪 80 年代中国改革的核心和重点，通过家庭联产承包责任制，把农地集体所有、生产队统一经营管理的制度，改革为集体所有、农户家庭承包使用制度，承认并保护家庭农地使用权。2002 年 8 月全国人大通过的《中华人民共和国农村土地承包法》规定，农村土地承包采取农村集体经济组织内部的家庭承包方式，不宜采取家庭承包方式的荒山、荒沟、荒丘、荒滩等农村土地，可以采取招标、拍卖、公开协商等方式。农村土地承包后，土地的所有权性质不变，承包地不得买卖。该法律进一步规范了农地使用制度，赋予农民长期而有保障的土地使用权，维护农村土地承包当事人的合法权益，对促进农业、农村经济的发展和农村的社会稳定具有重要作用。

与农地使用制度率先改革并取得巨大成功不同，农村集体建设用地使用制度的改革相对滞后，市场发育一直处于不合法、不规范的状态。农村集体建设用地大致可以分为农民宅基地和集体经营性建设用地两大类。

新中国成立初期的大规模土地改革，使农民无偿取得了完整的宅基地所有权，实现了"居者有其屋"的目标。随后，农业合作化运动取消了入社农民对土地等主要生产资料的私有权，农地全部收为集体所有，但农民仍然拥有宅基地以及房屋等生活资料的完整产权，宅基地可以自由流动。1963年中央下达了《关于各地对社员宅基地问题作一些补充规定的通知》，第一次使用了"宅基地使用权"的概念，明确了农民对宅基地只有使用权而没有所有权，并严格限制宅基地的流转。这样，农村宅基地所有权变为集体所有，农民只享有宅基地使用权，"集体所有，农户使用"的农村宅基地制度框架基本形成，并一直保持到现在。随后的宅基地政策侧重于加强宅基地管理和对使用权主体的限制。1981年国务院发布《关于制止农村建房侵占耕地的紧急通知》，要求农村建房用地必须统一规划、合理布局、节约用地。1982年国务院又发布《村镇建房用地管理条例》，对宅基地使用面积做出了限制性规定，并从制度层面杜绝出卖、出租房屋后再申请宅基地现象。

20世纪90年代后期，随着农民建房热潮的兴起和大量农村劳动力进城务工，农村宅基地扩张严重，且大量荒废。随着城市土地有偿使用制度的改革，城乡接合部的土地价格也随之上涨，城乡接合部宅基地隐形流转现象普遍出现，集体土地资产流失严重，特别是耕地资源保护受到很大威胁。因而，1998年修订的《中华人民共和国土地管理法》确立了以"户"为单位的宅基地申请原则，明确规定农村村民一户只能拥有一处宅基地，对于出卖、出租住房后重新申请宅基地的，不予批准。

改革开放以来，随着乡镇企业的迅速发展，形成了规模巨大的农村非农产业建设用地，这部分建设用地采取"集体所有、集体使用"的基本制度安排，并且不允许市场化流转。针对现实存在的农村集体建设用地的隐形、自发流转的现状，政府一方面反复整顿和取缔农村集体建设用地非法交易，另一方面进行了一些探索和试点。例如，1996 年苏州市颁布《苏州市农村集体存量建设用地使用权流转管理暂行办法》，对无序混乱的集体非农建设用地使用权流转进行规范管理。1999—2000 年，国土资源部相继在安徽芜湖市、江苏南京市、江苏苏州市、上海青浦区、广东南海市等地开展了农村集体建设用地使用权流转试点工作。但是，1998 年《土地管理法》修订后，仍然将农村非农建设用地流转限制在很小的范围内，即允许农村集体经济组织使用乡（镇）利用总体规划确定的建设用地兴办企业或者与其他单位、个人以土地使用权入股、联营等形式共同举办企业；允许符合土地利用总体规划并依法取得建设用地的企业，因破产、兼并等情形致使土地使用权依法发生转移。除此之外，农村集体所有的土地的使用权不得出让、转让或者出租用于非农业建设（田光明，2011）。

进入 21 世纪后，农村集体建设用地使用权的管理和控制进一步加强。在宅基地制度方面，2004 年 11 月国土资源部发布《关于加强农村宅基地管理的意见》，严禁城镇居民在农村购置宅基地，严禁为城镇居民在农村购买和违法建造的住宅发放土地使用证。2008 年 10 月《中共中央关于推进农村改革发展若干重大问题的决定》提出，"完善农村宅基地制度，严格宅基地管理，依法保障农户宅基地用益物权"。在其他非农建设用地方面，2004 年国务院《关于深化改革严格土地管理的决定》提出，"在符合规划的前提下，村庄、集镇、建制镇中的农民集体所有建设用地使用权可以依法流转"。2005 年广东省制定了我国首部关于农村集体建设用地流转的地方性法规——《广东省集体建设用地使用权流转管理办法》，明确了集体建设用地使用权可以出让、出租、转让、转租和抵押。2008 年十七届三中全会提出建立城乡一体的建设用地市场，对依法取得的农村集体经营性建设用地，必须通过统一有形的土地市场，以公开规范的方式转让土地使用权，在符合规划的前提下与国有土地享有平等权益（田光明，2011；王淑华，2011）。随后，全国许多地方都积极开展了农村集体建设用地市场化流转的试点和模式探索，取得了许多成效。但从实际效果来看,无论农民宅基地还是农村集体非农建设用地,整体上仍然处于不能依法市场化流转和交易的管理体制下,依托集体建设用地不能开发和销售商品房。

党的十八届三中全会通过的《中共中央关于全面深化改革若干重大问题的决定》提出,"在符合规划和用途管制前提下,允许农村集体经营性建设用地出让、租赁、入股,实行与国有土地同等入市、同权同价",建立城乡统一的建设用地市场成为土地制度改革的重点。

2019年8月26日,第十三届全国人大常委会第十二次会议通过《土地管理法》修正案,在集体经营性建设用地进入市场、土地征收制度的改革、农村宅基地制度的完善、基本农田提升为永久基本农田、中央和地方土地审批权限、土地督察制度等方面作出了规定。本次修改土地管理法,旨在减少因征地制度不完善而引发的社会矛盾,落实宅基地上的用益物权,充分保障农村集体土地权益,让农村集体经营性建设用地与国有建设用地同等入市、同权同价。

目前,中国有约2.7亿亩农村集体建设用地,是城镇建设用地的2.5倍,主要用于农村的宅基地、农村公益性设施和生产经营设施等方面。由于缺乏市场化配置机制,这部分土地的资产价值被严重低估,资源利用效率低下,这必将成为深化土地制度改革、释放改革红利的新领域。

1.1.2 土地征用和耕地保护制度

在农村土地集体所有和城镇土地国家所有的"二元所有制"格局中,土地征用制度是连接农村集体土地与城镇国有土地的桥梁和纽带。受计划经济思想和体制的影响,国有土地的地位明显高于集体土地,土地征用由政府部门实施,带有行政性和强制性,建立了"土地价格剪刀差"的制度基础。

新中国成立以后,随着大规模经济建设的展开,城市国有土地远远不能满足需要,政府主要通过土地征用把农村集体土地转化为城镇国有土地。1953年底公布实施的《中央人民政府政务院关于国家建设征用土地办法》(以下简称《办法》),是新中国第一次颁布的比较完整的国家征用土地法规。

1958 年公布施行的《国家建设征用土地办法》是在 1953 年《办法》的基础上，为适应社会经济情况的变化而进行的修改，进一步强化了土地征用的强制性和行政性。

改革开放以来，国家按照"一要吃饭，二要建设"的原则，逐步规范和约束土地征用行为。1982 年 5 月，经第五届全国人大常委会第二十三次会议通过，国务院公布施行的《国家建设征用土地条例》，比较完备地制定了土地征用的审批权限、法律程序、补偿安置、监督检查及相应的配套规定。《宪法》(1982)明确规定，国家为了公共利益的需要，可以依照法律规定对土地实行征用。1986 年 6 月第六届全国人大常委会第十六次会议通过了《中华人民共和国土地管理法》，在第四章"国家建设用地"中，主要采纳了《国家建设征用土地条例》(1982 年)的大部分规定。1998 年 8 月，经第九届全国人大常委会第四次会议审议通过，新修订的《中华人民共和国土地管理法》，对征地的有关内容做了进一步的修正，强化了用途管制、耕地占补平衡、分级限额审批，并将征地主体严格限定为政府，由政府统一征地，旨在约束过度征用土地的行为。2004 年 8 月第十届全国人民代表大会常务委员会第十一次会议修正的《土地管理法》，第二条第四款规定："国家为了公共利益的需要，可以依法对土地实行征收或者征用并给予补偿。"

尽管受到约束和控制，在城乡土地二元所有制背景下，土地征用一直是扩大城市国有土地范围和满足非农建设用地需要的基本手段。在国家需要和公共利益的名义下，土地征用制度使政府可以通过强制性、大规模的土地征用行为，维持农村集体土地和城市国有土地两种土地所有权的不平等地位，形成"土地价格剪刀差"，使巨额的土地非农化收益集中到城市，支撑了中国特色的快速、大规模城市化和工业化模式。

从 20 世纪 80 年代开始，土地征用带来的耕地减少、农民失地、土地浪费等问题日益突出，中央政府在 1986 年成立了国家土地管理局，提出"十分珍惜和合理利用每一寸土地，切实保护耕地，是我国必须长期坚持的一项基本国策"。随后，国家相继出台了一系列法规和政策，实施"最严格的"耕地保护制度，加强土地利用规划管理，保护基本农田，采取用途管制措施，控制土地征用和新增建设用地指标，"守住全国耕地不少于 18 亿亩这条红线"，保证国家粮食安全,克服城镇国有土地过快扩张带来的各种不利影响。

1998 年成立国土资源部后,进一步完善和加强了耕地保护和征地管理。耕地保护和用途管制的各项政策措施虽然取得一定成效,但它们都建立在城乡土地二元所有制的基础上,严格限制集体土地进入市场流转,在一定程度上强化了这种城乡分割的土地制度格局。在快速工业化和城市化的大背景下,城镇建设用地需求十分旺盛,城市政府对土地财政的依赖有增无减,严格的土地征用、耕地保护、用途管制等土地管理政策客观上增加了城镇建设用地的稀缺性,成就了城市政府的土地经营模式。

根据十八届三中全会精神,2015 年初中共中央办公厅、国务院办公厅印发《关于农村土地征收、集体经营性建设用地入市、宅基地制度改革试点工作的意见》。随后,在 33 个县市开展了农村土地制度改革试点工作。2019 年 8 月 26 日新修订的《土地管理法》进一步明确了土地征收的范围,规范了土地征收补偿要求,完善了土地征收程序,并为集体建设用地使用权市场发育开辟了制度空间。

1.1.3 城镇国有土地使用制度

改革开放前,城镇国有土地根据经济社会发展需要,实行无偿、无限期、划拨使用,不存在土地市场。20 世纪 80 年代中期,从扩大企业自主权开始城市经济改革,使得企业逐渐成为自负盈亏的市场主体,无偿、无限期、划拨使用土地的弊端逐渐暴露,改革城市土地使用制度的任务被提上日程。

1982 年,深圳特区开始按城市土地等级不同收取不同标准的使用费。1987 年 4 月国务院提出使用权可以有偿转让。同年 9 月,深圳率先试行土地使用有偿出让,出让了一块 5000 多平方米土地,限期 50 年,揭开了国有土地使用制度改革的序幕。11 月国务院批准了国家土地管理局等部门的报告,确定在深圳、上海、天津、广州、厦门、福州进行土地使用制度改革试点。12 月,深圳市公开拍卖了一块国有土地的使用权,这是新中国成立后首次进行的土地拍卖,具有开创性意义。新的城镇国有土地使用制度按照土地所有权与使用权分离的原则,在保留国家土地所有权的前提下,通过拍卖、招标、协议等方式将土地使用权以一定的价格、年期及用途出让给使用者，出让后的土地可以转让、出租、抵押。这是中国土地使用制度的重大改革，打破了土地长期无偿、无限期、无流动、单一行政手段的划拨使用制度，开创了以市场手段配置土地资源的新纪元，并成为房地产市场发育的制度基础（刘泽仁，2008）。

1988 年，国务院决定在全国城镇普遍实行收取土地使用费（税）。同年 4 月，七届人大第一次会议修改了《宪法》（1982 年）的有关条款，删除了土地不得出租的规定，增加了土地使用权可以依照法律的规定转让的条款。1988 年 12 月通过的《土地管理法》修正案规定，国家依法实行国有土地有偿使用制度，土地使用权可以依法出让、转让、出租、抵押。1990 年 5 月，国务院发布了《城镇国有土地使用权出让和转让暂行条例》《外商投资开发经营成片土地暂行管理办法》，这标志着中国的土地市场在城镇有法可依，激活了巨大的城镇房地产市场。

1992 年邓小平同志南方谈话后，建设社会主义市场经济体制的步伐加快。党的十四届三中全会提出，把土地使用制度的改革作为整个经济体制改革的重要组成部分，并且明确规定了规范和发展土地市场的内容和要求。通过市场配置土地的范围不断扩大，实行土地使用权有偿、有限期出让已扩展到全国各地。特别是在经济特区和一些沿海开放城市，建设用地基本纳入了有偿使用的轨道。

1995 年 6 月，国家土地管理局公布了《协议出让国有土地使用权最低价确定办法》，主要目的是规范和加强政府对土地使用权出让的控制和管理，消除各种不规范和寻租行为，最大限度地显化国有土地资产的价值。办法要求，坚持政府统一规划、统一征地、统一管理、集体讨论、"一支笔"审批；进一步扩大国有土地使用权出让范围，规范出让方式；逐步将用于经营的划拨土地使用权转为有偿使用等。

2002 年 5 月，国土资源部颁布了《招标拍卖挂牌出让国有土地使用权规定》，明确了招标拍卖挂牌出让的范围，要求商业、旅游、娱乐和商品住宅等经营性用地必须采取招标、拍卖或挂牌的出让程序。2003 年 6 月，国土资源部又出台了《协议出让国有土地使用权规定》，进一步规范协议出让行为，防止国有土地资产流失。至此,城镇国有土地使用制度改革基本完成,形成了城市政府以"招拍挂"方式出让国有土地使用权的制度安排和政策体系。国有土地使用权按照不同的用途和期限有偿出让,并随商品房市场化交易和流通,为城市政府实现土地资产价值、追求土地出让收益创造了条件。

在土地制度建设的同时,由于"分税制"改革,城市政府推进城市化和城市经济增长的资金来源越来越倚重土地出让收益,"经营城市"成为21世纪初期城市政府的基本任务。在"经营城市"过程中,土地储备制度和土地出让"招拍挂"制度发挥了重要作用。

城市土地储备制度,是指城市政府成立土地收购储备机构,通过征收、收购、置换、到期回收等方式,将土地从分散的土地使用者手中集中起来,由土地收购储备机构统一进行土地整理后纳入土地收购储备库,再根据城市总体规划、土地利用总体规划和土地利用年度计划,通过招标、拍卖、挂牌等方式有计划地将储备土地投入市场,以供应和调控城市各类建设用地需求的一种土地管理制度。

由于其具有"经营城市"的功能,我国土地储备制度发展的速度很快。1996年上海成立了我国第一家土地收购储备机构——上海土地发展中心;1997年杭州成立了土地储备中心;随后,南通、青岛、武汉等地相应成立了不同形式的土地储备机构。经过几年的实践探索和政策研究,2001年国务院颁布了《关于加强国有土地资产管理的通知》,城市土地储备制度开始在全国范围内推广,并迅速得到普及。2007年11月19日,国土资源部、财政部、中国人民银行联合制定发布了《土地储备管理办法》,要求"完善土地储备制度,加强土地调控,规范土地市场运行,促进土地节约集约利用,提高建设用地保障能力"。

在实践中,土地储备制度并没有发挥其调节土地市场供求关系的功能,其核心作用是将各种形式的建设用地集中到一个政府机构,再逐一在市场上进行"招拍挂"出让,在一级土地市场上"多个龙头进水,一个龙头放水",形成了城市政府垄断经营性建设用地市场供应的局面,成为实现"土地价格剪刀差"和充实土地财政的有效工具。

总体来看,城镇国有土地使用制度改革的初衷是建立与社会主义市场经济体制相适应的土地市场，显化国有土地资产的价值，发展城镇房地产市场，促进城市发展。在发挥这些作用的同时，它也越来越成了"土地财政"的基本工具，推动了土地价格和房地产价格的持续上涨。2013年以来，随着控制地价和房价上涨的压力日益增大，政府出台了许多控制土地出让价格的调控政策，但没有改变城市经营性用地供给的基本模式。

1.2 城镇住房制度与住房政策

土地制度改革建立了商品房供给的基础，住房制度改革则激活了商品房需求的源头。

在改革开放之前，我国城镇实行福利性质的住房分配制度，以国家和单位统一供应、实物分配、低租金、无限期使用为主要特点。在计划经济体制下，家庭住房消费长期受到忽视，住房供应长期不足，居住水平十分低下。据统计，1978年全国城镇人均居住面积只有3.6平方米。根据1985年第一次全国城镇房屋普查结果，当时城镇成套住宅只占住宅总面积的24.1%；没有厨房与合用厨房的占37.4%；没有厕所与合用厕所的占75.8%。

20世纪80年代开始，随着社会主义市场经济体制的建立和完善，住房制度改革也逐步推进，其核心内容包括两个方面：一是培育和完善商品房市场，鼓励家庭通过市场购买住宅，改善居住条件，并通过市场调控克服房价过快上涨带来的不利影响；二是建立和完善住房保障体系，满足中低收入住房困难家庭的基本居住需要。

1.2.1 培育和完善商品房市场

1980年4月，邓小平提出："要考虑城市建筑住宅、分配房屋的一系列政策。城镇居民个人可以购买房屋，也可以自己盖。不但新房子可以出售，老房子也可以出售。可以一次性付款，也可以分期付款，十年、十五年付清。住宅出售以后，房租恐怕要调整。要联系房价调整房租，使人们考虑到买房合算……"由此揭开了中国住房制度改革和培育住房市场的序幕。随后，住房制度改革大致经历了以下几个阶段。

（1）提高公房租金，推行公房出售

20 世纪 80 年代的住房改革以提高公房租金为主，没有形成完善的住房改革方案，推进力度不大。为了贯彻中共十四大关于建立社会主义市场经济体制的精神，深化城镇住房制度改革，国务院于 1994 年 7 月发布了《国务院关于深化城镇住房制度改革的决定》（国发〔1994〕43 号）（以下简称《决定》），系统勾画了住房制度改革的蓝图，标志着综合性、系统化住房制度改革的全面启动。

该文件提出，城镇住房制度改革作为经济体制改革的重要组成部分，目标是要建立与社会主义市场经济体制相适应的城镇住房制度，实现住房商品化、社会化；把各单位建设、分配、维修、管理住房的体制改变为社会化、专业化运行的体制；把住房实物福利分配的方式改变为以按劳分配为主的货币工资分配方式；建立以中低收入家庭为对象、具有社会保障性质的经济适用住房供应体系和以高收入家庭为对象的商品房供应体系；同时，建立住房公积金制度，建立政策性和商业性并存的住房信贷体系。

《决定》出台后，各地纷纷制定房改实施方案，在建立住房公积金、提高公房租金、出售公房等方面取得了较大进展。然而，这一阶段的房改并没有从根本上遏制福利分配的源头，各种福利补贴不但体现在公房售价方面，也体现在公有住房建设用地近乎无偿划拨上。从居民购房来源看，单位分配住房仍然占到绝大多数，分配方式只不过是从逐月的"低租金"转变为一次性的"低房价"而已，住房商品化、市场化的进展不够顺利。

（2）停止住房实物分配，构建商品房供应体系

1998 年是中国住房市场化标志性的一年。7 月发布的《国务院关于进一步深化城镇住房制度改革加快住房建设的通知》（国发〔1998〕23 号）宣布，全国城镇从 1998 年下半年开始停止住房实物分配，逐步实行住房分配货币化；同时，建立和完善以经济适用住房为主的多层次城镇住房供应体系，发展住房金融，培育和规范住房交易市场。该文件提出，对不同收入家庭实行不同的住房供应政策：最低收入家庭租赁由政府或单位提供的廉租住房；中低收入家庭购买经济适用住房；其他收入高的家庭购买、租赁市场价商品住房。

当时建设部对收入人群做了一个划分:最高和最低收入的群体各占10%,中低收入占80%,也就是说城镇居民中80%的人口都要靠经济适用房来解决住房问题。因此,当时确定了以经济适用房为主导的住房供应体系,要求"重点发展经济适用房(安居工程),加快解决城镇住房困难居民的住房问题"。与住房实物分配福利制下的公房所不同的是,经济适用房是在住房商品化的前提下,一种由"政府提供政策优惠,限定建设标准、购买对象和销售价格,具有保障性质的政策性商品房"。经济适用房政策的推出和实施,有力地推动了中国住房体制的改革和转轨,使得部分居民可以通过自身努力而"买得起房"。

1998年开始,全国各地加快了住房制度改革的步伐。具体措施包括:停止住房实物分配,实行住房分配货币化;建立和完善以经济适用住房为主的住房供应体系;继续推进现有公有住房改革,培育和规范住房交易市场;采取扶持政策,加快经济适用住房建设;发展住房金融;加强住房物业管理。这一系列改革措施,全面开启了我国城镇住房经济市场化的历程,从供给和需求两个方面,培育了商品房市场。

(3)完善商品房市场,发展住宅产业

全面停止实物分房以后,商品房市场迅速发展,刺激了房价和地价的上涨,城镇土地和商品房的市场价值得到显化。然而,经济适用房开发的用地性质和定价方式,并没能体现土地的市场价值,从地方财政角度看缺少大规模推行的激励机制。此外,经济适用房在建设、销售和管理上所表现出的面积失控、收入准入失控等问题也十分突出,最终迫使相关政策调整,政府放弃了以经济适用住房为主的住房供应体系。

2003年8月,为了促进房地产市场更好、更快地发展,国务院发布了《关于促进房地产市场持续健康发展的通知》(国发〔2003〕18号)(以下简称18号文件),提出"各地要根据城镇住房制度改革进程、居民住房状况和收入水平的变化,完善住房供应政策,调整住房供应结构,逐步实现多数家庭购买或承租普通商品住房"。

18号文件对我国城镇住房制度改革进行了全面系统的总结和评估,认为房地产市场发展基本健康,房地产业是国民经济的重要支柱产业,进一步明确了房地产经济的市场化导向,并提出要从城市规划、土地供应、信贷投放、市场监管等方面加强调控,促进房地产市场持续健康发展。因此,该文件是我国住房制度改革基本完成和商品房市场体制基本确立的标志性文件。随着城镇住房制度改革不断深化,形成了市场化主导、商品房为主体的住房供应体系,有力地促进了快速、大规模的城市化进程。

(4)调控房地产市场,抑制房价过快上涨

总体上看,18号文件确定了以产权私有化为主的符合市场经济发展规律的住房制度,有效地发挥了市场在配置住房资源方面所起到的作用,住房供应主体从经济适用房转变为普通商品房,符合住房市场发展的要求,有力地促进了房地产市场的发展。与此同时,房地产市场繁荣也刺激了房地产投资过热和房价快速上涨,房地产市场调控成为中央政府的一项重要任务。

2004年初,中央采取了"管严土地,看紧信贷"的宏观调控政策,通过控制土地供给和资金供给来抑制房地产开发。2005年3月,国务院办公厅下发《关于切实稳定住房价格的通知》(简称"国八条"),从增加住房供给和减少住房需求两方面调整房地产市场。2006年5月,国务院常务会议提出促进房地产业健康发展的六条措施(简称"国六条"),国务院办公厅随后转发建设部等九部委《关于调整住房供应结构稳定住房价格意见》(国办发〔2006〕37号);要求各地切实调整住房供应结构,重点发展中低价位、中小套型普通商品住房、经济适用住房和廉租住房;都要制定和实施住房建设规划,对新建住房结构提出具体比例要求。

2008年下半年,面对美国次贷危机引发的金融海啸,中央政府为刺激经济增长出台了一系列"救市"政策。根据国务院常务会议精神,国务院办公厅在12月20日发布了《关于促进房地产市场健康发展的若干意见》(国办发〔2008〕131号),要求加大保障性住房建设力度,进一步鼓励普通商品住房消费,支持房地产开发企业积极应对市场变化,全面放松了房地产相关信贷、税收和土地等政策,引发了2009年房地产市场的报复性上涨。

面对日益严峻的房价上涨形势,2010年开始,中央政府进一步加大了对商品住房价格的调控力度。1月7日,国务院办公厅出台了《关于促进房地产市场平稳健康发展的通知》(国办发〔2010〕4号),规定购买二套房的家庭,贷款首付比例不得低于40％。4月14日，国务院常务会议要求，对贷款购买第二套住房的家庭，贷款首付款不得低于50％，贷款利率不得低于基准利率的1.1倍。对购买首套住房且套型建筑面积在90平方米以上的家庭，贷款首付款比例不得低于30％。4月17日，国务院又发出《关于坚决遏制部分城市房价过快上涨的通知》（国发〔2010〕10号），提出了调控楼市的10项具体措施，要求房价过高、上涨过快、供应紧张的地区暂停发放购买第三套及以上住房贷款；对不能提供1年以上当地纳税证明或社会保险缴纳证明的非本地居民暂停发放购买住房贷款。

2011年1月27日，国务院办公厅出台《关于进一步做好房地产市场调控工作有关问题的通知》（国办发〔2011〕1号），强调要巩固和扩大调控成果，进一步加码限购、限贷政策，被称为"最严厉"的房地产调控政策。2011年12月的中央经济工作会议指出，"坚持房地产调控政策不动摇，促进房价合理回归"。在中央政府的严厉要求下，全国近50个城市先后出台了限购、限贷、限价、限售等行政性调控政策，投资和投机性购房需求得到明显抑制。

在严厉的调控政策的作用下，2012年商品房市场总体比较平稳，部分城市出现了量缩价跌的调整走势，房地产调控政策强调巩固房地产市场调控成果，继续严格执行并逐步完善抑制投机投资性需求的政策措施，促进房价合理回归。采取有效措施增加普通商品房供给，做好保障性住房建设和管理工作。

然而，随着限购、限贷等行政性调控政策效应的衰减，2012年四季度房地产市场明显回暖。2013年3月1日，根据国务院常务会议提出的加强房地产市场调控的五条意见（"新国五条"），国务院办公厅公布了《关于继续做好房地产市场调控工作的通知》（国办发〔2013〕17号），要求城市政府公布房价控制目标，严格执行限购、限贷等调控政策，坚决抑制房价上涨势头。随后，北京、上海等城市在3月底出台了落实"新国五条"政策的细则，但多数城市基本停留在原有政策的重申和落实范围内。

2013年全国"两会"结束后，新任国务院总理李克强在2013年4月27日主持召开国务院常务会议，研究部署政府重点工作，提出了"稳增长、控通胀、防风险、推改革、促转型"的总体要求。在房地产调控方面，提出"要继续搞好房地产市场调控,加快建立房地产稳定健康发展的长效机制,加强保障性安居工程建设"。随着政府换届完成,房地产调控政策转向建立"长效机制"。

2015 年开始,为了促进经济增长,实施了"去库存"政策,大部分城市取消"限购政策",并在 2016 年初密集出台了货币、金融、税收等刺激房地产市场需求的政策,引发了房地产市场新一轮价格上涨。2016 年 10 月开始,热点城市重新启用各种"限制性政策",严格控制房价上涨。十九大报告明确了"房子是用来住的,不是用来炒的"基本定位。2018 年以来,热点城市全面加强了"限购、限贷、限价、限售、限商住"等政策措施,"因城施策""一城一策"成为基本调控原则,市场稳定健康发展的长效机制仍然需要探索和完善。

1.2.2　构建城镇住房保障体系

住房保障体系是市场经济条件下政府帮助中低收入家庭解决住房困难问题的政策体系。2003 年以前,城镇商品房市场体系还没有完全建立起来,政府在推进住房制度改革的过程中,先后进行了大规模的"安居工程"建设和"经济适用房"建设,用于改善城镇居民的住房困难。2004 年开始,中央确立了全面市场化、以商品房为主体的住房供应体系,经济适用房建设规模逐步缩小。

然而,随着商品房市场的快速发展,住房价格持续上涨,加之城镇居民收入差距拉大,中低收入家庭的住房困难问题更加突出。2007 年 8 月国务院第 187 次常务会议通过了《国务院关于解决城市低收入家庭住房困难的若干意见》(国发〔2007〕24 号)(以下简称 24 号文件),明确提出将廉租住房作为住房保障的重点,对经济适用房实行动态管理和有限产权认购,进一步明确了经济适用住房供应对象为城市低收入住房困难家庭,住房保障的落实情况开始纳入对城市政府的政绩考核之中。24 号文件标志着政府房地产调控思路的转变,它清晰地划分出了市场和保障在住房供给体系中的边界,明确了政府的角色在于完成保障性住房的供给和实施对房地产市场的监管。随后,国家相关部门发布了一系列关于加强和完善住房保障的政策文件,推动了各类保障性住房的发展。国家"十二五"规划纲要提出，要在五年内新建 3600 万套保障性住房，加快解决城镇住房困难问题。

2010 年 6 月由住房和城乡建设部等七部门联合制定的《关于加快发展公共租赁住房的指导意见》正式对外发布，指导意见将以前无法享受廉租房、经济适用房及棚户区改造的城市"夹心层"纳入住房保障计划，并首次将住房保障覆盖面扩大到外来务工人员。

在实践中，由于公租房和廉租房保障对象和运行机制类似的地方很多，上海、北京、天津、河北、云南、广西等多个省市尝试进行公租房和廉租房并轨试点。2013 年 12 月，住房和城乡建设部、财政部、国家发展改革委联合印发的《关于公共租赁住房和廉租住房并轨运行的通知》提出，从 2014 年起，各地公共租赁住房和廉租住房将并轨运行，并轨后统称为公共租赁住房。至此，基本形成了以公共租赁住房为主体、多种保障性住房和政策性住房并存的城镇住房保障体系，成为市场经济条件下住房供应体系的重要组成部分。

2016 年开始，面对商品住宅价格大幅上涨的压力，政府在完善棚户区改造政策的同时，加强了住房保障体系建设。2016 年 12 月中央财经领导小组会议指出："规范住房租赁市场和抑制房地产泡沫，是实现住有所居的重大民生工程。要准确把握住房的居住属性，以满足新市民住房需求为主要出发点，以建立购租并举的住房制度为主要方向，以市场为主满足多层次需求，以政府为主提供基本保障，分类调控，地方为主，金融、财税、土地、市场监管多策并举，形成长远的制度安排，让全体人民住有所居。"随后，"长租公寓"进入政策风口，在资本推动下快速启动，但其住房保障的功能和效果还有待观察。

1.2.3　激发家庭购房需求

20 世纪 90 年代开始，在基本解决温饱问题以后，中国进入了政府主导的快速、大规模工业化和城市化发展阶段，城镇人口比例由 1990 年的 26.23% 提高到 2018 年的 59.58%，城镇人口从 2.97 亿人增加到 8.31 亿人，净增 5.34 亿人。伴随着居住水平的大幅提升，如此巨大规模的人口城市化浪潮，必然带来十分庞大的基本住房需要和改善居住需求。

与此同时,通过停止福利性实物分房和住房制度改革,城镇家庭的住房需要被转化为市场需求。为了培育房地产市场,政府还采取了一系列政策措施鼓励和激发家庭购房需求。

(1)政策鼓励

我国住房制度改革核心内容是改变福利性住房实物分配供应体制,通过发展商品房市场,增加住房投资和住房供应,改善城镇居民居住条件。因此,鼓励购房是一项基本住房政策。在公房出售阶段,为了鼓励住户购买住房,政府采取了明显的让利措施,多数家庭的购房支出低于成本水平。在经济适用房供应过程中,为了降低成本价格,政府采取划拨土地、减免税费等措施,把价格控制在远低于市场价格的水平,使其具有很大的福利性质。在商品房市场中,政府在土地供应、规划建设、销售管理、市场调控的过程中一直鼓励普通商品房。即便在最严厉的调控政策出台后,对于家庭首次购房和改善性购房,也在"限购限贷"方面保持鼓励和支持态度。

从宏观经济政策角度来看,对商品房市场的鼓励还因房地产业的重要地位和作用而得到强化。1997年亚洲金融危机后,为了尽快启动内需,中央政府在1998年7月出台了《国务院关于进一步深化城镇住房制度改革加快住房建设的通知》,要求停止福利性住房实物分配,培育住房市场。随后,进一步提出要努力把住宅产业培育成为"新的经济增长点和新的消费热点",出台了一系列鼓励和培育住房市场的政策措施。2008年美国金融海啸后,激活房地产市场,鼓励房地产投资和消费,又一次在"救市"政策中扮演了重要角色。2015年中央发动"去库存歼灭战",也是面对经济下滑采取的主要"稳增长"政策。

从城市政府的层面,由于"土地财政"的巨大利害关系,政府偏爱房地产、鼓励购房等态度更加明显。2005年开始,中央政府持续对房地产市场进行调控,希望稳定房价,并要求城市政府"抓落实"。但是,城市政府对房地产市场却呵护有加,一有机会就放松调控,甚至通过"购房入户"、税费减免、财政补贴等手段吸引购房者。2017年以来,面对中央政府日益严厉的房地产调控政策压力,许多城市竞相放宽落户政策,"抢人大战"对商品房市场发挥了正面支撑作用。

（2）金融支持

针对个人和家庭的住房信贷支持起步于20世纪90年代，包括政策性的住房公积金制度和商业性的个人住房抵押贷款。

在上海公积金制度试点的基础上，财政部等机构于1994年11月联合发布了《建立住房公积金制度的暂行规定》，并在全国范围内推广。当时的住房公积金主要用于住房开发建设，解决住房建设资金不足的问题。1999年4月，国务院发布《住房公积金管理条例》，规定住房公积金用于住房消费贷款和提取使用，帮助个人住房消费。此后，公积金贷款在帮助家庭购买住宅方面发挥了重要作用，并因其优惠的利率成为购房者申请贷款的首选。

个人住房抵押贷款是伴随着住房制度改革和房地产市场的发育逐步发展起来的。1998年，中国人民银行发布了《个人住房贷款管理办法》，标志着我国个人住房抵押贷款制度的建立，带动了住房消费观念的改变。2003年，中国人民银行《关于进一步加强房地产信贷业务管理的通知》提出，要控制房地产信贷风险，提高个人住房按揭贷款购买第二套住房的首付比例和贷款利率。这种差别化个人住房抵押贷款政策在2006年以后不断得到强化，尽管2008年底和2016年初出台的"救市"政策使得"限贷"措施阶段性有所放松，但2017年以来随着严厉的调控政策不断得到强化。

差别化的甚至"限制性的"个人住房抵押贷款政策并没有阻碍个人购房贷款的快速发展。随着房价快速上涨，一方面家庭购房资金压力加大，另一方面贷款购房的投资效益显著，导致个人住房贷款需求十分旺盛。同时，在房价上涨背景下，个人购房贷款的违约率很低，成为银行优质贷款，银行也积极发放个人住房抵押贷款。供需双方的共同热情抵消了有关政策约束的作用，使个人住房抵押贷款快速扩张。根据中国人民银行公布的金融机构贷款投放情况，年末个人购房贷款余额从2002年的0.83万亿元，增加到2007年的3.00万亿元和2012年的8.10万亿元，信贷规模扩张极大地支撑了家庭购房需求的释放。到2018年底，人民币房地产贷款余额38.7万亿元，同比增长20%，全年增加6.45万亿元，占同期各项贷款增量的39.9%。其中，个人住房贷款余额达到25.75万亿元，对家庭购房发挥了十分重要的支持作用。

（3）税收优惠

我国房地产相关税收制度是在改革开放后逐步建立起来的。1994 年，国务院对我国税制进行了一次全面的结构性分税改革。其中，房地产税收改革的主要内容包括：明确企业房地产经营所得应缴纳所得税；个人转让、租赁房屋等所得应缴纳个人所得税；转让土地使用权、销售不动产等应缴纳营业税；加强了土地增值税征收管理；对契税进行调整，扩大了契税的征税范围。这次改革初步建立了市场经济体制下的房地产税收体系框架，房地产税收的财政功能增加，房地产税收的经济调控功能也有所体现。但是，在推动住房制度改革、培育房地产市场、鼓励个人购房的背景下，房地产税收政策对个人购房一直采取优惠措施。

首先，按照商品房开发和使用流程，目前的房地产税收种类分布在开发、持有、经营、转让 4 个环节。以 2013 年财政部公布的数据为例，房地产营业税收入达 5411 亿元，增长 33.6%；房地产企业所得税 2850 亿元，增长 25.1%；契税收入为 3844 亿元，增长 33.8%；土地增值税 3294 亿元，增长 21.1%；耕地占用税 1808 亿元，增长 11.6%；城镇土地使用税 1719 亿元，增长 11.5%；财产转让所得税 664 亿元，增长 38.0%。上述房地产相关税种的收入增幅，均超过 2013 年全国公共财政收入 10.1% 的增幅。此外，地方政府性基金中的国有土地使用权出让收入 4.1 万亿元，同比增长 44.6%。总体来看，政府"土地财政"的特色明显，但收入主要来自土地出让、房地产开发经营和交易环节，持有环节的税负不多。

其次，对于持有环节的税收，一般主要向企业征收，个人负担很少。1986 年 10 月开始实施的《中华人民共和国房产税暂行条例》规定，对城镇房屋征收房产税，房产税的税率依照房产余值计算缴纳的，税率为 1.2%；依照房产租金收入计算缴纳的，税率为 12%。但是，个人所有非营业用的房产免征房产税。2011 年 1 月 27 日，上海、重庆宣布次日开始试点房产税，实际上是指对个人住房征收房产税。上海征收对象为本市居民新购房且属于第二套及以上住房和非本市居民新购房，税率暂定 0.6%；重庆征收对象是独栋别墅高档公寓（价格达到新建商品住宅平均成交价格 2 倍以上），以及无工作户口无投资人员所购二套房，税率为 0.5%～1.2%。从两个城市试点效果来看,对个人住房征税面不够宽,税率较低,增加家庭住房财产持有成本的效果不明显。

2013年11月,党的十八届三中全会通过的《中共中央关于全面深化改革若干重大问题的决定》提出,要深化财税体制改革,建立现代财政制度,发挥中央和地方两个积极性。在完善税收制度方面,要"加快房地产税立法并适时推进改革",房地产持有环节税收制度深化改革被提上议事日程。十九大以后,财政部进一步明确,按照"立法先行、充分授权、分步推进"的原则,推进房地产税立法和实施。对工商业房地产和个人住房按照评估值征收房地产税,适当降低建设、交易环节税费负担,逐步建立完善的现代房地产税制度。但是,房地产税制改革涉及面广,立法和推进仍然需要一个艰苦的过程。

最后,对个人征收房地产相关税收过程中,减免和优惠比较普遍。从政策意图来看,在培育和刺激房地产市场的阶段,往往出台一些税收减免措施,鼓励家庭购房和商品房交易。从征收征管角度来看,考虑到征税成本等因素,存在从宽征收和漏征等现象。例如,2006年7月国家税务总局《关于个人住房转让所得征收个人所得税有关问题的通知》规定,对住房转让所得征收个人所得税时,以实际成交价格确定转让所得。在计算个人所得税应纳税所得额时,允许从其转让收入中减除房屋原值、转让住房过程中缴纳的税金及有关合理费用,税率为20%。对转让个人自用5年以上,并且是家庭唯一生活用房取得的所得,免征个人所得税。纳税人未提供完整、准确的房屋原值凭证,不能正确计算房屋原值和应纳税额的,税务机关可对其实行核定征税,即按纳税人住房转让收入的一定比例核定应纳个人所得税额。在实际执行过程中,考虑到房产增值较多,扣除额难以核定,各地基本采取了核定征税办法。

不难看出,虽然房地产税收和土地价格已经成为商品房成本最重要的组成部分,也是城市政府的重要收入来源,但因为制度设计的原因,房地产税收调节家庭房地产投资收益的作用有限,有利于家庭购房的消费、投资和投机行为。

20世纪90年代开始,在城镇居住水平极其低下的基础上,开始了政府主导、大规模、快速城市化进程。随着住房制度改革和房地产市场培育的一系列政策措施逐步产生效果,家庭购房需求在 20 世纪末开始快速释放,并且因为房价上涨带来强大的资本吸纳效应,需求释放形成加速态势。

根据国家统计数据,2000 年全国商品房销售面积 1.86 亿平方米,其中商品住宅销售面积 1.66 亿平方米;销售金额 3935 亿元,其中商品住宅销售金额 3229 亿元。到 2018 年,销售面积指标分别达到 17.17 亿平方米和 14.79 亿平方米,分别是 2000 年的 9.23 倍和 8.91 倍;销售金额指标分别达到 15 万亿元和 12.64 万亿元,分别为 2000 年的 38.12 和 39.15 倍。可见,近 20 年来住房制度改革和培育房地产市场的政策效果十分显著,彻底激活了家庭购房需求。

1.3　商品房开发与销售管理

城镇国有土地出让转让制度开辟了商品房开发和销售的供给源泉,住房制度改革和房地产市场培育政策则激发了巨大的家庭购房需求潜力。在土地供给和商品房需求之间,房地产开发企业发挥着枢纽和桥梁作用。

房地产作为不动产,是具有显著外部性和耐久性的特殊商品,在土地开发、房屋建设、销售和使用、公共服务等功能形成和发挥作用过程中,涉及土地规划、环境保护、基础设施配套等一系列政府部门的行政管理和社会服务工作,需要政府的规范、管理和服务,形成商品房开发与销售的监督管理体系。

1.3.1　房地产企业管理

1994 年颁布的《城市房地产管理法》对房地产业的设立条件作了原则规定。随着房地产业的快速发展,为了进一步规范房地产开发经营行为,加强对城市房地产开发经营活动的监督管理,促进和保障房地产业的健康发展,1998 年国务院发布了《城市房地产开发经营管理条例》(国务院令第 248 号),规定:"设立房地产开发企业,除应当符合有关法律、行政法规规定的企业设立条件外,还应当具备下列条件:(1)有 100 万元以上的注册资本;(2)有

4 名以上持有资格证书的房地产专业、建筑工程专业的专职技术人员，2 名以上持有资格证书的专职会计人员。"同时提出，省、自治区、直辖市人民政府可以根据本地方的实际情况，对设立房地产开发企业的注册资本和专业技术人员的条件做出高于前款的规定。

为了适应不同类型房地产企业和项目开发的需要，建设部 2000 年 3 月出台了《房地产开发企业资质管理规定》，提出了对房地产开发企业的资质、审批、年检以及承担项目的管理要求。房地产开发企业资质等级实行分级审批：一级资质由省、自治区、直辖市人民政府建设行政主管部门初审，报国务院建设行政主管部门审批；二级资质及以下企业的审批办法由省、自治区、直辖市人民政府建设行政主管部门制定。一级资质的房地产开发企业承担房地产项目的建设规模不受限制，可以在全国范围承揽房地产开发项目，二级资质及以下的房地产开发企业可以承担建筑面积 25 万平方米以下的开发建设项目。

由于房地产开发经营的地域性很强，城市政府出于招商引资和税收考虑，一般要求开发企业在本地注册公司，对房地产企业设立和资质管理相对宽松。而且，实践中有关法人或自然人先进入当地土地出让市场，通过"招拍挂"方式竞标取得土地使用权后，再按规定向所在地工商行政管理部门申请经营范围为房地产开发经营的企业法人营业执照，并在 30 日内向当地资质审批部门备案，申办房地产开发企业资质。

因此，在土地出让市场取得国有土地使用权是设立房地产企业并取得开发资质的关键问题。在追求土地出让收益的背景下，城市政府对投资房地产保持欢迎和鼓励态度。在房地产投资热潮带动下，各行各业的资本纷纷进军房地产业，房地产企业数目快速增加。从统计数据来看，2000 年全国房地产开发企业有 2.73 万家，2010 年增加到了 8.84 万家，2017 年有 9.59 万家。众多的开发企业出现在土地市场上，竞争城市政府垄断供应的商品房开发用地，造就了一个个不断被超越的"地王"。

1.3.2 房地产开发管理

在取得土地使用权后，房地产项目开发过程要接受政府有关部门的过程管理和监督,目的是确保土地利用规划、城市规划、项目建设规划的执行,保证工程和产品的质量。在房地产开发过程中,每个程序取得有关许可证以后,才能进入下一个阶段。

虽然每个城市的开发管理流程和规定存在一些差异,但基本都包括以下部门和内容:(1)国土资源管理部门:负责土地的一级开发、储备、出让和管理工作(国有土地使用证);(2)房屋管理部门:负责房屋拆迁、预售审批、交易、登记、白蚁防治等工作(商品房预售许可证);(3)规划部门:负责规划要点审批、规划方案审批、单体方案审批、施工图报建审批、规划验收、放线、验线等工作(建设用地规划许可证、建筑工程规划许可证);(4)建设管理部门:负责企业资质审批、施工许可证审批、招投标管理备案、设计及施工单位的准入及资质审批、安全质量监督等工作(建筑工程施工许可证);(5)工商管理部门:负责房地产开发企业营业执照的审批、年检和注销等工作;(6)消防管理部门:负责消防通道、消防分区、消防用料、喷淋系统、烟感系统、报警系统等与消防相关的报建审批和验收;(7)人防管理部门:对应建人防工事的设计进行审批和验收,并监管日常使用情况;(8)环保管理部门:负责噪音(中央空调、室外车道)、废气(排烟管道)、排污(污水排放)等污染源处理设计的审批和验收工作;(9)卫生防疫管理部门:负责餐饮功能部分的设计审批和验收工作;(10)环卫管理部门:负责垃圾集散点、垃圾压缩站设计审批和验收工作;(11)交通管理部门:负责道路开口、停车场画线等设计审批和验收工作;(12)供水、供电管理部门:负责红线外管线敷设、施工用水电、永久水电的设计审批和验收工作;(13)航空管制部门:负责航高、航灯的设计审批和验收。另外还有地名办(地名、街道名审批)、派出所(门牌号码审批)、税务(营业税、土地增值税、所得税的征收)等部门参与房地产开发过程管理(郑翔,2010)。

由于内容十分复杂,管理职能又分散在许多政府部门,房地产企业需要花费很大精力、很长时间办理有关申报、审批和许可手续。2013年广州市两会期间,市政协委员曹志伟所制作的"投资项目建设审批流程图"显示,"投资一个项目,需要有799个工作日,经过20个局、50个处室(中心办),100个流程环节,108个章,还要经过36道手续缴费"。这张审批流程"万里长征图"受到广泛关注,促使广州市开始大力优化建设审批流程,提高行政效率。

客观来说,房地产开发过程的审批和监管对于实现城市功能和保证商品房质量十分重要。但是,低效率的审批流程也延缓了开发进度,增加了开发商的财务成本,对商品房的高效供给不利。

1.3.3 商品房销售管理

商品房作为综合性、耐久性、功能性产品,其质量检验和认定难度较高,销售合同涉及的法律法规复杂,在交易过程中存在严重的信息不对称性。为了规范开发商的行为,维护购房者合法权利,2000 年 9 月建设部和国家工商行政管理总局颁布了《商品房买卖合同示范文本》,2001 年开始在全国范围内参考使用。

2001 年 4 月,为了进一步规范商品房销售行为,保障商品房交易双方当事人的合法权益,根据《城市房地产管理法》《城市房地产开发经营管理条例》,建设部颁布实施了《商品房销售管理办法》。根据该办法,商品房销售包括商品房现售和商品房预售两种方式,每种方式都要求符合一定的条件。

从实践来看,为了解决开发资金问题,加之市场一直处于供不应求状态,商品房一般采取预售方式进行销售。2004 年 7 月,建设部颁布的《城市商品房预售管理办法》规定:"商品房预售应当符合下列条件:(1)已交付全部土地使用权出让金,取得土地使用权证书;(2)持有建设工程规划许可证;(3)按提供预售的商品房计算,投入开发建设的资金达到工程建设总投资的 25％以上,并已经确定施工进度和竣工交付日期"。该管理办法还对开发企业申请预售许可应当提供的证件、资料以及办理程序进行了详细规定。随后,在连续不断的房地产市场调控和秩序整顿过程中,地方政府在商品房预售条件、销售合同、销售资金等方面不断加强了管理力度。

由于住房供应严重不足,房地产开发企业原始积累不足、缺乏资金,预售制度的出现和长期存在对于房地产市场发育产生了积极作用。同时,预售制度也为开发商提高负债率、掌控开发和销售节奏提供了方便。如果出现大的市场波动,一些已经预售的项目可能形成"烂尾楼",造成经济和社会风险。

总体来看,我国房地产开发与销售管理制度具有两个基本特点:一是鼓励房地产投资;二是控制商品房开发销售。在鼓励投资方面,降低土地购置、企业设立、企业资质等方面的门槛,吸引资本进入土地市场,增加在当地的房地产开发投资。在控制开发和销售方面,实施繁杂的审批流程,形成众多的"寻租"空间,不仅增加了商品房成本,而且也为开发商有意控制开发和销售进度,制造短缺局面提供了条件,往往导致市场有效供给不足,形成"卖方市场"。

1.4　小结:"双重垄断性供给"的房地产市场结构

1.4.1　土地市场政府垄断供应

20世纪80年代后期开始,以城镇国有土地使用制度改革为核心,逐步建立了城镇国有土地使用权市场,极大地显化和实现了国有土地资产的价值,并成为商品房市场发育的基础,推动了政府主导的快速、大规模工业化和城市化进程。随着土地财政功能的日益凸显,城市政府垄断土地供应的格局不断得到强化,成为土地市场的基本特征。维持城市政府垄断土地市场、扩大"土地财政"的基本制度安排和政策措施包括以下几个方面:

第一,严格限制集体建设用地市场化流转和进入商品房市场。在《中华人民共和国宪法修正案》(1988年)增加"土地的使用权可以依照法律的规定转让"的内容后,1990年5月国务院发布了《中华人民共和国城镇国有土地使用权出让和转让暂行条例》,开辟了城镇国有土地使用权市场化通道。但是,对于农村集体土地使用权的流转和交易,不仅没有出台规范性法规,而且一直严格限制,对出现的"灰色市场""小产权房"等不断进行清理整顿,从源头上控制了商品房开发用地的供给路径,只有城镇国有土地使用权才能进入房地产市场。

第二,严格控制城镇国有土地出让规模。在农村和城镇土地二元所有制格局下,工业化和城市化需要的城镇建设用地增量,主要通过土地征用把集体土地转变为国有土地,在开发和配套基础上加以出让,进入城市建设和房地产市场。针对城市扩张大量占用耕地，造成农民失地，引发经济和社会不公平等问题，政府出台了一系列政策措施，约束地方政府的土地征用行为，严格保护耕地，并划定"基本农田保护区"，实行"用途管制"和新增建设用地指标控制，这些措施在解决各自针对问题的同时，客观上增加了城市建设用地、房地产开发用地的稀缺性。

第三，在土地出让市场上"不饱和供地"。1997年开始，在杭州等城市试点经验的基础上，国土资源部在全国推广土地储备制度。2001年4月，《国务院关于加强国有土地资产管理的通知》明确要求，"有条件的地方政府要对建设用地试行收购储备制度"。从此，各城市纷纷成立土地储备机构，土地储备制度在全国迅速普及。该制度的初衷是显化国有土地资产价值，防止土地出让过程中的腐败和流失。但是，城市政府很快就发现，它是"城市经营"的有效工具，通过"多个龙头进水、一个龙头放水"，形成"不饱和供地"格局，有利于控制土地供应，增加土地收益。

第四，"招拍挂"出让经营性用地。在垄断土地供应的同时，为了建立规范有效的土地市场，减少土地出让过程中的各种"寻租"行为，国土资源部在2002年5月出台了《招标拍卖挂牌出让国有土地使用权规定》，并会同监察部在2002年8月提出了《关于严格实行经营性土地使用权招标拍卖挂牌出让的通知》。随后，"招拍挂"制度全面实施，在显化国有土地资产价值方面发挥了重要作用。

在城市土地垄断供应的同时，商品房开发投资不断膨胀，开发商对经营性用地的需求十分强烈。反映在土地市场上，众多开发商在土地拍卖现场"拼死搏杀"成为常态，大批"地王"在经过几十轮竞价后，以大幅溢价甚至超过周边同类在售商品房价格的楼面地价成交。在房地产投资旺盛的背景下，土地市场惨烈竞争，地价大幅上涨，成为土地市场制度安排的必然结果。

国家统计数据显示，2000年全国房地产开发企业购置土地1.69亿平方米，土地购置费用734亿元，平均每平方米为434元；2010年全国房地产开发企业购置土地4亿平方米，土地购置费用1万亿元，平均每平方米为2500元；2016年全国房地产开发企业购置土地2.20亿平方米，土地购置费用1.88万亿元，平均每平方米为8545元。从土地购置面积、土地购置费用和平均价格的动态过程来看,土地出让收益增加,更多是依靠土地价格上涨实现的。

1.4.2　商品房市场开发商垄断供给

在土地出让市场取得土地使用权后,随着项目的投资开发,开发商从土地市场的需求方,转变为商品房市场的供给方。

在商品房市场上,开发商具有相当的垄断势力。由于土地供应的总量受到控制,按照一定的规划条件,可以开发和销售的商品房总量也受到控制。在总量控制的基础上,土地的区位特征具有独特性和不可复制性,商品房之间存在很大程度的异质性,不同城市、不同区位、不同项目的商品房之间不具有很强的替代性,这就形成了开发商的基本垄断势力。在实践中,开发商根据市场供求关系和竞争形势,还要采取分期销售、广告宣传等手段,强化商品房的稀缺性。

面对具有垄断势力的开发商,购房者却处于集合、竞争状态。1998年停止福利分房以后,城镇人口急剧增加形成的首次购房需求与城镇家庭改善购房需求形成合力,爆发出巨大的商品房需求,推动了房价持续上涨。在这个过程中,购买商品房的投资效应开始显现,投资和投机性购房需求进一步壮大了购房需求,刺激了房价快速上涨。

国家统计数据显示,2000—2018年,全国商品房销售额从0.39万亿元增加到15万亿元,增长37.5倍;其中,商品住宅销售额从0.32万亿元增加到12.64万亿元,增长38.5倍。商品房销售均价从2000年的每平方米2112元上涨到8736元,增长3.14倍。同期,全国消费品零售总额从3.41万亿元增加到38.10万亿元,增长10.17倍。2000年商品房销售额只相当于消费品零售总额的1/8.7,2018年这个比例提高到了1/2.5。可见,商品房购买需求在此期间的爆发力和持久性十分显著。

在一个卖方具有垄断势力、买房需求急速膨胀的市场结构中,供给被"收藏"而不能有效释放,需求被"复制"而难以有效满足,价格不断上涨就成为市场运行的必然趋势。由于缺乏科学有效的商品房价格指数,目前关于商品房价格水平及其变化的有关数据还处于"浑浊状态",但房价持续快速上涨的事实不容置疑,已经成为经济热点、社会焦点和政策难点。

1.4.3 地价与房价互动攀升

产业组织原理表明,市场结构决定市场行为,市场行为影响市场绩效,中国房地产市场运行基本符合产业组织理论揭示的规律性。在卖方垄断的土地市场上,城市政府采取"招拍挂"出让有限的土地使用权,众多房地产企业在土地出让过程中激烈争夺,土地价格不断被推高。同样,在卖方垄断势力占优势的商品房市场上,开发商"捂盘惜售",营造供给稀缺性,大批购房者不惜漏夜排队,"摇号"争夺有限的房源,商品房价格持续上涨。在现有土地制度和住房制度框架下,市场相关参与主体的行为是符合经济理性的,地价和房价持续上涨具有客观必然性。

当然,市场参与主体的理性选择只能保证其微观效用最大化,市场运行的整体绩效还要看社会福利的总体变化。在土地和商品房价格持续上涨的过程中,投资和持有房地产的企业和个人资产不断增值,参与其中的城市政府和金融机构也获益颇丰。但是,房地产价格持续快速上涨带来的负面影响越来越大,普通居民购房压力加大,社会财富占有差距扩大,金融和经济泡沫化趋势形成,这些问题都制约了社会经济的可持续发展。

2005年,中央政府明确提出了以"稳定住房价格"为核心目标的房地产调控政策。2010年,中央政府进一步加强调控,希望"抑制房价过快上涨"。2017年十九大报告确立了"房住不炒"的基本定位,政府围绕抑制地价和房价,采取一系列限制性调控政策。在这个过程中,关于房价过快上涨的原因有许多讨论,有些认为"地价上涨导致房价上涨",有些认为"房价上涨带动地价上涨",政府相关主管部门还就此问题展开激烈争论。

其实,土地市场与商品房市场嵌套在一起,地价与房价是相互影响的。地价上涨不仅抬高了该地块未来开发的商品房成本,更重要的是通过"市场信号传递",直接带动周边商品房价格上涨。房价上涨不仅增加了正在销售的商品房利润,更重要的是通过"市场预期强化",增强了各路资本在土地市场上高价拿地的信心和决心。在中国现行土地制度与商品房体制下,地价与房价互动攀升的内在机制十分清晰,如图1.1所示。

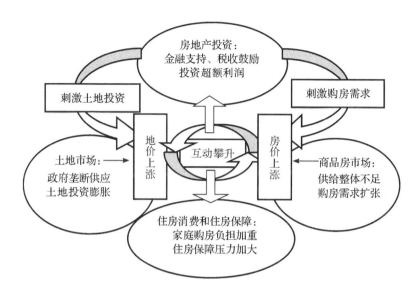

图 1.1　房地产制度安排诱发房地产价格持续上涨的内在机理

从动态过程来看,随着地价和房价的持续上涨,房地产开发投资和购房投资的收益率提高,形成财富效应和示范效应,吸引大量资本从企业和家庭向房地产领域集聚,会进一步增加土地市场和商品房市场的需求,形成正反馈循环,使房地产市场趋于泡沫化。

在市场运行过程中,资本的力量十分强大。2005 年开始的房地产市场调控采取了一系列手段限制资金流向房地产市场,抑制房地产投资投机,但效果不尽如人意。根据国家统计数据,2000—2018 年,全社会固定资产投资总额从 3.29 万亿元增加到 64.57 万亿元,增长了 18.63 倍;房地产开发投资总额从 0.50 万亿元增加到 12.03 万亿元,增长了 23.06 倍。在此期间,各路资金投资房地产的热情十分高涨,全国房地产开发企业实际到位资金总额从 0.60 万亿元增加到 16.60 万亿元,增长了 26.67 倍。

2016 年下半年以来,尽管房地产金融调控政策持续收紧,但社会资金对房地产的偏好依然如故。根据人民银行统计数据,2018 年 12 月末,人民币贷款余额 136.3 万亿元,同比增长 13.5%;人民币房地产贷款余额 38.7 万亿元,同比增长 20%;房地产开发贷款余额 10.19 万亿元,同比增长 22.6%;个人住房贷款余额 25.75 万亿元,同比增长 17.8%。

通过房地产基本制度安排分析可以看出,中国房地产价格持续快速上涨的根本原因在于土地市场和商品房市场存在"双重垄断性供给"的结构特征。在这种市场结构下，依靠行政性控制和道义性劝告抑制投资投机和价格上涨不可能产生持续性效果。

党的十八届三中全会通过的《中共中央关于全面深化改革若干重大问题的决定》提出，要改革和完善市场经济体制，使市场在资源配置中起决定性作用。就房地产市场而言，通过改革土地制度，建立城乡统一的建设用地市场，允许农村集体经营性建设用地出让、租赁、入股，实行与国有土地同等入市、同权同价。赋予农民更多财产权利，改革完善农村宅基地制度，慎重稳妥推进农民住房财产权抵押、担保、转让。对于现阶段中国房地产市场而言，从改革土地制度入手，调整市场结构，克服"双重垄断性供给"体制，无疑是建立"长效机制"的正确方向和核心内容。同时，深化财税体制改革，减轻地方政府对"土地财政"的依赖度，抑制房地产投资超额收益，才能从根本上扭转地价与房价"互动攀升"机制，促进房地产市场持续健康发展。

第二章　城市政府土地经营行为[①]

2.1　土地经营主导城市发展

20世纪90年代开始,基本解决了温饱问题的中国进入了大规模工业化和城市化发展的新阶段。在建立社会主义市场经济体制的改革大潮中,城市国有土地的使用权市场建设取得突破,土地资产的价值开始显化。为了解决快速城市化对城市建设投资的需要,面对分税制带来的财政关系调整和日益加剧的城市竞争,土地经营成为城市政府推动城市发展和促进经济增长的重要工具和手段。

2.1.1　大规模城市化启动

进入20世纪90年代后,伴随着户籍制度改革和市场经济体制完善,个体私营经济迅速兴起,超过1.5亿的农村剩余劳动力大规模进入城镇就业,导致城市非农业部门就业人口爆炸式增长,中国进入了大规模、快速城市化发展阶段。

为了改善基础薄弱的城市功能,城市基本建设投资大量增加。根据国家统计局《中国城市建设统计年鉴2012》的数据,全国城市市政公用设施建

---

① 本章部分内容整合了课题组成员王媛和李鹏的博士学位论文相关内容。参见王媛:《基于实物期权理论的土地出让、项目开发与分期销售时机决策研究》,浙江大学博士学位论文,2012年;李鹏:《土地出让收益,公共品供给及对城市增长影响研究》,浙江大学博士学位论文,2013年。

设固定资产投资在 1978 年只有 12 亿元,1990 年增加到 121 亿元,2000 年为 1890 亿元,2011 年更是达到 1.39 万亿元。1978 年,市政公用设施建设投资占同期全社会固定资产投资和国内生产总值的比重分别为 1.79% 和 0.33%,2011 年该比值已达到了 4.48% 和 2.95%。

城市化是城市发展空间的拓展和大规模基础设施建设投资的需要,已成为城市政府必须解决的瓶颈问题。随着城市土地使用制度改革和房地产市场发育,城市土地资产的价值逐步得到显化,通过对城市土地的经营和管理,提高土地资本的利用效率并带动城市发展,成为政府城市经营中的重要内容。

2.1.2 分税制改革实施

城市发展对基础设施建设投资的需求在很大程度上受制于城市财政收支状况。1994 年的分税制改革使得中央和地方的财政收支关系发生了重大改变,对城市建设的资金供给产生了深远的影响。

在分税制改革后,中央政府和地方政府的支出责任分工更加划分明晰,城市基础设施和公共事业投入的责任更多地落在地方政府的"身上",地方政府的事权进一步增加,地方财政支出份额不断上升。与此同时,地方政府在经济发展中的作用逐步增强,地方财政配置资源的自主程度也逐步提高,在基础设施建设中也必须承担起更为重要的资金投入责任。

在改革开放初期,地方政府财政支出占比在 50% 左右。20 世纪 80 年代后期开始,这个比例提高到 60% 以上。分税制改革后,这一比例更上升至 70% 左右,并在 21 世纪不断提高,2011 年这一比重高达 84.9%,如图 2.1 所示。值得说明的是,2000 年以来地方政府支出比重逐渐升高,与中央为平衡地方收支而进行的转移支付逐年增加有着密切关联。1999 年开始中央与地方的税收财政分工进行了调整,国家逐步实行转移支付制度,规模逐步扩大,转移支付以地方财政支出的形式计入支出比重,造成了地方比例的进一步提升。

在此期间,虽然地方财政收入的总量也在不断增长,但相比于城市发展和市政基础设施建设需求的快速增长来看,地方财政收支缺口(地方财政支

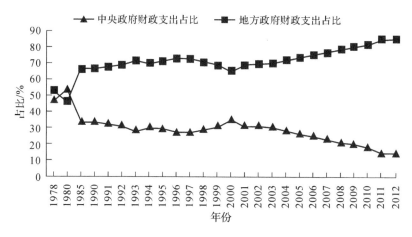

图 2.1　中央和地方财政支出比重变化情况(1978—2012 年)

数据来源:根据国家统计局网站公布的统计资料整理。

出减去地方财政收入)不断扩大,地方财政压力日益加重。随着 1994 年分税制改革实施,地方的财政收支缺口大幅度提升,一跃超过 1700 亿元,占当年财政收入比重 74.69%。在随后的几年里,虽然财政收支缺口占比小幅回落,但其总量规模仍然快速增长,2005 年突破了 1 万亿元大关,2010 年达到 3 万亿元。2010 年 31 个省(自治区、直辖市)的财政收支报表显示,所有地方政府的财政收支状况皆是入不敷出。

在地方政府财政收支缺口日益扩大的背景下,随着城市化进程的不断加快,城市基础设施建设的投资需求也越来越迫切。在这种情况下,寻求税收以外的其他收入来源,就成为城市政府增加基础设施建设投资、提高城市竞争力、履行公共品供给职能的一项重要任务。从实际可行性来看,城市政府可以自主支配的最主要资源就是国有土地资产,土地征用种地和国有土地使用权出让制度正好开辟了获取土地价格剪刀差、增加土地出让收益的通道和机制。

2.1.3　城市锦标赛激烈

城市间的竞争也是政府在城市土地经营中不可忽视的环境因素。在中国的政治经济体制下,城市政府面临的不仅仅是纵向财政竞争,而且还有政府间的横向晋升竞争。由于中央政府对发展速度的偏好，任期制和晋升激励使得地方政府官员有着非常强烈的 GDP 冲动。不管是基于民意调查的自下而上的标尺竞争，还是基于上级政府评价的自上而下的标尺竞争，当地民众和中央政府都处于信息劣势，很难有一个完全充分合理的指标对政府官员进行全面评估。于是会采用比较容易获得的相对绩效指标（GDP 增长率）来进行比较，这就造成了地方政府不遗余力地追求任期内经济的高增长。

土地经营是城市政府实现政绩目标的重要工具。除了追求土地收益加快城市建设外，利用土地政策招商引资也是普遍做法。在以 GDP 作为政绩考核体制下，不仅仅要保障增长率，而且要提高在同级政府中的相对位置，吸引外商直接投资便是其中具有多重意义的竞争焦点。为此，地方政府不惜开出多种优惠条件来吸引外商直接投资，优惠供应土地就成为地方政府竞相招商引资的法宝之一。实践中，地区之间为吸引项目和投资，屡屡出现拼地价和优惠让利竞赛，以远低于成本价的土地价格招商引资。

综上所述，在大规模、快速城市化背景下，由于地方政府财政收支缺口巨大，加之以 GDP 增长为政绩考核目标的政府间竞争，促使城市政府普遍采取拉动经济快速发展的基本战略。为了实施这种战略，"经营城市"的重点聚焦在"经营土地"上，并在很大程度上决定城市发展的速度和效果。

2.2　征用土地扩大城市范围

在土地所有制分为国有土地和集体所有土地的制度安排下，征用土地是满足城市新增建设用地需要的基本途径。1982 年颁布的《国家建设征用土地条例》（以下简称《条例》）强调征地的强制性。《条例》第四条规定："国家建设征用土地，凡符合本条例规定的，被征地社队的干部和群众应当服从国家需要，不得妨碍和阻挠。"地方政府是土地征用主体，可以使用手中的行政权力，以事先宣布的、相当低廉的成本完成从集体土地到国有土地的身份转换。城乡二元的土地所有制度和土地征用程序，为地方政府经营城市提供了源源不断的土地来源，并形成用途变换产生的增值收益，由此带来的

"土地价格剪刀差"是中国近 30 年来政府主导型大规模城市化的重要经济基础。

2.2.1 城镇用地规模膨胀

根据《中华人民共和国土地管理法》等法律法规,城市化进程中新增建设用地的来源主要有两个:一是通过旧城改造、"退二进三""城中村改造"等方式,调整城市存量土地用途,提高土地利用率;二是征用农村集体土地,进行基础设施配套建设,形成新的建设用地。

伴随着城市化和工业化的飞速发展,城市内部原有的存量土地远不能满足政府"土地经营"的需要,尤其是考虑到城市存量土地拆迁成本较高,居住人口规模大、类型复杂,协商谈判难度和社会舆论阻力较大,城市政府更倾向于占用城市周边拆迁安置量小的农用地,实现城市建成区规模的扩张,依赖征用土地加快城市建设就成为扩大城市建设用地的主要途径。

国家统计数据显示,从 1990 年到 2000 年,中国城市的建成区面积从 1.22 万平方公里增长到 2.18 万平方公里,增长了 78.7%;到 2010 年,这个数字达到 4.05 万平方公里,又大幅增长 85.8%,整个国家的城市建成区面积在过去 20 年中增加了 2 倍以上,东部一些中小城市的建成区面积更是扩张了 20 倍以上。《中国 1990—2010 年城市扩张卫星遥感制图》显示,在这 20 年的时间里,江苏、山东、广东和浙江的城市面积增加最多。在中小城市中,永城、慈溪、上虞、晋江等城市的面积增加都达到 20 倍以上,有 19 个城市扩张了 10～20 倍,66 个城市扩张了 5～10 倍。

为了节约征地成本、加快征地进度,占用农田成为主要的新增建设用地途径。据统计,1990—2000 年,约有 53.4% 的城市扩张面积来自耕地占用。2000—2010 年期间,这个比例进一步提高到了 68.7%。从绝对量上来看,第一个十年城市扩张占用耕地 770 万亩,第二个十年增加到了 1900 万亩。

2.2.2 开发区面积快速扩张

由于财政资金和城市空间限制,城市政府无法全面推动城市基础设施的整体开发和配套,往往通过设定一定规模的"开发区",在短期内集中投入基础设施建设资金,使其配套功能先行一步,形成局部优势加快招商引资,迅速形成集聚效应,提高城市工业化水平。

开发区以其在招商引资方面无可替代的优势而迅速受到地方政府的青睐,在财政激励和市场驱动作用下,城市政府利用行政权力在城市周边大量占用农地,各种名目的经济技术开发和高新技术开发成为地方政府"筑巢引凤"的空间表现形式和载体。

20 世纪 90 年代开始,在国家级开发区的示范效应下,一些省、市甚至县乡级经济技术开发区纷纷上马,使开发区成了工业化、城市化的重要载体,并形成过热局面。到 2003 年,全国开发区已发展到 6860 多个,规划面积达 3.9 万平方公里。开发区过多过滥,造成大量的重复建设和资源浪费。2003 年 7 月,国务院下发了国办发〔2003〕70 号文件,对全国开发区进行全面彻底的清理整顿,撤销了一大批地方违规设立的开发区(工业园区)。通过清理整顿,全国开发区数量由 6860 多个减少到 1568 个,减少了 77.2%。其中,国家级开发区 222 个,省级开发区 1346 个。规划总面积由 3.9 万平方公里核减为 9949 平方公里,其间开发区审批工作全部停止,一直到 2010 年才重新启动。

国土资源部 2012 年度国家级开发区土地集约利用情况通报中指出,截至 2012 年 12 月,全国已有 341 个国家级开发区(包括经济技术开发区、边境经济合作区、高新技术产业开发区、海关特殊监管区域等),范围内土地总面积 3546.47 平方公里,约占全国建设用地面积的 1%。省级以下各类开发区大约有 1300 个,一些省市级开发区设立了"分园",基本上每个县都有自己的开发区。

2.2.3　征地冲动难以遏制

在地方政府官员"任职期限短、政绩考核压力大"的约束条件下,许多地方出现了用"资源换项目""土地换投资"来带动引进项目数量和引进资金额度的城市发展模式,导致"项目越拉越大、土地越征越多"的景象,这一方面与土地征用的管理机制不健全有关,另一方面也同城市政府征地冲动背后强烈的政绩激励有关。在城乡土地二元所有制格局下,政府可以凭借土地征用权力,形成对集体土地转变为国有建设用地的行政垄断优势,低成本地获取城市建设用地并通过市场转让获取巨额差价收益。"土地价格剪刀差"激励了地方政府不顾中央政府的各种限制和禁令,"上有政策、下有对策","打擦边球"与上级政府博弈,甚至以"少批多征、先征后批、不批就征"等违法手段进行最大限度的征地,地方政府成为各类土地违法行为的主要主体。

在国土资源部网站公布的 2013 年 3 月对全国 460 个开发区、工业园区规划及用地情况开展督察的报告中指出:460 个园区实际规划土地面积 1144.8 万亩,其中不符合土地利用总体规划的 361.95 万亩;未纳入《中国开发区四至范围公告目录(2006 年版)》的园区有 255 个,实际规划土地面积 776.25 万亩,其中不符合土地利用总体规划的 305.55 万亩;实际使用土地面积 111.75 万亩,其中不符合土地利用总体规划的 9.9 万亩,未办理农用地转用和土地征收的 27.2 万亩。

省级以下的各类开发区违法占地、过度扩张的情况更加严重。如在江西,一个城区人口仅 7 万人的赣南小县有六七个工业园区,一个原本只允许建不超过 2 平方公里的"工业小区",竟然规划了 25 平方公里。

20 世纪 80 年代,中央政府就确定了"十分珍惜和合理利用每寸土地,切实保护耕地",是我国必须长期坚持的一项基本国策。在严格保护耕地、确保 18 亿亩耕地红线不破、严厉查处各类违法违规用地的高压态势下,城市政府仍然以各种名义违法违规占地,扩张城市用地范围,表现出难以抑制的征地冲动。

2.3　筑巢引凤加快经济增长

改革开放 40 多年来,政府为了实现城市的经济增长和产业发展,以极大的热情提升城市竞争力和吸引力,无论是以低廉的价格出让工业用地,还是大兴土木完善各类开发区,都是致力于打造一个良好的投资环境,通过"筑巢引凤"吸引产业资本的到来。城市政府都高度重视招商引资,把合同利用外资、实际利用外资等指标,与 GDP、财政收入、固定资产投资等少数核心经济指标同等对待，并且建立了责任制和激励政策，一些城市甚至搞起了"全民招商引资"的运动。

2.3.1 优惠政策招商引资

为了带动城市产业集聚和经济增长，城市政府招商引资的重点是外资工业项目。通过大型工业项目落户和集聚，可以快速增加非农就业和税收，带动商业服务业发展，进而全面提升城市功能水平。

从海外投资的角度看，在许多备选城市之间确定一个城市落户，最重要的决策因素是当地的综合成本水平。在反复比较的基础上，外资对土地成本、人力成本和税收政策最为敏感。因此，在城市之间区位优势和产业基础差异不大的情况下，通过政府控制的有关要素实行价格优惠和税费减免，就成为招商引资的法宝。

在税费减免方面，1991年7月实施的《中华人民共和国外商投资企业和外国企业所得税法》规定，给予外资企业的所得税"两免三减半"的优惠。在此基础上，地方财政通过先征后返方式，在地方财力留成范围内，还给予追加优惠，较普遍的是"三免两减半"和"八免七减半"。

2008年开始实施的《中华人民共和国企业所得税法》宣布结束对外商投资企业的所得税优惠，但对于国家鼓励的产业和项目，还是存在各种税费优惠的可能性。以服务外包产业为例，《国务院办公厅关于促进服务外包产业发展问题的复函》（国办函〔2009〕9号）批复了商务部会同有关部委共同制定的促进服务外包发展的政策措施，批准北京等20个城市为中国服务外包示范城市，自2009年1月1日起至2013年12月31日止，对符合条件的技术先进型服务企业按15％的税率减征收企业所得税，对技术先进型服务外包企业离岸服务外包收入免征营业税。

对于城市政府主导的一些战略性产业项目，政府还可以通过地方政府先期引导投入和长期政策扶持，形成区域优势的竞争环境。例如，无锡市在"十一五"期间的招商引资重点聚焦在太阳光电或光伏产业，政府集中资源对尚德、海力士、华润等代表企业予以扶持引导和培育集聚。针对海力士和尚德等产业龙头项目，设计了代建厂房、银团贷款、国资先期入股引导等个性化的实质性扶持政策,带动了这些产业的快速发展。

2.3.2　低价供地吸引投资

工业项目一般占地面积较大,投资商对土地要素价格水平十分敏感。而在中国土地制度下,城市政府代表国家行使土地所有者和管理者的双重职能,它有权力确定土地出让的方式和价格水平,低价供地就成了"筑巢引凤"的最主要政策工具和手段。

由于地方政府之间招商引资的竞争非常激烈,各地政府都想吸引到更多的资本投入,迫使不少城市政府在土地供应政策方面一再让步,广泛采用协议出让方式,以低价格、零价格甚至补贴价格提供工业用地,以提高对工业投资的吸引力,增强工业产品的价格竞争力。相对于商业用地、住宅用地等其他用地的价格,协议地价一般只有市场同类土地"招拍挂"价格的30％～40％,在很多情况下甚至低于其开发和基础设施配套成本。

浙江省统计局 2008 年对全省 721 家工业园区的专项调查显示,截至2008 年 1 月 19 日,全省平均土地开发成本为 9.88 万元/亩。土地出让价格普遍低于开发成本,全省土地平均出让价格为 8.83 万元/亩,且有近四分之一的园区土地平均出让价格不到平均开发成本的一半,甚至有 5％的园区不到三分之一(王永红,2003)。

2.3.3　完善配套提高竞争力

随着改革开放进程的推进,在全国范围内各地竞相以低价甚至零地价出让土地成风时,地价竞争的潜力被大大压缩了。同时,投资商也越来越意识到,投资项目效益的发挥,还需要城市功能的支撑。因此,地方政府若想获得竞争优势,就必须在营造有利于要素价值发挥、并形成经济外部性的城市环境层面上下更大的功夫。

随着政府主导型城市经济发展格局的强化,城市政府开始运用所掌握的城市资源和行政力量,推动和引导城市基础设施建设投资,改善公共服务。政府把大量土地出让获取的财政资源投入到各种相关公共品的建设供给中,在征用土地之后,会通过"三通一平"(水通、电通、路通和场地平整)、

"五通一平"(通水、通电、通路、通气、通信、平整土地)或"七通一平"(通水、通电、通路、通邮、通信、通暖气、通天然气或煤气、平整土地)等开发建设,使其具备完善的城市基础设施,提升土地的利用价值和对产业资本的吸引力。在这个过程中,城市基础设施开发投资成了政府"经营城市"的重要工作内容。

以杭州市的钱江新城建设为例,新城管委会负责组织钱江新城的城市基础设施建设,并根据钱江新城规划建设的实际需要,统一规划、统一建设、统筹安排其他配套设施的建设。2001—2012 年,政府在市政工程、综合交通、医疗卫生设施、学校设施、商业金融业服务、文体娱乐设施、保障和安置房建设等诸多方面都进行了大量的公共投资,政府性投资达到 342.35 亿元。通过"三横十一纵"道路建设构筑起 8 平方公里区域内主要道路骨架;以城市共同沟、市民广场、波浪文化城、城市主阳台为内容的市政工程设施建设;以地下休闲商业设施为代表的新城核心区范围内政府投资项目的商业配套设施;以中国棋院和杭州妇女医院为代表的文体和医疗设施,等等。这些基础设施建设提升了钱江新城的各种生产生活配套水平和生活质量,为吸引投资打下了良好的物质基础。2003 年 4 月 29 日至 2013 年 9 月 27 日,杭州市钱江新城土地出让面积 145.6 万平方米,成交总额 398.5 亿元,城市土地经营效果显著。

2.4 "招拍挂"充实土地财政

以土地征地制度和经营性土地出让制度相结合形成的土地价格剪刀差收益,是中国城市政府预算外收入的主要来源。随着土地市场的完善和土地储备制度的建立,"招拍挂"制度更好地显化了土地资产价值,强化了政府垄断势力,有利于增加城市政府收入,在全国得到迅速推广和实施。

2.4.1 "招拍挂"显化土地资产价值

《中华人民共和国宪法修正案》(1988 年)中增加了"土地的使用权可以依照法律的规定转让"的内容,土地有偿使用和转让获得了法律保障和正式承认。随后,《土地管理法》和《城镇国有土地使用权出让和转让暂行规定》的颁布,对土地使用权的有偿出让办法做出了详细的规定。但是,上述法规并没有对行政划拨的范围做出明确规定,因此造成了行政划拨和有偿出让并举、市场出让和协议出让并存的"双轨制"。这种双轨制不仅使大量土地以无偿的行政划拨或低廉的协议方式出让,造成了资源浪费和配置扭曲,而且带来了巨大的土地出让寻租空间,与土地相关的违法出让案件数量迅速上升。通过对《中国国土资源统计年鉴》有关数据的整理发现,在 1993—1999 年间出让的土地,协议方式占到 90%,招标方式和拍卖方式仅占 2% 和 8%,土地出让的不规范很大程度上降低了土地出让的收益水平。

1999 年 1 月,国土资源部发布《关于进一步推行招标拍卖出让国有土地使用权的通知》,通过扩大国有土地使用权招标、拍卖方的比例,旨在建设公开、公平、公正的土地市场,促进集约用地,提高土地使用效率。随后一系列相关法规的出台,逐步使"招拍挂"成为经营性房地产开发用地的主导出让方式。有关文献资料显示,2002 年以招标、拍卖、挂牌方式出让的国有土地只占出让土地总量的 16.02%,而以划拨和协议方式出让土地占总供应的88.8%。到 2007 年,全国共出让土地 22.65 万公顷,其中"招拍挂"出让面积达 11.53 万公顷,占总出让面积的 50.9%。2011 年,全国共出让土地 33.51万公顷,其中"招拍挂"出让面积达 30.50 万公顷,占总出让面积的 91.02%。2012 年,全年出让国有建设用地面积 32.28 万公顷,其中"招拍挂"出让土地面积 29.30 万公顷,占出让总面积的 90.8%,出让合同价款 2.55 亿元,占出让合同总价款的 94.8%。[①]

2.4.2　土地储备制度强化政府垄断势力

土地储备制度,是指城市政府依照法律程序,按照土地利用总体规划和城市规划,对通过收回、收购、置换、征用等方式取得的土地进行前期开发、整理和储备,并按计划统一出让,以供应和调控城市各类建设用地需求,实现政府垄断土地一级市场的一种管理制度。1997 年杭州市政府建立土地

---

① 中华人民共和国国土资源部编:《中国国土资源公报 2012》,2013 年。

收购储备制度，市政府规定，市区范围内凡需盘活的存量土地和用于房地产开发的用地，要统一纳入土地储备中心运作，实现统一收购、统一开发和统一出让，由储备机构一个"口子"向市场供应土地。2002年全国土地收购储备机构已达2000余家，目前全国大部分市县都已建立土地收购储备机构。

城市政府通过土地收购储备，不仅实现了对城市土地市场的垄断供应，而且储备机构对储备土地进行二次开发，使这些土地成为"熟地"或"净地"，在得到大幅增值后，再以招标、拍卖的形式予以出让，有利于土地收益最大化。在地方政府财政负担压力较重，亟待开辟稳定新财源的背景下，土地储备制度成为城市政府经营城市的重要工具，为土地垄断供应提供了制度保证。

2.4.3　土地收益成为城市政府主要财源

随着土地市场培育和出让方式的逐步规范，土地收益规模不断扩大，在地方政府收入中的比重迅速提高，成为政府加快城市建设和投资的主要资金来源。见表2.1。

表2.1　2001—2012年全国土地出让收入占地方本级财政收入比重

年份	全国土地出让收入（万亿元）	地方本级财政收入（万亿元）	占地方本级财政收入的比重（％）
2001	0.13	0.78	16.7
2002	0.24	0.85	28.2
2003	0.54	0.98	55.1
2004	0.59	1.19	49.6
2005	0.59	1.51	39.1
2006	0.81	1.83	44.3
2007	1.22	2.36	51.7
2008	1.04	2.86	36.4
2009	1.40	3.26	42.9

年份	全国土地出让收入（万亿元）	地方本级财政收入（万亿元）	占地方本级财政收入的比重（％）
2010	2.91	4.06	71.7
2011	3.15	5.25	60.0
2012	2.69	6.11	44.0

数据来源：土地出让收入数据来自历年《中国国土资源年鉴》《国土资源公报》，预算内财政收入由来自历年《中国财政年鉴》等相关数据计算所得。

2011年至2017年，全国土地出让收入分别为3.32万亿元、2.84万亿元、4.13万亿元、4.29万亿元、3.25万亿元、3.75万亿元和5.21万亿元。土地出让收入虽然有所起伏，但总体保持了较高水平和增长态势。到2018年，全国土地出让收入达到6.51万亿元，相当于地方财政收入9.79万亿元的66.50％。

由于土地出让收益大部分用于投资城市基础设施建设、改善公共服务和提升城市功能，越是土地出让收益丰厚的城市，城市竞争力和吸引力越强，房地产价格也就越高，形成了一种正反馈机制。

2.5　融资平台负债经营

虽然城市政府垄断了土地供给，获得了大量的财政收益，但是快速发展的城市化进程对城市建设资金规模的要求非常旺盛，需要源源不断的资金投入到城市建设，土地财政收益仍然无法完全满足城市化带来的投资需求。在这种情况下，城市政府纷纷建立融资平台拓展融资渠道，在获得大量建设资金的同时也加重了政府的债务负担。

2.5.1　城市建设投资需求巨大

伴随着城市化进程的加快，城市规模持续扩张，城市人口不断增加，基础设施和公共服务需求不断加大。虽然在经营城市背景下城市基础设施建设成绩良好，但长期存在的"欠账多、缺口大、数量少、水平低"问题仍然未得到实质性改变，并随着城市化推进出现了交通拥堵、环境污染、城市市政设施不能有效满足城市发展需要等众多挑战，中国城市基础设施建设任务十分艰巨。

根据住建部的分析，"十二五"期间城市基础设施建设投资总额在7万亿元左右，其中城市轨道交通投资将达到7000亿元。从国际经验来看，联合国开发计划署的研究表明，发展中国家城市基础设施投资应该占固定资产投资10%～15%的比例，占GDP的3%～5%。但是1990—2011年，中国城市基础设施建设投资占固定资产投资的平均比重为3.58%，最高为8.03%；占GDP的比重平均为1.8%，均未达到合理水平。逐年累积形成巨额投资欠账，如果按照人均国民收入3000美元以上，用于基础设施建设的投资占当年GDP的比例应当提高到6%以上的水平计算，20世纪90年代中期至今，国内基础设施投资欠账累计已超过10万亿元。由此可见，对于各级城市政府和管理者而言，城市基础设施建设投资需求的缺口很大，除了使用土地出让收益和公共财政支出外，迫切需要开拓各种市场化融资渠道。

2.5.2 投融资平台开拓融资渠道

为了方便为基础设施和城市建设融资，地方政府的投融资平台成为近些年来最为活跃、也是最值得关注的融资主体。所谓地方政府投融资平台，实际上广泛包括地方政府组建的不同类型的城市建设投资公司、城建开发公司、城建资产经营公司等不同类型的公司，这些公司通过划拨土地等资产组建一个资产和现金流大致可以达到融资标准的公司，必要时再辅之以财政补贴等作为还款承诺，重点将融入的资金投入市政建设、公用事业等项目之中。

2008年下半年，为了应对金融海啸、落实4万亿投资和各种区域的振兴规划，地方投融资平台得到政策鼓励，数量和融资规模出现跨越式发展。2009年初，中国人民银行与中国银行业监督管理委员会联合发布《关于进一步加强信贷结构调整促进国民经济平稳较快发展的指导意见》，提出"支持有条件的地方政府组建投融资平台，发行企业债、中期票据等融资工具，拓宽中央政府投资项目的配套资金融资渠道"。地方融资平台的融资渠道可以直接通过上市、引入战略投资者等方式直接获得资金，也可以间接地使用商业银行贷款、政策性银行贷款、银团贷款、国际金融机构及债权融资计划、中期票据等债务性融资工具。2009 年高速增长的信贷投放大量通过地方政府投融资平台,启动了一些大型的中长期基础设施项目,银行、债市和基建类信托成为地方融资平台最为重要的融资渠道。2010 年开始,受制于信贷政策的收缩,债券与信托成为政府融资平台更为倚重的融资渠道。截至 2012 年底,平台贷款存量达 9.3 万亿元,城投债存量 1.77 万亿元,以基建类信托为主的信政合作存量则达 5016 亿元。

土地资产是政府融资平台市场化运作的重要资产载体。在实践中,融资平台公司一般拥有政府注入的土地资产。对于公益性用地,平台公司可以整体运作,先投资建设配套项目,提高周边土地价值,然后用经营性用地出让收益补贴公益性建设支出,偿还融资成本;对于经营性用地,平台公司可以直接获得土地抵押贷款,投入土地的征用拆迁中,然后经过土地整理和配套设施建设,将"生地"做成"熟地",由政府对地块进行"招拍挂",获取的土地出让收入还清抵押贷款。通过政府融资平台,城市政府和金融系统一起完成了土地资产的金融化过程,使得政府能够在土地征用、开发、出让过程中获得金融支持,推动城市快速发展。

2.5.3 城市政府债务负担沉重

随着房地产市场持续繁荣和房地产价格不断攀升,以土地为基础的地方政府投融资平台融资规模不断膨胀,不少地方政府债务包袱日益沉重,债务风险逐步显现。

2013 年 8 月,为了摸清地方政府债务负担的情况,审计署组织了对全国各级政府各类债务的全面审计。《全国政府性债务审计结果》(2013 年 12 月 30 日公布)显示,截至 2013 年 6 月底,省、市、县三级政府负有偿还责任的债务余额 105789.05 亿元,比 2010 年底增加 38679.54 亿元,年均增长 19.97%。其中,省级、市级、县级年均分别增长 14.41%、17.36% 和 26.59%。

2017 年开始,中央把治理地方政府债务作为化解重大金融风险的主要任务之一,规范管理,严格问责,但积累的问题十分严重。财政部数据显示,截至 2018 年末,我国地方政府债务余额 18.39 万亿元。按照地方综合财力测算，地方政府债务率为76.6%。如果加上融资平台和各类隐性债务，债务违约风险上升。

2.6　小结：商品房用地供给失调

在政府主导的大规模、快速城市化过程中，考虑到中央与地方的财税收支不平衡，农村集体土地与城镇国有土地的财产权利不平等，城市政府为满足扩大城市建设用地规模、促进城市经济发展、完善城市功能、提高城市竞争力等多方面需要，纷纷走上了"经营城市""经营土地"的发展轨道，并在许多方面取得了显著成效。

通过土地经营增加城市政府可支配财力的途径分为两类：一是招商引资促进产业发展，进而带动"一般预算税费收入"的增长，这是一个"慢功夫"，尤其是在前期考虑税收优惠减免、中央地方税收分享等情况下，很难看到立竿见影的税收增长，对政府即时收入的贡献有限；二是出让国有土地使用权，直接获得可支配的政府收入，弥补当前的预算内收入缺口，为政府提供当期的财政支持。一般来说，各城市政府都是同时采取两种互补的土地经营方式，工业用地采取低价供地吸引产业资本，其他经营性用地则通过"招拍挂"方式出让，尽量增加土地出让收益。

如果城市政府土地经营比较成功，"引资生税"效应逐步显现，城市竞争力逐步提升，房地产市场活跃，土地价格上涨，土地出让收益增加，基础设施配套改善，城市吸引力进一步提高，就会形成"招商引资"与"土地收益"之间的正反馈，城市发展走上良性循环的轨道。

然而，由于经济发展水平、城市层级、区位环境等方面的差异，许多城市政府的土地经营效果也不尽如人意。特别是那些产业和人口集聚效果不显著的城市和区域，招商引资和基础设施建设投资已经成为沉淀成本，但"引资生税"效应有限，政府负债增加，容易进入依赖不断扩大土地出让规模维持城市发展态势的不良轨道。

经过近20年的发展，土地经营的上述两种效果在现实中都可以找到典型案例。从土地市场运行及其对房地产市场的影响来看，多数城市出现了商品房用地供给失调,具体表现为"不饱和供地"和"过度供地"。

2.6.1 不饱和供地

在工业化相对发达和居民收入相对较高的地区,政府会倾向于采用"饥饿供地政策"。该政策有意识控制土地的出让,政府通过招标、拍卖、挂牌等市场化方式尽可能控制土地出让的规模,人为制造土地市场上的供给紧张态势,通过改变开发商和普通民众的心理预期形成——土地的源头出让不足,同时加上开发商的"囤地"行为,导致到达住房市场中的有效供给更有限。土地出让的不饱和状态和由此产生的"土地稀缺"的预期,推动房价和地价的上升,而政府则可以获取由此带来的高额土地出让金。这些地区政府对土地供给的严格控制导致了土地市场的有效供给不足,供需结构严重扭曲,地价在这种趋势下非但没有得到缓解的可能,反而会继续推动土地及楼盘价格的居高不下。

以北京为例,从2001年到2012年,尽管北京市人口和经济都以倍数增长,但建成区面积扩展不超过60%,同时土地供应面积却从2004年起从6225公顷巨幅降低到1606公顷,并在随后的时间一直维持在不超过3000公顷的供应规模上。有限的土地供给很显然无法满足快速城市化中人口和经济对土地的需求,从而形成了土地市场的结构扭曲,造成了对地价和房价推升的强大动力。

不饱和供地体现了城市政府追求土地收益最大化的行为特征。同时,土地用途管制、耕地保护、建设用地指标控制等土地管理政策又限制了城市土地供应规模,成为大城市土地供给不足的客观因素。

2.6.2 过度供地

在那些工业化程度落后和居民收入相对较低,房地产市场低速发展的地区,地方政府主要目标是获得建筑业和房地产业的税收收入,这是因为地方政府抬高地价会面对较高成本和困难,铺摊子、扩大建设规模并以此来实现税收收入的增长更加有利。获得由建设规模带来的税收收入需要加大土地的出让数量,因此该地区会为了追求房地产相关税收扩张土地出让规模。

城市建设的规模以及房地产业的发展是政府土地经营最为主要的推动力，以拆迁、圈地为中心的建设规模的扩大发展模式中，土地扮演一个极为主要的角色，积极的土地出让造成了城市空间的迅速拓展、房地产税收的快速膨胀，与此同时，一味通过超量供地来促进税收增长，也导致了城市的增长并非靠工业化以及城市化带动的第三产业的发展，而是靠土地开发、建设规模的扩大。粗放型的土地出让不仅损害了土地利用效率，也抑制了城市未来发展的空间潜力。

以地理位置较为偏远的鄂尔多斯为例，2001—2012 年该市的人口从132.83 万人增长到了 152.08 万人，但是建成区面积却从 21 平方公里扩展到 118 平方公里，增长了 4.6 倍。积极的土地出让和城市扩张相互刺激，粗放型的房地产发展难以为继，最终形成了一个"鬼城"现象。

第三章 房地产企业土地购置与商品房开发

3.1 房地产投资高速增长

3.1.1 投资规模持续膨胀

20 世纪 90 年代开始,中国经济逐步强化了"投资拉动"的高速增长模式,固定资产投资成为带动经济增长最重要的三驾马车之一。随着房地产市场发育,房地产开发投资成为固定资产投资的重要组成部分,占比达到 20％左右,房地产开发投资占国内生产总值(GDP)的比重逐年加大。2000 年,房地产开发投资额占 GDP 比重为 5.02％,仍属于合理水平。2013 年,全国房地产开发投资额为 86013 亿元,占 GDP 总量的 15.12％。到 2018 年,全国房地产开发投资额为 12.03 万亿元,占 GDP 总量的 13.36％。国际公认的房地产开发投资占 GDP 比重的合理水平为 5％,我国房地产开发投资持续过热。

在投资总量上,全国房地产开发投资额一直保持着高速增长(见表 3.1)。2000—2013 年,房地产开发投资额平均增长率约为 24％,其中增长最快的年份发生在 2010 年,2010 年全年房地产完成开发投资额 48267 亿元,同比增长 33％。2008 年四季度,为应对金融海啸的影响,国务院新增 4 万亿投资计划,其中 7％是直接投资到房地产行业(保障房建设),其他对基础设施建设的投资也能间接地带动房地产业发展。因此,房地产开发投资额长期高速增长不仅反映了房地产市场繁荣,而且也是国家政策的刺激与带动的结果。

表 3.1　2000—2013 年房地产开发投资额及其增长情况

年份	年度房地产开发 投资额(亿元)	年增长率(%)	占固定资产 投资比重(%)	占国内生产 总值比重(%)
2000	4984	21.5	19.01	5.02
2001	6344	27.3	21.15	5.79
2002	7791	22.8	21.95	6.47
2003	10154	30.3	22.16	7.48
2004	13158	29.6	22.29	8.23
2005	15909	20.9	21.19	8.60
2006	19423	22.1	20.80	8.98
2007	25289	30.2	21.53	9.51
2008	30580	20.9	20.56	9.74
2009	36232	18.5	18.68	10.63
2010	48267	33.2	19.99	12.02
2011	61740	27.9	20.42	13.05
2012	71804	16.3	23.09	15.23
2013	86013	19.8	19.70	15.12

数据来源：根据国家统计公报(2000—2013 年)相关资料整理。

3.1.2　产业资本大举进入

在政府培育房地产市场的过程中，房地产业作为一个新兴行业，表现出利润率高、发展潜力巨大的特征，吸引了大批企业的注意力，源源不断的资金流向房地产市场。

国家经济普查数据显示，2004 年全国房地产开发企业数量为 59242 家，至 2008 年，具有房地产开发资质的企业总数达到了 87881 家，增幅将近50%。房地产开发企业数量的增加不仅是房地产业快速发展的结果，更主要的是行业进入门槛不高，在土地出让市场资金为王的现实背景下，许多原来非房地产主营业务的企业，凭借资金实力参与土地"招拍挂"，进入房地产行业，期望在地产财富中分一杯羹。目前，涉足房地产业务的"外行"企业有：服装和鞋业的雅戈尔、维科、红豆、奥康，IT 业的联想，航空业的南航、东航、海航；旅游业的中青旅，家电行业的海尔、美的、创维、奥克斯、波导，连锁零售业的国美、苏宁，洗护用品行业的上海家化，汽车行业的悦达，农业的顺鑫农业，电力能源的国华电力以及纺织行业的杉杉、圣雪绒、江苏阳光、锦龙股份，等等。

"外行"进行房地产开发投资往往并非偶然。一方面，一些"外行"企业在地方城市有着过人的实力，与当地政府有着更加密切的关系，这使得这些企业能够以更低价格获得大量土地。以雅戈尔置业为例，雅戈尔起家于宁波，宁波可谓是土地市场发展较快的城市，但雅戈尔在 1998 年之前已经通过协议转让囤积土地超过 1000 亩。另一方面，一些"外行"企业因旧址搬迁而获得了大量存量土地。以南航地产为例，旧白云机场的搬迁为南航集团留下了大量的土地储备，南航集团旗下 40 余家分属南航、新航、北方航空等公司的存量土地也进行了资产重组，并逐步注入南航地产，这使得南航地产一跃成为实力雄厚的全国性房地产开发企业。类似的案例发生在纺织行业中，据不完全统计，沪深上市的纺织企业中涉足房地产开发的企业超过50％，纺织企业成立时间较早，厂房往往位于市中心位置，旧址搬迁之后能够为企业带来大量的土地储备。

3.1.3 超额利润推波助澜

尽管一些"外行"企业只是凭借某些契机进入房地产业，但对房地产高额利润的追逐却是其不断进行房地产业务开发投资的根本驱动因素。尽管房地产行业是否存在暴利是个有争议的话题，但现实中房地产的财富神话的确不断上演，地产界成为孕育中国富豪最多的一个行业。2003 年《福布斯》"中国内地百名富豪榜"上，以房地产为业务的达 40 多人，前十大富豪中房地产商占了 6 人。2007 年"胡润富豪榜"排名前十的富豪中，有 5 个为房地产开发企业，有 3 个企业涉足房地产开发业务。在 2013 年"胡润富豪榜"前 100 名富豪中，涉足房地产行业的富豪人数高达 39 位，地产富豪的神话长期延续。

从一些多元化公司的财务报表也可以发现，相对于其他业务，房地产业务的发展速度和盈利能力的确更胜一筹。以雅戈尔集团为例,自1992年涉足房地产业务,雅戈尔地产已累计开发住宅、别墅、商务楼等各类物业300万平方米,房地产业务与公司服装业务、金融投资业务并列为集团的三大业务。雅戈尔集团的财务报告显示,房地产业务的营业收入不断增加,占集团主营业务收入的比重越来越大,2013年这一比例高达63%,营业收入远超过其主业品牌服装业务。同样是开展多元化经营的浙江中大集团,在1996年上市之初,集团的主营业务集中于服装及纺织品的进出口等方面,随着市场经济的发展,公司依托国际贸易,拓展房地产领域,并进军期货投资等金融板块。目前,中大集团旗下主营业务包括汽车贸易与服务、房地产业、国际贸易、机电实业和金融事业等五大板块。其中,房地产业务的盈利能力远远超过其他业务板块。中大集团的财务数据显示,2011年房地产业务的毛利率达到了51.62%的高位,2012年和2013年虽稍有下降,但仍明显高于其他行业业务,见表3.2。

表3.2　浙江中大集团各主营业务毛利率　　　　　　　　　　单位:%

年份	汽车销售	机电实业	国际贸易	房地产	配件维修
2011	3.95	0.78	3.23	51.62	16.35
2012	3.14	1.74	3.83	37.85	18.13
2013	3.00	1.54	3.43	41.54	22.26

数据来源:根据浙江物产中大元通集团股份有限公司年度报告(2011—2013年)整理。

房地产行业的高额利润不断刺激着房地产开发投资,一些"外行"为了能够搭上地产财富的列车,不惜以重金高调拿地。2010年3月,北京一日之内就诞生了三个"地王",而这些"地王"的缔造者都具有央企背景,尽管国务院要求78家非房地产主业的央企退出房地产市场,但成效甚微。在房地产开发投资高速增长,外行不断涌入地产的现实背景下,房地产市场持续繁荣,称为"黄金十年"。房地产企业与其他行业内的企业相比,往往具有更好的成长性和盈利性。

企业的成长性主要表现为企业资产规模的增长,以房地产行业的龙头企业万科为例,万科地产致力于专业住宅开发,并于2010年突破了销售额千亿大关,2011—2013年,万科地产净资产增长率维持在20%左右。与其他行业的龙头企业,如钢铁制造业的宝钢钢铁、家电制造业的青岛海尔以及本土电子行业的中兴通讯相比,万科地产的成长性与老牌家电企业海尔不相上下,并明显优于宝钢钢铁和中兴通讯。企业的盈利性可以通过净利润率、净利润增长率以及净资产收益率等指标来反映,同样以万科地产、宝钢钢铁、青岛海尔、中兴通讯这几个不同行业的龙头企业为例,2011—2013年,万科地产的净利润率一直保持在10%以上,远远高于其他三家企业。在净利润增长率和净资产收益率两个指标上,万科地产与青岛海尔都较为稳定,并处于较高水平。相比之下,宝钢钢铁和中兴通讯波动较大,部分年份的净利润水平甚至出现了较大幅度的负增长,房地产企业的盈利性可见一斑,见表3.3。

表 3.3　不同行业典型企业成长性和盈利性对比　　　　单位:%

年份	指标	万科地产	宝钢钢铁	青岛海尔	中兴通讯
2011	净资产增长率	19.75	1.65	18.82	19.75
	净利润率	13.41	3.31	3.65	2.39
	净利润增长率	32.15	−42.79	32.22	32.15
	净资产收益率	19.83	7.02	31.33	8.74
2012	净资产增长率	20.50	4.59	33.41	−11.26
	净利润率	12.17	5.43	4.09	−3.37
	净利润增长率	30.40	40.83	21.54	−490.72
	净资产收益率	21.45	9.52	33.78	−12.43
2013	净资产增长率	20.48	−0.23	30.00	5.02
	净利润率	11.16	3.07	4.82	1.81
	净利润增长率	20.46	−42.33	27.49	147.79
	净资产收益率	21.54	5.29	32.84	6.17

数据来源:根据万科地产、宝钢钢铁、青岛海尔、中兴通讯2011—2013年年报资料整理。

总体上,房地产开发投资增长较快、房地产企业盈利能力相对较强,这使得大量非房地产主营企业进入房地产,并逐渐成为房地产开发的主体,全社会资本大量流入房地产业,这又促进了房地产开发投资的进一步增长。能够进入房地产的"外行"企业往往资金充足、实力雄厚,其中也不乏一些具有国有资产背景的大型企业，这些企业在房地产开发投资过程中往往一掷千金，加剧了土地市场的竞争。尽管国务院要求 78 家非房地产主业的央企退出房地产市场，但部分企业仍可以通过项目合作、股权收购等方式参与到房地产开发的大潮中。随着市场体系完善和金融创新深化，资本在行业间的流动和转移将会是一种长期趋势。

3.2 土地购置需求旺盛

3.2.1 土地购置面积上下波动

在全国层面上，全国房地产开发企业的土地购置情况可以分为两个阶段。从 1998 年全面启动住房制度改革到 2004 年控制投资过热，土地市场交易量一直保持快速增长。1998 年全国土地购置总面积仅为 10109 万平方米，至 2004 年，这一数字达到了 39788 万平方米，房地产业的快速发展刺激着开发商不断拿地，寸土即寸金。2005 年以后，政府对房地产市场宏观调控的力度不断增加，反复"收紧地根"，加大耕地保护力度，严格控制新增建设用地规模。同时，随着政策风险加大，市场前景不明朗，一些企业购地积极性也不稳定。从 2005 年至 2013 年，房地产开发企业土地购置面积大都维持在 30000 万平方米至 40000 万平方米范围内，总面积没有继续大幅增加，而是呈现波动态势，见图 3.1。

3.2.2 土地购置价格持续上涨

随着房地产市场的日益繁荣，全国房地产开发企业的土地购置价格①越来越高。尽管受政府宏观调控的影响，2011 年全国平均土地购置价格有所降低，但 2013 年土地市场再次火爆，全国平均土地购置价格超过了 2500 元/m²。总体上，各年份房地产企业平均土地购置价格表现出了长期上涨的

---

① 由全国房地产开发企业的土地购置费用与全国房地产开发企业的土地购置面积的比值计算得出。

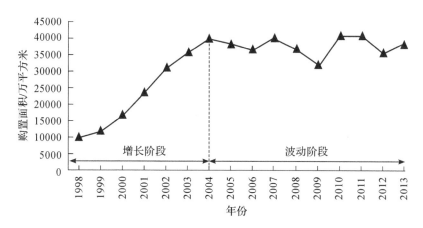

图 3.1　1998—2013 年房地产开发企业土地购置面积

数据来源：根据国家统计公报（2000—2013 年）有关资料整理。

趋势。

　　在北京、上海、深圳、杭州等热点城市，地价水平远远高于全国平均水平，在这些城市的黄金地段更是"地王"频出。2009 年 6 月，北京朝阳区广渠门 15 号地块被方兴地产以 40.6 亿元天价摘下，刷新北京市土地出让以来总价和楼板单价两项纪录。在接下来的两个月，这一纪录又被刷新了四次。尽管楼市调控日趋严厉，但开发商拿地的热情不减反增，2013 年"国五条"出台后，土地市场却呈现出异常火爆的态势。北京市夏家胡同地块重新入市，经过 62 轮竞拍后，最终懋源以 17.7 亿元加配建公租房 3.8 万平方米得标，剔除保障房折合楼面价约 4.1 万元/m²，成为北京单价地王。上海市浦东新区张江高科技园区中区地块以 48.7 亿元再次刷新上海市总价"地王"纪录，就连一向主张"不当地王"的万科也参与其中，土地市场竞争的激烈程度可见一斑。

　　土地成交价格的不断高涨，究其根本原因是在土地市场上，房地产开发企业是竞争需求方，土地资源的紧缺以及"招拍挂"的土地出让方式导致了政府垄断供给，加剧了供不应求的矛盾。公开"招拍挂"机制下，新闻媒体的强烈关注和反复炒作，也起了推波助澜的作用。在这样的市场环境下，政府的垄断供应与开发商的竞争需求之间存在着严重的不对称和不平衡，土地价格持续攀升，天价"地王"频频出现。以 2007—2013 年杭州市主城区住宅用地出让为例，2007—2010 年杭州市主城区住宅用地的成交均价①不断攀升，在市场行情较好的年份（2007 年、2009 年、2010 年），土地成交的平均溢价率都超过了 60%，溢价率代表土地成交价超出基价的程度，溢价率越高，说明土地市场的竞争越激烈。2011—2013 年，受限购等一系列调控政策的影响，杭州市住宅土地市场略显低迷，主城区住宅土地成交的平均溢价率有所下降，但土地成交均价和平均楼面地价一直维持在较高水平，见表 3.4。

表 3.4　杭州市主城区住宅用地出让价格及溢价率（2007—2013 年）

年份	土地成交均价 （元/m²）	平均楼面地价 （元/m²）	溢价率（%）
2007	15234	6480	63
2008	17958	6441	20
2009	23724	9850	67
2010	29827	12203	64
2011	20910	9027	11
2012	29088	11321	22
2013	31535	11823	31

数据来源：根据杭州市国土资源局网站历年土地出让数据整理。

3.2.3　土地储备规模巨大

房地产开发企业并没有因为过高的地价而减少拿地规模、减缓拿地速度。对比万科、中海、绿城、金地、保利、华润 2007—2013 年的新增土地储备情况，在市场行情较好的年份（2007 年、2009 年、2010 年），各大企业都购置了较多的土地。开发商如此热衷于新增土地储备是因为：土地虽然是生产房屋的"面粉"，但同时又是具有投资属性的资产，由于土地资源的稀缺性，土地增值的预期一直都在，虽然会有一定的价格波动，但增值是主基调。特别是经历了 2009 年房地产市场的戏剧性变化后，众多地产公司都对 2008 年的胆小行为懊悔不已，此后筹钱抢地毫不含糊，不断扩大自身的土地储备。

---

①　土地成交均价指土地成交额与土地出让面积的比值。

对于在市场竞争中处于优势地位的房地产开发企业,它们的土地储备规模表现出不断增加的态势。以万科、中海、绿城、金地、保利、华润这几个专业的房地产开发企业为例,从 2007 年至 2013 年,各大企业在土地储备总量上都有明显的增加,部分企业 2013 年的土地储备总量已经是 2007 年的两倍甚至更多,表明各开发企业积极拿地,不断扩大土地储备,见表 3.5。从房地产开发商经营的角度来看,土地储备是其进行住房生产的重要环节,开发商储备一定数量的土地,可以保证住房开发建设的连续性,并且可以在市场繁荣阶段从地价增长中获益。因此,即便是在政策波动剧烈的时期,开发商仍然愿意在土地上大量投资。

表 3.5 2007—2013 年部分企业土地储备情况对比 单位:万平方米

年份	万科	中海	绿城	金地	保利	华润
2007	1821	2358	2222	994	1579	1712
2008	1793	2484	2516	982	1828	2232
2009	2436	3055	3083	1358	2918	2219
2010	3640	3585	3742	1443	4195	2666
2011	3547	3445	4098	1537	3625	2985
2012	3947	3510	4187	1916	4278	2936
2013	4495	3877	3889	2500	4925	3581

数据来源:根据有关公司年报(2007—2013 年)资料整理。

总体上,无论在全国层面还是在企业个体层面,土地市场的成交量和成交价都不断攀升,房地产企业土地购置需求十分旺盛。地方政府的垄断性供给增加了土地市场的竞争,开发商在地价和房价不断高涨的预期下疯狂"追涨"。在这种亢奋情绪中,土地市场出现了很多不理性的行为,一些开发商愿意以远远高出出让底价的价格进行土地竞买,甚至出现土地楼面地价超过周边商品房销售价格的现象。而地价的上涨又会使市场和消费者产生房价更快上涨的预期,开发商和消费者"追涨"的心态不断推动着地价和房价的循环上涨。

3.3　土地开发进度迟缓

3.3.1　竣工比率不断降低

在商品房开发总量上，全国范围内房地产企业的开发建设总量呈现出逐年增加的趋势，各年份总施工面积、新开工面积和竣工面积都有一定程度的增加。以 2008—2013 年全国商品房开发建设情况为例，2013 年房地产开发总施工面积约为 66.6 亿平方米，较 2008 年已经翻了一番，商品房开发总量的不断上涨是房地产开发投资大幅增加的必然结果。尽管总施工面积大幅增加，但商品房的竣工率（竣工面积与总施工面积的比值）却出现了一定幅度的下降，见表 3.6。这一方面表现出房地产项目开发周期较长的特性，另一方面也能反映出开发商项目开发进度迟缓，存在延长项目开发时间的行为特征。

表 3.6　2008—2013 年全国商品房开发建设情况

年份	总施工面积（万平方米）	新开工面积（万平方米）	竣工面积（万平方米）	竣工率（％）
2008	274149	97574	58502	21.34
2009	319650	115385	70219	21.97
2010	405539	163777	75961	18.73
2011	507959	190083	89244	17.57
2012	573418	177334	99425	17.34
2013	665572	201208	101435	15.24

数据来源：根据国家统计公报（2008—2013 年）整理。

延长项目开发时间虽然会造成较大的资金成本，但在市场前景向好的情境下，房地产企业则能分享土地增值和房价上涨收益。土地增值指土地价值的增长，一般来讲，由于土地资源的稀缺性，土地价值会随着时间和经济的发展而产生正向的增值。土地价值的增加又不可避免地内化到房地产价格当中，由于存在土地增值和房价上涨的预期，房地产开发企业的开发行为总是会倾向于延期开发。

3.3.2 囤地行为屡禁不止

在土地供应不足、房地产价格持续上涨的情况下，一些开发商还会选择"囤地"以谋取土地增值带来的高额利润。一个典型的例子是，2006年李泽楷旗下香港上市公司盈科大衍地产以5.1亿人民币取得北京东三环长虹桥地块，一直没有开发，2009年8月，盈科大衍地产突然将该地块以1.18亿美元(约9.2亿港元)转手卖给瑞安建业，税前获利2.35亿港元，"囤地"收益可见一斑。

近年来，国家出台了诸多严厉政策遏制开发商"囤地"行为。2008年6月，土地调控指明商品住宅开发不得超3年，土地管理不作为将受严惩；2009年12月，中央政府再度缩紧土地阀门，将开发商拿地的首付款比例提高到五成，并规定缴纳全部价款的期限原则上不超过一年，而此前各地方土地出让大多执行20%~30%的首付政策。2010年3月，国土资源部出台19条土地调控新政，即《关于加强房地产用地供应和监管有关问题的通知》，该通知明确规定了开发商竞买保证金最少两成；1月内付清地价50%；囤地开发商将被"冻结"等19条内容。受调控政策的影响，开发商"囤地"行为有所收敛，但不少开发商仍踩着政策红线最大可能地延缓开发进度。

开发商延缓进度的手段多样，分批开发、拖延工期是最为常见的方法，也有一些开发商"捂盘惜售"。"捂盘惜售"的手段，不外乎三种：(1)达到预售条件，却迟迟不去办预售许可证；(2)应该一次性推出的房源，却分批办预售许可证，分批推盘；(3)拿到了预售许可证，却没有在规定的15天之内开盘。"捂盘惜售"实际上增加了资金成本，但开发商却乐此不疲，这是因为开发商希望通过房价上涨坐收更大的增值收益。

3.3.3 户型结构总体偏大

随着商品房市场培育和城镇居民住房条件的改善，商品房市场出现了追求大户型、超豪华的倾向。但从北京市商品住宅的销售情况中可以看出，90m²以下的刚性住宅和90~140m²的改善性住宅是购房市场的主要对象，二者的销售套数占比基本维持在80%左右。值得注意的是，在房地产市场形势较差的 2008 年,90m² 以下的刚性需求表现强势,成交套数占比达到 57%。2010 年,部分城市陆续出台了限购限贷政策,市场成交户型逐步缩小,"刚需"成为市场热点。

为了增加中小户型普通住宅的有效供给,2006 年 5 月国务院出台限制套型的"90/70 政策",政策中对商品房套型面积、小户型所占比率、新房首付款等方面作出了量化规定,提出 90 平方米、双 70%(90 平方米以下住房须占项目总面积七成以上、居住用地供应量七成用于中低价位中小套型)的标准。2008 年为活跃房地产市场,部分城市对这一政策有所放松,但 90 平方米及以下的小户型是住房市场的主力户型,万科、保利等专注于普通住宅建设的企业也十分重视小户型的开发,小户型占比均超过 80%。然而,对于多数开发商,在不违反政策规定的情况下,仍倾向于开发大户型。统计数据显示,2012 年 90 平方米及以下的住宅投资额占商品住宅投资总额的 34%。究其原因是大户型套均成交金额大,有助于缓解开发商销售压力,加快资金回笼。以 2007—2013 年北京市商品住宅销售为例,140m² 以上的大户型销售金额占比均维持在 45%~55%,大户型能够为开发商创造更多的销售收入。因此,开发商仍然是将开发投资主力集中在大户型住宅上,且大户型商品住宅的面积有越来越大的趋势,200 平方米以上的"豪宅"、复式结构也备受开发商青睐。

总体上,在开发商追逐利润的行为驱动下,商品房项目开发过程"表里不一"。表面上,全国范围内的商品房新开工面积、竣工面积逐年增加,商品房的供给总量加大,不断满足着日益增长的住房需求。而实际上,为谋取高额利润,一方面,开发商倾向于"囤地"、延缓项目开发进度,缩减了商品房的实际供给,使住房市场呈现出了"开发不足"的现象;另一方面,大户型住宅、"豪宅"的大量建设并不能满足普通的刚性需求用户,加剧了我国商品房供给中的结构性失衡。

3.4 销售策略增强垄断

3.4.1 预售缓解资金压力

在商品房销售制度方面,我国自 1994 年开始实行商品房预售制度。房地产开发企业在获得土地使用权证书、建设工程规划许可证和施工许可证的基础上,多层建筑已完成主体结构三分之一以上、高层建筑完成地面以下的主体工程就可以开盘预售。商品房预售制度俗称"买期房",房地产开发企业将正在建设中的商品房预先出售给消费者,并由购房者支付定金或者房价款。预售制度以其高杠杆效应解决了部分房地产企业开发资金不足的问题,增加了楼市供给和城镇住房建设。

根据 2013 年房地产百强企业研究报告,2008—2012 年房地产百强企业平均资产负债率一直维持在 70% 左右,而剔除预收账款之后的带息资产负债率①则大幅下降,2012 年房地产百强企业的带息资产负债率为 47.3%,预收账款在一定程度上降低房地产企业的负债水平,缓解企业资金流转的压力。对于房地产企业,预收账款最主要的组成部分就是商品房预售收入,商品房预售能够降低商品房的资金成本和运营风险,但也会引发房地产企业实行高负债的经营策略,甚至会助长一些企业"空手套白狼"的行为,助推了地价和房价的上涨,不利于整个行业的健康发展。

3.4.2 营销策略刺激购房

在商品房销售策略方面,开发商花样频出,除了广告营销,分期开盘、排号购房、低开高走定价策略也是较为常见的销售手段。

分期开盘指开发商分批次推出楼盘,这种策略可使开发商根据资金是否能够满足开发需要而选择性地供应。目前,房地产开发企业常用的分期

---

① 此处的带息资产负债率指剔除预收账款的资产负债比率,为报表资产负债率的修正指标。

开盘策略是，首期以较低价格推出小部分房源，根据首期销售情况，并结合相关政策、法规、市场预期等来判断下期开盘时间。分期开盘使开发商能够在一定程度上控制商品房的供给，开盘次数越多，分期推出的房源便会相应减少。以杭州"滨江·金色黎明"为例，自 2012 年 10 月至 2013 年 3 月，"滨江·金色黎明"项目共开盘 5 次，基本每个月内都有一次开盘，平均每次开盘推出的房源只有 53 套。在经典的供需理论模型中，供给的减少将推高均衡价格，开发商的分期开盘策略正是以此为基础增加消费者的购买热情，从而抬高房价。

排号购房最早出现在经济适用房的认购中。经济适用房的价格低廉、需求量大，必须排队才能买上房。目前，很多楼盘都采用了排号的认购方式。排队"抢"房会在一定程度上影响消费者的选择，产生非理性购房行为。排号的形式大多是首先在指定银行缴纳规定数额的"诚意金"，然后拿存款证明办理认购手续，领取认购号，再等待开盘。尽管开发商推出的一些销售策略使排号购房看上去较为优惠，但实际上是开发商变相地向消费者索取定金，并人为地制造出销售火爆、供不应求的表象。

低开高走定价策略指开发商根据销售进展情况，每到一个调价试点，按预先确定的幅度调高一次售价的定价策略。以杭州市"中海·寰宇天下"为例，项目 2012 年 9 月开盘时推出的均价 23000 元/m²，而 7 个月后，在 2013 年 3 月开盘时的均价则上涨到 27000 元/m²。这样低开高走的定价策略既能给前期购房者信心，又能刺激潜在购房者的购买欲望。

分期开盘、排号购房、低开高走等销售策略能够有效地引导住房消费，分期开盘使开发商可以自由控制楼盘的供应量，排号购房能够人为地制造出楼盘热销的表象，低开高走又可以使开发商在一定程度上左右商品房的价格。之所以会产生这样的现象，是因为商品房不可移动的特征决定了在特定的商品房销售市场中房地产开发企业是绝对的垄断供给部门。开发商的垄断供应与消费者的大量需求之间存在着同样严重的不对称和不平衡。

在这样的市场环境下，商品房市场往往供不应求，商品房销售价格不断上涨，2013 年全国商品房销售均价已达到了 6237 元/m²，而"大城市"的房价水平则会更高。CREIS（中国房地产指数系统）中指数据的百城价格指数显示，一线城市中的北京、上海以及深圳的商品房销售均价已经突破 2 万元/m²，广州以及部分二线城市，如杭州、南京等，商品房销售价格也一直处于较高水平，且这些城市的房价均显示出了进一步上涨的趋势。

总体上，在商品房销售方面，房地产企业依托预售制度高负债经营，以小博大，并通过不同的销售手段强化垄断供给。房地产企业在商品房市场中的垄断供给地位使开发商能够在一定程度上控制商品房的数量和价格，形成了商品房市场供不应求的局面，进一步地推高了房价。

3.5　小结："地王"和"豪宅"的缔造者

房地产市场包括土地交易市场和商品房交易市场，房地产开发企业同时是这两个市场的参与主体。在土地交易市场上，房地产企业通过竞拍获得土地，是需求主体；在商品房交易市场上，房地产企业负责商品房的开发建设和销售，是供给主体。因此，房地产企业在土地市场和商品房市场处于"中枢"地位。土地市场中，大量资本流入和竞争购地行为导致地价快速上涨；商品房市场中，开发商控制开发和营销管理加剧商品房供给垄断，推动房价上涨。开发商成为"地王"和"豪宅"的缔造者。

3.5.1　土地市场的竞争需求方

随着住房市场改革的逐步深化，房地产开发投资对经济增长的贡献逐渐凸显，政府政策的支持使得房地产开发企业不断加大投资力度，非房地产主营企业也竞相进入房地产业，这循环刺激了房地产行业开发投资的增长，使开发商和消费者产生了住房市场持续繁荣的心理预期。房地产开发投资的大幅增长以及"外行"跨界淘金行为使得大量资金涌入房地产，开发商为寻求扩张不断增加土地储备，这促进了土地市场的繁荣，助推地价上涨，并加剧了土地市场的竞争。

在土地交易一级市场上，房地产开发企业是竞争需求方，而土地出让部门则是该市场的供给方。20 世纪 90 年代国务院决定加强出让土地使用权的集中统一管理，借助土地收购储备制度控制土地供应总量，此后各城市纷纷建立土地储备中心，实行统一征收土地、统一出让土地。2002年，国务院有关部门又决定停止以协议方式出让土地，推出的土地"招拍挂"政策，使地方政府获得更多的土地垄断经营权。由此形成的土地供给制度，使政府在土地市场上具有绝对的垄断地位，而政府为保护稀缺的土地资源并获得巨额的财政收入会不断抬高土地价格。由于土地供给时间、供给规模都是由政府单方决定，土地的供给弹性很小，开发商为争取到土地的使用权也会接受相应的高价。此外，土地"招拍挂"制度虽然能增加土地交易市场的透明度，但拍卖的出让方式不可避免地会大幅抬高土地出让价格，获得土地使用权的开发企业往往难逃"赢者的诅咒"。因此，土地市场中政府部门垄断供应与土地竞拍机制助推了地价上涨，开发商在乐观预期下"追涨"的心态使得土地成交价格远远超出均衡价格。

3.5.2 商品房市场的垄断性供给方

与土地交易市场相反的是，房地产开发企业在商品房交易市场上摇身一变，成为独特的垄断供给方。房地产的不可移动性和投资属性决定了房地产产品不可能形成完全竞争市场，每一个产品都是独一无二的，这就使得房地产开发商能够在特定时间、特定区位上处于垄断供给的地位。为了能最大限度地追求高额收益，房地产企业在开发销售过程中往往会延缓开发进度、偏好开发大户型和"豪宅"，并运用一定的销售手段加强垄断。由此形成的结果是，房价不断攀升，有效供给相对不足。

在商品房价格方面，由于开发商在土地市场上产生了高额成本，这部分成本往往会通过高额房价转嫁到消费者身上，为了获得增值收益，开发商最大限度地延迟开发，助推房价上涨；在商品房供给方面，开发商为了能制造出供不应求的表象，往往选择分期分批限量推出楼盘，并运用排号购房、低开高走等策略刺激非理性消费，而随着城镇化进程的加快，住宅需求加速扩大，又使得商品房市场供不应求的结构矛盾长期存在。

3.5.3 "地王"和"豪宅"的缔造者

房价居高不下使房地产开发商成为社会舆论的焦点，"臭名昭著"的开发商似乎成为房价高涨的幕后黑手。然而,房地产企业的开发投资、土地购置和商品房开发销售都是企业追逐利润最大化的合理行为。大量资本的进入加剧了土地市场的竞争,而现行的土地出让制度使开发商只能被动地接受高昂的地价,天价"地王"数见不鲜。过高的土地价格将作为成本内化到房地产价格当中,这是产生高额房价的一个重要原因。在商品房开发销售阶段,为获得更大的增值收益,开发商往往会最大限度地延迟开发,从而缩减了商品房市场的有效供给。花样频出的销售策略又使得开发商能够在一定程度上控制商品房价格和供应量,这种垄断供给的模式又进一步推高了住房价格,不断上涨的住房价格更加印证了开发商和消费者的乐观预期,房地产投资进一步加大。

因此,在现行的政策背景下,房价的上涨是一个循环推动过程,土地出让制度、商品房开发销售制度以及一些政策导向都刺激着房地产投资与房价上涨,开发商的行为在微观上具有合理性,但整体上却导致土地市场和商品房市场持续过热,开发商成为"地王"和"豪宅"的缔造者,房地产市场结构性失衡问题愈演愈烈。

第四章 家庭住房消费与房地产投资

4.1 住房消费需求释放

20 世纪 90 年代以来,中国居民的收入水平逐步提高,对房地产的购买需求也与日俱增。自 1998 年国务院发布《关于进一步深化城镇住房制度改革加快住房建设的通知》,明确提出停止住房实物分配、逐步实行住房分配货币化以来,中国房地产市场迅速发育和繁荣起来,居民住房消费需求大规模释放。

国家统计局的相关数据显示,2003 年至 2013 年期间,我国房地产市场交易规模发生了巨大的飞跃。除 2008 年房地产市场受到全球经济危机的影响,交易量同比有所下滑以外,其余年份房屋销售面积与销售额均同比稳健增长。其中,2013 年商品房销售面积比 2003 年翻了近四番,而商品房销售额翻了七番,无论是交易规模还是交易数额都发生了大幅上涨,房地产市场已成为日渐成熟的商品交易市场,在人民生活中占据越来越重要的地位。

到 2018 年,商品房销售面积达到 17.17 亿平方米,按照 14 亿人口计算,全国人均购房 1.23 平方米。商品房销售金额达到 15 万亿元,相当于全国消费品零售额 38.10 万亿元的 39.37%。在商品房销售面积中,商品住宅占 86.14%。在商品房销售额中,商品住宅占 84.27%。家庭住房购买需求的巨大规模可见一斑。

4.1.1　居住面积扩大

住房消费属于家庭基本消费需要,住房消费水平可以用人均住房面积指标来反映。住房制度改革和房地产市场培育以来,中国城镇和农村家庭居住消费水平迅速提高,进入了住房消费快速释放时期。第六次人口普查的数据显示,2010 年我国城镇居民人均住房建筑面积达到了 31.6 平方米,农村居民人均住房建筑面积达到了 36.2 平方米,这两个数据在过去十年中始终以稳定的速度持续增长。

以浙江省为例,1990 年全省城镇居民人均住房建筑面积仅为 13.55 平方米,到 2000 年这一数据为 19.87 平方米,而 2013 年已达到了 38.82 平方米,从 1990 年至 2013 年这一数据的年均增长速度为 1.09 平方米,如果以三口之家来计算,则 2013 年浙江省家庭平均居住面积可达到将近 117 平方米,居民的最基本居住要求已被满足。到 2018 年底,浙江省城镇居民人均住房建筑面积已经达到 45 平方米,进入了富裕社会的居住水平。

人均住房面积快速增长同样发生在全国其他各个省份,人们的住房条件正随着人民生活水平的提高而逐步改善。根据国家统计局 2019 年 7 月 31 日发布的《建筑业持续快速发展城乡面貌显著改善——新中国成立 70 周年经济社会发展成就系列报告之十》,到 2018 年底,我国城镇居民人均住房建筑面积 39 平方米,比 1978 年增加 32.3 平方米;农村居民人均住房建筑面积 47.3 平方米,比 1978 年增加 39.2 平方米。

4.1.2　居住质量改善

根据国际上其他国家的经验,人均住宅建筑面积在 30 平方米以下时属于住宅消费高速增长期,此时居民的住宅消费需求还是解决“有无”的最基本需求。而当人均住宅建筑面积超过 30 平方米,按照户均人口 3 人计算,户均住房建筑面积已超过 90 平方米,此时住宅需求已逐渐转变为追求居住品质的改善性消费需求。居民的住宅消费开始逐步转型升级,房地产市场需求由单纯的数量需求,向讲究消费质量转变,开始强调建筑类别、户型设计、小区规划、物业管理和服务、节能环保性能、社区文化氛围等影响居住质量的因素，而日益提高的房地产开发能力使得更为科学、宜居的楼盘项目成为可能，带动了购房需求的增长。

小区规划日益完善。小区规划包括楼房的空间排布、道路景观、公共服务设施、园林设计、小区封闭性等。楼房的空间排布对居住区的居住密度和采光有很大影响，直接影响到住户的生活质量；科学的交通规划、园林设计能让小区成为城市中的"世外桃源"，让住户在小区的纵横阡陌中享受绿色的清新；会所、健身器材等公共服务设施增加了住户的生活乐趣；小区封闭性对区内的安全有很大的影响。小区规划与居民的日常生活息息相关，因此也对住户的购买需求有很大影响。

户型设计注重居住功能。户型对采光、通风等方面均有很大影响，科学的户型设计能够让使用者有更好的居住体验，甚至能让房屋表现出比实际使用面积更大的空间感。

物业管理和服务质量提高。在房屋交付后，更持续性的影响居民居住体验的就是物业管理和服务的质量。物联网技术的发展，为社区物业管理提供了新的技术支持，例如，三表抄送不再需要人工上门，防火、防盗、防意外等家庭智能系统全社区联网，智能停车场系统，小区照明、植物灌溉等自动化控制等。假以时日，更加成熟的物联网技术将会普及到更多新建住宅中，带动新的购房需求。

节能环保和宜居性能提高。城市发展带来的空气质量下降、水污染等问题都让居民更加渴望拥有良好的居住环境，以生态环境、绿色科技、节能减排等为设计特色的社区日益得到消费者的偏爱。国家发展改革委发布的《"十二五"国家战略性新兴产业发展规划》明确了节能环保、新能源、新材料等7大领域的重点发展方向，随着人们对可持续发展的认识逐渐深刻，基于人与自然持续共生原则和资源高效利用原则而设计建造的绿色住宅有了更加广阔的市场潜力。

社区文化日益丰富。随着文化水平的提高，居民对居住社区的文化气息、生活品质等都提出了更高的要求，小区除了比拼硬件条件外还需在"软实力"方面下苦功。"文化地产"属于主题产业地产范畴，用特定的文化贯穿规划、建筑设计、园林景观、营销体系、物业服务的开发全过程，提升建筑的整体价值。

4.1.3　居住方式转变

随着国民经济的发展和居民家庭观念的改变,越来越多的青年倾向于婚后独立居住,以往三代、四代同堂的传统大家庭模式,正随着年轻一代的成家立业而逐步分解为多个核心家庭。改革开放带来的思潮冲击,青年与父辈在生活观念、生活作息等许多方面不甚相同,分开居住会更加自由,因此许多年轻人选择不和父母一起居住。由此带来的家庭规模逐步缩小、家庭户数增加,催生了购房需要的增长,而购买力的提高和金融支持的发达,使越来越多青年有能力购买自己的住房。

从六次人口普查的数据来看,1964 年第二次人口普查时家庭规模最大,为每户平均 4.43 人;此后家庭规模逐步缩小,到 2010 年第六次人口普查,户均人口下降到 3.1 人,2011 年统计年鉴数据显示家庭规模为平均每户 3.01人,三口之家的小家庭已成为最主流的家庭模式,见表 4.1。

表 4.1　历年人口普查家庭户情况

指标	1953	1964	1982	1990	2000	2010
家庭户规模(人/户)	4.33	4.43	4.41	3.96	3.44	3.10
家庭户户数(万户)	—	—	22008	27691	34837	40152

数据来源:根据国家统计局网站有关统计数据整理。

住房是满足家庭居住需要的产品,因此一般来说购房是以家庭为单位的,家庭规模缩小,伴随着中国总人口的快速增加,意味着家庭总户数正以更快的速度增长,由此带来了我国住房需求的结构性增加。

4.1.4　租买选择"偏好购房"

住房消费可进一步区分为购买和租赁两种方式。由于住房具有消费品和投资品双重属性,人们既可以通过租赁住房来满足自己的居住需求,也可以通过购买住房,实现住房消费和住房投资的结合。在许多西方发达国家,住房买卖市场和租赁市场关联性强,买房和租房所享受的住房产品和服务差别较小。但在中国目前的房地产市场下,房屋买卖市场和租赁市场出现了严重的分化与割离,购房消费与租房消费的替代性差,租、买选择机制缺失，购买自有住房已成为大部分人解决住房需求的首要选择，重购轻租倾向明显。

第一，住房消费观念使得购买自有住房比租房更受欢迎。对许多中国人来说，房屋不仅仅是单纯的提供居住空间的物理概念，更是意味着"归属""安全感""港湾""温暖"等多重含义的心灵驿站。中国人独特的"家文化"使中国人对买房具有特别的偏好，只要能拥有一套自己的房子，即便是成为"房奴"也在所不惜，许多人甚至以每月要偿还的月供作为自我激励的手段。孟子曰"居者有其屋"，只有拥有一套房子才能真正让百姓"安其居、乐其业"，拥有一套住房才意味着在某个城市落地扎根，才真正意味着有了稳定的生活；而租住房屋仍有一种"漂泊感"。这也是购房需求居高不下的主要原因之一。此外，从马斯洛需求层次理论来看，购房除了满足基本的居住需要和安全需要之外，还满足了人们较高层次的社交、尊重、自我实现的需要。房价的不断攀升，让许多人想买房却买不起房，在这样的现实背景下，许多人在购买住房时把住房看作是表明社会相对地位、为自己争取名誉的手段。常言道"小康不小康，关键看住房"，拥有自己的房屋，在一定程度上是经济实力、社会地位的表现。部分购房者非常关心自身住房消费水准与他人进行比较后的结果，通过比较住房条件，来表明自己的地位、身份、成功、富有，获得自我成就感。这种"位置消费"心理也会促使许多购房者产生改善性购房需求。

第二，"筑巢引凤"的需要。在房子成为经济实力象征的当今社会，结婚就得买房似乎是一条铁律。某婚恋网站 2012 年的中国婚恋观调查显示，52％的受调查女性认为房子是结婚的必要条件，"结婚不买房，就是要流氓"等口号在网络上流传甚广，《裸婚》等反映相关主题的电视剧也在老百姓中掀起了"结婚是否一定要有房"的热烈讨论。对女孩的父母来说，男方拥有房产在一定条件上更能保障婚后较好的生活条件，因此拥有房产是婚恋市场的加分项，能有效地提高男方寻得伴侣的成功率，"丈母娘经济"催生了许多"筑巢引凤"的男性。而随着男女比例的逐渐失调，未婚男性的数量日趋攀升，2010 年人口普查的数据显示男女比例为 105.2：100；2011 年统计年鉴数据显示，未婚男女的数量分别为 114590 人和 84651 人，比例为 1.35：

1。也就是说，每四个男性中至少会有一个打光棍，这一男女失衡的状况进一步推动了男性"筑巢引凤"的购房需求。

第三，争夺城市稀缺公共服务资源。中国人口众多，优质的医疗、教育等资源十分稀缺，此时房屋不仅仅是一个居住空间，更是获得资源分配的权利凭证。房子的"权利属性"是户籍制度的衍生品，我国现行户籍制度的最大特征是"以房管人"，即把户籍和房产挂钩，有房子才有户口、有户口才有权利。因此，房子买在哪个区域，业主就能享受该区域的公共产品，例如学校、医院、水、电、气等。户籍制度成为界定个人所能享受的公共产品档次与享有权利大小的工具，而房子则是实现户籍制度管理的手段。许多发达国家的年轻人之所以不急于买房，就是因为即使"四处流浪"仍然不会失去应有的社会保障与权利。"学区房"就是这一现象的有力佐证。随着许多地方"零择校"等相关规定的出台，学区房概念大热。两栋相隔不远的楼房，即使建筑年代、建筑风格等完全相同，由于划分进不同的学区，它们的二手房市场交易价格也有天壤之别。为了提高稀缺资源的可得性，许多家庭选择在资源集中的地段买房，催生了购房需求。

第四，房价持续上涨，进一步形成房价上涨预期，租不如买。在成熟的房地产市场，租金能反映投资于房地产的收益水平，房地产资产市场和房地产使用市场相互连通，当房价过高时，部分购房者可通过租赁房屋解决住房需求。而在我国，近年来不断上涨的房地产价格水平使得购买的房地产资产不断升值，并进一步加强了房价上涨预期，使得许多人认为"租不如买"。房地产资产市场与房地产使用市场隔离，进一步推动了购房需求的上涨。

第五，产业化的房屋出租市场尚未形成，大多数租赁住房的建筑品质较低，供给稳定性较差。目前，中国尚未形成产业化的房屋出租市场，房屋出租人主体多为以净资产形式拥有多套住房的自然人，租赁市场的出租主体非职业化特征明显。许多房屋出租人在改善住房条件后，将早年购入的房屋用于出租，因此城中村和老小区等"低品质"住房成为租赁市场主要交易对象，租赁市场的供给呈现严重的结构性失衡。大多数用于出租的房屋存在面积较小、设施老旧、内部装修较差等问题。同时，非职业化的租赁房屋供给稳定性较差，难以提供专业化的服务。租客随时面临着房屋被房东收回的风险，由于租客只拥有房屋的使用权而不享有所有权，当房东对房屋有新的计划和安排时，租客就被迫要搬离房屋，随时要应对搬家的可能性；房租也存在涨价的风险，由于房地产市场行情的水涨船高，房东更倾向于缩短收取租金的时间间隔，以便能够随市场行情提高租金水平。

第六，选择租赁房屋的人群与选择购买房屋的人群出现明显分化。在购房与租房两者间权衡时，只要具备一定的经济能力、工作较为稳定，大多数人会优先考虑买房，通常在买不起房的情况下才会选择租房，市场"去租房化"现象普遍。选择租赁房屋的人群主要是外来人口与低收入家庭，租住的房屋具有较大临时性和过渡性。外来人口分为两类，一类是收入较低的外来务工人员，其工作稳定性较低、每份工作持续的时间较短、工作地点时常更换，因此租房是这些外来务工人员的首要选择；另一类是毕业后在外地求职的职场新人，这部分人群经济实力尚不足以购房，同时工作也存在变动的可能性，因此选择租房。而低收入家庭由于经济能力的制约，只能选择租房。

在中国独特的社会文化背景下，房屋买卖市场和租赁市场的主体（交易者）和客体（房屋）均出现了分化，房屋买卖市场和租赁市场割离，租、买选择机制缺失，购房已成为大多数人解决住房需求的首要选择。

4.2　住房投资倾向增强

2010 年第六次全国人口普查的数据表明，按家庭拥有的住房间数划分，全国拥有六间及以上住房的家庭共有 4111.8 万户，占家庭户总数的10.2%。表明住房对于部分家庭而言，已超出基本的住房消费需要，成为家庭资产的重要内容，具有一定投资品的性质。随着公房出售、经济适用房销售和普通商品房市场发展，多数城镇户籍家庭都拥有自己的住房，住房自有率普遍超过 80%。

在储蓄积累水平逐步提高的社会背景下，我国居民出现了日益增加的投资理财需求，而持续的通货膨胀和负利率水平导致了储蓄资产贬值的风险,进一步激发了居民的投资需要。房地产资产和股票、债券等其他投资标的一样,是投资者分散投资风险、构建投资组合的投资标的之一,而近年来房价上涨、股市等投资渠道不畅等因素,使得大量投资、投机性资金流入房地产市场。投资房地产市场形成的财富效应所带来的示范作用,带动了更多人参与到房地产投资活动中,房地产市场的投资属性逐渐增强。

4.2.1　投资理财需求旺盛

近年来经济发展的成果惠及了广大人民群众,城乡居民收入水平不断提高,城镇居民家庭人均可支配收入由 1998 年的 5425 元增加到 2013 年的 26955 元,扣除物价上涨指数,按可比价计算年均递增约 20%;农村居民家庭人均纯收入由 1998 年的 2162 元增加到 2013 年的 8896 元,按可比价计算年均递增约 12%(见表 4.2)。

表 4.2　1998—2013 年全国居民人均可支配收入

年份	城镇居民家庭人均可支配收入		农村居民家庭人均纯收入	
	绝对数(元)	指数(1978 年＝100)	绝对数(元)	指数(1978 年＝100)
1998	5425	329.9	2162	456.1
1999	5854	360.6	2210	473.5
2000	6280	383.7	2253	483.4
2001	6860	416.3	2366	503.7
2002	7703	472.1	2476	527.9
2003	8472	514.6	2622	550.6
2004	9422	554.2	2936	588.0
2005	10493	607.4	3255	624.5
2006	11760	670.7	3587	670.7
2007	13786	752.5	4140	734.4
2008	15781	815.7	4761	793.2
2009	17175	895.4	5153	860.6
2010	19109	965.2	5919	954.4

续表

年份	城镇居民家庭人均可支配收入		农村居民家庭人均纯收入	
	绝对数(元)	指数(1978年=100)	绝对数(元)	指数(1978年=100)
2011	21810	1046.3	6977	1063.2
2012	24565	1146.7	7917	1176.9
2013	26955	—	8896	—

数据来源:根据国家统计局网站有关统计数据整理。

按照新统计口径,2018年城镇居民人均可支配收入达到39251元,比2013年增长45.62%。农村居民人均可支配收入达到14617元,比2013年的9430元增长55%。在城乡统筹发展背景下,农村居民收入增长速度加快。

收入水平的整体提高带来了居民储蓄规模的扩大,并进一步推动了居民购买力的提高。积蓄是中国老百姓支付购房款最主要的资金来源,从储蓄规模来看,城乡居民人民币储蓄存款年底余额在2000年底为6.43万亿元,2005年底为14.11万亿元,2010年底为30.33万亿元,2014年底达到48.53万亿元,是2000年的7.55倍。根据人民银行统计,2018年底境内住户人民币存款余额为71.6万亿元,中国家庭储蓄规模十分巨大。

随着收入水平和储蓄规模的提高,我国居民的理财投资需求也日益增加。城镇居民家庭收入结构的变化表明了居民投资理财对提高居民收入的作用。人口普查和统计年鉴的数据表明,1990年至2012年,工资性收入的比重由75.8%下降到了64.3%,降低了11.5个百分点;相应的,经营净收入占比上升了8%,财产性收入上升了2%,转移性收入上升了2%。虽然工资性收入仍然是城镇居民收入的主要来源,但收入结构日渐趋向多元化发展,其他收入来源所占比重逐渐增大,理财投资等成为增加居民收入的重要渠道。随着收入与储蓄不断增长,近年来家庭资产配置意识进一步增强,投资需求客观存在,十分旺盛。

4.2.2 投资渠道选择受限

理性投资者不会将资金单一地投向某一类资产,而是会根据收益率与风险状况确定投资组合,以规避市场的系统性风险。风险因素并不完全相关的资产,可以构建资产组合,帮助投资者分散投资风险。由于房地产市场具有一定的独特性,与其他投资品在流动性强弱、资产回报率期望值高低、相关政策、市场参与者情况等方面都有所不同,因此房地产市场行情的波动方向和波动幅度也与其他投资品不同,与股票、债券、期货等其他投资工具有一定的可替代性。

我国经济快速增长,人们的财富也不断增长,人们的投资范围也不再局限于股票、债券等投资金额门槛较低的金融资产,房地产业的迅猛崛起和金融业的发展使得越来越多的投资者参与到房地产投资活动中,由此房地产也成为一种新的投资工具,具有了虚拟经济属性。

以房地产与股票两种资产比较为例,两者的区别主要体现在:第一,两者风险性不同,总体来说房地产比股票的市场波动性小,因为房地产供给在短期内缺乏弹性,而城市化进程的深化使得购房需求在长期内呈稳定上升的趋势,因此房地产市场价格从长期来看仍然处在上升通道中;而股票则带有较强的投资、投机属性,市场波动性大。第二,房地产具有消费品和投资品两种属性,而股票只能作为纯粹的投资品,因此家庭对待房地产和股票的态度不同,部分家庭更倾向于将房地产作为长期资产,将来可以传给子孙,而不把房地产增值收益用来消费。第三,市场参与者不同,房地产市场参与者中消费者、投资者、投机者均有一定比例,而股票市场上仅有投资者和投机者。第四,股票的流动性比房地产的流动性更强,房地产市场的交易成本比股票的交易成本高、交易时间更长、手续更复杂。因此投资者通过同时投资房地产市场和股票市场,可以更好地规避单一投资可能带来的风险。当房地产投资收益率高于股票市场时,将有部分资金转向房地产业,使房地产价格迅速上升;反之,股票价格将迅速上升。

房地产市场价格走势与股市波动方向和波动趋势均不同,相比于股市的大涨大落,房地产销售价格始终处在稳定的上升通道中,且大多数股票投资的周期较短,而房地产作为一种中长期的投资品,其收益更加稳定。房地产投资可以与股票投资等构建流动性、收益率、投资周期等互补的投资组合。从国家统计局公布的 70 个大中城市新建住宅价格指数、房屋销售价格指数和上海证券综合指数(简称上证综指)、深证成分指数(简称深证成指)

的历史波动情况对比来看,从 2011 年 1 月到 2014 年 1 月,上证综指和深证成指虽然都经历了不同程度的波动,但长期增幅非常有限,均出现了较大幅度的下跌;而房地产市场,以北京、上海、广州、杭州等重点城市为例,除杭州的二手房交易价格小幅下滑了 3.65% 以外,其余三个城市的房价在三年内均有 15% 以上的涨幅,月均涨幅约为 0.5%,显然对投资者来说,房地产市场比股票市场增幅更稳定,更适合作为长期投资的标的(见表 4.3)。

表 4.3　北京、上海、广州、杭州房价变动与股票指数变动情况对比

投资标的	2011 年 1 月	2014 年 1 月	累计增值幅度(%)	月均增幅(%)
上证综指	2790.69	2033.08	−27.15	−0.75
深证成指	11994.68	7572.63	−36.87	−1.02
北京二手房	101.2	120.1	18.68	0.52
上海二手房	100.6	116.8	16.10	0.45
广州二手房	102.3	120.2	17.50	0.49
杭州二手房	101.5	97.8	−3.65	−0.10

资料来源:上证综指与深证成指数据来自搜狐证券;房地产价格为国家统计局公布的 70 个大中城市二手住宅销售价格定基指数,以 2010 年相应价格为 100。

4.2.3　通货膨胀压力增大

投资房地产可以作为通货膨胀的冲销工具。房地产收益包括租金收入和资产价格上升带来的资本利得,因此对房地产收益和通货膨胀的同向变动关系分析可以从两个方面进行。

第一,从房地产的价格方面来分析。一是对购房者来说,由于购买房地产大多采用分期付款的方式,如果预期未来通货膨胀率会上升,则将来实际需要偿还金额下降,从而引起当前房地产所有者权益的上升和购房需求的增加。二是通货膨胀的上升往往意味着社会总需求的上升,由于房地产供给弹性较小,当需求上升时房地产存量的调整非常缓慢,房地产市场更多地需要依靠价格的调整而不是数量调整来调节供求平衡,需求上升的压力更多地体现为价格的上升而不是数量的增加。三是对房屋供给方来说,在确定房地产商品的出售价格时,要考虑其重置价格,因此原材料、劳动人工、附

属设施等的价格上涨因素就会纳入定价之中,从而将通货膨胀包含其中。

第二,从出租的房地产方面来分析,房地产持有者可以通过提高租金将通货膨胀的压力转向房地产使用者,转移的能力取决于房地产市场上供求的竞争压力,物价水平的上涨将体现为租金水平的上涨。由于商业房地产需求的竞争更加激烈,因此,在通货膨胀时期,包括办公楼和零售业房地产在内的商业房地产租金增长比住宅市场租金水平增长更加明显。

因此,当通货膨胀加重时,房地产价格上升速度要快于普通商品。正是由于房地产具有抵御通货膨胀的功能,在通货膨胀率较高的时期,房地产市场可以吸引更多的资金进入,这将进一步加剧房地产价格的上涨趋势。就这一点而言,通货膨胀时期房地产价格的上升有一定的自我实现功能。正是由于房地产价格对通货膨胀的抵御功能,才使得房地产价格与通货膨胀相互助推,形成"螺旋式"的互动攀升过程。

相关数据表明,我国自 2007 年起经常处于负利率状态,CPI(消费者物价指数)涨幅高于同期的银行一年期存款利率,居民的储蓄资产随着物价上涨处于贬值状态,见图 4.1。负利率促使许多居民急需寻找合适的投资渠道,以避免储蓄资产的贬值,因此具有抵御通货膨胀功能的房地产资产成为许多人的投资选择,催生了购房需求的快速上涨。

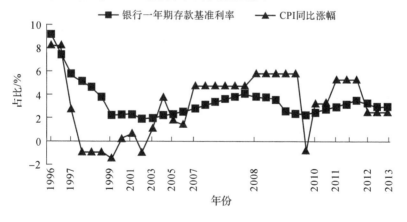

图 4.1　1996 年至 2013 年利率和 CPI 变化情况

数据来源:银行利率来自中国人民银行网站,个别年份利率有多次调整;CPI 数据来自国家统计局网站。

而2003年至2010年居民消费价格指数与房屋销售价格指数的对比数据表明，房价的涨幅已远远超过物价，有效抵御了资产的贬值，许多购房者正是出于抵御高通货膨胀风险的考虑进行了房地产资产购置，见图4.2。

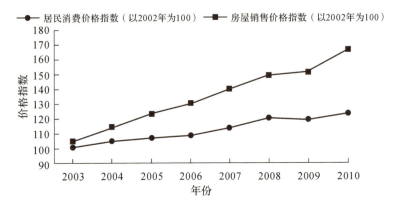

图4.2　2003—2010年居民消费价格指数与房屋销售价格指数对比

数据来源：根据国家统计局网站有关统计数据整理。2011年起国家统计局不再公布房屋销售价格指数。

4.2.4　房地产财富效应凸显

房地产是我国居民家庭财富的重要组成部分，当房价波动时，家庭的财富总量也会相应发生变化，消费者随着自身资产价值的增加会逐步增强消费能力，从而影响到家庭的收入分配、消费支出和消费决策，并影响总需求和经济增长，推动投资量和企业的生产热情，最终拉动经济的快速发展，而良好的经济发展势头必将为消费者带来实质性的收入增加和资产价值进一步增值，形成良好的景气循环。因此，房地产的财富效应推动着我国经济的持续增长，也是形成改善性购房需求的重要原因之一。

财富效应可进一步被细分为三个方面。一是已兑现的财富效应。房地产价格上涨后，房地产所有者可通过再融资方式或者出售房地产来兑现资本增值的收益，并将这些收益用到家庭消费中，增加消费支出。二是未兑现的财富效应。当房地产价格上涨，而房地产所有者没有将其持有的房地产进行再融资或出售，这种未兑现的财富增值仍会促进消费，因为其提高了房屋所有者财富的贴现价值，因此房屋所有者预期他们比以前更加富有。三是减轻流动性约束。房地产价格上升,房屋持有人可以用升值的住房申请更高额度的贷款,从而获得更大的流动性。当房价持续上涨时,投资、投机者得以将在房地产市场赚取的买卖差价和本金一起进行扩大化的投资,获得多次的、持续性的投资、投机收益。

下面以杭州三个典型楼盘为例,测算说明购房者的投资增值收益。

(1)耀江文鼎苑:耀江文鼎苑二手房从 2007 年开始上市,上市时成交价约为 12000 元/m²,与一手房价格走势基本相符。2008 年 5 月,二手房实际成交价可达 15000 元/m²,之后逐步回落于 14000 元/m²,基本处于有价无市状态。2009 年 5 月以后回复到 15000 元/m² 以上,此后二手房价格一路走高,2013 年 6 月实际成交价处于 25000 元/m² 左右。假设不同购房者分别在各期开盘时购置新房,并以当前的市场价格转售,则分别获增值收益如表4.4 所示。

表 4.4　耀江文鼎苑购房者增值收益情况

购买时间	购买价格 (元/m²)	二手房价格 2013 年 6 月 (元/m²)	累计增值 幅度(%)	年均增幅(%)
一期 2005 年	8800	25000	184.09	23.75
二期 2007 年	13000	25000	92.31	15.39

数据来源:根据杭州透明售房网数据整理。

(2)广厦绿洲花园:广厦绿洲花园自 1998 年 10 月取得项目开始,分别在2001 年、2003 年、2004 年和 2005 年推出三期楼盘至今,经历了杭州房地产市场自 1998 年起市场化改革全程,其各期均价也随着房地产市场形势的不断向好而从 2001 年首期开盘的 5000 元/m² 涨至 2005 年三期第二批开盘的12985 元/m²,而二手房价格也不断上扬,2005 年绿洲二手房价格已涨至14000 元/m²,由于宏观调控的作用,2006 年二手房价格略有下降,约为 9500～13000 元/m²,2007 年起随着形势的向好二手房价格又有所上涨,至 2013年 6 月二手房价格达到了 22996 元/m²。

从价格翻天覆地的变化可以看到,在广厦绿洲理性投资的购房者,应该获得了不小的收益。假设不同购房者分别在各期开盘时购置新房,并以

2013 年 6 月时的市场价格转售，则分别获增值收益如表 4.5 所示。

表 4.5 广厦绿洲花园购房者增值收益情况

购买时间	购买价格（元/m²）	二手房价格2013 年 6 月（元/m²）	累计增值幅度（%）	年均增幅（%）
一期（第一批）2001 年	5000	29000	480.00	40.00
二期（第一批）2003 年	8500	29000	241.18	24.11
三期（第一批）2004 年	12000	29000	141.67	16.19
三期（第二批）2005 年	12985	29000	123.33	14.51

数据来源：根据杭州透明售房网数据整理。

（3）滨江万家花城：正当万家花城一期即将交付之际，杭州房产正处于快速增长阶段，不管是一手房还是二手房，房价和成交量一路飙升。而万家花城一期因其房产品质和绿化景观受到业内人的一致好评，二手房价格达到了 18695 元/m²。假设不同购房者分别在各期开盘时购置新房，并以 2013年 6 月时的市场价格转售，则分别获增值收益如表 4.6 所示。

表 4.6 滨江万家花城购房者增值收益情况

购买时间	购买价格（元/m²）	二手房价格2013 年 6 月（元/m²）	累计增值幅度（%）	年均增幅（%）
一期（第一批）2007 年	7920	24000	203.03	33.84
一期（第二批）2007 年	8275	24000	190.03	31.67
二期（第一批）2007 年	12960	24000	85.19	15.50
二期（第二批）2008 年	13160	24000	82.37	17.34

数据来源：根据杭州透明售房网数据整理。

投资房地产获得的财富效应远超过银行储蓄等其他理财渠道，并且购买房产的时间越早，通过房地产市场获得的增值回报越多。此外，在房地产市场获得巨大收益的人群对其他投资者起到示范作用，吸引了越来越多人投资房地产。

持续上升的房地产市场价格加强了投资者的资产升值预期，进一步激发了购房需求。近年来，我国房地产市场价格虽然波动较大，但总体来说呈现上升趋势。预期具有自我实现功能,当购房者预期房价即将上升时,就会集中在现期出手购买房屋,由于房地产供给缺乏弹性,因此爆发性的购房需求无法由供给在短时间内满足,造成了房价的上升,而房价上升将会进一步强化房价上升预期。房价上升预期的普遍性可以从近年来频频发生的"房闹"事件略窥端倪,当房地产市场行情下滑、开发商新盘降价销售时,之前以更高的价格购置房地产的业主就会感到无法接受,表明房价下滑是许多购房者从未预见过的情况,房价上升预期普遍存在。当购买者预期房地产价格即将上升时,则会提前出手购买,从而增加了房地产市场现期的需求。因此在住房市场上,也常常存在"买涨不买跌"的现象。

房地产市场中,投资、投机者的"羊群行为"也加剧了购房需求的释放。当有示范者买房时,就会有另一群人"跟风"购买房地产,这种从众行为互相放大,导致购房需求以几何倍数扩大。正是因为"羊群行为"的存在,非理性的判断一旦出现就会在市场中逐渐蔓延,影响更多的投资者情绪。当小部分人购买房地产,起到示范作用后,人们争相将资金投入房地产市场,导致房地产市场过热。

4.3 购房需求快速膨胀

4.3.1 城市化进程不断加速

日渐扩大的城市化导致人口向城镇集中,带来大量置业需求。城市化是经济由不发达的二元分割状态向较发达的一体化经济过渡的过程中所呈现的经济结构、社会结构转变的现象,是工业化以后特有的发展阶段。工业化使得农业社会逐步发展为工业社会,非农活动的比重逐渐上升,出现了人口从以农业活动为主的农村向以非农业活动为主的城镇转移的过程,使得城镇人口比重日益增大。

城市化的最突出表现是其集聚作用,包括人口向城市集中转移,产业、经济、科学技术向城市特定空间集中,城市土地面积扩大等。城市经济学和区域经济学的成果已经证明,由于经济的集群效应,经济发达地区在经济规模、技术研发、产业结构、专业分工、劳动力素质水平、信息传递等经济发展推动因素方面具有明显的优势。因此，居民向中心城市集聚，寻找更好的工作机会和薪酬待遇。作为城市社会经济活动的物理载体，房地产业也在城市化进程中蓬勃发展。住宅方面，城市化导致的产业集聚、基础设施建设、旧城改造等，都创造了居民日益增长的购房需求。商业地产方面，产业和人口集聚带来办公楼、商业营业用房、工业用房、仓库等巨大需求。

改革开放以来，随着市场经济体的建立和市场经济的发展，城市化进入了实质性的飞跃发展阶段。以城镇人口比例指标作为城市化率的简单表征，1998年我国的城镇人口占总人口的比例为33.35%；经过多年快速发展，至2013年，城镇人口比例已达到了53.73%，2018年进一步达到59.58%。城市经济学中的纳瑟姆曲线表明，当城市化水平超过30%时，经济发展势头开始进入高速阶段，初步进入工业社会；当城市化水平继续提高到超过70%之后，经济发展势头才会再次趋于平缓的成熟阶段，进入后工业社会。城市人口总量增长，需要住房的人数就增加，对房地产的需求就会增大。在房屋供给无法快速释放的前提下，城市化带来大量人口涌入城市，城市房地产价格一般会上升，给房地产行业带来了新的发展机遇。

随着城市化进程的推进，原有的城市布局和规划逐渐落后，旧城改造与城市范围扩大是城市化深化的必然要求。老城区大部分房屋建成较早、历史久远，存在老旧失修、布局不合理、功能不完善、安全隐患多等问题。同时老城区聚集效应明显、人口密集度高，导致了交通负荷大、环境恶化、用水用电紧张、住房紧缺等"城市病"，浪费了大量能源和资源，制约了城市的发展。过去没有规模化的房地产开发，由居民自建自住的落后、小规模、粗放型、非商品化的住宅生产开发模式已经不适应城市化进程的需要，许多老旧的房屋也面临着拆迁改造。由旧城改造和新城建设共同推动的大规模拆迁改造工程，使得被拆迁地区的居民被迫搬离原住宅，而作为拆迁补偿的保障安置房的配套设施、物业管理、小区环境、交通、地段、品质等与一般商品房相比都相对较弱，因此有不少拆迁户会选择购买配套设施完备、高性价比、环境优美的商品房。由此，城市扩张中的旧城改造为市场创造了一批改善性需求。旧城改造的本质在于城市中心土地单位价值的重新挖掘、需求的重新匹配以及节能环保等生态文明的要求。在新增城市空间资源极其有限的条件下,旧城改造可以盘活存量土地,破解资源瓶颈,促进空间资源的可持续利用,实现城市功能的更新和置换。为了解决老城区资源紧缺的难题,城市范围不断向外扩张,通过科学合理的区域规划,老城区的功能布局得到了调整,和新城区一起更好地实现了资源合理配置。

城市化水平提高,许多城市,特别是一、二线城市如北京、上海、广州、深圳等,聚集了大量人口。从 2003 年至 2012 年期间,北京总人口年均增长率为 1.24%,广州为 1.34%,上海和深圳总人口增长率也分别达到了 0.63% 和 0.90%,十年内这四个城市总人口规模增长均在 100 万人左右。人口聚集使得房地产资源更加稀缺,这些人口流入显著的城市,购房需求得到了强力的支撑。近年来,随着国家新型城镇化政策的支持,城镇人口继续保持较快增长态势。西安、成都、武汉、杭州、宁波等城市纷纷加大人才引进力度,不断降低落户门槛,也为大城市人口集聚注入了新的动力。

4.3.2　收入和财富差距持续扩大

经济发展带动城乡居民收入水平不断提高,我国城镇居民人均可支配收入由 1978 年的 343 元增加到 2013 年的 26955 元,扣除物价上涨指数,按可比价计算增长了 60 多倍;农村居民家庭人均纯收入由 1978 年的 134 元增加到 2013 年的 8896 元,按可比价计算增长了将近 50 倍。

但是与居民收入水平提高相伴而来的,是日益严重的收入差距扩大问题。从居民收入差距来看,按平均每人年可支配收入计算,2012 年收入最高的 10% 居民比收入最低的 10% 居民,年收入多 55609 元;国家统计局从 2009 年开始才公布这一收入差距数据,对比 2012 年与 2009 年收入差距数据,仅三年时间内,最高 10% 收入户与最低 10% 收入户的人均可支配收入差距增加了 14036 元,收入差距扩大的趋势较为明显。

持续扩大的收入差距和财富差距形成了财富的马太效应,在财富总量增加过程中,低收入和工薪阶层的收入财富份额相对下降。高收入人群利用手中的资产进一步扩大投资,财富如滚雪球般越来越多;而低收入人群则被排除在许多财富增值渠道之外。

在房地产价格持续上升的市场背景下,部分高收入人群将资金大量注入房地产,激发了商品房投资需求。随着持有的房地产不断升值,家庭财富增值,持有的房产越多,这种资产增值的规模越大。若投资者将在房地产市场获得的回报进一步用于购买房地产,将带来房价的进一步上涨;而对于低收入人群来说,买房在当前的市场行情下逐渐变得遥不可及,房价上涨和财富差距的扩大形成正向反馈,使无房和少房的家庭陷入悲观绝望。

4.3.3　商品房销售规模扩大

住房消费与住房投资需求带动了房地产市场的快速发展。从1998年房地产市场化改革至今,我国房地产市场的成长速度骄人,市场成交面积也水涨船高,除2008年受到全球经济危机影响成交规模有所下滑外,其余年份商品房销售面积均呈增长态势。从增长速度来看,1999年至2003年我国商品房销售面积增速较快,年均同比增长20%左右;而2010年至2013年,在严厉的房地产市场宏观调控下,房地产市场销售面积增速放缓,但考虑到增长的基数较大,商品房成交面积增量仍然十分可观,我国的商品房市场持续旺盛。

2015年开始,随着"去库存"政策加码,房地产市场重新开始活跃,商品房销售面积2016年达到15.73亿平方米,2017年为16.94亿平方米,2018年为17.17亿平方米,创造了空前绝后的天量成交规模,见图4.3。

4.3.4　商品房销售价格上涨

与商品房销售规模扩大相伴而生的,是商品房销售价格的上涨。1998年住房制度改革以来,居民的住房需求逐渐释放,房地产市场随之进入了加速发展的上升通道。根据国家统计局公布的房屋销售价格指数来看,从2003年以来房价持续上涨,2005年人民币升值之后,很多实业企业陷入了经营困境,于是有部分资金逃离了制造业,进入房地产市场;2009年,政府为了刺激全球经济危机后低迷的中国经济而出台了"四万亿"的投资计划,也直接或间接地促进资金流入房地产领域;2010年的房屋销售价格指数将近是2002年房价指数的1.7倍,见图4.4。

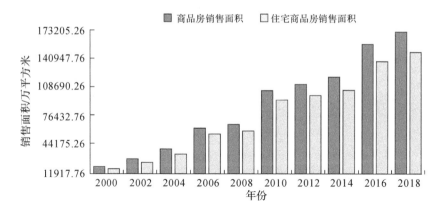

图 4.3　2000—2018 年全国商品房销售规模变化

数据来源:根据国家统计局网站有关统计数据整理。

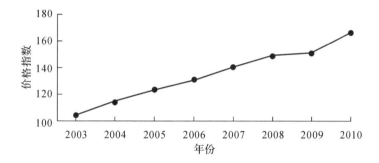

图 4.4　房屋销售价格指数变化情况(以 2002 年为 100)

数据来源:根据国家统计局网站有关统计数据整理。

2011 年起,国家统计局不再公布房屋销售价格指数,但从公布的 70 个大中城市住宅销售价格定基指数(2010 年为 100)来看,住宅销售价格总体趋势仍在上升。特别在 2013 年,尽管政府出台了严厉调控政策,但主要城市房价上涨仍然十分显著,见图 4.5。

在经历了 2014 年的小幅调整后,2015 年开始的"去库存"政策效应逐步显现,2016 年房地产市场再次启动,许多城市房价再次出现大幅上涨。国家统计局公布的 2019 年 6 月新建商品住宅销售价格指数(2015 年为 100)显示,北京为 140.6,上海为 147.7,深圳为 147.1,杭州为 146.3。

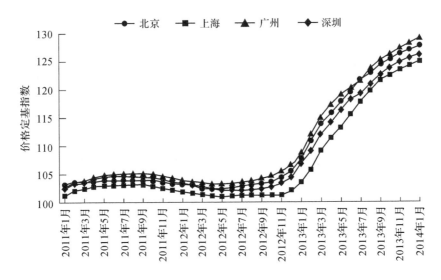

图 4.5   2011—2014 年北京、上海、广州、深圳房地产价格定基指数（以 2010 年为 100）

数据来源：根据国家统计局网站公布的 70 个大中城市房价指数整理。

4.4   小结：购房者搭上中国财富高铁

对中国的普通百姓来说，过去 20 年购房成为最成功、最有吸引力的消费和投资活动。参与购房的家庭财富膨胀快，没有参与购房的家庭被"财富列车"抛弃，日益加剧的财富占有不均等，家庭财富差距扩大成为比收入差距扩大更严重的问题。这些以个人利益最大化为出发点的决策在加总后，却造成了房地产市场需求火爆、购房者扎堆、房价攀升较快等一系列问题，中国房地产市场的问题已然演变成了一个社会问题和民生问题，这也导致房地产市场频频受到中央宏观政策的调控。

为了抑制房价过快上涨势头，中央出台了差别化信贷政策以及一系列行政性"限制政策"（限购、限贷等），对购房需求、特别是投资、投机性需求进行了人为的压制。2010 年 1 月国务院办公厅发出《国务院办公厅关于促进房地产市场平稳健康发展的通知》，强调合理引导住房消费，抑制投资、投机性购房需求，提出"家庭二套房贷"首付款比例不低于 40%，相比 2007 年 9 月的"二套房贷"政策更加趋紧。2010 年 4 月国务院发出《国务院关于坚决遏制部分城市房价过快上涨的通知》,进一步提高"家庭二套房贷"首付款比例至50％,并对外埠居民购房进行限制。2010年9月暂停第三套及以上购房贷款,并严格施行问责制。2011年1月国务院召开会议,确定了八项政策措施(简称新"国八条"政策),再次提高"家庭二套房贷"首付款比例至60％,并从严制定和执行住房限购措施。2011年7月国务院常务会议要求必须坚持调控方向不动摇、调控力度不放松,促进房价合理回归。2013年初出台"国五条",要求加大房地产价格调控力度。2016年10月热点城市根据中央部署进一步加大调控力度,随后中央提出"房住不炒"基本定位,严厉的限价等"限制性"政策不断强化。

虽然这些行政性限制政策使得商品房交易价和交易量在一定时期内出现了一定幅度的回落,但这些调控措施并没有从根源上疏导并抑制投资和投机性购房需求。人们投资楼市的冲动可以说是个人在当前市场形势下的"理性选择"。在当前全球货币宽松甚至"负利率"的情况下,将现金留在手里或存银行,其实际购买能力将下降,造成资产贬值;而用于购买股票或房产,或许还可以预期未来升值。因此,无论是消费性购房需求还是投资、投机性购房需求,从每个购房者个体来看,都是出于使自身效用最大化的合理动机,是在当前生活水平日益提高、市场经济逐渐发达的背景下的理性决策。消费需求的支撑和投资需求的膨胀,加剧了房地产市场供不应求的状况。

第五章　房地产市场金融环境

房地产业属于资金密集型产业,其生产和消费都离不开金融机构的支撑。观察最近几年的研究成果,可以发现越来越多的研究都将我国房地产市场的"非理性繁荣"视为一种金融现象,认为超发货币和投资渠道的匮乏(实体经济增速下滑、股票市场不景气、金融市场不完善、银行存款的负利率)是主要原因。本章从金融视角来解析中国房地产市场发展格局及其成因,关注市场主要参与主体在房地产金融环境影响下的行为特征。

5.1　资本市场直接融资受限

5.1.1　内地股市政策多变,融资渠道作用受限

国内证券市场经过 20 多年的发展已经形成了一定的规模,为许多企业解决了融资困难的问题,扩宽了融资渠道。然而,伴随着房地产市场的飞速发展,对资金需求旺盛的房地产企业在资本市场上却长期处于受限状态。

中国股市成立初期的上市公司中,很大比例都属于房地产类股票。但是,自 1993 年起,为了抑制房地产投资过热,防止经济泡沫和促进经济结构调整,国务院明确提出不鼓励房地产企业上市融资,1997 年又进一步明确不受理房地产企业上市业务。1997 年之后,国家提出将住宅建设作为国民经济新增长点,房地产业经过几年的调整、规范,面临一个新的增长阶段,关于房地产企业上市的禁令则有所松动。随着 2006 年证券监督管理委员会《首次公开发行股票并上市管理办法》的颁布,房地产企业确立了与其他行业平

等的上市融资机会。在IPO(首次公开募股)重启后的一段时间内,证券市场为房地产企业融得了大量的资金,与之相应的则是房地产投资和房价不断上涨。这种情况下,为了遏制房价的过快上涨,2010年国务院的新"国十条"提出,对存在土地闲置及炒地行为的房地产开发企业,商业银行不得发放新开发项目贷款,证监部门暂停批准其上市、再融资和重大资产重组。实际上,随后基本停止了房地产企业IPO和再融资。

房地产企业投资的特点是建设周期长、资金需求量大且资金回收慢。相较于信贷融资,通过股市筹集发展资金原本应该是更好的融资模式。然而,国家出于市场调控的目的,对于房地产企业的上市一直是有所限制。尽管房价不断上涨背景下社会资源投资房地产的积极性高涨,但通过股票市场投融资的规模不大,房地产企业的这一融资渠道受到很大的限制。

5.1.2 国际金融环境宽松,境外市场寻求突破

2008年美国次贷危机导致的国际金融海啸引起了国际金融市场的剧烈波动,随着美国推出量化宽松货币政策,国际市场资金成本长期维持低位,资金供给充足。在此背景下,越来越多的房地产企业或赴港上市或收购上市平台,或利用在港上市平台进行海外融资,筹得一定规模的资金,为其快速扩张和持续发展赢得了先机。

2010年4月17日,国务院发布《关于坚决遏制部分城市房价过快上涨的通知》,要求对存在"炒地"及"捂盘惜售"等违法违规行为的房地产企业,暂停上市、再融资和重大资产重组。随后,证监会宣布暂缓受理房企重组、上市及融资申请。在内地资本市场融资渠道紧闭后,香港资本市场愈发成为众多房企融资的主要战场。2017年开始,内地房地产金融政策逐步收紧,先后有16家房地产公司前往香港IPO。

内地房地产企业海外融资采用较多的方式,还包括企业债券、银团贷款以及投资基金等。2011年开始,内地房企加大了在港发行债券融资的步伐。2012年全年共有20家内地房企发行了25笔海外债券,融资总额高达600亿元,同比增长了10.23%。从盈利角度看,碧桂园、龙湖地产等大型房地产开发商的债券价格涨幅在40%~50%,而摩根大通亚洲信贷指数同期仅上

涨 17%，在资本市场具有较强的吸引力。盈利能力较好的龙头房企，其企业信誉高，投资者信心足，能够通过发行企业债券的方式从资本市场直接融得相对低廉的资金，而中小型房地产企业则难以通过这一方式获得资金支持。

2013 年，多家内地房地产企业通过海外银团贷款的形式获取了额度大、利息相对低廉的资金。随着 2013 年内地房地产市场的持续回暖，内地房企业绩表现良好持续上扬，海外金融机构对内地房地产业的信心持续增强，在这一年中普遍加大了放贷力度。在这种情况下，一批实力雄厚、经营稳健的在港上市的内地房企凭借良好的信誉或优质项目获得海外银团大额、低息资金支持。海外银团贷款这一方式有效地缓解了内地房地产企业的资金压力，同时相对低廉的资金成本也使得越来越多的房地产企业加入这一融资模式当中。然而，能够采用这一融资方式的房地产企业其本身需要有稳健的财力和良好的负债结构作为支撑，融资门槛相对较高。地产投资基金同样处于发展的初级阶段，其规模和稳定性都难以满足中小型房企的资金需求，同时形式较为单一，缺乏专业化的管理和监督机制，只能作为大型房企辅助性质的资金融通方式。

总体而言，我国资本市场的直接融资方式相对较为单一，在金融市场机制不完善以及调控严厉这两方面的影响下，对房地产企业的资金支持力度有限，对房地产市场的直接影响也相对较小。虽然优质的大型房地产企业能够通过境外资本市场获得一定的资金支持，但是其作用相对于房地产企业巨大的资金需求来看依然有限。

5.2 银行信贷主导资金供给

5.2.1 资金来源逐年增长，金融风险日益增加

近年来，我国房地产市场价格高速上涨，与之相对应的是开发贷款和购房贷款的不断上涨。表 5.1 数据显示，2008 年以来房地产企业投资和融资保持了不断增长的趋势，来自银行的信贷资金发挥了重要作用。

表 5.1　2008—2018 年房地产企业(单位)资金来源情况　　　单位:亿元

年份	实际到位资金	国内贷款	利用外资	自筹资金	定金及预收款	个人按揭贷款	其他
2008	39617	7605	729	15317	9757	3899	2310
2009	57128	11293	470	17906	15914	8403	3142
2010	72494	12540	796	26705	19020	9211	4222
2011	83246	12564	814	34093	21610	8360	5805
2012	96538	14778	402	39083	26558	10524	5193
2013	121823	19673	534	47425	34499	14033	5659
2014	121992	21243	639	50420	30238	13665	5787
2015	125204	20214	297	49038	32520	16662	6473
2016	144213	21512	140	49133	41952	24403	7073
2017	156053	25242	168	50872	48694	23906	7171
2018	165964	24005	108	55831	55418	23706	6896

数据来源:根据国家统计局网站有关统计数据整理。

　　这一现象产生的原因既有银行业的大力支持,也有房地产企业自身对于资金需求的不断上涨。具体可以归纳为以下几个方面:第一,不断上涨的房价增加了房地产企业作为借款人的资产负债表余额,也即提高了抵押资产的价值。针对房地产企业的贷款通常被认为是不太可能违约的,因此银行出于控制自身风险和满足监管的需要,愿意将更多的贷款增加到房地产及其相关行业。第二,银行为购房者提供更多的抵押贷款,而抵押贷款则通过预收款项的方式进入开发商的资金链条中,帮助缓解开发企业的资金困难。第三,一方面购房抵押贷款的增加将刺激市场的有效需求,从而增加房地产价格。另一方面银行向开发商提供的贷款,将通过房产供应量的增长而对均衡价格有向下调整的作用,但由于住房供应存在滞后性,后者相比前者对房地产价格产生的影响往往需要更长的时间才能显现。第四,由于住房价格的不断上涨,地方政府往往倾向于收紧土地供应从而使得地价快速上涨。同时,由于信贷额的增长伴随着房价的上涨,城市 CPI 快速增长带来人力资本以及其他生产资料价格的快速上涨,这些都进一步加剧了开发商的资金需求。

在房地产金融循环中，形成了信贷增长、开发商对于银行信贷的需求不断增长、房地产的价格进一步提高的正反馈机制。伴随着城市化的高速进行，人口红利的持续作用，这一循环将刺激着开发商对于信贷需求的持续增长，同时银行也有足够的激励愿望向房地产行业投入信贷资金。此外，银行贷款和商业房地产价格同时也受到经济基本面因素的影响，这些年来整体经济环境向好推动银行盈利能力不断增强，从而进一步刺激银行对于房地产行业投资的增加，而这也是影响房地产市场周期和信贷周期同向变化不可忽视的原因之一。

自 2008 年开始，银行直接向房地产企业提供的开发贷款在其所获得的开发资金总额中所占的比重基本维持在 19% 左右，并且这一指标还在不断上升。值得注意的是，房地产企业开发资金来源中的预收款项占了很大的比重，而这一部分资金是来自于银行对购房者的信贷支持，从而进一步表明银行信贷对于需求面的影响间接作用于供给面，而由于滞后效应的存在使得市场仍然处于增长态势当中。另外，企业的自有资金中也有一部分可能来自于银行，因为自有资金中有很大一部分建筑企业的工程垫付款，而建筑企业的资金也主要来自于银行信贷资金。综合上述因素，房地产开发中银行的贷款比重至少要占到 50%。因此，银行信贷资金对于开发商而言已经起到了决定性的作用。从时间变化上来看，国内贷款和利用外资大体上呈反比变化，国内贷款增速较快的年份中利用外资的比例则会相对降低，如 2009 年和 2012 年，国内信贷环境相对宽松，内地房企从银行获得的贷款有所增加，则其利用外资的比例相对较低，约为 12%。而在信贷环境相对趋紧的 2010 年和 2011 年，则利用外资的比例相对较高，达到了 23% 左右。

房地产业融资渠道过度集中于银行，从而使得商业银行成为房地产金融体系的决定性力量，每当基准利率变化，房地产业则可能会受到严重影响，甚至可能会受到基于其他目标而制定的货币政策的误伤，这就进一步造成了房地产业金融风险增加。同时，银行业将大部分资金运用于涉房贷款，而高位运行的房地产业风险在不断聚集，从而在一定程度上增加了银行自身的风险。此外，随着国内外竞争和市场环境变化，实体经济环境有所恶化,制造业停滞不前,中小企业借贷困难,而房地产行业的蓬勃发展又通过银行渠道进一步吸引资金流入,从长期来看这将影响整个国家的经济发展,进一步扩大房地产泡沫。基于上述几点的考虑,弱化房地产行业对于银行贷款的依赖性,扩宽融资渠道,实现行业的进一步洗牌,加强内地房地产企业在国际资本市场上的运作能力,是不可避免的趋势。

5.2.2　抵押贷款增长迅速,消费与投资齐头并进

金融机构对个人发放的住房消费贷款大多是住房抵押贷款,并且资金的供给方主要是商业银行,只有较少部分来自于住房公积金。自 1992 年中国个人住房抵押贷款业务开展以来,其增长速度十分惊人。然而,2005 年国家开始对房地产业进行宏观调控,个人住房抵押贷款的增速下降很快,2005 年和 2006 年分别只有 15％和 8.15％。但是这种情况很快在 2007 年发生转变,该年个人住房抵押贷款余额增速达到了 51.74％。虽然 2008 年在次贷危机和房地产调控的双重影响下,个人住房贷款有所下降,但余额仍高达2.98 万亿元。2009 年房地产“救市”之后,银行和家庭都十分偏好按揭贷款,加上阶段性的政策鼓励,个人住房抵押贷款呈现出高速增长态势,标志着住房金融在住房消费领域得到了迅速发展,也被认为是推动住房需求和住房价格不断上涨的重要因素之一(见表 5.2)。

表 5.2　2005—2018 年个人住房贷款规模不断扩大

年份	个人住房贷款余额(万亿元)	个人住房贷款余额比上年增长(％)	金融机构贷款总额(万亿元)	个人住房贷款占总贷款比重(％)
2005	1.84	15.00	20.70	8.89
2006	1.99	8.15	23.90	8.33
2007	3.02	51.74	26.17	11.54
2008	2.98	−1.31	30.34	9.82
2009	4.76	59.73	39.93	11.90
2010	6.20	29.40	50.92	12.18
2011	7.14	38.37	58.20	12.27
2012	8.10	13.50	67.29	12.04

续表

年份	个人住房贷款余额(万亿元)	个人住房贷款余额比上年增长(%)	金融机构贷款总额(万亿元)	个人住房贷款占总贷款比重(%)
2013	9.00	21.00	76.60	11.75
2014	10.60	17.60	81.70	12.97
2015	14.18	23.20	94.00	15.09
2016	19.14	36.70	106.60	17.95
2017	21.90	22.20	120.10	18.23
2018	25.75	17.80	136.30	18.89

数据来源:根据中国人民银行各季度《中国货币政策执行报告》以及各年《金融机构贷款投向统计报告》整理。

住房抵押贷款与商品住宅价格同步高速增长的原因是多方面的。从银行的角度来看:首先,个人住房抵押贷款的流动性相对较好,银行按月能够得到稳定的现金流;其次,抵押贷款的安全性好,我国住房抵押贷款的主要对象是具有稳定经济收入的群体,同时首付额的限制也在一定程度上剔除了风险较高的贷款者,并且以住房作为抵押品,其风险要低于一般的企业信用贷款。在房地产价格不断上涨且没有明显的下跌预期的情况下,商业银行都将个人住房抵押贷款视为优质资产,并作为主营业务进行大力发展,这也在很大程度上促进了住房市场需求面的快速增长。

从购房者的角度来看:首先,中国正处于改革开放以来经济高速增长时期,快速城镇化、人口红利以及可支配收入增长是构成住房需求不断增长的主要经济基本面因素;其次,住宅价格持续高速增长,同时经过若干轮的调控也未能阻止其势头,势必形成了市场上对于房价会一直上涨的预期,从而使得理性消费者在进行租、买选择时,只要条件允许都倾向于选择买房,同时中国社会关于婚姻、财产等特殊的风俗文化也在客观上促成了这一现象;再次,由于金融市场的不完善造成的投资渠道匮乏,资本市场波动很大,股市投资获利难度大,使得个人和企业的资金都急速向房地产行业聚集,形成了大量的投资需求;最后,房地产价格的不断上涨,有房家庭由于财富效应的存在,将进一步增加包括房产在内的消费,这也是构成住房需求不断增加的因素之一。

从2005年开始,个人购房信贷政策是十分敏感和有效的政策手段。提高首付比例、提高利率、限制二套以上购房贷款、新增贷款额度控制等,在短期内就会导致市场成交量的明显下滑,但是住宅价格并未出现大的波动。长期来看,住房价格仍然处于上升通道当中。

出现这一现象的原因在于以下几点:房地产周期与宏观经济周期高度相关,然而房地产周期由于住房供给在短期内缺乏弹性,会导致其难以灵活变动以适应经济周期。当房价过快上涨时,以限贷和限购为代表的逆势信贷政策以及预售制度等调控措施将通过资本市场放大作用于房地产市场。在这种情况下,每一轮调控,无论是直接针对开发商的限贷,还是针对购房者的限贷(通过交易市场和预售款机制间接地作用于开发商),多落实于限制开发商资金流。而开发商的现金流紧张,则意味着拿地和建设计划需要放缓甚至减少,即意味着下一轮的住宅的供给减少。然而,住房需求(刚需和投资需求)则往往会顺应经济周期同步释放,这样一来供不应求的情况将加剧,房价会更进一步地报复性上涨。值得注意的是,这一结论的重要假设前提在于刚需尚未得到充分的满足,这与现阶段高速城市化、家庭可支配收入增长以及储蓄率偏高的现实情况相吻合。以北上广为代表的大城市仍然有巨大的刚需无法完全满足,从而使得限贷以及限购政策难以达到预期的效果。

结合供给面与需求面的因素,信贷控制与住房价格螺旋上涨的重点在于作为抵押品的房产价值会随着房价的增长而正向刺激信贷的增长。在这种正反馈机制的作用下,银行加大贷款的投放,房价持续上涨,两者相互刺激增强。值得注意的是,信贷增长作用于供给面可能使得供给增加而降低均衡价格,同时作用于需求面会使得需求增长,而最终在我国市场当中所表现出的情况是房屋价格的不断上涨,除去建设周期调整较慢这一因素外,最根本的原因还是在于经济高速增长所带来的基本面因素对于房价的支撑作用。

在中国资本市场尚未成熟的情况下,内地房地产企业的融资渠道较窄,开发商以及购房者在房地产的开发、建设、流通等环节大都只能通过商业银行以间接融资方式获得资金,这样就造成了多方风险向银行单方面的累积。根据国际经验,将房地产抵押贷款进行证券化已经成为提高房地产信贷资产的流动性和分散风险的切实有效选择。目前，国内也出现了越来越多的基于影子银行、银信合作等方式的融资渠道拓展实践，这一方面实现了银行通过表外资产的形式进行间接放贷，另一方面也实现了风险分散的要求。在不远的将来，越来越多的融资形式将不断地完善到房地产融资市场当中。不过，过度发展的金融衍生品将会使得风险在更大的范围内不断演化甚至出现严重的系统性风险，这一现象也需要国家有关部门给予足够的重视。

5.3　房地产投资信托缓解融资困难

每当政府需要对房地产市场进行调控时，限贷、限制 IPO 等措施都会使得房地产企业的融资渠道受阻。房地产企业为了解决在信贷限制情况下的融资难题，同时商业银行在资金富余的情况下也希望寻求绕开限制将资金提供给开发商的途径，房地产投资信托越来越受到市场的重视。

5.3.1　信贷收缩成就机遇，快速发展形式单一

区别于欧美发达国家已经非常成熟的房地产信托投资基金（REITs）模式，中国的房地产投资信托仍然以债权融资为主，很少直接持有或者参与项目的运作，其成熟度和灵活性仍然处于初级阶段。然而，在国家宏观调控收紧、商业银行信贷难以获得的条件下，这一新兴的融资模式仍然能够为开发企业解决资金困难提供有效的帮助，是拓展融资渠道的有益探索。

2010 年信贷规模控制后，房地产投资信托在 2011 年第二季度达到了一个发行量的顶峰，随后开始衰退，在 2012 年第二季度之后开始复苏，在 2013 年继续保持高速增长。与之相对应的，2011 年信贷政策收缩较紧，而 2012 年上半年开始有所放松。出现这一现象的原因在于房地产投资信托功能还不够完善，主要还是属于商业银行信贷的替代品，且成本较前者高。因此，在开发商能够获得商业银行信贷的情况下，没有动力选择房地产投资信托。2013 年房地产信托发行规模达到 3750 亿元，同比增长 72.89%，这主要得益于房地产市场的不断回暖，以及资本市场对于房地产市场趋势的良性预期。

总体而言,中国房地产投资信托仍然处于一个低层次的发展阶段,产品规模比较小,只能在一定程度上起到缓解房地产企业资金困难的作用,还尚未成为房地产资本市场上的主要角色。

中国信托业协会 2019 年 3 月 13 日发布的《2018 年度中国信托业发展评析》报告显示,2018 年末房地产信托余额为 2.69 万亿元,同比增长 17.72%,占全部资金信托规模的 14.18%。房地产信托产品有相对高的收益率,使这一领域保持了吸引资金的市场优势。但是,银保监会为了落实"房住不炒"基本定位,在压缩房地产金融背景下也对房地产信托提出了限制要求。

5.3.2　银信合作规避限制,收益可观机构偏好

2009 年中国推行适度宽松的货币政策,房地产信贷规模也因此放大,部分商业银行的资本充足率临近下限。而在 2010 年后,国家经济形势回暖,通货膨胀压力随之增大,央行转而采用紧缩的货币政策,压缩商业银行的信贷规模。在此背景下,商业银行积极开展银信合作业务,一方面转让自身的存量贷款,将表内资产表外化,提高资本充足率;另一方面通过发放信托贷款,利用理财资金开展中间业务,在不占用自身信用额度的情况下扩大信贷规模。由于银行偏好将贷款发放给开发商以及购房者,这在很大程度上促进了以银信合作为重要组成部分的影子银行业务发展,而资金则大量流向了房地产以及城投债领域。

中国房地产投资信托的投资方式一直以贷款为主体,例如 2012 年贷款占比大幅增加,股权投资、组合运用占比大幅减少。用益信托工作室发布的《2013 年房地产信托市场年度发展报告》数据显示,2012 年贷款占比从 22.2% 增加到 41.7%;股权投资占比从 38.1% 降低到 19.3%;组合运用占比从 12% 降低到 3%。2013 年 4 季度,贷款比例环比有所下降,占比 38.8%,权益投资占比 15.1%,组合运用占比 6.9%,贷款占比仍然占据主导地位。进一步观察发现,在信托业务中,股权投资其实很多都是"假股权、真债权",一般都是附带回售条款的股权投资,本质上其实还是贷款。房地产投资信托中贷款占比较高,这其中有影子银行贷款项目增多的因

素，也有信托监管更为严格，新增信托项目减少，而既有项目转化为贷款投资的缘故。

相对于一般类型的信托产品，房地产投资信托的收益率较高，平均在10%左右。这就意味着这一融资方式对于房地产企业而言成本较高，一旦市场行情转好，可能更加偏好于其他的融资模式。然而，对于有巨额资金需求或短期还贷压力较大的房企来说，仍会借道信托平台融资。2012年下半年，进入信托集中兑付期，不少房企只能通过高成本的信托方式以新贷还旧债。2013年伴随着房地产市场回暖，房地产信托规模增长较快，而收益率则在近三年来首次跌破10%。这一现象将会进一步提高房地产投资信托在缓解房企资金紧张方面的作用，有利于这一金融工具的拓展，从而进一步推动房地产市场的健康发展。

经过多年的发展，房地产市场呈现出了一种"高回报、低风险、大规模"的增长态势，正是在这样的背景下，各类金融机构以及资产管理公司都偏好于进行房地产投资。银行、基金公司、信托公司以及各类金融机构都在通过不同的渠道进入房地产市场，在促进房地产市场繁荣的同时，也可能助长房地产泡沫的产生。从目前来看，由于尚未进行抵押贷款的证券化，房地产市场风险尚未通过金融衍生品在经济体系内扩张，同时有新型城镇化以及经济增长平稳作为保障，作为抵押品的房地产价格在短期内不会出现大幅度的下跌，这些都进一步稳定了金融机构对房地产投资的信心。

5.3.3 富余充足发展空间，市场未知风险积累

2009—2011年，在整体信贷环境趋紧以及房地产调控政策出台的背景下，房地产信托成为房地产商应对信贷收紧压力的主要融资渠道，同时也是信托公司取得快速发展的主要动力。但进入2012年，随着信贷有所放松以及中央调控楼市措施更加严厉，同时房地产信托面临的监管压力不断加大，监管措施细则出台，增长势头有所放缓。然而随着2013年房地产市场加速回暖，房地产信托又重新进入快速增长的通道。内地房地产投资信托行业应当会在此震荡上行期间实现行业洗牌，实现资产优化，丰富产品类型，甚至尝试建立REITs基金，这将对行业未来的健康发展有很好的促

进作用。

2013 年 6 月的"钱荒"事件是一个值得注意的警示，银行间异常高企的拆借利率是由于信托产品到期集中兑付，使得银行现金短缺。虽然这一次主要是城投债到期无法兑付导致的，而房地产信托目前尚未出现大面积的无法兑付案例，但是与城投债类似，房地产信托也存在期限错配、投资回收期较长的问题，引起了金融机构的重视。

内地房地产企业既无法从银行获得充足的贷款，也无法从资本市场直接融资，在限购等调控政策使得成交量大幅萎缩的情况下，房地产信托产品发行量的大幅度变动可能会影响到部分房地产企业的资金链安全。这一潜在风险的根源在于国家调控措施的难以预测以及市场信息不对称的特性，企业的真实资金链情况以及未来房地产市场走势的不确定性使得信托投资人在进行项目选择时，往往会存在一定的风险性。而在项目进行的过程当中，由于宏观调控等因素导致的市场突变也可能成为到期无法兑付的重要原因。这些都需要房地产信托企业建立更加完善的项目跟踪机制，尝试以股权、权益投资而不是单纯的债权形式进入项目的运营当中，从而更为全面地掌握项目信息。当然，这也需要以行业大环境的不断完善以及信托公司内部房地产专门人才培养机制的建立为基础。

政府一直在大力调控房地产市场，然而收效却不甚明显，甚至越调越涨。宏观经济形势的不明朗，房地产市场预期也存在一定的不确定性，使得房地产信托的投资风险加大，从而更倾向于采用定向的贷款方式。从近几年房地产市场的走势来看，市场中仍然保有相当程度的刚性需求，城市化进程尚未完成，人口红利依然存在，而地方政府垄断下的城市土地出让体系在短期内不会出现大的变化。基于上述分析，可以认为虽然不确定性将持续存在，但短期内房地产市场可能出现震荡，长期上行的趋势不会出现大的变动，房地产投资信托领域仍然存在良好的发展机遇。

5.4 人民币升值与国际资本流入

5.4.1 人民币持续升值

国际资本同样是近年来影响房地产市场走势不可忽视的力量。自中国加入 WTO(世界贸易组织)以来,中美长期贸易顺差,人民币升值预期不断强化,升值压力突显。2005 年 7 月汇率改革以后,人民币汇率对美元长期处于升值通道,直到 2014 年 2 月这一趋势才基本结束。与此同时,中国外汇体系的相关指标,如 FDI(国际直接投资)、外汇储备、外汇占款、央行票据等指标都有了大幅攀升,这些都是人民币升值压力货币化的显著表现。

人民币升值对于房地产市场的影响可以分为需求面因素和供给面因素。需求面因素主要体现在如下几个方面:首先,从购房刚性需求的角度来看,人民币升值意味着进口产品价格的相对下降,进而带动国内消费品价格的下降,人民的实际收入水平增加,即人民币升值带来的收入效应导致了对房地产市场需求增加。其次,从购房投资性需求的角度来看,人民币升值以及贸易顺差带来外汇储备的高速增长,相应的以外汇占款形式投放到社会当中的高能货币,将通过货币乘数在很大程度上推高通货膨胀水平。面对通货膨胀的威胁和负利率的压力,购房者将房屋作为抵抗通胀的保值增值的手段。最后,人民币升值带来的投机性需求可能是推高住房价格的主要因素,与投资性需求着眼点是房地产市场的成长性不同,投机是一种短期内寻求买卖差价的套利行为。在人民币进一步升值的预期下,大量国际资本通过直接投资开发项目或者贸易项目下的各种渠道进入境内并转化为人民币资产,以期获得充足的套利空间。

除去上述的需求面因素,人民币升值还可能通过一些供给面因素影响房地产市场。人民币持续升值将增加开发商的土地储备价值,以及其他的固定资产价值;同时币值上升也能够降低房地产行业建材、设备进口的价格,从而降低开发商的建设成本。人民币升值会进一步加强国际资本进入我国房地产行业,国际资本在直接购买物业之外,也可以加大与内地房地产企业的合作,以资金融通的形式进入国内的房地产市场。部分开发类的跨国企业也能够通过直接投资的形式参与内地房地产开发,这些都进一步促进了房地产市场的快速发展。

在供给面因素和需求面因素的共同影响下,人民币相对美元的单边升值成为吸引外资进入房地产市场的重要因素,进而拉动了经济增长和房地产市场的进一步繁荣。但是,资本的逐利性始终存在,在获得繁荣的同时,房地产市场的风险性也随着外资的广泛介入而逐渐累积,汇率市场的波动以及相关政策的制定也需要将更多的目光放在房地产市场当中。

5.4.2 海内外利差扩大

不仅人民币升值是吸引国际资本流入我国房地产市场的重要因素,逐渐加大的国内外利差也是促进这一现象的重要因素。图 5.1 描绘了 2002 年到 2013 年期间中美两国资本市场利率的基本走势对比。之所以选择长期国债利率作为利率水平的表征,主要是因为这一指标反映的是一国长期的平均市场利率,是判断投资价值的一个重要标尺。从图 5.1 中可以看到,自 2010 年中旬以来,中美两国利差逐渐加大,这已成为吸引国际资本进入我国的一个重要因素。这种现象出现的一个重要原因可能是中美所处的信用周

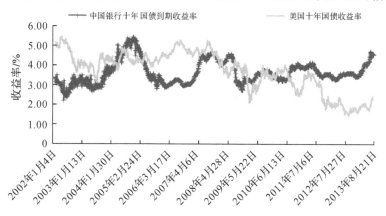

图 5.1 2002—2013 年中美利差走势对比

数据来源:根据美国联邦储备局官方网站、中国债券信息网有关数据整理。

期不同,当前美国正经历去杠杆周期而中国则处于加杠杆周期。货币政策是通过金融市场的信用体系影响实体经济的,当信用扩张较弱时,央行的货币供给通常较为宽松,而市场对于资金的需求不足,导致市场利率较低,美国正是这种情况。而在中国,当金融体系信用强烈扩张时,央行通常保持紧缩的货币政策,同时强烈的货币需求将推高市场利率水平。同时,人民币的长期升值吸引国际资本大量流入我国,进而使得基础货币投入过多,国家需要积极采取紧缩性的货币政策进行调控,进一步推动了利率的上升。在国际资本市场当中,我国的利率水平较高,进而相对收益率较高,逐利的国际资本就会进一步流入。

中国汇率弹性不足,汇率还不能够充分发挥其吸收外部冲击的作用,根据利率平价理论,汇率应当下降以对冲利差带来的套利行为。在汇率无法发挥外部均衡工具的有效作用这一前提下,央行采取了升值压力货币化的操作手段,将对外的人民币升值压力转化为对内的货币扩张动力。而由此带来的超额货币供给,正是房地产市场流动性泛滥,房地产价格快速攀升从而产生泡沫的重要原因。

除去海内外利差带来的货币供应量大幅上涨这一推动力,房地产金融对于海外资金的直接吸纳能力也是重要的因素。近年来我国针对房地产市场的金融调控政策持续不断,使得房地产企业传统的融资渠道受阻,创新融资方式则成为企业亟待解决的问题,而打造海外融资平台成为众多房企的重要选择。结合具体案例来看,2012年万科、招商地产、金地集团相继收购在港上市公司,四大标杆房企最终悉数登陆香港资本市场;2013年各大房企也大幅度增加了海外发债和银团贷款的资金融通力度,获得国际资本市场的青睐。同时,美国多轮量化宽松货币政策的推出,使得国际资本市场流动性增强,从而使得内地房地产公司海外融资的动力和能力明显增加,这些都成为推动房地产市场繁荣的重要因素。

5.4.3 国际资本持续流入

国际热钱大量流入中国也被广泛认为是推动房地产市场持续向好的重要力量之一。国际热钱之所以大量流入中国,主要是人民币单边升值的预期以及海内外利差不断扩大这两大因素共同作用所致。海外投资者将其本币兑换为人民币就能获得丰厚的套利空间，这一情况促使跨国投资者追逐我国的良性资产。通常而言，一国的资产中最有吸引力的就是股票和房地产，因为投资者不仅能够从人民币增值中收益，而且能够获得股票和房地产本身增值的收益。在中国金融体系当中，股票市场由于种种原因表现非常不理想，市场表现远远落后于房地产，理性的投资者自然将大部分的资金都投入房地产当中。结合中国台湾地区和日本的先例来看，中国台湾地区自1985 年开始，新台币持续升值，同时贸易顺差不断扩大，大批热钱流入台湾套汇，致使货币供应量大幅增加，大量热钱涌入房地产市场，导致了房地产价格疯狂暴涨。1985 年 1 美元兑 40.6 新台币，到 1992 年达到 1：24.52，七年内升值比例达到 70％。从日本的情况来看，1985 年"广场协议"签署后，日元迅速升值，从 1 美元兑换 240 日元升值到 1986 年的 160 日元，之后日本政府实施了错误的货币政策使得大量的超额货币流入股市和房地产市场，造成巨大的经济泡沫。自 2005 年汇改以来，中国房地产市场大幅上涨，同样可以认为和国际热钱的涌入有很大关系。根据货币的资本化率理论来看，在其他影响房地产价格因素以及货币资本化率均不变的情况下，当人民币升值预期已经实现但没有达到预期的升值幅度时，在短期内会有大量的国际热钱涌入房地产市场。从房地产市场的表现来看，在股市长期萎靡的背景下，大量的热钱依然会囤积在房地产市场并导致房地产价格继续居高不下。

　　值得注意的是，进入 2014 年以来，在美国经济强势复苏以及量化宽松政策退出的背景下，人民币汇率开始出现了松动，甚至在短期内出现了下跌。这一现象如果持续下去势必会造成部分国际热钱的外流，进而影响房地产市场。然而，前文的分析中我们认为支撑我国房地产市场快速发展的力量主要在于人口红利、快速城市化的大背景以及经济基本面因素的持续增长，这些因素没有变化的情况下房地产市场出现全面崩盘的可能性不大。国际热钱的流出可能会使得部分以投资性需求为主的地区出现一定程度的下跌，全国的房地产市场也可能在这一影响下出现短期的调整，但总体的增长趋势仍然对国际资本有相当的吸引力。

5.5 货币政策与流动性泛滥

5.5.1 货币供应开闸放水，超额货币推升房价

各国的实践经验表明，伴随着城市化的高速发展，土地价格以及固定资产价格将出现快速上涨。因此，一定程度的住宅价格上涨在现阶段的基本面支撑情况下并不能够认为就存在房价泡沫。然而，目前国内住宅价格上涨的趋势已经脱离基本面的支撑，投机需求引领下的住宅投资品属性起到越来越大的作用，而金融市场的流动性则更是进一步推高了房价泡沫。

房地产是资金密集型产业，房地产市场需要巨额流动性的支持。房价上涨和商品房市场扩大成为流动性增加的重要因素。从中国的情况看，自1998年住房制度改革到2005年之间，房地产价格基本反映的是实际的消费需求，然而2005年之后，房地产的资产属性不断强化，表现为房地产价格与销售额越来越多地受到货币供给、银行信贷等货币变量的影响。研究结果表明，我国房地产市场对于利率变动不是很敏感（存款利率、开发贷款利率），这主要是由于房地产价格顺周期的不断上涨使得利率的变动难以抵销资产价值的实际增加，而流动性过剩被视为房价泡沫出现的主要原因之一（见表5.3）。

表 5.3　1998—2018 年货币流动性衡量标尺情况　　　　单位：亿元

年份	M2 货币和准货币	M1 货币	GDP	M1/GDP	M2/GDP
1998	104499	38954	84402	0.46	1.24
1999	119898	45837	89677	0.51	1.34
2000	134610	53147	99215	0.54	1.36
2001	158302	59872	109655	0.55	1.44
2002	185007	70882	120333	0.59	1.54
2003	221223	84119	135823	0.62	1.63
2004	254107	95970	159878	0.60	1.59
2005	298756	107279	184937	0.58	1.62

年份	M2 货币和准货币	M1 货币	GDP	M1/GDP	M2/GDP
2006	345604	126035	216314	0.58	1.60
2007	403442	152560	265810	0.57	1.52
2008	475167	166217	314045	0.53	1.51
2009	610225	221446	340506	0.65	1.79
2010	725852	266622	397983	0.67	1.82
2011	851591	289848	471564	0.61	1.81
2012	974149	308664	519322	0.59	1.88
2013	1106509	337261	568845	0.59	1.95
2014	1228375	348056	635910	0.55	1.93
2015	1392300	401000	676708	0.59	2.06
2016	1550100	486600	744127	0.65	2.08
2017	1676800	543800	827122	0.66	2.03
2018	1826744	551686	900309	0.61	2.03

数据来源:根据国家统计局历年统计年鉴、统计公报和中国人民银行货币政策报告整理。

度量流动性使用最多的就是 M2/GDP 指标,主要原因在于该指标比较直观,而且数据容易获得。严格来讲,在金融市场日益发达的背景下,该指标度量流动性的准确程度不断下降。该指标一般使用货币供应量与名义国内生产总值的比值来衡量,能在一定程度上反映货币供应相对于实体经济货币需求的过剩状况。许多研究认为,中国的这一指标偏高有着多方面的原因,如偏高的储蓄率,间接融资比率较高等,但是这一指标对于衡量经济的货币化程度以及货币的流动性仍然具有一定的参考价值。中国流动性指标不仅高于世界上主要的发达国家如美国、英国,也远远高于同为"金砖国家"的印度、巴西。多余的流动性由于实体经济的衰退,以及股票市场的萎靡,缺乏投资渠道的背景下最终都流向了不动产市场,导致了泡沫的产生。

5.5.2 金融体系尚未完善,利率调控效果不佳

国内外学者在利率变动对于房价影响的研究中已基本形成共识,利率

是影响房地产价格的重要因素，但其影响程度受货币供给、通货膨胀等宏观经济变量和国家相关政策制定的影响会存在较大的差别。然而，在参考国外研究的同时，不能忽视的是中国土地供给和利率的双重非市场化，使得利率调整对房价的影响显得更为复杂和不确定。

还有一点不容忽视的因素，利率市场化进程已经成为我国金融体系改革的必然环节，这一变化将使得房地产价格的波动能够借助住房的供给和需求渠道与利率水平通过市场机制更为紧密地联系在一起。这就意味着房地产市场的波动性以及整体宏观经济周期的波动性将出现更为紧密的互动关系，使得无论是开发商还是个人住房消费者的风险都加大，并最终通过金融市场使风险积聚在商业银行体系中。因此，利率风险将成为信贷风险中的一个关键因素。

从房地产市场需求方面来看，由于我国的管制利率长期低于市场"影子利率"，同时在近几年也低于通货膨胀预期，导致储蓄收益增长总体上来说赶不上物价上涨幅度，因此居民储蓄意愿较低。另外，2003 年以来由于房价在短期内过快上涨，使得投资房产获得了较高的投资收益和财富效应。房价上涨已经形成了一种大众预期，在这样一种过高的投资收益的刺激下，房地产投机活动不断升温。我国普通居民在受到管制的金融市场中可选的其他投资渠道较少，这就使得利率提高对房地产市场供给产生的负面影响并不显著。相反，我们经常可以看到，在国家提高利率实行房地产紧缩政策时，北京的一些住宅地的土地使用权经常是以高于周边楼面价的价格出让给国有房地产开发商。由于这两个方面的综合影响，利率提高对于房地产市场供给的抑制作用也要重新加以考量。

5.5.3　信贷规模扩张，社会融资增加

中国正处于杠杆率快速增加的经济发展周期中，以银行为主导的信贷规模快速扩张成为推动房地产市场快速发展的重要因素。在全社会融资额高速增长的同时，房地产和地方融资平台却对实体经济产生了较为严重的"挤出效应"。这种金融资源配置的不平衡虽然会导致货币条件较为宽松，但全社会的实际融资成本却很高。对于实体经济和中小企业而言，所承担

的实际利率往往明显高于实际 GDP 的增速,而房地产和地方融资平台通过信托、委托贷款等渠道获得资金的实际成本则更高。从企业融资成本耐受角度来看,房地产行业目前仍有较高利润率,可以承受较高的融资成本。而地方融资平台主要是政府行为,对利率等价格工具也并不敏感。在这种情况下,这两个部门的资金需求抬高了整个社会的融资成本,抑制了实体经济部门的固定资产投资和存货投资的意愿,进一步使得更多的资金流入房地产领域。房地产领域的资金吸收能力也在一定程度上制约了货币政策宏观调控的施展空间。2013 年以来,人力资本快速上涨以及国际经济环境的不景气,导致我国经济增长乏力,但因为目前全社会的实际融资成本偏高,即使小幅降息也并不能真正降低实际融资成本,反而会刺激房地产的投资性需求,从而进一步使得房地产成为事实上的支柱产业,从长远来看这将不利于国家综合经济实力的提高。

整体来看,一段时间以来,以银行信贷为主、多种金融产品为辅的资金都偏好房地产领域,同时一些资金实力强劲的开发企业借助海外上市平台积极拓展的国际资金融通业务,也对推动房地产行业的繁荣发展起到了重要的作用。然而对于一些中小开发企业而言,虽然难以获得足够的银行信贷、基金以及国际资本的支持,但仍然能够通过私募、社会融资等方式获取相当的资金支持,这进一步实现了社会资本向房地产行业高度集中。总体而言,房地产行业良好的盈利能力以及宏观经济面临的转型压力,是社会资金向房地产行业高度集中的最主要原因,长此以往必将产生严重的资产价格泡沫,同时实体经济将受到严重破坏。在保证房地产行业健康发展的同时,进一步引导资金向实体经济流动,促进产业升级和国际竞争力提升,是中国经济政策需要重点考虑的因素。

5.6　小结:房地产金融放大土地和商品房需求

通过分析中国房地产业和住房金融发展的现状,重点探讨金融业的支撑对于房价形成起到了怎样的作用,以及在这样的环境下房地产市场的不同参与主体如何选择自己的行为,从而形成了当前的市场格局。

房地产开发企业通过直接和间接渠道获得的银行贷款仍然是其主要的资金来源，这也决定了其容易受到政策变动（宽松、收紧）的影响。预售制度的安排能够在很大程度上影响开发商的资金链状况，相应地，针对个人的住房贷款限制也能够在很大程度上限制开发商的现金流状况。目前已经有部分龙头房企开启了境外市场发行企业债券和上市融资的模式，但其融资量和融资成本都没有形成足够的竞争力。国内的房地产信托模式在过去的几年银根收紧的情况下起到了很好的补充作用，但又由于其融资成本相对较高，一旦政策放松就会显得缺乏足够的吸引力。总体而言，商业银行信贷（包括开发贷款和个人按揭住房贷款）仍然是决定房地产企业资金实力的关键因素。

经济发展、人口增长、可支配收入的增加以及城市化进程的不断推进是决定房地产市场不断发展以及房价不断提高的基本面因素，然而以个人住房贷款为主要组成部分的房地产金融杠杆效应也必须被视为主要的影响因素之一。从这一章节的数据中我们能够充分认识到针对个人的住房金融服务具有巨大的潜力，应当在未来的时间里不断拓展住房金融服务的产品和交易形式，同时对于潜在风险的控制也应当未雨绸缪。

房地产信托作为一种灵活的融资方式，日益受到了房地产企业广泛的关注。我国目前的房地产投资信托与REITs具有本质的差别，以贷款型信托模式为主，股权投资型信托模式及股权质押型信托模式为辅。由于信托财产登记制度的不完备，财产收益权信托模式尚缺乏足够的法律支撑。房地产信托融资可以作为我国房地产企业尤其是中小型房地产企业未来融资的一条可行渠道。

人民币升值以及海内外利差的扩大，吸引大量的国际热钱进入我国。国际资本直接或间接地推动我国货币供应量快速增长，而房地产高企的盈利水平则使其成为吸引资金的最主要市场。同时，异乎寻常的流动性指标几乎可以肯定是房价过快上涨的主要原因之一，过多的资金缺乏出口，都涌向了房地产市场。住房价格对于利率（半市场化）不是很敏感（利率失灵现象）。解决这一问题需要活跃金融市场，拓宽投资渠道，营造良好的企业经营环境，引导多余的资金进入实体经济，让房地产市场实现软着陆。

　　总体而言,中国房地产市场发展潜力仍然较大,在这个大环境下,房地产金融政策应当着力于平缓周期性的过度波动。房地产调控政策采取的逆周期调节工具应当避免陷入"越调越涨"的怪圈,需要加强供给侧调节,优化和完善需求侧调节,促进房地产金融规范发展。

第六章　中央政府房地产市场调控政策

　　房地产行业作为与国民经济发展息息相关的基础性产业,其兴衰直接影响经济发展的速度和质量,对城市化和社会发展质量也有重要影响。在房地产业发展过程中,市场化改革发挥了关键作用,但市场也存在一定的局限性,市场失灵及其带来的一系列负面效应要求中央政府对市场进行调节和控制。

　　总体来看,房地产宏观调控是指在市场非均衡的条件下,政府运用经济、法律和行政等手段,从宏观上对房地产市场进行指导、监督、调节和控制,以促进供给结构与需求结构整体优化,总供给与总需求之间的数量趋于均衡,房地产价格保持平稳,实现房地产市场持续、健康和稳定发展。20世纪90年代开始,中央政府的房地产调控政策主要经历了三个阶段:1994—2003年主要是推进改革和培育市场;2004—2013年主要转向控制价格和调节投资;2014年以来转向稳定发展和长效机制建设。

　　在中国经济体制下,中央政府也是房地产市场重要的参与主体,其政策目标的多元化特点和政策手段的行政化特色十分明显,导致政策效果的稳定性和持续性不够。

6.1　房地产调控政策演变

6.1.1　1994—2003年:推进改革,培育市场

　　在20世纪80年代,国家的主要任务是发展农业和解决温饱问题,城市

住房福利分配思想在人们心中根深蒂固,住房制度改革的重点是提高房租和出售公房,大规模的商品房市场还没有出现。

1992 年邓小平南方谈话后,改革开放掀起了新的热潮,并且重点从农村转向城市,政府审批权力开始下放,银行开始发放房地产开发贷款,房地产业一下子成为国民经济发展的热点产业,房地产业进入了迅猛发展时期,房地产投资规模急剧膨胀,买房投资需求短时间迅速升温。但由于对商品房市场的思想准备不足,实践经验也缺乏,社会总需求严重超过总供给,房地产发展明显过热。1992 年全国完成房地产开发 732 亿元,新开工项目超过 12 万个,海南等地甚至出现房地产泡沫。因此,1993 年中央政府开始对房地产行业实施紧缩调控。1993 年 6 月中共中央、国务院印发《关于当前经济情况和加强宏观调控的意见》,提出整顿金融秩序,加强宏观调控的 16 条政策,引导过热经济实现软着陆。

虽然房地产出现投资过热等问题,但住房制度改革却成为建立社会主义市场经济不可或缺的重要工作。1994 年 7 月国务院发布《国务院关于深化城镇住房制度改革的决定》(国发〔1994〕43 号),开启了城镇住房制度全面改革之路。文件提出,城镇住房制度改革作为经济体制改革的重要组成部分,目标是要建立与社会主义市场经济体制相适应的新的城镇住房制度,实现住房商品化、社会化;把各单位建设、分配、维修、管理住房的体制改变为社会化、专业化运行的体制;把住房实物福利分配的方式改变为以按劳分配为主的货币工资分配方式;建立以中低收入家庭为对象、具有社会保障性质的经济适用住房供应体系和以高收入家庭为对象的商品房供应体系;同时,建立住房公积金制度,建立政策性和商业性并存的住房信贷体系。

1997 年东南亚金融危机的爆发更是对我国经济造成强烈冲击,国外需求锐减,国内经济增长开始疲软,启动内需成为当务之急。1998 年 7 月,中央发布《关于进一步深化城镇住房制度改革加快住房建设的通知》(国发〔1998〕23 号)(简称 23 号文件),标志着住房实物分配制度从此退出历史舞台,我国开始建立住房分配货币化,住房供给商品化、社会化的住房新体制。23 号文件明确提出了"促使住宅业成为新的经济增长点"的要求,并拉开了以取消福利分房为特征的中国住房制度改革。文件强调,在停止住房实物分配后，新的国家住房保障体系在"逐步实行住房分配货币化"的同时，要"建立和完善以经济适用住房为主的多层次城镇住房供应体系"。1999 年 4 月，国务院发布施行《住房公积金管理条例》，加强对住房公积金的管理，维护住房公积金所有者的合法权益，促进城镇住房建设，提高城镇居民的居住水平。同年 4 月，建设部又发布《已购公有住房和经济适用住房上市出售管理暂行办法》《城镇廉租住房管理办法》《商品住宅性能认定管理办法》等一系列办法，宣布充分开放住房二级市场。1999 年 9 月，国土资源部发布《关于已购公有住房和经济适用住房上市出售中有关土地问题的通知》，对土地市场进行管理，提高土地的开发效率。此外，1997 年中国人民银行公布了《个人住房担保贷款管理试行办法》，降低了开发企业的融资成本和居民的购房成本，大大提高了民众的支付能力。到 2000 年初，全国房地产市场逐步止住下滑的趋势，市场开始回暖，房地产业进入发展新时期。2002 年全国房地产开发投资达 4984.1 亿元，比 1997 年的 3178.4 亿元增长了 57%。①

但是，此时的住房供应结构不合理矛盾突出，房地产市场秩序比较混乱。为打击囤地、倒地等市场乱象，2002 年国土资源部出台《招标拍卖挂牌出让国有土地使用权规定》，该规定要求规范土地交易市场，全国范围内商业、旅游、娱乐和商品住宅用地等各类经营性用地，必须以招标、拍卖或挂牌方式出让，这意味着持续多年的土地协议出让在法定意义上被叫停，房地产市场进入新的发展阶段。1998 年至 2002 年间，随着住房实物分配制度的取消和按揭政策的实施，房地产投资进入平稳快速发展时期，房地产业成为经济的支柱产业之一。这个阶段，政府制定调控政策以促进国民经济发展、加强房地产业市场化、实现市场供需平衡、提高城市建设水平等为目标，这些目标为房地产市场的培育提供了重要保障，在市场化改革政策的大力支持下，我国房地产市场得到了良好培育和发展。

2003 年开始，房地产市场在快速发展中出现了诸多问题：2003 年固定资产投资额全年达到了 55566.6 亿元，其中房地产投资高达 10153.8 亿元，

---

① 资料来源：根据国家统计局网站有关统计数据整理。其他未标注来源的数据与此处来源一致。

相比 2002 年的 7790.92 亿元,房地产投资增长了 30.3%;而且新开工项目
过多,2003 年全国房屋新开工面积 54707.53 万平方米,同比增加了 27.8%;
此外还出现房屋价格持续上涨,商品房供应结构不合理,部分地区房地产投
机、炒作严重等问题。因此,为抑制房地产投资过快增长、住房价格大幅上
涨等一系列问题,促进房地产市场健康发展,中央政府出台了多项针对房地
产市场的调控政策,我国房地产市场进入新一轮调控周期。

　　2003 年 6 月,中国人民银行下发《关于进一步加强房地产信贷业务管理
的通知》(银发〔2003〕121 号)(简称 121 号文件),规定房地产开发企业自有
资金不得低于项目总投资的 30%,并加强对商品房消费贷款的限制,同时提
高了开发商和消费者的信贷门槛。2003 年 8 月,国务院出台《关于促进房地
产市场持续健康发展的通知》,首次明确指出"房地产业关联度高,带动力
强,已经成为国民经济的支柱产业",并提出,促进房地产市场持续健康发展
是保持国民经济持续快速健康发展的有力措施,对符合条件的开发企业和
项目加大信贷支持力度。与 121 号文件强调的对房地产市场进行控制不同,
18 号文件强调的是发展。随着银行贷款的解禁,大量投资者又恢复往日的
激情,房价全线上扬。23 号文件、121 号文件和 18 号文件的相继出台,将政
府既害怕房地产价格和投资增长过快又希望继续拉动经济增长的矛盾心态
展露无遗。

6.1.2　2004—2013 年:控制房价,调节投资

　　2004 年宏观经济出现了投资过热的迹象,房地产成为抑制投资的重点
对象。2004 年 3 月,国土资源部、监察部联合下发《关于继续开展经营性土
地使用权招标拍卖挂牌出让情况执法监察工作的通知》,为协议出让经营性
土地使用权规定了最后期限(2004 年 8 月 31 日)。2004 年 5 月,国务院发出
通知,房地产开发(不含经济适用房项目)资本金比例由 20% 及以上提高到
35% 及以上。中国人民银行也决定从 2004 年 10 月 29 日起上调金融机构存
贷款基准利率,并放宽人民币贷款利率浮动区间和允许人民币存款利率下
浮。中国人民银行的这些政策旨在提高贷款门槛,控制房地产信贷规模,提
高个人住房按揭贷款门槛,加强房地产贷款的风险管理。2004 年的调控措

施以行政手段为主，力度较大，调控的重点是收紧地根和银根，通过控制土地和资金供给，从而控制房地产供给，但市场需求扩张才刚刚开始，成为房价大幅上涨的起点。

2005年房地产开发增速虽然明显减慢，但房价快速上涨的逻辑没有改变，以北京、上海为代表的全国众多城市房价迅猛上涨。2004年和2005年全国商品房销售均价分别为2778元和3168元，而2005年北京和上海的均价分别已达6274、6842元。为了抑制投资过热、调整住房供应结构、稳定房地产价格，中央政府打出调控"组合拳"，稳定住房价格成为2005年房地产市场调控政策的首要目标。2005年3月17日，中国人民银行取消5年以上住房商业贷款优惠利率，提高了贷款利率的下限；对房价上涨过快城市或地区，个人住房贷款最低首付款比例可由20%提高到30%。同年3月26日国务院下发《关于切实稳定住房价格的通知》，要求各地政府重视房价上涨过快这一现象。紧接着，2005年4月27日国务院常务会议提出了八项加强房地产市场引导和调控措施，即新"国八条"。政策要求各地方政府稳定当地的房地产市场价格，切实做好调整住房结构，引导当地居民形成合理、可行的住房需求。同时还要求各地方政府加强对当地房地产价格的监督与管理，控制房价的过快上涨。2005年5月27日，国家税务总局、财政部、建设部联合下发《关于加强房地产税收管理的通知》，通知明确了房地产业所涉营业税的相关政策；明确了住房平均交易价格的计算办法；对纳税人申报减免税时应提供的资料进行了细化；对不能提供证明材料或不符合规定的，按非普通住房的有关营业税政策征收营业税；对个人购买住房2年期限如何确定的问题，明确规定以房屋产权证或契税完税证明上注明的时间为购买认定时间。

2006年，房价上涨没有得到有效控制，政府加大调控决心，宏观调控从政策层面转向操作层面，从结构、税收、土地、信贷等方面着手，政策力度进一步加大。2006年3月5日，温家宝同志所作的政府工作报告明确提出，要继续解决部分城市房地产投资规模过大和房价上涨过快的问题，表明了中央政府对房地产宏观调控的一个主要政策指向，一系列大力度的调控政策也由此展开(见表6.1)。2006年国家除了行政性的调控政策外，也广泛运用金融手段进行房地产市场调控：2006 年 4 月 28 日，中国人民银行全面上调各档次贷款利率 0.27 个百分点；2006 年 7 月 5 日、8 月 15 日和 11 月 15 日，央行逐次上调存款类金融机构人民币存款准备金率 0.5 个百分点。

表 6.1　2006 年中央政府出台的主要房地产调控政策

时间	政策名称	政策主要内容
5 月 24 日	《关于调整住房供应结构稳定住房价格的意见》	住房供应结构（70/90 政策）、税收、信贷、土地、廉租房和经济适用房建设等
5 月 31 日	《关于加强住房营业税征收管理有关问题的通知》	二手房营业税新政策
7 月 6 日	《关于进一步整顿规范房地产交易秩序的通知》	套型建筑面积 90 平方米以下住房（含经济适用住房）所占比重，必须达到 70% 以上
7 月 11 日	《关于规范房地产市场外资准入和管理的意见》	提高了外商投资房地产市场准入门槛，加强外商投资企业房地产开发经营管理，限制境外机构和个人购房
7 月 24 日	《关于建立国家土地督察制度有关问题的通知》	把 9 个土地督察局派驻地方，全国省（区、市）及计划单列市的土地审批和利用，将纳入 9 大土地督察局的严格监管之下
7 月 26 日	《关于住房转让所得征收个人所得税有关问题的通知》	个人转让住房以其转让收入额减除财产原值和合理费用后的余额为应纳税所得额
9 月 5 日	《国务院关于加强土地调控有关问题的通知》	明确土地管理和耕地保护的责任，切实保障被征地农民的长远生计，规范土地出让收支管理，调整建设用地有关税费
11 月 20 日	《关于调整新增建设用地土地有偿使用费政策等问题的通知》	强化土地经济调控手段，控制固定资产投资过快增长，保护耕地，促进节约用地

2007 年，以稳定房价为目标的房地产调控进一步深化，土地、信贷、税收等为房地产市场降温的各项调控新政密集推出，从土地管理、规范市场秩序、抑制投机、调整住房结构等多方面全面出击，具体政策见表 6.2。尤其值得一提的是，上调存贷款利率和存款准备金率是 2007 年中国人民银行应对流动性过剩、抑制房贷需求所采取的有力举措，旨在控制由此造成的信贷扩张、投资反弹。2007 年，央行五次上调利率，5 年期以上的商业贷款基准利

率由 6.84％上涨到 7.83％，共计上涨了 0.99％；个人住房公积金利率也同时上调，由 4.59％上调至 5.22％，共计上涨 0.63％。加息是 2007 年金融政策最突出的手段和特点，促成央行频繁加息的深层次原因是市场流动性过剩，其中主要表现在货币供应量过多以及银行信贷增长过快；而房价快速上涨刺激了房贷需求量持续增长，通过加息来抑制房贷需求成为必然。2007年央行还九次上调存款准备金率，从 9.5％上调至 13.5％。上调存款准备金率可以直接回收流动性资金，减少流动性过剩带来的投资压力膨胀。同时，存款准备金率的上调，对于降低信贷乘数，降低贷款增速起到了积极的作用。

表 6.2　2007 年中央政府出台的主要房地产调控政策

时间	政策名称	政策主要内容
12 月 28 日	《关于房地产开发企业土地增值税清算管理有关问题的通知》	房地产开发企业土地增值税
2 月 27 日	《土地储备资金财务管理暂行办法》	保证土地储备资金的来源、使用范围、预决算、监督等
8 月 13 日	《关于解决城市低收入家庭住房困难的若干意见》	在培育发展房地产市场的同时，保障民生，维护社会各阶层家庭基本的居住权利
9 月 8 日	《关于加大闲置土地处置力度的通知》	征收土地闲置费、控制单宗土地供应规模、防止房地产开发企业大面积"圈占"土地
9 月 27 日	《关于加强商业性房地产信贷管理的通知》	首套住房（90 平方米以上）贷款首付款不得低于 30％；二套房的首付款必须超过 40％，利率不得低于基准利率的 1.1 倍
9 月 28 日	《招标拍卖挂牌出让国有建设用地使用权规定》	"招拍挂"出让范围、挂牌出让截止期限、缴纳出让价款和发放国有建设用地使用权证书等
9 月 30 日	《关于认真贯彻〈国务院关于解决城市低收入家庭住房困难的若干意见〉进一步加强土地供应调控的通知》	落实土地出让净收益用于廉租住房保障资金的比例不得低于 10％的规定

2008 年，国际金融危机爆发，国际经济环境的全面衰退迹象日益明显，

中国经济发展也受到了较大的影响。2008 年上半年,中国房地产市场还保持稳定上涨趋势。在金融危机和持续紧缩的信贷政策影响下,2008 年下半年开始,中国房地产市场受到了严重冲击。2008 年全国商品房销售面积仅65969.83 万平方米,相比 2007 年的 77354.72 万平方米减少了 14.7%;而商品房销售额下降了 16.1%,由 2007 年的 29889 亿元减少至 2008 年的 25068亿元。市场发展受阻,整个行业伴随着经济调整进入新的整合期。因此,随着美国次贷危机的逐渐蔓延,我国宏观调控也发生转变,房地产业调控出现松动,房地产业被再次定位为"国民经济的支柱产业",房地产政策目标重点在于刺激需求。针对金融危机对房地产造成的影响,我国政府暂停了对房地产市场的抑制,出台了一系列"救市"政策。房地产调控政策从原先抑制房价快速上涨、防止房地产过热发展,到运用税收、财政、金融等政策鼓励房地产发展。2008 年 9 月 16 日,央行宣布下调一年期人民币贷款基准利率0.27 个百分点;5 年以下(含 5 年)贷款利率下调 0.18 个百分点,降至4.59%;5 年以上贷款利率下调 0.09 个百分点,降至 5.13%。2008 年 10月,为扭转房地产市场的萧条状况,18 个城市相继出台房地产"救市"政策。2008 年 11 月 5 日国务院常务会议确定了扩大内需的十项措施,推出"4 万亿"投资计划。2008 年 12 月 20 日,国务院办公厅发布《关于促进房地产市场健康发展的若干意见》,中央层面全面"救市",要求加大保障性住房建设力度,进一步改善人民群众的居住条件,促进房地产市场健康发展。2008 年12 月 23 日,央行下调一年期人民币存贷款基准利率 0.27 个百分点;其他期限档次存贷款基准利率也做相应调整。2008 年 12 月 25 日,下调金融机构人民币存款准备金率 0.5 个百分点。

　　2009 年初,市场还没有完全回暖,中央仍然延续宽松的"救市"政策。随着大量投资的拉动,房地产市场由萧条迅速转变为繁荣,上演了一场"V"字反转的大戏。2009 年下半年房地产市场热度迅速回升,至 2009 年末全国商品房销售面积达 94755 万平方米,同比增长 43.6%;而商品房销售额同比增长率更是高达 76.9%,为 44355 亿元。房地产价格上涨过快、市场泡沫膨胀、行业风险加剧等一系列问题不断突现,这些问题引起政府相关部门的高度重视。因此加强房地产市场调控,稳定市场预期,稳定房价,促进房地产市场平稳健康发展，逐步成为 2009 年房地产调控的重点。

2010 年开始，中央政府对快速发展的房地产业和迅速上涨的房价进行了严厉的宏观调控。2010 年 1 月 10 日，国务院办公厅发布了《关于促进房地产市场平稳健康发展的通知》（简称"国十一条"），从增加保障性住房和普通商品住房有效供给、合理引导住房消费抑制投资投机性购房需求、加强风险防范和市场监管、加快推进保障性安居工程建设、落实地方各级人民政府责任等方面共提出了 11 条措施。2010 年 1 月 14 日，国土资源部发布《国土资源部关于改进报国务院批准城市建设用地申报与实施工作的通知》，要求申报住宅用地的，经济适用住房、廉租住房和中低价位、中小套型普通商品住房用地占住宅用地的比例不得低于 70%。同年 3 月 8 日，国土资源部出台《关于加强房地产用地供应和监管有关问题的通知》，内容包括了"竞买保证金不得低于出让最低价的 20%"，"1 月内必须缴纳出让价款 50% 的首付款"等 19 条土地调控政策。2010 年 4 月 17 日，针对部分城市房价、地价持续过快上涨的情况，中央政府又出台了《国务院关于坚决遏制部分城市房价过快上涨的通知》（简称"新国十条"），政策包含遏制房价过快上涨、建立考核问责机制、差别化住房信贷政策、调整住房供应结构等十个方面的内容。2010 年 9 月 29 日，国家七部委在"新国十条"的基础上再次出台补充政策，具体要求在房价过高、上涨过快、供应紧张的城市，要在一定时间内限定居民家庭购房套数；完善差别化的住房信贷政策，对贷款购买商品住房，首付款比例调整到 30% 及以上；各商业银行暂停发放居民家庭购买第三套及以上住房贷款，要加强对消费性贷款的管理，禁止用于购买住房；切实增加住房有效供给。2010 年 10 月 19 日，中国人民银行宣布自 10 月 20 日起，金融机构一年期存款基准利率上调 0.25 个百分点；其他各档次存贷款基准利率据此相应调整。2010 年 11 月 3 日，住房和城乡建设部、财政部、中国人民银行、银监会联合印发《关于规范住房公积金个人住房贷款政策有关问题的通知》，强调第二套住房公积金个人住房贷款利率不得低于同期首套住房公积金个人住房贷款利率的 1.1 倍，首付款比例不得低于 50%。

2011 年 1 月 14 日，中国人民银行决定，从 2011 年 1 月 20 日起，上调存款类金融机构人民币存款准备金率 0.5 个百分点。2011 年 1 月 26 日，国务院办公厅发布了《国务院办公厅关于进一步做好房地产市场调控工作有关问题的通知》，要求将第二套房的房贷首付从原来的不低于50％改为不低于60％。同时要求各直辖市、计划单列市、省会城市和房价过高、上涨过快的城市，在一定时期内，要从严制定和执行住房限购措施。

2012年，国家仍然坚持调控不放松，1月31日，温家宝同志主持召开国务院第六次全体会议，表示要巩固房地产市场调控成果，继续严格执行并逐步完善抑制投机、投资性需求的政策措施，促进房价合理回归。

2013年2月20日，国务院常务会议出台五项调控政策措施（简称"国五条"），内容包含完善稳定房价工作责任制；坚决抑制投机、投资性购房，严格执行商品住房限购措施，严格实施差别化住房信贷政策，扩大个人住房房产税改革试点范围；增加普通商品住房及用地供应；加快保障性安居工程规划建设；加强市场监管。2013年3月1日，国务院办公厅发布《关于继续做好房地产市场调控工作的通知》，对2月20日国务院常务会议出台房地产市场调控五项政策措施做了进一步细化。

2013年全国两会以后，政府在坚持房地产调控不动摇的基础上，提出通过深化改革建立房地产市场平稳健康发展的"长效机制"，宏观经济和房地产业进入了新的发展阶段。

6.1.3　2014年以来：稳定发展，长效机制

2014年宏观经济运行压力显著放缓，房地产市场热度明显降低。据统计，房地产投资增长速度从2013年的19.8％回落到2014年的10.5％，商品房销售面积和金额持续负增长，待售面积逐步积累，许多城市商品房销售价格指数明显下降，最多的温州下降了23.8个百分点。

为了刺激经济和稳定市场，2014年4月开始，部分城市开始放松和取消商品房限购政策，并得到中央政府的认可。到2014年底，除了北京、上海、深圳、广州、三亚等少数城市，原来实施限购政策的40多个城市相继取消了限购政策。2014年9月30日，中国人民银行、银监会出台《关于进一步做好住房金融服务工作的通知》，出台系列措施放松房地产信贷政策。第一，首套认贷不认房，贷款最低首付款比例为30％，贷款利率下限为贷款基准利率的

0.7倍。第二，二套房贷大放松，三套限贷令取消，针对外地人的限贷令取消。第三，鼓励银行业金融机构通过发行住房抵押贷款支持证券（MBS）、发行期限较长的专项金融债券，定向投放房贷。第四，取消房地产开发企业融资限制。10月29日，国务院常务会议提出推进六大领域消费，要求"稳定住房消费，加强保障房建设，放宽提取公积金支付房租条件"，"稳定住房消费"的提法重新出现在国务院常务会议的纪要当中。随后，各地政府纷纷出台措施，整体转向鼓励和促进房地产市场发展的政策基调。

2015年中央房地产调控政策从"调控抑制"转向"支持促进"。政府工作报告提出，要"稳定住房消费""坚持分类指导，因地施策，落实地方政府主体责任，支持居民自住和改善性住房需求，促进房地产市场平稳健康发展"。在新常态背景下，整体推进全面深化改革、经济转型升级、新型城镇化，形成房地产持续平稳健康发展的"长效机制"，成为新的调控目标。

全国两会结束后，3月27日国土资源部与住房和城乡建设部出台的《关于优化2015年住房及用地供应结构促进房地产市场平稳健康发展的通知》，要求优化土地供应，允许调整套型结构，允许转换土地用途，为房地产企业增加调整空间。3月30日，中国人民银行、住房和城乡建设部、中国银行业监督管理委员会三部委联合发布了《关于个人住房贷款政策有关问题的通知》，对拥有1套住房且相应购房贷款未结清的居民家庭，为改善居住条件再次申请商业性个人住房贷款购买普通自住房，最低首付款比例调整为不低于40%。此前北京二套房的首付最低是六成，上海则达到七成。3月30日，财政部、国家税务总局也出台了《关于调整个人住房转让营业税政策的通知》，免征营业税的持有年限，从5年回归到2年。上述三个方面政策，被称为"330"鼓励政策。

2015年8月27日，住建部等六部委下发《关于调整房地产市场外资准入和管理有关政策的通知》（以下简称《通知》），允许机构和个人在中国购房。《通知》规定，取消外商投资房地产企业办理境内贷款、境外贷款、外汇借款结汇必须全部缴付注册资本金的要求；境外机构在境内设立的分支、代表机构（经批准从事经营房地产的企业除外）和在境内工作、学习的境外个人可以购买符合实际需要的自用、自住商品房。2015年9月30日，中国人民银行、中国银行业监督管理委员会《关于进一步完善差别化住房信贷政策有关问题的通知》提出,在不实施"限购"措施的城市,对居民家庭首次购买普通住房的商业性个人住房贷款,最低首付款比例调整为不低于 25%。同日,住建部、财政部、央行也下发《关于切实提高住房公积金使用效率的通知》,进一步为公积金贷款松绑,提出了提高实际贷款额度、全面推行异地贷款等措施。上述三个文件,被称为"930"鼓励政策。

2015 年"330"和"930"两轮鼓励房地产市场需求的政策产生了显著效果,各城市商品房销售规模快速回升,但房地产投资仍然低迷,多数城市房地产价格继续低迷。在此背景下,"去库存"政策紧急加码。

2015 年 11 月 10 日,中央财经领导小组第十一次会议研究经济结构性改革和城市工作,提出推进改革的四大关键点,包括过剩产能、企业成本、房地产库存和金融风险等。对于房地产,提出"要化解房地产库存,促进房地产业持续发展"。2015 年 12 月中央经济工作会议布置了房地产"去库存歼灭战",提出,"要按照加快提高户籍人口城镇化率和深化住房制度改革的要求,通过加快农民工市民化,扩大有效需求,打通供需通道,消化库存,稳定房地产市场。要落实户籍制度改革方案,允许农业转移人口等非户籍人口在就业地落户,使他们形成在就业地买房或长期租房的预期和需求。要明确深化住房制度改革方向,以满足新市民住房需求为主要出发点,以建立购租并举的住房制度为主要方向,把公租房扩大到非户籍人口。要发展住房租赁市场,鼓励自然人和各类机构投资者购买库存商品房,成为租赁市场的房源提供者,鼓励发展以住房租赁为主营业务的专业化企业。要鼓励房地产开发企业顺应市场规律调整营销策略,适当降低商品住房价格,促进房地产业兼并重组,提高产业集中度。要取消过时的限制性措施"。

按照中央经济工作会议部署,相关部门进一步出台了刺激房地产市场的一系列政策。货币信贷政策极度宽松,2016 年 1 月金融数据显示,当月新增人民币贷款 2.51 万亿元,创下单月纪录新高;M2 增速上升到 14%,创 18 个月新高;社会融资规模增量为 3.42 万亿元,分别比上月和去年同期多 1.61 万亿元和 1.37 万亿元。2016 年 2 月 2 日,中国人民银行及银监会发布了 2016 年的房贷新政,在不实施"限购"措施的城市,居民家庭首次购买普通住房的商业性个人住房贷款，原则上最低首付款比例为 25％，各地可向下浮动 5 个百分点；对拥有 1 套住房且相应购房贷款未结清的居民家庭，为改善居住条件再次申请商业性个人住房贷款购买普通住房，最低首付款比例调整为不低于 30％。

2016 年 2 月 19 日，财政部、国家税务总局和住建部三部门发布《关于调整房地产交易环节契税 营业税优惠政策的通知》，对个人购买 90 平方米及以下家庭唯一住房，减按 1％的税率征收契税；90 平方米以上的减按 1.5％的税率征收契税。购买第二套改善性住房，面积为 90 平方米及以下的，减按 1％的税率征收契税；面积为 90 平方米以上的，减按 2％的税率征收契税。营业税政策方面，个人将购买不足 2 年的住房对外销售的全额征收营业税，个人将购买 2 年以上（含 2 年）的住房对外销售的，免征营业税。

"去库存歼灭战"用力过猛，引起房地产市场爆发性上涨。据统计，2016 年上半年浙江省商品房销售面积为 3849 万平方米，同比增长 50.0％。商品房销售额为 4249 亿元，同比增长 58.0％。2016 年 1—7 月，全国商品房销售面积 75760 万平方米，同比增长 26.4％。其中，住宅销售面积增长 26.7％，办公楼销售面积增长 41.3％，商业营业用房销售面积增长 15.5％。根据中国房地产指数系统百城价格指数对 100 个城市新建住宅的全样本调查数据，2016 年 7 月，全国 100 个城市（新建）住宅平均价格为 12009 元/m²，环比上涨 1.63％，同比上涨 12.39％。北京、上海等十大城市（新建）住宅均价为 22945 元/m²，环比上涨 2.20％，同比上涨 17.19％。

针对房地产市场过热并从大城市开始逐步蔓延的态势，2016 年全国两会后热点城市纷纷出台了抑制性调控政策。2016 年国庆节长假期间，南京、厦门、深圳、苏州、合肥、无锡、天津、北京、成都、郑州、济南、武汉、广州、佛山共计 14 个城市政府部门加班加点，先后发布新的楼市调控政策，多地重启限购、限贷政策，标志着房地产市场宽松政策转向紧缩政策。

2016 年 12 月中央经济工作会议提出，要促进房地产市场平稳健康发展。要坚持"房子是用来住的，不是用来炒的"的定位，综合运用金融、土地、财税、投资、立法等手段，加快研究建立符合国情、适应市场规律的基础性制度和长效机制，既抑制房地产泡沫，又防止出现大起大落。要在宏观上管住货币,微观信贷政策要支持合理自住购房,严格限制信贷流向投资、投机性购房。要落实人地挂钩政策,根据人口流动情况分配建设用地指标。要落实地方政府主体责任,房价上涨压力大的城市要合理增加土地供应,提高住宅用地比例,盘活城市闲置和低效用地。特大城市要加快疏解部分城市功能,带动周边中小城市发展。要加快住房租赁市场立法,加快机构化、规模化租赁企业发展。加强住房市场监管和整顿,规范开发、销售、中介等行为。

2017—2019 年,按照"房住不炒"的基本定位,重点防范和化解房地产市场泡沫化风险,按照"因城施策"原则,热点城市先后出台了一系列限制性调控措施,包括限购、限贷、限价、限售、限商住等。房地产金融政策逐步收紧,如认房又认贷、停止第三套贷款、提高首付比例、提高利率、进行额度控制、查处违规金融机构,等等。同时,提出"租购并举",大力发展租赁市场和长租公寓。十九大报告指出,要"坚持房子是用来住的、不是用来炒的定位,加快建立多主体供给、多渠道保障、租购并举的住房制度,让全体人民住有所居",为房地产市场发展明确了方向和重点。

6.2　政策调控目标多元化

在中国特定政治经济体制下,中央政府通过投资拉动经济快速发展的意图十分明确。体现在房地产调控政策目标中,就包括"保增长、稳房价、重民生和防风险"等四个方面。但是,在实践中这四个方面的目标往往存在冲突:一方面,中央政府为了促进经济增长,加强城市建设,希望大力发展房地产行业;另一方面,中央政府要保障居民的合理居住需求,防范市场过热以及房地产泡沫带来的金融风险,因此又希望控制房地产价格。所以,既担心房地产价格和投资增长过快,又希望继续加快城市建设,拉动经济增长,导致中央政府在房地产政策制定和实施时存在矛盾心态,瞻前顾后使得政策执行不到位,政策效果总体不尽如人意。

6.2.1　扩大房地产投资,拉动经济增长

改革开放以来,房地产业快速发展,在推进我国城镇化、改善人民居住

条件、促进经济增长等方面发挥了巨大作用，取得令人瞩目的巨大成就。房地产业已成为国民经济较快增长的重要支柱产业。因此，促进房地产业的稳定发展，为经济较快增长提供必要保障，是中央政府追求的首要目标。而且，房地产业是一个关联度很大的产业，通过产业关联影响其他产业的发展，进而能影响国民经济的协调发展，具体表现在以下几方面：第一，房地产业的发展和繁荣能够直接带动相关产业的就业，解决社会的稳定问题，因为随着我国城市化进程的加快和房地产业的发展，大量的富余劳动力逐步被吸收到房地产业及相关产业上来。第二，房地产业还能够有效刺激国内需求，拉动消费，改变过去主要依靠出口的经济增长模式，对于我国经济结构的合理快速转型具有积极的促进作用。第三，房地产业还能保持政府财政收入的合理规模，提高政府调控经济的能力，因此，房地产业就成为政府增加收入的主要途径。

房地产担当促进经济增长的重任，在房地产市场培育阶段表现十分突出。1998年《国务院关于进一步深化城镇住房制度改革加快住房建设的通知》(国发〔1998〕23号)明确提出，"促使住宅业成为新的经济增长点"；2003年《国务院关于促进房地产市场持续健康发展的通知》(国发〔2003〕18号)更是首次指出，"房地产业关联度高，带动力强，已经成为国民经济的支柱产业"。

在2004年开始的房地产调控阶段，中央政府为促进经济发展、避免经济波动，在调控政策制定和实施过程中始终要求"促进房地产市场平稳健康发展"，即使在"最严厉"的调控政策中，也是要求抑制投机、控制房价、促进市场持续健康发展，甚至被认为"房地产绑架了中国经济和中国政府"。2006年"国六条"表明"房地产业是我国新的发展阶段的一个重要支柱产业。引导和促进房地产业持续稳定健康发展，有利于保持国民经济的平稳较快增长。因此要促进房地产业健康发展"。2008年国务院办公厅发布《关于促进房地产市场健康发展的若干意见》指出，为了进一步扩大内需、促进经济平稳较快增长，应促进房地产市场健康发展。

2014年开始，也是考虑到经济增长下滑背景下，房地产库存累积影响到许多产业的发展，带来系统性风险，才取消了"过时的限制性政策"，开始强力"去库存歼灭战"。

6.2.2　稳定商品房价格,调节市场供求

房地产价格过快上涨会极大地刺激房地产业的投资,带来资源浪费、老百姓住房困难、恶化社会收入分配等一系列问题。因此,为了维护社会稳定,避免社会矛盾扩大化,中央政府有义务稳定房价,控制房地产业的发展速度和规模。而房地产价格调控有一个两难的选择:既不能对房价暴涨视而不见,也不能令房地产市场暴跌。房价的暴涨将会导致收入分配恶化、宏观经济波动等社会问题,而高房价后出现的暴跌给经济发展带来的危害更大,产业的恢复发展需要很长的时间,由此房地产业对其他产业发展的制约作用也将对整个国民经济发展产生一定的副作用。这就要求房地产调控必须明确稳定的"软着陆"目标,避免大起大落对产业发展的影响。

2004年开始,房地产投资规模不断扩大,商品房价格加速上涨,稳定房价就成为中央政府房地产调控政策的基本任务。2003年的121号文件,中央政府第一次采取措施抑制房地产过热。"国八条"和新"国八条"的主要目的都是在于稳定住房价格。2010年以来,抑制价格过快上涨,稳定住房价格更是中央政府制定政策的主要目标之一:2010年4月的"国十条"就明确要求遏制投机投资,抑制房价过快上涨;2010年9月的新"国十条"从"问责、限购、限贷、限价、限售"等方面,加强了对房价的控制力度。

房地产开发周期相对较长,具有短期供给刚性,开发商对市场繁荣的乐观预期也会导致房地产市场供应结构出现问题。因此,稳定房价需要从调节供求关系和市场结构入手。政府根据房地产资源稀缺状况,特别是土地资源禀赋,通过控制土地供给和土地规划,结合经济发展水平,确定与居民消费水平相协调的房地产供给水平,并通过政策引导予以保障,让不同阶层都能在市场上找到相应的住房,满足不同居民的基本消费需求。通过对房地产总供求的调节,使房地产经济的运行进入宏观经济运行的正确轨道,实现国家宏观调控的目标。2004年的"招拍挂"制度改革就是政府从供给角度平衡供需的措施;之后还有很多政策从加强有效供给和抑制投机需求入手,如2006年的《关于调整住房供应结构稳定住房价格的意见》和2010年的新

"国十条"，目的就是平衡房地产市场的供需。

由于"市场垄断性供给"的结构性偏差，我国房地产市场整体表现为供不应求和价格持续大幅上涨的特征。在严厉调控一段时间后，一旦放松调控和刺激需求，总会出现房价报复性上涨的问题。因此，抑制和稳定房价是政府调控的主旋律。2016年下半年开始，"房住不炒"的定位再次体现了政府控制房价的意图和决心，成为各类调控政策的出发点。

6.2.3 完善住房保障体系，满足基本住房需要

随着房价的不断上涨，人们越来越感到房地产市场对自己的生存和生活有着深刻影响。特别是对于中低收入家庭和进入婚育年龄的青年人群，房价高企制约了居住条件改善的可能性。居住需要作为家庭基本生活消费需要，是一个重要的民生问题，正确认识和把握房地产业的本质属性和社会定位，是促进房地产业持续健康发展的前提和社会基础。

1998年停止福利分房后，政府计划把经济适用房作为住房供应体系的主体，但2003年提出要让多数家庭通过市场解决住房问题，住房保障投入严重不足。随着房价不断上涨，中低收入家庭住房困难问题日益突出，解决民生问题就成为中央政府制定房地产调控政策的重要目标之一。借鉴海外住房保障政策的经验教训，中央政府要求按照公共产品由公共提供的原则，通过住房保障制度来调节房地产市场的结构和供给，为部分居民提供一定的保障性住房消费福利，并把它作为维护和促进经济、社会稳定发展的重要工作。1998年的《住房公积金管理条例》等政策就是以"促进城镇住房建设，提高城镇居民的居住水平"为目的；2003年的18号文件提出"不断消除影响居民住房消费的体制性和政策性障碍，加快建立和完善适合我国国情的住房保障制度"；之后的大多数房地产调控政策中，"加快保障房建设、建立合理的保障体系"都是必不可少的重要内容。2010年开始，中央政府进一步加大了住房保障的力度。"十二五"规划纲要提出，完成3600万套城镇保障性安居工程建设是政府必须完成的"约束性指标之一"，足见中央政府对保障房建设的重视，也表明了中央政府对控制房价过快上涨的决心。

2019年政府工作报告提出,要更好解决群众住房问题,落实城市主体责任,改革完善住房市场体系和保障体系,促进房地产市场平稳健康发展。继续推进保障性住房建设和城镇棚户区改造,保障困难群体基本居住需求。

6.2.4 抑制房地产泡沫,防范金融风险

房地产业的发展和金融市场息息相关。从房地产内部来看,房地产投机的增多以及非理性的投资行为必将使房地产价格持续上涨,当房地产市场真实的消费需求被高昂的房价挤出房地产市场时,房地产泡沫必然不断膨胀并最终破灭。而房地产业又是资金密集型产业,房地产开发的每一个阶段都离不开资金的支持。事实上,房地产开发商本身没有足够的自有资金来承担整个房屋建设销售过程,70%～80%的资金是从银行借贷而来,一旦开发商自有资金断裂或者整个房地产行业陷入困境,将直接导致金融行业系统性风险的产生,进而影响金融市场的稳定以及整个宏观经济的发展。因此,借鉴海外房地产泡沫的历史经验教训,中央政府实施房地产宏观调控政策的目标之一,就是防范房地产泡沫和由此带来的金融风险,确保金融系统稳定。

从2004年以来中国房地产业发展的实践来看,房地产价格持续上涨导致房地产投资回报率高企,诱导社会资源竞相涌入房地产业,导致其他产业投资不足甚至萎缩,实体经济空心化,产业结构畸形,国民经济转型升级和可持续发展受阻,这也是中央政府不愿意看到的。因此,中央政府有必要制定相应的调控政策,抑制房价非理性膨胀,防范市场的金融风险。只有通过相应的行政政策和金融调控手段,遏制和打压房地产市场上的过度投机行为,才能防范风险扩大所带来的严重后果。

近年来,中央政府防范房地产市场风险的目标日益凸显,从稳定价格、加大保障和强化监管等多方面采取措施。2010年1月10日,国务院办公厅发布了《关于促进房地产市场平稳健康发展的通知》,从加强风险防范和市场监管等方面共提出了11条措施;2013年的"国五条"也提出"要加强市场监管和预期管理,有效防范风险"。2017年12月中央经济工作会议提出,要

按照党的十九大要求，今后三年要重点抓好决胜全面建成小康社会的防范化解重大风险、精准脱贫、污染防治三大攻坚战。房地产问题已经上升到国家金融安全的高度，被列入需要化解的重大风险问题，下决心加以解决。

6.3 调控手段与政策效果

6.3.1 调控手段突出行政性特点

在市场经济中，中央政府的宏观调控手段，主要有经济手段、行政手段和法律手段三种。严格说来，法律手段是前两种手段的稳定化和固化。因此，问题的焦点在于经济手段和行政手段孰先孰后、孰重孰轻的安排。按照一般市场经济体制的要求，政府调控市场应该优先并主要采用经济手段，比如财政税收、信贷利率、汇率等经济杠杆，引导市场经济主体的预期和行为。

但是，在中国政治经济体制下，中央政府倾向于使用行政手段干预经济，并通过巨大的财政支出规模，通过国有企业的投资规模，主导宏观经济运行。通过对比分析中央政府历年的房地产调控政策手段，可以发现，中央政府所采取的房地产调控政策行政化特点十分突出，以利率、汇率和税率为代表的房地产调控政策内容在所有房地产调控政策中占的比重较少。其中，利率和信贷规模等货币政策手段更多是服务于宏观经济运行，并非针对房地产市场。

按照支持住房消费、抑制投资投机购房的逻辑，2010年以来，先后采取了限购、限贷、限价、限售、限商住等一系列"行政限制性"调控政策，按照一定的标准和条件，确认购房资格及其可以享受的购房政策。相比市场化的调控政策，行政调控手段希望通过行政问责、限购限贷、加强保障、市场监管等多个方面的行政措施，来"驯服市场"。事实证明，过于行政化的调控手段并不能真正解决由供需失衡引起的经济系统内在的本质问题，也无法真正改变市场的供求关系，极端的情况反而还会加剧市场的供求矛盾，这是房地产行政调控迄今为止未能达到预期效果的症结所在。例如，2018年热点城市普遍实施的"限价"政策，为了确保价格不涨，批准的预售价格往往低于周边二手房市场价格,形成"买到就是赚到"的市场信号,导致购房者抢购,成为激发市场需求的重要推手。为了维持销售秩序,政府又要求"摇号"销售,进一步增强了市场紧张氛围。2019 年 6 月,杭州市余杭区翡翠城梧桐郡项目发布 284 套商品房销售公示,均价 22596 元/m²,毛坯交付。截至登记期限届满,共有 18514 户购房预登记家庭,其中无房家庭 5099 户。摇号整体中签率 1.53%,成为杭州第 12 个"万人摇"销售案例。

6.3.2　长效机制还有待形成

在促进房地产市场平稳健康发展的总基调下,2004 年以来政府用了 15 年时间稳定、抑制、控制房价,但调控效果往往表现在政策出台后的较短时间内,引起市场观望、成交萎缩,房价中长期上涨的趋势没有任何变化,市场形成了强烈的涨价预期,部分城市房地产泡沫严重。

2005 年的"国八条"和 2006 年的"国六条"可谓当时极其严厉的市场调控政策。但是,2006 年以来,我国的商品房与商品住宅的销售均价仍旧逐年走高,2005 年到 2010 年间,商品房销售均价总共上涨了 59%,年复合增长率为 9.7%。虽然 2005 年、2006 年出台政策后,房价增幅稍有放缓,但是 2007 年开始房价又大幅上升,调控政策效果无法持续。

从重点城市的商品房价格及其增幅情况来看,2005 年的"国八条"和 2006 年的"国六条"也没有产生预期的效果。尤其深圳、北京等热点城市,2004 年至 2007 年房价一路上扬,调控政策对房价并没有起到显著的抑制作用,具体见表 6.3。

表 6.3　重点城市 2004—2007 年商品房销售均价及其增幅

城市	2004 年		2005 年		2006 年		2007 年	
	价格 (元/m²)	增幅(%)	价格 (元/m²)	增幅(%)	价格 (元/m²)	增幅(%)	价格 (元/m²)	增幅(%)
北京	5053	6.68	6274	24.17	8280	31.96	11553	39.54
广州	4537	7.74	5366	18.27	6545	21.98	8673	32.51
深圳	6756	7.99	7582	12.22	9385	23.78	14049	49.69
南京	3516	11.69	4072	15.84	4477	9.94	5304	18.47

续表

城市	2004 年		2005 年		2006 年		2007 年	
	价格 (元/m²)	增幅(%)	价格 (元/m²)	增幅(%)	价格 (元/m²)	增幅(%)	价格 (元/m²)	增幅(%)
上海	6385	27.97	6698	4.90	7039	5.09	8253	17.25
杭州	4185	6.24	5619	34.27	6218	10.67	7616	22.47

数据来源:根据有关城市统计局网站资料整理。

2010 年以限购、限贷内容为主导的房地产调控政策更是以抑制房价的非理性上涨、控制市场热度为首要目的。但是从 2010 年房地产市场的运行情况来看,只能短期内小幅地引起房价下跌,政策作用无法长期持续。

以浙江省为例,2009 年开始商品房价格一路走高,不断上涨。直到 2011 年 7 月达到极值点后,政策效力才部分发挥,房价开始小幅下滑。可是,到 2011 年 12 月房价又逐渐上升,2012 年全年浙江省商品房销售均价持续上升,2013 年价格也维持在高位小幅波动。可以看到,调控政策并没有如预期对浙江省商品房的价格起到明显的抑制作用,只是在短期内产生了小幅降低价格的效用,政策效力不持久。

而从抑制市场交易热度的效用来看,调控政策也只能短期抑制交易规模,并且,政策的冲击反而还会加剧市场波动。浙江省的情况就是很好的例证,2010 年开始,受调控政策影响,浙江省市场交易面积产生较大幅度的波动,成交面积每月震荡较大。2011 年市场受政策影响明显,交易较为冷清,全年基本维持在 200 万平方米的低位水平。但是从 2012 年 3 月开始,浙江省新建商品房的成交面积一路上扬,持续增加,市场开始回暖;2013 年市场的交易情况和 2012 年表现出一致的变化规律。综合来看,调控政策对市场交易量的影响在 2011 年有比较明显的作用,其间市场观望情绪浓厚,市场交易不活跃。但是,2012 年消费者对市场恢复信心,市场交易不断增加,2013 年市场交易量在小幅波动后仍然表现为持续增加。说明调控政策效果只在短期内显现,没有持续。

分析重点城市 2010 年以来的新建商品住宅销售价格环比指数数据可以发现,调控政策效果呈现短期化态势。浙江大学房地产研究中心 2012 年的研究成果也表明,限购政策对城市住宅的交易量和交易价格均产生影响,但随着限购政策的深入,其效果可能衰减,成交量可能回升并带动价格上涨。①

在"去库存"政策刺激下,2016 年热点城市房价出现大幅上涨,中央政府重新开始抑制市场过热和房价上涨,限购限贷等"行政限制性"政策不断加码。2017 年明确"房住不炒"基本定位后,强调地方政府承担房价控制主体责任,调控政策出台的频率不断提高。据统计,2018 年各地政策持续加码,年内累计各项调控政策多达 450 次,成为历史上房地产调控最密集的一年。

尽管调控政策不断强化,各城市和统计部门在价格控制方面可以说尽了最大努力,但热点城市房地产市场依然热度不减,房价整体上涨态势明显(见表 6.4),说明市场持续健康发展的长效机制还没有建立起来。

表 6.4　2015—2018 年商品房成交均价变化情况

范围	商品住宅销售均价/(元/m²)				2018 年同比％
	2015 年	2016 年	2017 年	2018 年	
全国	6474	7205	7615	8544	12.20
浙江省	10754	11447	13430	15242	13.49
杭州市区(商品房)	15602	16741	21983	25817	17.44

资料来源:根据统计公布的销售金额除以销售面积得到。

6.4　小结:双向调控兼顾多重目标

我国的房地产市场是一个充满争议的市场,中央政府对它的干预强度远远超过了其他产业。房地产调控是中国宏观经济调控的重点和重要组成部分,频繁出台的调控政策并没有达到预期目的,房地产市场所存在的各类问题还没有得到有效解决。

虽然中央政府出台了一系列涵盖土地供应、开发、销售、流通等环节的全过程调控政策,调控手段以行政手段为主,也包括利率、税收等经济手段,但市场持续健康发展的长效机制仍然欠缺。分析调控政策效果不明显的原

---

①　贾生华、孟桢超:《房地产限购政策及其可持续性——基于北京商品住宅市场量价波动关系的实证研究》,《中国经济问题》2012 年第 5 期。

因,我们就会发现,不仅房地产市场上有巨大的供需矛盾,同时在房地产调控政策的背后还存在着中央调控多重目标的矛盾以及政策手段过于行政化的弊端。首先,市场供需失衡没有得到解决。房地产市场上的许多问题是由供不应求、商品房供给结构不合理以及房地产市场秩序比较混乱等多种因素造成的。而我国历年来的调控政策在抑制需求上下大功夫,但没有从根本上解决我国房地产市场供需失衡的问题,没有从源头上解决土地市场和商品房市场的"双重垄断性供给"问题,而又压抑了房地产市场上所存在着的巨大潜在需求和刚性需求。调控政策反而使得市场供需更加不平衡,从而无法达到预期目标。其次,中央调控多重目标难以权衡。中央房地产调控的四大目标是相关政策制定的指导原则,但是这四个目标之间存在矛盾和不匹配的地方。中央政府既担心房地产价格和投资增长过快而导致市场风险加剧、居民合理住房需求得不到满足,又希望继续依靠房地产业的带动作用拉动经济的增长。这种摇摆不定的矛盾心态使得政府在制定调控政策时顾此失彼,无法统筹兼顾。此外,中央政府调控政策过于行政化。纵观这些年来中央政府对房地产业的宏观调控政策,我们不难发现,以行政手段为主的调控政策无法解决经济系统的本质问题,行政化的调控手段不能改变市场的供求关系,反而还会加剧市场的供求矛盾。

由于存在明显的市场失灵,为了保证房地产的充足供给和正常的市场秩序,政府开始进入房地产领域。但是,中央政府既是房地产市场发展的推动者,同时也是房地产调控政策的制定者,这两者的角色并不冲突,但是在角色职能上却难以平衡。由于房地产具有产业关联度强和国民经济贡献度高的特点,中央政府一方面希望房地产能够健康繁荣地发展,以刺激经济持续增长;另一方面又害怕房地产市场的非理性发展所带来的房价过高、金融风险、财富分配不均、老百姓住房困难等问题,进而危及社会的公平与稳定。这些方面的问题决定了中央政府在房地产调控上的两难境地,因此,中央政府在制定房地产政策时常常陷入两难选择,甚至一些政策措施顾此失彼。房地产调控政策无法解决我国房地产市场的长期和根本问题,必须通过改革,实现制度创新,建立持续健康发展的长效机制。

第七章 房地产市场运行绩效

　　市场绩效是指在特定的市场结构下,市场中的行为主体会根据自身利益要求和市场预期做出有利于自己的经济决策和行为选择,这些微观经济主体的市场行为集合在一起,形成市场的价格、产量、成本、利润、产品质量、技术进步等方面的最终经济表现和成果,表现出一定的社会总体福利水平。它实际反映了在特定的市场结构和市场行为条件下,市场运行的整体效果。房地产市场绩效是房地产市场结构和大量企业行为共同作用的结果,它反映了房地产市场运行的经济效率和资源配置的社会经济效果。

　　近年来,围绕房地产问题的争论激烈,房地产市场运行绩效评价的难度很大。因为房地产业是国民经济构成中一个综合性很强的行业,涉及的面广,影响着国民经济和社会发展的很多方面,评价它要从多方面加以考虑。房地产市场运行效率的影响因素众多,其是众多影响因素共同作用的结果,所以不能单独考虑其中某一个或几个因素,而是应该综合考虑主要的因素。同时,房地产市场绩效也不是完全可以量化的经济评价,要综合考虑短期和长期、局部和整体、经济和非经济、不同群体之间的复杂关系。

　　根据中国改革开放和市场经济发展的阶段特征,把房地产市场放在政府主导的大规模、快速城市化背景下,其运行绩效喜忧参半,可以从促进经济增长、支撑城市建设、改善居住条件、增加购房负担、扩大财富差距、蕴藏经济运行风险等方面进行分析。

7.1 促进国民经济增长

改革开放以来,中国经济连续40多年保持高速增长,创造了经济增长速度的中国奇迹。除了改革开放所释放的经济活力外,中国经济高增长的主要动力是出口导向和投资拉动。20世纪90年代开始,房地产投资加速增长对维持国民经济持续高增长发挥了关键作用。

国家统计数据显示,全国房地产开发投资额从1995年起逐年稳步增长,带动了国民经济的发展。1995年房地产开发投资额只有3149亿元,而到2003年已经突破1万亿元,2007年突破了2万亿元,2013年达到8.60万亿元,2018年为12.03万亿元。20年来,房地产开发投资的增长速度领先于固定资产投资和GDP的增长速度,房地产开发投资的发展极大地促进了国民经济的增长。在1997年亚洲金融危机、2008年全球金融海啸冲击中国经济的过程中,房地产投资对国民经济增长的重要贡献表现得更加突出。

1997年亚洲金融危机的爆发对我国的经济造成了巨大的冲击,国外需求锐减,而国内经济增长也开始出现疲软,中国房地产市场的投资和消费需求被明显抑制,房地产市场随之进入低潮,行业发展止步不前。为了扩大内需,推动中国经济的增长,1998年中国政府开始实施扩张性的调控政策,以推动中国房地产行业的发展。1998年7月,中央政府发布了《关于进一步深化城镇住房制度改革加快住房建设的通知》,标志着住房实物分配制度从此退出了历史舞台,我国开始建立住房分配货币化,住房供给商品化、社会化的住房新体制。国家以"发展住宅产业成为新的经济增长点"为目标,努力培育房地产市场的发展。1998年房地产开发投资额增长至3614.23亿元,同比增加了13.7%;全社会房屋施工面积达245755万平方米,房屋竣工面积为170904万平方米,同比分别增加6.6%和2.9%。中国房地产市场从此迅猛地发展起来,房地产开发投资不断增加,国民经济的发展得到了极大的促进。

2008年,美国次贷危机引发全球金融海啸,国际经济环境的全面衰退迹象日益明显,中国经济发展也受到了较大的影响。在金融危机和持续紧缩的信贷政策影响下,2008 年下半年开始,中国房地产市场受到了严重冲击。2008 年全国商品房销售面积仅有 65969.83 万平方米,相比 2007 年的 77354.72 万平方米减少了 14.7%;而商品房销售额下降了 16.1%,由 2007 年的 29889 亿元减少至 2008 年的 25068 亿元。此时房地产市场发展受阻,整个行业伴随着经济调整进入新的整合期。2009 年,针对金融危机对房地产市场所造成的影响,中央政府暂停了对房地产市场的抑制政策,出台了一系列的"救市"政策。房地产业被再次定位为"国民经济发展的支柱产业",房地产调控政策从原先的抑制房价快速上涨、防止房地产市场的过热发展,演变成运用税收、财政、金融等政策鼓励房地产业的发展。随着大量投资的拉动,房地产市场由萧条迅速转变为繁荣,上演了一场"V"字反转的大戏。2009 年下半年房地产市场热度迅速回升,至 2009 年末,房地产开发投资额高达 36241 亿元,比 2008 年增长了 16%;全国商品房销售面积达到 94755 万平方米,同比增长了 43.6%;而商品房销售额同比增长率更是高达 76.9%,达到了 44355 亿元。可见 2009 年的"救市"效果十分显著,反转的房地产市场又迅速带动了国民经济的回暖。

2014—2015 年,房地产投资增速持续下滑,从 2013 年的增长 19.8%,在 2014 年降低到 10.5%,到 2015 年进一步降低到 1%,对国民经济增长形成巨大压力。为了稳定经济增长,2014 年多数城市取消了"限购限贷"政策,2015 年发动"去库存歼灭战",激活了房地产市场。2016 年全国房地产开发投资 102581 亿元,比上年实际增长 7.5%。凭借房地产市场重新启动,实现了稳增长的宏观经济效果。

从国家统计数据来看,1995 年,全国房地产业增加值仅有 2354 亿元,占第三产业增加值 11.8%,占 GDP 的 3.87%;到 2018 年,全国房地产业增加值已达 59846 亿元,占第三产业增加值 12.7%,占 GDP 的 6.65%,见表 7.1。房地产业增加值在国内生产总值中的占比稳步增加,说明房地产业在国民经济中的贡献不断增加。房地产业对国民经济的带动作用明显,拉动了我国经济的稳步增长。

表 7.1 1995—2018 年全国房地产业增加值情况

年份	房地产业增加值 (亿元)	房地产业增加值/ 第三产业生产总值(%)	房地产业增加值/ 国内生产总值(%)
1995	2354	11.8	3.87
2000	4149	10.7	4.18
2005	8516	11.4	4.61
2010	22782	13.1	5.67
2011	26783	13.1	5.66
2012	29005	12.5	5.59
2013	35988	12.9	6.07
2014	38001	12.3	5.93
2015	41701	12.0	6.08
2016	48191	12.6	6.51
2017	53965	12.7	6.58
2018	59846	12.7	6.65

数据来源:根据国家统计局网站有关统计数据整理。

7.2 支撑城市化进程

房地产业在推动城镇基础设施建设方面也绩效显著。由于我国实行房地产与城镇基础设施的综合开发和配套建设的模式,在城市建设资金投入能力有限的情况下,房地产业的高速增长带动了城市基础设施的发展,完善了城市功能。1998 年,全国房屋施工面积仅 50770 万平方米,竣工面积也只有 17567 万平方米。2000 年以来,全国房地产开发施工、竣工面积逐年增加:2003 年房屋施工面积比 1998 年翻了一倍,达到 117526 万平方米,竣工面积也增加至 41464 万平方米;到 2013 年,全国房地产施工面积高达665572 万平方米,而竣工面积也达到了 101435 万平方米,施工面积和竣工面积的年均增长率分别为 18% 和 12%。这期间,在房地产业的带动下,城镇基础设施也相应发展完善。全国城市道路总长度从 2000 年的 159617 公里增长到了 2012 年的 327081 公里,年均增长 6.2%。铺装道路面积也从 2000

年的 190356 万平方米,增长至 2012 年的 607449 万平方米,年均增长达到了
10.2％。随着房地产业的发展,轨道交通、地铁等也得到迅速发展,全国各
地涌现出了一批人居环境改善的典范代表。

随着房地产业的发展,不但城市的基础设施日益完善,我国的城市化进
程脚步也得到了大大加速。2000 年,我国的城市化率只有 36.2％;2006 年
全国城镇人口 58288 万人,占全国总人口比重为 44.3％,城市化水平比 2000
年提高了 8.1 个百分点。此后,我国城市化步伐不断加快,到 2013 年我国城
市化率高达 53.7％,十多年来年均增长 3.2％。根据国际经验,一般城市化
水平在 30％以下为初期发展阶段,30％～70％为中期加速阶段,70％以上为
后期成熟型发展阶段。从世界经验来看,我国已经进入城市化水平中期加
速阶段的后期。经济结构的调整和城市化进程的发展推动了房地产市场的
繁荣,在此背景下城市的住房需求也在不断增大;反过来,房地产市场的繁
荣发展也不断推动城市化进程的脚步,加快全国城市化率的提升。

在东部经济发达地区,房地产业对城市化和城市建设的支撑作用更加
突出。下面我们重点以浙江省为例进行分析。2000 年,浙江省城镇人口
2238 万人,占全省总人口的 49.7％;2006 年全省城镇人口增加至 2814 万
人,城市化率上升到 60.8％;2013 年,浙江省的城市化率高达 64％,已接近
达到城市化水平的后期成熟型发展阶段。

作为浙江省的省会城市,杭州也是房地产业推动城市建设和发展的代
表性城市。据杭州市统计局发布的数据,2000 年以来,杭州市的房地产开发
投资不断增加,年均增长 25％。2000 年全市房地产开发投资额只有 101.53
亿元;到 2006 年,杭州市的房地产开发投资额达到了 442.65 亿元;2013 年
全市的房地产开发投资达到了 1853.28 亿元的高水平。2000 年以来,杭州
市的房地产开发施工、竣工面积也逐年增加:2000 年房地产开发施工面积为
1114.97 万平方米,竣工面积为 463.33 万平方米;2013 年,全市房地产施工
面积高达 8284.91 万平方米,而竣工面积也达到了 1055.09 万平方米。十几
年来,杭州市房地产施工面积和竣工面积的年均增长率分别为 16.7％和
6.5％。房地产业的迅速发展带动了城市化进程和城镇基础建设的发展。
2000 年杭州市的城市化率为 58.6％;2006 年杭州市的城市化率已达到

62.1％;2013 年末,杭州市常住人口 884.4 万人,比上年末增加 4.2 万人,其中城镇人口 662.42 万人,占比由上年末的 74.3％提高为 74.9％。杭州的城市化率已达到后期成熟型发展阶段。

杭州房地产业的发展也带动了城市建设的发展。十几年来,随着杭州市房地产业的完善发展,城市建设和综合治理的力度也进一步加大,全市基本建设和更新改造投资中用于道路、供排水、公用事业、电力等基础设施建设的投资不断增加,而市区的路网建设也不断完善,同时轨道交通、地铁等设施也在同步建设和完善中,城市面貌日益发生新变化。2000 年,杭州建成区面积 177.18 平方公里,市区实有道路面积为 1183 万平方米;到 2012 年,建成区面积增至 452.62 平方公里,市区实有道路面积达到了 5284 万平方米。2013 年,杭州完成基础设施投资 852.47 亿元,同比增长 9.5％。

房地产市场繁荣为城市建设提供了源源不断的资金支持。2018 年杭州市区土地成交总金额达到了 2443 亿元,位居全国第一。2019 年上半年,杭州土地出让收入继续领跑全国,高达 1423 亿元。巨额土地出让收入为杭州城市建设提供了充足动力。为了筹备 2022 年亚运会,城市建设全面铺开,10 多条地铁同时开工建设,带动了城市基础设施和城市功能日新月异的变化。

7.3 改善人居环境条件

随着住房制度改革和房地产市场发育,市场机制引导越来越多的土地和资本配置到城市基础设施建设和商品房开发项目中,城市人居环境和居住水平得到巨大改善,与以往计划经济体制下的福利分房形成了鲜明对照。

随着我国房地产市场的繁荣发展,居民的居住水平得到了显著提高,人均住房面积不断增加。2000 年,全国城镇居民人均住房面积只有 14.87 平方米,而到 2007 年人均住房面积已经增加至 27.06 平方米,年均增长率为 10％。到 2018 年,城镇居民人均住房建筑面积 39 平方米,比 1978 年增加 32.3 平方米。

人均公共绿地面积和建成区绿化覆盖率是评判人居环境质量的重要指

标。一般这两项指标值越大,表示房地产市场的生态环境效益就越好。2000年以来我国的人均公共绿地面积逐年呈上升态势。2000年,全国人均公共绿地面积只有6.83平方米;到2010年达到11.18平方米。从2006年开始统计的建成区绿化覆盖率指标也可以看出,我国房地产业的生态环境效益逐年增进,绿化覆盖率持续大幅增加:2006年该指标只达到35.1%,到2012年已经增长到了39.6%的水平。2000年以来,全国城市污水日处理能力也不断提升,房地产市场的生态环境绩效显著增加:2000年城市污水日处理能力只有4740.98万立方米;2007年该值达到了10336.5万立方米;2012年,全国城市污水日处理能力为13692.9万立方米,污水日处理能力年均增长9.2%。

在东部经济发达地区,房地产业对人居环境改善的绩效同样显著。伴随着房地产业的快速高效发展,浙江省的居民生活环境得到了显著改善。2000年,浙江省城镇居民人均住房建筑面积只有14平方米;到2013年,浙江省城镇居民人均住房建筑面积达到38.8平方米。在此期间,浙江省的城镇居民人均住房面积每年平均增长8.2%。浙江省的城市绿化覆盖面积从2000年的32972公顷增加至2012年的138877公顷,年均增加12.7%。2000年,浙江省的人均公园绿地面积只有3.77平方米;到2012年这一数值达到12.47平方米,年均增长10.4%。同时,浙江省的污水处理率也从2000年的33.2%提升到了2012年的87.5%,房地产市场的生态效益明显。

党的十八大以来,浙江省家庭住房条件快速改善。据统计,到2018年底,浙江居民自有房比重为87.8%,人均住房建筑面积达52.3平方米。其中,城镇人均住房面积从2014年的40平方米进一步提高到2018年的45平方米。

随着杭州市房地产市场的发展,城市居民的住房条件也不断改善:1985年市区人均住房建筑面积只有13平方米,1995年增加到16平方米,2005年增加到28平方米,2015年全市人均住房建筑面积为36平方米,超过了全面小康的标准。

从杭州的城市环境发展情况也可以看出房地产市场的生态效益显著:杭州市的建成区绿化覆盖面积从2000年的6083公顷增加至2012年的

18135 公顷,年均增加 9.5％。建城区绿化覆盖率也从 2000 年的 34.3％增加到了 2012 年的 40.1％。近年来,杭州市的环境治理能力也不断提升,城市污水集中处理率从 2006 年的 76.93％提升到了 2012 年的 92.77％。

7.4 加大居民购房压力

2000 年以来,全国商品房的价格不断上涨,特别是 2005 年开始,房价上涨的速度非常迅猛。虽然政府坚持调控房价,但房价水平整体呈现长期上涨态势。根据中国指数研究院公布的数据,全国百城价格指数值在 2010 年 6 月是 9042,2015 年 6 月是 10628,2019 年 6 月达到 14891。从主要城市二手房价格指数来看,2009 年 1 月北京二手房指数值为 2208,上海为 2865,深圳为 1994,杭州为 2269,成都为 1151;到 2019 年 1 月,北京二手房指数值是 8158,上海是 8270,深圳是 8754,杭州是 5818,成都是 2674。

根据国家统计局公布的全国商品房销售面积和金额可以计算出,商品房平均销售价格从 2000 年的 2112 元/m^2 增长到了 2013 年的 6237 元/m^2,年均增长 8.6％;商品住宅均价从 2000 年的 1948 元/m^2 增至 2013 年的 5850 元/m^2,每年平均增长 8.8％。到 2018 年,商品住宅销售均价进一步提高到了 8544 元/m^2。

分时间段来看,2000 年到 2004 年间,中国房地产市场处于发展的起步阶段,商品房价格的增幅较平稳,平均增长了 6.5％;而 2005 年开始,中国房地产市场高速发展,商品房价格也迅速上涨。尤其 2005 年至 2007 年间,商品价格快速上涨,年均增长率达到了 10.4％;2008 年受全球金融危机的影响,商品房价格有所回落,但是 2009 年的"救市"政策使得房地产市场迅速回暖,商品房价格同比上涨高达 23.1％;2010 年以来,受房地产调控政策的影响,房地产价格的增幅受到一定程度的控制,2010 年至 2013 年间,全国商品房价格维持在 7.4％的平均增长水平。2015 年"去库存"政策实施后,从大城市到中小城市,商品房价格再次大幅上涨,市场实际涨幅比统计公布数据还要高。

日益增长的商品房价格将大量的刚性购房需求挤出房地产市场,市场泡沫膨胀,新进入住房市场的居民购房压力巨大,这在房地产市场活跃的大城市表现尤为突出。房价收入比是反映居民购房能力的指标,在北京、上海等城市,房价收入比早已突破安全水平,并呈现出逐年持续上涨的趋势。2012 年深圳市房价收入比高达 14.4,北京市房价收入比居于次位,也高达13.2,这些热点城市的房地产泡沫急剧膨胀,给居民购房带来了巨大压力。

以上关于各城市房价收入比的计算主要是基于统计口径的数据,但是统计数据可能会低估了真实的房价上涨,市场交易数据更能反映市场的真实情况。所以本课题以杭州市为例,同时收集杭州市区的房地产价格数据进行计算比较,见表 7.2。以统计数据计算,杭州市区居民的购房压力已经较大,房价收入比数据超出正常水平很多。但是交易数据所计算出的房价收入比数据比统计口径计算的数值还超出许多,更贴切地反映出杭州市区较为严重的房地产泡沫情况。可见,在分析房地产市场价格时,交易数据比统计数据更能反映真实情况。被低估的统计数据容易让我们放松警惕,忽视已经存在并逐步扩大的市场压力和风险。

表 7.2　基于不同口径数据的杭州市区房价收入比情况比较

年份	可支配收入（元）	统计数据		交易数据	
		商品房价格（元）	房价收入比（%）	商品房价格（元）	房价收入比（%）
2009	26864	11444	12.78	14490	16.18
2010	30035	16102	16.08	21279	21.25
2011	34065	14614	12.87	20777	18.29
2012	37511	13448	10.75	18065	14.44
2013	39310	—	—	22091	16.85

数据来源:根据杭州市统计局(统计数据)、杭州透明售房网(交易数据)整理。

7.5　扩大居民财富差距

改革开放以来,经济发展也带动了城乡居民收入水平的不断提高,城镇居民人均可支配收入由 1978 年的 343.4 元增加到 2013 年的 26955 元,扣除物价上涨指数,按可比价计算增长了 60 多倍;农村居民家庭人均纯收入由

1978年的133.6元增加到2013年的8896元,按可比价计算增长了将近50倍。

虽然改革开放以来,我国居民收入水平总体来说有所提高,但收入差距问题仍然严重。2000年以来,中国居民的收入差距不断增大,贫富收入之间的差异不断加剧。2000年,全国的基尼系数为0.412;之后我国的基尼系数整体运行在0.4的水平线以上,并围绕0.48上下小幅波动;到2008年,我国的基尼系数达到0.491的峰值,当年的居民收入差距为历史最高点;之后几年该数值逐步回落,但都维持在0.47的水平之上;2012年我国基尼系数达到0.474,2013年全国居民收入基尼系数稍有减少,为0.473。联合国有关组织规定:基尼系数若低于0.2表示收入平均;0.2~0.3表示相对平均;0.3~0.4表示相对合理;0.4~0.5表示收入差距大;0.6以上表示收入悬殊。通常把0.4作为收入分配差距的"警戒线",超过这条"警戒线"时,贫富两极的分化较为容易引起社会阶层的对立从而导致社会动荡。我国的基尼系数虽然近年来有所回落,但数值都已经超过"警戒线",表明居民收入差距整体较高,需引起足够重视。

在收入差距扩大的同时,财产差距扩大带来的消极后果更加严重,房地产价格上涨加剧了家庭财产差距问题。房地产是居民的重要财富,当房地产市场发生波动从而房地产资产价格波动时,人们的财富存量发生变化,从而直接影响人们的收入分配及其差距、消费支出和消费决策,进而影响总需求和经济增长。对于低收入人群来说,买房在当前的市场行情下逐渐变得遥不可及;而对于有能力买房的家庭来说,持有的房地产不断升值,带来家庭财富的增值,持有的房产越多,这种资产增值的规模越大。如果房地产价格持续以高于工资水平的速度增长,贫富差距将会进一步扩大。尤其在房价飞涨的市场环境中,房价和财富互为推手、彼此促进。

随着房价不断上升,居民的居住区位和居住水平日渐出现分化,"富人区"和"穷人区"现象在我国一些大城市表现得越来越明显。经济实力强的居民能够负担在市中心高房价地段的房屋,而经济实力较弱的居民只能向郊区迁移,房价正成为分化富人和穷人的裂痕。所以飞涨的房价已经成为中国国民财富结构两极分化的最重要催化剂。房地产的财富效应不仅加大高档住房家庭、普通住房家庭与无住房家庭之间的贫富差距,也会将这种财富积累一棒接一棒地继续"传递"下去,从而造成"代与代之间"的不公平。在城市常住人口中,户籍人口原先多数拥有自己的住房,不仅没有购房压力,还可以坐享房产增值收益;农业转移人口、新就业大学生等非户籍人口和"新城市人",单靠工薪收入买不起商品房,即使依靠家庭积累勉强购房,也会沦为"房奴",生活质量和幸福指数难以提升,他们的怨言和情绪在很大程度上主导了社会舆论,可能增加社会不和谐因素。

7.6　潜藏经济运行风险

房地产业是典型的资金密集型行业,虽然房地产调控力度不断加大,但地价和房价长期上涨的趋势形成,继续涨价预期强烈,不仅导致房地产企业激进投资,企业财务风险积累,而且地方政府债务膨胀,社会资本通过各种渠道过度进入房地产市场,形成了一定的经济泡沫,实体经济投资不足,产业结构转型升级困难,国民经济运行潜藏很大风险。

房地产企业是高投入和高风险的企业,尤其随着全球经济的一体化、房地产市场的快速发展,市场竞争日渐加剧,财务风险已经成为房地产企业求生存、谋发展所必须积极应对的问题。绿城集团是中国房地产企业中的代表性企业,在过去几年里的增长势头十分迅猛,财务业绩表现突出。但是,相比较而言,绿城集团也面临着巨大的财务风险,企业在资产运营、偿债能力等方面的一些指标尚不够理想,资产负债率在过去几年也一直处于高位运行的状态。2008 年末,绿城集团的净负债率为 140％;2009 年末,净负债率下降至 105％。但 2010 年,该指标净涨至 132％,远高于同行。"高负债与高成长"一直是绿城集团多年经营的基本路径。正是如此高的净负债比率,使得绿城集团面临着巨大的财务风险,2012 年,面临资金和市场的双重困境,绿城集团坚守的高负债、高端产品线的运行体系受到了前所未有的质疑。在困境中,绿城集团选择不再通过高负债的方式发展,而转变成为投资开发和品牌管理服务并举的房地产运营商。2012 年,绿城集团的净资产负债率下降至 49.0％,较 2011 年底的 148.7％有大幅改善,企业的发展又恢复迅猛态势。

随着房地产市场的发展，地方政府融资平台的债务风险也不断加剧。近年来，中国的信贷投放增长异常迅猛，快速增长的货币信贷导致了资产泡沫和通货膨胀预期的出现。而在此背景下，各地方政府也纷纷融资进行大规模的基础设施建设，导致了地方投融资平台的数量和融资规模呈现飞速发展的趋势。投融资平台的出现，拓宽了地方政府的投融资渠道，提高了地方政府对各种资源的综合运用能力，也使得城市基础设施建设项目的运作更加市场化、专业化，同时，也为吸纳商业银行贷款提供了一个重要的平台。但另一方面，由于地方财政或政府信用对融资平台债务实行变相担保等各种体制性原因，实质上已经构成地方政府的隐性负债及或有负债，加上一些地方政府投融资平台的运作很不规范，导致地方政府的债务风险加剧。地方政府投融资平台的总体负债水平都相当高，负债率普遍超过 80％或者更高。2008 年，地方政府投融资平台的负债总额为 1.8 万亿元，而 2009 年上半年该负债总额就达到了 5.84 万亿元，并且仍处于不断增加的发展态势中。投融资平台在融资过程中，担保承诺不规范，对土地升值依赖过大，但如果地价下跌，土地出让困难，则还款就会发生困难，地方政府就必须动用其他方式来偿还贷款。而且，随着融资规模的不断扩大，绝大多数地方的融资规模与财政的实际承受能力完全脱离，如果出现地方财政税收下降、房地产价格下降等现象，还款来源将得不到保障，引起地方财政风险。此外，地方政府的过度负债可能导致政府信用被挤出市场信用。所以，我们应该积极防范房地产市场发展所引起的地方政府融资平台的债务风险。

随着房地产市场的不断发展，商业银行等金融机构的风险也不断增加。商业银行为了谋求高收益，会使资金运行在风险高且收益高的房地产项目上，造成实体经济"失血"，一方面造成实体经济发展受阻，产业结构转型升级困难；另一方面进一步导致金融机构风险加剧。而且，从商业银行的信贷余额来看，个人住房贷款、房地产开发类贷款以及以房地产作为抵押物的流动资金所占的比例较大。一旦房地产的价格出现大幅下跌，作为抵押物的房地产就会贬值甚至大幅缩水，给商业银行带来不小的损失。所以，商业银行要积极应对这一风险，尤其在房地产周期处于下行的过程中，商业银行应根据各地房地产市场的不同状况高度关注房价的变动情况,防患于未然。此外,随着房地产市场的发展、信贷政策的约束,非银行类金融机构的风险也在日益加剧。目前来看,市场垄断已被打破,由于制度限制和银行筹资成本上升等原因,资金从国有银行流向管制灵活、利率较高的其他金融机构。这也是房地产信托和其他民间融资方式盛行的主要推动力。房地产信托和民间融资相互交织很有可能会是房地产金融风险的潜在触发点。一般来说,实力较雄厚的房地产开发企业通常不会选择这种高风险的融资方式,而在当前政策约束的大环境下,二、三流的房地产企业可能迫于资金压力而转向这类金融机构。如果这类金融机构风险爆发,造成信托融资无法到期偿还,可能会引发一系列的连锁反应,需引起高度重视。

　　总的来说,伴随房地产市场的迅速发展,金融资本大量投入,国民经济依赖严重,蕴藏着极大的经济运行风险。房地产市场的过度快速发展,可能导致房地产市场泡沫的产生,一旦房地产泡沫持续发展最终导致泡沫破裂,房价将大幅下跌,房地产商品将会滞销,进而会引起一系列的经济和社会问题:不但会提高经济整体运行成本,损害实体经济的发展,还会破坏金融系统运作,导致全面的金融危机。房地产泡沫的破裂会给经济、社会的发展带来极大的破坏,而且影响非常持久。如日本 20 世纪 80 年代末的房地产泡沫破裂就对日本经济造成了巨大的冲击,使日本经济陷入了长期的衰退。同样的情况也发生在中国香港,1997 年房地产泡沫破灭后,大批企业倒闭,投资者倾家荡产,百业萧条,失业率不断上升,经济一蹶不振。因此必须充分重视房地产市场过度发展所带来的风险,积极采取防范措施。

7.7　小结:"天使"与"魔鬼"相伴而来

　　房地产业是国民经济的基础产业和先导产业,房地产业的持续健康发展对于居民居住条件的改善和国民经济的持续健康增长都起到了重要作用。房地产业处在中国社会经济发展的特殊阶段,其特殊地位决定了它担负着促进国民经济和相关产业的稳定发展,保障居民居住需求,解决民生问题的主要任务。总的来看,过去 20 年中国房地产业在经济、社会等方面的绩效成绩显著，房地产业已经成为中国经济发展和城市化进程的主要推动力量；房地产投资不断增加，拉动了国民经济的有序增长；房地产开发有序增长，满足居民的住房需求；房地产业带动了城市基础设施的建设，城市化率和环境质量都同步提升。

尽管房地产业对国民经济的发展做出很大贡献，但其自身市场绩效还存在许多不足的地方，房地产业资源还没有达到最优配置，房地产价格的持续上涨给居民购房带来了巨大压力，而且房地产泡沫所引起的金融风险也为金融行业埋下了巨大隐患。房地产市场绩效不足的原因是多方面的，但主要还是当前房地产市场处于较低层次的发展阶段，市场结构不尽合理，各种制度不健全，企业行为不规范。要进一步提高市场绩效，必须从优化市场结构和创新制度改革入手。

目前中国房地产市场虽然还存在很多问题，市场绩效也存在很多不足的地方，但无可否认的是，十多年来房地产市场发展"利大于弊"，房地产业对于中国经济的贡献举足轻重，也是中国城市化的主要推动力量。在全面建成小康社会的新阶段，仍然需要重视并继续发展房地产市场和房地产业。为此，建立房地产市场的长效发展机制迫在眉睫。

第八章　房地产市场长效机制整体设计

　　通过回顾过去20多年我国住房制度改革、城市土地市场和房地产市场培育、住房保障体系建设、房地产宏观调控等方面的成就和问题，并借鉴海外一些国家和地区房地产市场发展的经验教训，我们可以发现，如何发挥房地产业的积极作用、克服房地产市场的泡沫化风险，已成为中国社会经济现代化面临的重大现实问题。

　　整体来看，中国目前还处于快速城市化进程中，2018年末全国城镇常住人口比例为59.58%，其中还有2亿多外来人口，没有完全实现市民身份的转换。根据国家新型城镇化发展规划，将有"三个1亿人"深度参与城镇化进程。在这个过程中，稳定增长的房地产投资、平稳发展的房地产市场，将有利于促进经济增长和支撑城市建设，并满足城市化和全面建成小康社会对更多、更好住房的需要，因此，房地产业仍然具有支柱产业的地位和作用。但是，房地产市场的过度投资投机、土地和商品房价格的过快上涨，会加剧住房保障压力，加快家庭财产的两极分化，扭曲社会资源的配置结构，甚至引发房地产泡沫危机，造成严重的社会经济危害。因此，对现行房地产制度进行改革创新，从制度建设和体制改革层面系统地研究和构建房地产市场调控的"长效机制"，对于实现我国房地产市场的持续、稳定、健康发展至关重要。

8.1 中国房地产市场扩展的 SCP 分析框架

8.1.1 结构—行为—绩效(SCP)理论模型

结构—行为—绩效(Structure-Conduct-Performance,SCP)理论模型起源于 20 世纪 30 年代,主要由美国哈佛大学的一批经济学家创立和发展,并在由贝恩(Joe S. Bain)1959 年出版的《产业组织》一书中详细介绍。他们在吸收和继承了马歇尔的市场结构理论、张伯伦的垄断竞争理论和克拉克的有效竞争理论的基础上,形成了系统的产业经济学理论,并提供了一个既能深入具体环节,又有系统逻辑体系的市场结构(Structure)——市场行为(Conduct)——市场绩效(Performance)组成的产业分析框架,他们发现行业集中度的高低(市场结构)决定了交易主体的市场行为,而市场行为集合在一起,又决定了总体市场绩效的差异。

市场结构是指特定商品市场(行业)中的市场参与者在数量、份额、规模上的分布和相互关系,一般分为完全竞争、垄断竞争、寡头垄断和完全垄断等四种典型的市场结构。一个行业属于哪种市场结构类型,一般取决于下面几个要素:(1)交易双方的数目和规模分布;(2)市场产品差异化程度;(3)市场信息透明度;(4)行业进入壁垒。

市场行为是指市场参与者基于自利动机(追求利润或者效用最大化),针对市场结构做出的微观决策、经济选择和交易行为,它是一个微观和集合的概念。决策是微观行为,但在市场体系中集合起来,形成市场结构与市场绩效的联系纽带。市场行为的内容十分广泛,如积极的竞争行为、消极的回避行为和不同类型的"寻租"行为等。

市场绩效是指在特定市场结构下,通过市场参与者的自主选择和经济决策,集合在一起形成的社会经济效果,即达到的社会福利总体状态。市场绩效是一个宏观概念,体现在行业的技术进步、产品和服务质量、成本和价格水平等方面。需要注意的是,市场绩效与市场参与者的收益(利润或效用)完全不同。市场绩效表现为社会整体福利水平,往往难以量化和核算,也不容易找到具体的利益代表人,就成了经济学家的理想目标。利润或效用则是微观核算与认知的结果,较容易显化,并得到当事者的积极关注。在现实中,市场参与者的收益(利润或效用)丰厚,往往导致社会福利损失和市场绩效低下。

市场结构理论分析和产业组织实证研究表明,在竞争性市场结构中,市场参与者之间形成良性的互动关系,在他们追求自己微观利益最大化的过程中,会形成促进技术进步、降低成本和价格、提高产量和品质等有效机制,促进资源优化配置,产生增进社会福利的市场绩效。相反,在垄断性市场结构中,市场参与者可以利用其垄断势力,影响市场价格,取得垄断性超额利润,不利于资源优化配置,从而导致社会福利的损失。因此,经济学的基本理念是鼓励竞争,反对垄断。以此为基础,世界各国都把反垄断作为基本的产业政策,希望通过鼓励竞争维护市场机制,增进社会福利。

8.1.2　中国房地产市场的 SCP 分析框架

产业组织的 SCP 理论模型及其基本原理,可以用于分析中国房地产市场的发展现状和存在的问题。但是,需要针对房地产市场特点和中国经济体制特点进行扩展,形成中国房地产市场的"扩展的 SCP 分析框架"。

从行业特点来看,房地产市场作为不动产市场,其市场区域性、产品差异性、使用耐久性、产权制度性、资产金融性等特征明显。由于土地资源的稀缺性,房地产产品具有消费品和投资品的双重属性,房地产市场具有消费市场、投资市场和金融市场的三重特征,是一个由土地市场、新建商品房买卖市场、存量房产买卖市场、房地产租赁市场、房地产金融市场等联系起来的复合型市场体系。

从市场体制来看,中国社会主义市场经济体制的特殊性也十分显著。中国房地产市场在计划经济时期并不存在,改革开放以后,房地产市场是体制改革和制度创新逐步推进的产物。因此,中国房地产市场体系是不完整的,政府参与的程度远远高于海外的房地产市场。

第一,中国房地产市场结构不是市场自发演化的结果,而是经济改革的产物。中央政府通过体制改革形成"制度供给",改革推进的广度、深度和力度决定了房地产市场发育的程度。而制度供给的时机和方式，又是根据中央政府的宏观经济目标和总体改革进程决定的。第二，中国房地产市场建立在城市土地国有制的基础上，与西方自由市场经济的产权基础不同。在实践中，城市政府通过行使国有土地出让和管理的权利，成为房地产市场最有影响力的参与主体。一些实力强大的国有企业，成为政府参与房地产市场的"平台公司"。第三，在中国政治经济体制下，政府主导经济建设和城市发展，城市政府在土地出让和房地产市场管理过程中，行为目标表现为政治、经济、社会等多种因素的动态权衡过程，不是单纯的经济行为，增加了市场运行的复杂性。第四，由于住房属于家庭的基本生活需要，房地产也是家庭财富的主要存在形式和载体，加之房地产市场在城市发展中的重要地位和作用，房地产具有很强的社会属性，房地产市场经常受到社会和政治因素的影响。

根据中国经济体制的特点，中国房地产市场扩展的 SCP 分析框架具有三个基本特色：一是中央政府是房地产市场制度安排的供给者，因为改革推进存在不平衡性，房地产制度体系尚不完整；二是城市政府代表国家出让土地使用权，不仅是市场参与者，而且承担了具体的市场监督管理职能，是市场的管理者；三是国家控制的金融机构和国有企业参与房地产市场，不仅具有企业属性，而且具有政府属性，其行为目标多元化，并直接受到政府的行政干预和控制。

在上述特定的社会经济背景下，中国房地产市场形成了特殊的产业组织结构，可以用"扩展的 SCP 分析框架"加以把握，如图 8.1 所示。在这个分析框架中，中央政府和地方政府的行政体制、土地制度、住房制度、财税制度、金融制度和房地产调控政策等构成了房地产市场的制度安排框架。在现行制度安排下，实际上形成了商品房用地市场上城市政府垄断供应的土地市场结构。在有限的国有土地出让下，开发的商品房则处于总量供给不足和具体项目产品差异化的垄断状态。在土地市场和商品房市场"双重垄断"的市场结构下，由于快速大规模城市化的推进，商品房需求的膨胀，引发了地价和房价的互动攀升，进一步激发了城市政府、企业、家庭和金融机构等相关市场主体投资房地产的热情，在部分城市甚至形成了房地产泡沫。

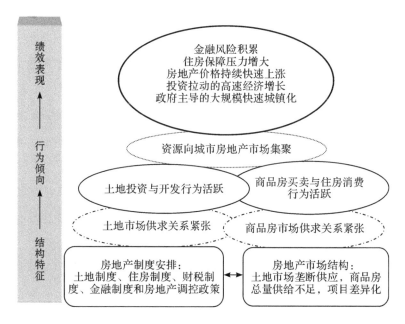

图 8.1　中国房地产市场"扩展的 SCP 分析框架"

在这个过程中,市场相关参与主体的各类房地产消费、投资和融资行为在微观经济层面具有合理性,是符合经济理性的。然而,这些微观经济行为汇集起来,集合成为房地产市场整体运行和宏观经济总体运行的综合效果后,就会表现出多面性,使房地产业成为"天使和魔鬼的混合体",在拉动经济增长和推动城市化进程的同时,也因为地价和房价的过快上涨加大了住房保障的压力和经济运行的风险。

　　中国房地产市场的基本制度安排和市场结构是在 20 世纪 90 年代通过土地制度改革和住房制度改革逐步建立起来的。2003 年开始,房地产市场在发挥"天使"作用的同时,"魔鬼"的性格越来越明显,中央政府因此进行了长达十年的房地产市场调控,希望"稳定住房价格"。但是,"十年九调,越调越涨"的结局令人失望。事实上,房地产调控政策力度不断加大,但效果却不尽如人意,根本原因是调控政策始终未能针对房地产制度安排和市场结构进行调控,而只是聚焦于市场运行的结果——房价本身进行管制,甚至寄希望于由城市政府"公布房价控制目标"来抑制房价,其后果自然只能是治标不治本。例如,2013 年 3 月 30 日北京市人民政府办公厅就公布了《贯彻落实《国务院办公厅关于继续做好房地产市场调控工作的通知》精神进一步做好本市房地产市场调控工作的通知》（京政办发〔2013〕17 号），可以认为是有史以来最为严厉的房地产调控政策，出台了限购、限贷、限价、限售和严格征税等一系列行政干预措施，并提出"2013 年本市房价控制的目标是：全市新建商品住房价格与 2012 年价格相比保持稳定，进一步降低自住型、改善型商品住房的价格，逐步将其纳入限价房序列管理"。然而，市场给了政府一个无情的玩笑。国家统计局公布的 70 个大中城市住房价格指数显示，2014 年 1 月北京市新建商品住宅价格指数同比上涨了 18.8％，高居全国前三位。如果真的就房价控制目标对北京市政府问责，不知道哪位领导应该承担这个责任。

应用房地产市场的"扩展的 SCP 分析框架"，总结 2003 年以来房地产调控的经验教训，可以清楚地看到，要调控房地产市场运行绩效，克服已经出现的问题，应该更多考虑如何引导市场参与主体的行为，而不是简单地用行政手段下任务、定目标。要引导市场参与主体的经济行为，根本出路在于改革和创新房地产市场的制度安排、调整市场结构，而不是直接干预或限制市场微观主体的行为。

8.1.3 房地产市场制度创新的基本思路

从分析问题的角度，按照扩展的 SCP 分析框架，可以沿着"结构特征—行为倾向—绩效表现"的逻辑顺序（见图 8.1），揭示房地产市场出现的房价过快上涨、房地产金融风险积累、住房保障压力加大、住房财富占有差距扩大等突出问题的微观行为机制，并追寻其市场结构和制度安排的深层次原因。同时，也可以对过去 10 年房地产调控政策效果不佳做出合理的解释。

从解决问题的角度，应用扩展的 SCP 分析框架，可以按照"绩效目标—行为引导—结构优化"的逻辑顺序（见图 8.2），寻找规范房地产市场秩序的基本思路。首先，要认真梳理现阶段房地产市场运行的绩效目标，对一些有矛盾和冲突的目标进行权衡分析。其次，根据实现这些绩效目标的整体需要，系统分析各类微观经济主体的行为偏差及其原因，提出需要引导和改变的行为倾向。第三，根据调整和引导微观经济主体行为的要求，调整房地产

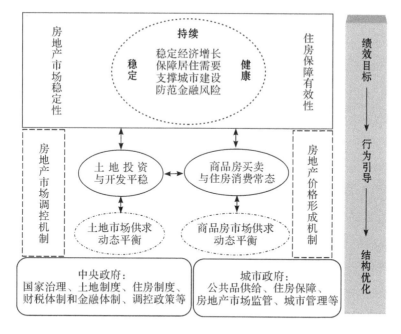

图 8.2　房地产市场制度创新思路——基于扩展的 SCP 分析框架

市场结构,创新房地产市场的制度安排。可见,房地产市场制度创新和结构调整,是改善市场绩效的基础工作和基本途径。

经过 20 多年的市场培育和市场调控,房地产市场已经成为中国社会经济的重要支柱,今后还要继续在经济发展、金融稳定、城市建设、社会和谐等方面发挥基石作用。汲取海外许多国家和地区房地产泡沫破灭带来严重后果的经验教训,中国房地产市场运行首先要将"持续、稳定、健康"发展作为基本目标(Performance)。其次,根据"持续、稳定、健康"的绩效目标,动态评估和分析包括消费者、投资者、开发商、商业银行等金融机构、城市政府、中央政府在内的市场主体的行为(Conduct),对于不利于"持续、稳定、健康"发展目标的行为特征和倾向,要分析其内在机制和原因。最后,基于市场发展基本目标和行为调节导引的需要,房地产市场运行机制应该重点保证市场的稳定性和提高住房保障的有效性,创新制度安排,调整市场结构(Structure),从而达到促进市场竞争、完善市场机制、引导房地产市场行为的效果,最终建立房地产市场持续、稳定、健康发展的长效机制,具体如图8.2 所示。

8.2　房地产市场的绩效目标

8.2.1　房地产的多元属性

（1）产品属性。房地产不同于一般的快速消费品（如食品、饮料、化妆品等，属于消耗品，在使用过程中自然消失，因而其生产活动需要周而复始地向市场提供新的产品）；房地产也不同于一般的耐用品（如汽车、家用电器、家具等，可以在一定使用寿命范围内重复使用，报废后再更新购买）；房地产属于耐久品，不仅土地和建筑物可以长期使用，而且房地产的产权受到法律保护，可以继承、转让和赠予。因此，房地产是财产权利和社会财富的重要载体，"有恒产者有恒心"，房地产不仅有其经济属性，而且具有重要的社会、政治和文化属性。

（2）财产属性。从财产属性来看，房地产属于典型的不动产，其实物使用价值和财产权利结合在一起，不能移动或者如果移动就会改变产权性质、使用价值和经济价值。不动产属性使得房地产市场具有显著的差异性和区域性特点。城市是房地产市场供求关系的基本单元，特别在中国现阶段，土地制度、户籍制度、基础设施建设、公共服务提供等都存在城乡分割和行政壁垒，房地产市场的地域性特点更加突出。因此，在研究房地产市场、制定和实施房地产政策过程中，笼统的市场边界和"一刀切"的政策措施，往往难以把握市场运行状态并取得切合实际的效果。

（3）商品属性。耐久品和不动产的属性决定了房地产既是消费品，又是投资品，双重属性紧密联系在一起，共同影响交易双方的决策过程。因此，在经济学理论研究和实际应用中，房地产价格普遍被理解为其使用所带来的净现金流的贴现值。在近几年关于房价的研究和政策活动中，"去投资化"成为主导思路，希望剥离出一个纯粹的"自住型住房消费市场"，或者发展一个用于满足自住型消费所需要的"限价商品住宅市场"，这不符合房地产具有消费品和投资品双重属性的客观事实。其实，拿作为政策鼓励对象的家庭首套购房行为来说，它是家庭"租买选择"的结果。虽然购买的住宅本身被用于住房消费,但其决策仍然具有投资的权衡和考虑。特别是在多数城市房价房租比偏高,租房居住比购房自住经济性更高的背景下,购房的投资特征不容置疑,并且与已购房套数没有本质联系。

(4)市场属性。作为耐久品和不动产,房地产在经济发展和运行中具有广泛的影响,是服务市场、资产市场、金融市场等三个重要市场的核心要素。服务市场交易房地产的使用功能,主要表现为租赁市场。资产市场交易房地产的财产权利,主要表现为买卖市场。金融市场涉及房地产信贷、抵押、担保等投融资活动,对货币政策、资产价格和金融稳定有重要影响。横跨三个市场,使房地产问题牵一发而动全身,但在媒体讨论和政策分析中,经常出现"盲人摸象""管中窥豹"的情况,制约了房地产问题研究和政策制定的系统性、连续性和协调性。

(5)功能属性。房地产作为基本生产和生活资料,在市场经济运行中的功能也具有多样性,在中国大规模快速城市化背景下,主要表现为稳定经济增长、完善城市功能、保障居住权利、防范金融风险等四个方面。房地产市场运行应该兼顾这四个功能,并根据社会经济发展阶段的变化和区域差异进行动态平衡和优化。在现阶段,中国房地产市场存在的主要问题是过度强化前两个功能的同时,后两个功能存在严重的缺陷和不足,给经济和社会的可持续发展带来了很大风险。

8.2.2 房地产市场的多重绩效目标

房地产市场的绩效目标具有综合性、系统性和动态性的特点,这是由其本身的多元属性所决定的。基于对房地产客观存在多元属性的认识,在研究房地产问题和制定房地产政策时,一定要坚持系统性原则。既不能因为房地产的重要功能而"被绑架",不顾已经十分突出的风险因素;也不能因为出现了严重的副作用而"被绞杀",全盘否认房地产市场化改革的方向。因此,"持续、稳定、健康"是我国房地产市场发展的基本目标,也是房地产制度改革的根本目的。具体来看,这一基本目标可以分解为以下四个方面的绩效目标。

(1)稳定经济增长。房地产是国民经济重要的基础产业,产业链长、产业关联度大、经济增长贡献度高。在经济周期波动过程中，房地产投资规模和商品房销售面积对宏观经济运行起着举足轻重的作用。比如，1993 年、2007 年、2017 年的经济过热，就与房地产投资过度膨胀有密切关系，中央政府治理投资过热和通货膨胀的基本手段也是压缩房地产信贷和投资规模。同样，在 1997 年亚洲金融危机、2008 年美国金融海啸、2015 年投资严重下滑等情况下，中国经济失速问题出现后，中央政府"启动内需"和"保增长"的最终选择，也是通过"全面停止福利分房"、房地产"救市"政策、"去库存"政策等，促进房地产的开发投资，达到了扭转经济下行趋势的目的。

从中国经济增长模式来看，投资驱动的特征十分明显，并将延续很长时间。全国房地产投资占固定资产投资的比例超过 20%，部分省市超过 30%，在北京、上海等大都市甚至超过 50%，这是房地产影响经济增长的直接原因。中国经济发展已经进入全面建设小康社会的关键时期，家庭住房消费需求快速释放，并随着城市化进程重点向城市集中，商品房市场需求成为最重要的国内需求，这是房地产影响经济增长的内在原因。同时，现阶段中国家庭投资渠道不畅，随着进入小康甚至富裕状态的家庭增加，持有不动产也成为家庭财富管理的重要手段，这种客观需要将长期存在。

根据国民收入决定原理，宏观经济政策的目标是稳定经济增长，针对经济波动进行"逆风行事、反向调节"，既要抑制经济过热导致通货膨胀，又要防止经济收缩导致失业增加。在这个过程中，房地产因其在投资和消费中的重要地位，往往成为宏观调控的政策工具，这是符合房地产业特点和宏观经济原理的，认为房地产"绑架中国经济"，把房地产与经济社会发展对立起来是不正确的，也是有害的。

（2）支撑城市建设。20 世纪 90 年代开始，中国开始了政府主导的大规模、快速城市化进程。根据人口普查数据，1990 年到 2010 年的 20 年间，城镇人口从 3 亿人增加到 6.66 亿人，城镇就业人数从 1.70 亿人增加到 3.47 亿人，城镇人口比例从 26.46% 提高到 49.70%。

城市化水平的提高伴随着城市空间扩张和城市功能完善，需要巨大的资金投入。据统计，从 2004 年到 2012 年，中国城市建成区面积从 3.04 万平方公里扩大到 4.56 万平方公里，增加了 50%。为了加快城市建设，在分税制背景下,城市政府都把资金来源集中到"土地财政"中。通过土地出让和发展商品房市场,城市政府获得了大笔急需的城市建设资金,赋予房地产市场"支撑城市建设"的重要职能。

"土地财政"是在中国特殊的社会经济体制下形成的,有利于国有土地市场价值的实现,也为政府主导的大规模、快速城市化筹集了巨额资金。十八大以来,中央提出"以人为中心"的新型城市化战略,规划今后 10 年将有 3 亿人口成为城市居民,分享城市化红利。在这个过程中,房地产仍然需要承担为城市化提供资金来源的重要任务,"去房地产化"不符合中国社会经济发展的整体要求。

(3)保障居住需要。中国房地产市场发展的基本动力是快速城市化。在城市化过程中,不仅新增城镇人口需要增加住房消费,原有城镇人口随着收入水平提高也要改善住房条件,商品住宅开发和销售规模占到全部商品房的三分之二左右。据统计,从 2000 年到 2010 年,中国城镇人均住房建筑面积从 23.29 平方米提高到 31.93 平方米,增加了 37.1%;城镇住房总存量从 95.23 亿平方米增加到 188.4 亿平方米,增长了 97.8%。随着住房制度改革和房地产市场发展,城镇住房极度短缺的状况得到了根本改变。

在人均住房面积快速增加的同时,也不能忽视住房困难和住宅资产占有差距拉大的问题。随着商品房住宅价格持续快速上涨,一方面加大了"新城市人群"购房负担,特别是以新就业大学生和外来务工人员为主体的"新城市人群",面临基本住房消费困难;另一方面住房除了提供居住消费服务,还是城镇家庭最主要的财富载体。拥有多套住房的家庭充分利用了房价上涨的财富效应,家庭财富大幅增加;无房家庭和只有一套自住房产的家庭资产增值有限,形成"相对贫困化"状态。因此,控制房价过快上涨,就成为满足中低收入家庭基本住房消费需要,维持社会和谐稳定的一项重要任务。

当然,在市场经济条件下,收入和财富差距是客观存在的,在一定范围内也具有合理性。对于那些不能依靠自身力量满足基本居住消费需要的家庭,政府必须建立覆盖全体城镇人口、货币补贴与实物补贴相结合、与住房市场有效对接、可持续发展的住房保障体系。通过房地产市场发展和有效的住房保障体系，满足不同类型家庭、多层次的住房消费需要，是房地产市场最基本的绩效目标和长期任务。

(4)防范金融风险。房地产业是资金密集型行业，与金融体系的关系密切。房地产具有区域性、异质性和稀缺性，金融市场则具有充分的流动性，二者结合起来，使得房地产市场容易形成泡沫经济，加大宏观经济的波动性和风险性。国际经验表明，房地产市场长期繁荣往往伴随着房地产泡沫的出现，积累金融风险；随着房地产泡沫破灭，房地产市场严重萧条，则会导致金融系统崩溃和经济危机。因此，在房地产市场发展过程中，必须时刻注意防范金融风险，通过适当的政策调控和市场调整，及时消化泡沫，控制风险。

在中国现阶段，尽管全社会的债务水平不高，但流动性持续高速增长，地方政府债务风险和金融机构资产质量对房地产价格十分敏感，钢铁、建材等传统产业产能严重过剩，房地产投资吸收了大量的社会资本，已经对实体经济形成挤出效应，这些风险因素已经有所积累，是今后房地产市场持续健康发展必须解决的重点问题，应该纳入房地产市场绩效目标。

8.2.3 房地产市场绩效目标的动态组合

房地产市场绩效目标的多重性特点表明，房地产市场运行状态应该保持在合理的区间，既要使其在稳定经济增长、支持城市建设、改善居住条件等方面发挥"天使"的作用，又要防止它在加大住房保障压力、积累金融风险、影响社会经济和谐发展等方面呈现出的"魔鬼"性格。在不同绩效目标之间进行权衡和动态组合，是房地产市场"持续、稳定、健康"发展总体绩效目标的本质要求。

借鉴宏观经济周期原理，房地产市场周期运行可以分为四个典型的阶段。从四个具体绩效目标的要求来看，它们在房地产市场周期波动过程中会表现出此长彼消的关系，见表8.1。

表 8.1 房地产市场周期波动中的市场绩效变化情况

周期阶段	市场运行状态 ↑表示增加,↓表示减少,↔表示稳定		市场绩效表现 ＋表示有利,－表示不利,0 表示中性	
	运行指标	指标状态	绩效指标	绩效表现
复苏	投资金额 开发规模 土地出让 商品房价格 住房保障压力 金融系统风险	↑ ↑ ↑ ↔ ↔ ↔	稳定经济增长 支撑城市建设 保障居住需要 防范金融风险	＋ ＋ ＋ ＋
繁荣	投资金额 开发规模 土地出让 商品房价格 住房保障压力 金融系统风险	↑ ↑ ↑ ↑ ↑ ↑	稳定经济增长 支撑城市建设 保障居住需要 防范金融风险	＋ ＋ － －
危机	投资金额 开发规模 土地出让 商品房价格 住房保障压力 金融系统风险	↓ ↓ ↓ ↓ ↑ ↑	稳定经济增长 支撑城市建设 保障居住需要 防范金融风险	－ － －
萧条	投资金额 开发规模 土地出让 商品房价格 住房保障压力 金融系统风险	↔ ↔ ↓ ↓ ↓ ↔	稳定经济增长 支撑城市建设 保障居住需要 防范金融风险	－ － 0 ＋

（1）复苏阶段。市场信心恢复,投资和开发规模扩大,企业土地购置积极,市场销售改善,但此时价格平稳,住房保障和金融系统保持稳定。从市场绩效来看,复苏阶段房地产投资的扩大对经济增长、城市建设、居住改善和金融体系都有积极的正面作用,绩效指标一致向好。

（2）繁荣阶段。开发投资进一步升温,地价和房价快速上涨,虽然有利于经济增长和城市建设,但房价上涨会增加家庭购房负担,加大住房保障压力,增加金融系统风险。整体来看,在繁荣阶段普遍乐观预期作用下,房地产市场容易出现过热和泡沫,尽管绩效指标喜忧参半,但可持续性较差,需要加强政策调控,给市场"降温"。

(3)危机阶段。随着市场开发投资积累和有效需求的消耗,市场供求关系必然逆转,出现价跌量缩、预期悲观、信心低迷等状况,房地产开发投资快速收缩,地价和房价全面下降,房地产项目、企业和金融市场的风险快速暴露,居民住房消费和投资难度加大,对房地产市场绩效指标形成不利影响,市场绩效整体不佳。因此,从政府宏观调控和市场监管的角度看,应该未雨绸缪,尽量避免出现严重的市场危机。

(4)萧条阶段。在危机阶段释放市场风险后,房地产投资和消费受到严重打击,市场预期不佳、信心不足,开发投资、市场销售、地价和房价等指标均呈现低位徘徊状态。萧条阶段房地产开发投资不足,对经济增长和城市建设的贡献作用发挥不够。房价下降虽然减轻了家庭购房压力,但也影响了政府提供住房保障的能力。金融风险经过市场调整和释放后,得到很大程度的消化吸收,有利于金融稳定。因此,萧条阶段市场绩效指标整体不佳,需要通过刺激政策加以引导和激活。

由此可见,房地产市场绩效目标并不是一成不变的,而要根据不同目标之间的匹配关系,随市场周期阶段变化而动态组合和调整。根据宏观经济周期与房地产市场周期的内在联系,政府可以通过"逆风行事、反向调节"的政策措施,减少经济周期波动幅度,防止市场的大起大落,提高房地产市场的整体绩效。换言之,市场剧烈波动本身会降低市场绩效,"过热"和"过冷"都是不健康的表现,维护房地产市场平稳发展是政府宏观调控的重要任务之一。

8.3 房地产市场的行为引导

根据扩展的 SCP 理论模型的作用机理,要实现房地产市场持续、稳定、健康发展的目标,房地产市场主体的行为应当是成熟的、理性的、规范的和有章可循的。目前,中国房地产市场的参与主体存在角色错位和行为不规范的问题,影响了市场机制的有效运行,是导致市场绩效不佳的直接原因,需要进行归位、规范和引导。

8.3.1　中央政府：房地产制度和政策供给者

中央政府是房地产市场综合绩效目标的追求者，是社会经济发展整体利益和长远利益的代言人。为了实现房地产市场持续、稳定、健康发展的总体目标，中央政府主要通过制度建设、体制改革、宏观调控等行为，形成市场"游戏规则"，影响其他市场参与者的行为，改善市场运行绩效。因此，中央政府是房地产制度和政策的供给者，具有相对独立的地位。

（1）建立和完善房地产市场制度。房地产市场交易标的是不动产及其财产权利，市场发育和运行严格依照法律法规的约束和规范，合法的财产权利和市场交易受到法律保护。因此，土地制度、住房制度、不动产登记和产权产籍管理制度、房地产税收制度、房地产金融制度、土地规划和城市规划制度等一系列制度和体制，构成房地产市场的"游戏规则"。建立和完善房地产市场制度，属于国家立法权力，需要国家权力机关按照法定程序和职责来承担。

中国房地产市场是改革开放的产物。从党的十一届三中全会到党的十八届三中全会，通过改革开放建立中国特色社会主义市场经济体制是中央政府一直努力的方向。城镇国有土地使用制度改革和住房制度改革为房地产市场发育奠定了基础，财政、税收、金融、房地产开发、商品房销售、物业管理等一系列体制机制改革，促进了房地产市场在城镇范围内的快速发展。

党的十九大报告提出，我国社会经济发展进入新时代，要通过"高质量发展"战略，满足人民群众对美好生活的向往。为此，必须在更高层次全面深化改革，扩大开放，建立和完善现代化的社会主义市场经济体系。在这个过程中，房地产制度创新和体制改革仍然处于十分基础的地位。

（2）制定和实施宏观调控政策。房地产是国民经济重要的组成部分，在全国的经济运行中具有十分重要的地位和作用。因此，在中央政府制定和实施宏观调控政策的过程中，房地产经常成为主要调控对象和政策工具。例如，1998 年和 2008 年的"启动内需"应对国际金融危机，2004 年和 2007 年的抑制投资过热和通货膨胀，房地产都发挥了重要作用。作为应对经济周期波动的宏观调控政策，其主要特点是"逆风行事、反向调节"，应该根据宏观经济运行状态，从物价稳定、就业充分、结构合理、可持续发展等角度进行权衡，针对性地实施"双向调控"。

由此可见，中央政府在理论上并非房地产市场"参与主体"，而是超越一般市场主体的"规则制定者"和"市场调控者"。中央政府通过规则制定和市场调控，引导市场主体行为，追求房地产市场的整体绩效，实现持续、稳定、健康发展的长远目标。

然而，在中国转型经济体制下，中央政府参与和干预市场经济活动的广度和深度远远超过其他现代市场经济的国家。如何管住"看得见的手"和"闲不住的手"，是规范和约束中央政府行为要解决的根本问题。在此基础上，加快制度建设和体制改革，改善宏观调控，有利于房地产市场绩效的长期改善。例如，由于制度建设和体制改革滞后，目前中国乡村土地制度改革和房地产市场发育严重滞后，基本处于"灰色市场"状态，不仅制约了市场效率，而且也是城镇商品房价格过快上涨的根本原因。因此，如何加快农村土地制度改革，促进"城乡统一的建设用地市场"发育，是中央政府必须重点突破的制度创新和体制改革任务。同时，金融体系的市场化、规范化、国际化，也对房地产市场有重要影响。

8.3.2　城市政府：城市规划、公共品供给、市场监管、住房保障

房地产市场是以城市为基本单元运行的，城市政府是房地产市场重要的利益相关者和参与主体。

在现代市场经济体系中，城市政府主要通过城市规划、公共品供给、市场管理和住房保障等活动，参与和影响房地产市场。在这个过程中，政府总体上具有"社会人"的属性，行为目标指向社会福利的改善和协调。

(1)城市规划。编制和实施城市规划是城市政府的重要职能，它决定城市发展中的规模变化、土地利用、空间结构、功能布局、人口和产业分布等许多方面，直接影响房地产市场和物业价值。科学合理的城市规划具有前瞻性、引导性和严肃性，要通过法定程序加以规范，是各类房地产市场参与者都要关注的基本面因素。

(2)公共品供给。提供公共品供给是城市政府的基本任务，公共品供给

水平直接决定城市功能发育程度,进而决定城市房地产市场中物业的使用价值、经济价值和资产价值。在市场经济国家,房地产税收是城市政府重要的收入来源,公共品供给水平与房地产市场发展有很大关系。

(3)市场监管。房地产市场的不动产特点决定了市场监督管理的任务主要由城市政府承担。例如,城市政府通过不动产登记和产权产籍管理,保护权利人的合法财产权利。城市政府还通过规划审批、建设许可、性能认定、产品标准、基准价格等手段,规范市场行为,维护市场秩序,提高市场效率。

(4)住房保障。在市场经济中,居民家庭的收入水平和财产占有存在很大差距,城市中低收入家庭往往存在住房困难,而居住需要又是家庭基本消费需要,这就要求城市政府承担住房保障任务,通过各种政策手段,帮助中低收入住房困难家庭解决基本居住消费需要。国际经验表明,保障性住房也是城市住房的重要组成部分,住房保障政策体系对房地产市场绩效和市场运行都有直接的影响,是政府调节房地产市场的重要手段。

在中国体制背景下,城市政府对城市社会经济发展各方面的参与程度更高。随着城镇国有土地使用权出让和土地储备制度的建立,城市政府事实上行使了国有土地所有者的权力,是土地市场的垄断供给者和土地资产收益的享用者。在政府主导经济增长和城市间竞争机制作用下,城市政府直接参与产业投资、经济发展和城市建设,致力于"经营城市",具有了"经济人"的属性。

"社会人"和"经济人"的双重属性导致城市政府在房地产市场发展中产生了许多行为冲突。例如,对土地财政的追求和依赖,扭曲了城市政府在城市规划、土地管理、住房保障等方面的行为,甚至导致严重的"短期行为""政府违法"情形,对房地产市场绩效产生许多负面影响,需要通过体制改革加以调整。

8.3.3　金融机构:融通资金,服务房地产市场交易

房地产业是资金密集型产业,房地产物业是重要的社会资产存在形态,不动产投资和管理本身具有典型的金融属性,商业银行、信托公司、保险公

司、基金公司等金融机构是房地产市场重要的利益相关者和参与主体。金融机构在房地产市场发展中的主要作用是为房地产企业提供融资服务、为购房者提供融资服务以及为政府融资平台提供融资服务。

随着房地产市场持续繁荣，房地产金融化问题突出，积累了较大风险。2009—2018年间，我国金融机构贷款余额从34.95万亿元上升到136.3万亿元，房地产贷款（房地产开发贷款＋个人购房贷款）余额从5.67万亿元扩张到38.7万亿元。在此期间，房地产行业贷款占比也从16.2％攀升到28.4％。考虑到金融机构其他贷款和业务，有很多是以不动产作为抵押物和媒介的，房地产市场对金融机构业务发展和风险控制至关重要。

在现代市场经济体系中，金融机构是一类特殊的企业，其经营活动以营利为目标，属于"经济人"行为。同时，由于金融机构一般规模巨大，地位独特，金融体系关系到社会经济稳定，他们的经营活动要受到法律法规更严格的规范和约束，政府的监管更加细致。在中国经济体制背景下，金融机构的经营活动更多地受到政府干预，其市场行为也有所偏离。例如，政府对利率、汇率和资本流动的管制，降低了金融市场的有效性；在房地产调控政策体系中，房地产信贷总量控制、比例控制直接决定了商业银行房地产信贷投放规模；个人住房抵押贷款的首付比例、贷款利率、"限贷"条件等，很大程度上影响了个人购房需求释放的速度和规模；政府融资平台借助政府信用的快速扩张，助长了城市政府的土地经营行为。同时，由于公司治理机制不健全，现阶段中国金融机构仍然保持了浓厚的行政机关色彩，绩效考核更加注重短期业绩和财务绩效，风险控制和资产管理的意识、能力和机制都有待提升和改善，信用体系和风险分担机制不健全，金融产品创新不足，金融服务质量有待提升，这些都是房地产市场发展过程中金融风险得以积累的重要原因。

8.3.4　房地产开发企业：土地市场需求方，商品房市场供给方

房地产开发企业在房地产市场上处于中心地位。在土地市场上，他们是竞争性的需求方，在"招拍挂"市场上竞争政府推出的土地。在商品房市场上，他们是垄断竞争性的供给方，把自己开发建设的、具有独特区位并且

数量有限的特定商品房销售给购房者。房地产开发企业作为市场经济体系中典型的微观行为主体,追求企业利润最大化是其基本经营目标,"经济人"行为是其主要行为特征。在现代市场经济体系中,竞争条件下企业追求利润最大化是一种"正能量",有利于推动企业技术进步、产品和服务质量提高、成本控制和资源利用效率提高,是促进社会福利改善的微观动力机制。

然而,在过去20余年的中国房地产市场培育和发展过程中,房地产开发企业逐利过程中却承受了巨大压力,一定程度上被公认为房地产市场一系列负面绩效的始作俑者,这是不客观、不公正的。万科董事长王石先生2007年11月6日在浙江大学演讲时,就以"解读房地产的七宗罪"为题,对舆论广泛指责的房地产企业"圈钱、囤地、捂盘、暴利、寡头垄断、制造'地王'以及推高房价"进行了分析和回应。事实上,地价上涨主要是城市政府垄断商品房开发土地供应的结果,房价上涨的主要原因是大规模、快速城市化背景下城镇住房需求集中释放。房地产企业不过是参与了这个"黄金十年",并在地价、房价互动攀升过程中发挥了"操盘手"的作用。在房地产市场现有制度安排和市场结构下,企业的许多行为符合"经济人"假设的理性决策,本身无可厚非。如果中国还要继续市场经济方向,而不是"取缔房地产市场",就不能因为出现了许多负面绩效,否定或限制市场参与主体自主决策的微观经济行为,而是应该通过深化改革,建立现代市场经济体系,完善"游戏规则",引导和规范微观经济行为。对于政府权力寻租、哄抬价格、商品房质量不高、开发商诚信度欠佳等损害社会福利的现象,也应该从法律法规、制度安排、市场秩序等方面加以完善。

8.3.5　购房者:房地产市场需求来源

在计划经济体制下,中国城市建设严重滞后,住房存量的数量严重不足,质量十分低下。20世纪80年代后期开始,在土地制度改革和住房制度改革基础上快速发展的商品房市场,以新增商品房建设和销售为主要内容,不同类型的购房者成为房地产市场需求的主导力量。根据购房目的,购房行为大致可以分为三类:

(1)首次购房,满足结婚成家需要。最初进入商品房市场的购房者基本上是在民营经济就业、没有分房希望的人群。1998年停止福利分房后,需要结婚成家的青年被迫进入商品房市场。由于20世纪80年代的生育高峰,在2010年限购政策实施后,首次购房的青年再次成为市场购房主力军,加之大中城市的房价已经很高,造就了90平方米以下的中小户型市场的繁荣。

(2)改善购房,满足改善居住条件需要。最初改善购房的家庭一般已经拥有分配的公房,但面积小、质量差,随着收入提高产生了改善居住条件的需要,从而进入了商品房市场。随后,首次购房解决家庭基本住房消费需要的人群也开始改善居住条件,二次购房人群迅速扩大。在21世纪初,改善购房需求旺盛,推动房价持续上涨,并诱导开发商追求舒适、豪华的户型结构。

(3)多次购房,满足投资需要。无论出于什么目的,购房者都享受了房价持续上涨带来的资产增值红利。在市场经济条件下,持续高额的投资收益必然会吸引资金流入房地产市场,激发了越来越强大的投资性购房力量,甚至形成"羊群效应",这是形成房地产泡沫的微观基础。如果加上金融机构的推波助澜,很可能积累金融风险。

显然,刚性需求、改善需求和投资需求的界限并不十分清晰,而且也会随市场波动相互转换。购房者是微观经济行为主体,按照经济人规则在市场中追求自己的利益最大化,是正确的决策和理性行为,本身无可厚非。但是,如果投资性需求与价格上涨循环互动,就会导致房地产泡沫生成和金融风险的积累。因此,调节投资收益,引导购房行为,是防范房地产市场风险的基础性工作。

8.3.6　行为偏差及其原因分析

综上所述,在改革开放和培育房地产市场过程中,中国房地产市场形成了五类主要参与主体。他们的行为模式在一定程度上反映了市场经济体制的角色定位和职能要求,但也带有显著的中国转型经济特征。他们参与市场的各种行为汇集在一起,既成就了房地产对城市化和经济增长的巨大贡献(正绩效),也带来了地价房价持续过快上涨、部分城市房地产泡沫加大等严重问题(负绩效)。因此,需要从房地产市场持续、稳定、健康发展的整体绩效目标出发,根据现代市场经济体制的规范要求,分析不同行为主体的行为偏差及其原因,从而找到引导行为、改善绩效的途径和方法(见表8.2)。

表 8.2 现阶段中国房地产市场主要参与主体行为偏差分析

主体类型	期望行为	偏差表现	偏差原因
中央政府	(1)建立和完善房地产市场制度; (2)制定和实施宏观调控政策。	(1)土地、财政、税收等制度改革停滞; (2)政府主导经济增长; (3)偏好行政干预和短期目标。	(1)国家治理体系不完善; (2)政府职能的规范、约束和监督机制不健全。
城市政府	(1)城市规划; (2)公共品供给; (3)市场监管; (4)住房保障。	(1)偏好城市规模增长; (2)依赖土地财政; (3)公共品供给不足; (4)住房保障不足。	(1)政府职能的规范、约束和监督机制不健全; (2)中央与地方"财权与事权"不均衡; (3)政府绩效考核与官员选拔任用机制不健全。
金融机构	(1)提供金融服务; (2)追求企业利润和持续发展; (3)合规经营,防范金融风险,承担社会责任。	(1)考核和经营目标短期化; (2)偏好政府机构和大中型国有企业; (3)规避监管,积累金融风险。	(1)金融体系改革滞后,利率和信贷管制; (2)金融机构高管行政化聘任; (3)公司治理机制不完善。
房地产开发企业	(1)注重技术创新和产品创新,提高经营效率; (2)提高产品和服务质量; (3)稳健经营,控制风险,承担社会责任。	(1)在土地市场上过度竞争,推高地价; (2)在商品房市场上垄断竞争,推高房价; (3)经营粗放,偏好"寻租活动"。	(1)土地和商品房市场总体供不应求,价格持续上涨; (2)制度和体制缺陷带来"寻租空间"; (3)市场监管不严格。
购房者	(1)理性消费和投资; (2)规范市场行为,承担市场风险。	(1)超前消费、过度投资; (2)盲目攀比和跟风,非理性购房; (3)风险承担意识和能力低。	(1)商品房市场总体供不应求,价格持续上涨; (2)投资渠道少,金融体系服务能力不健全。

由此可见,中国房地产市场主要参与主体的行为偏差基本源于市场经济体制和机制还不够健全,是经济体制改革和制度创新不彻底、不到位、不系统的表现,需要在全面深化改革过程中逐步调整,使其向着改善和提高市场整体绩效的方向转变。

8.4 房地产市场的结构优化

按照房地产市场扩展的 SCP 分析框架，市场绩效不佳源于市场行为偏差，而市场行为偏差的调节，需要通过系统的市场结构优化才能形成房地产持续健康发展的"长效机制"。中国房地产市场调控的实践表明，直接干预微观经济行为，或者以行政手段扭曲市场机制，最多只能产生短期效果，但带来的中长期后果更加严峻。

广义的房地产市场结构不仅是指产业组织理论所说的市场竞争性和垄断势力问题，而且包括房地产市场的基本制度安排，如土地制度、行政体制、财税体制、金融体系、公司治理、国家治理、政治体制等等，涉及中国全面深化改革和社会经济现代化的方方面面。在这里，我们通过目前直接决定房地产市场行为的几个主要制度和体制问题，对房地产市场的结构优化方向进行探讨。

8.4.1 国家治理制度建设

中国房地产市场是改革开放过程中逐步培育和发展起来的，政府推进改革的力度、方向、内容和进程，很大程度上决定了房地产市场的制度安排和基本结构。同时，中央政府和城市政府作为房地产市场重要的利益相关者，其目标和行为直接影响其他市场主体的行为，进而决定了市场绩效。过去 20 多年中国房地产市场发展的实践表明，如何规范和约束政府行为，是完善市场经济体制的首要任务。

政府行为的规范和约束牵扯到政治体制和经济体制的很多方面，需要按照"依法治国""依法行政"的要求，通过建立现代国家治理制度体系，大幅度缩减政府机构规模、职能权力，减少政府直接参与社会经济活动的广度和深度，并把政府行为纳入法制化、规范化的轨道。

在国家层面，要进一步加强党的领导，强化人大的立法权，提高政协参政议政、监督约束的能力，强化中央政府在制度建设、体制改革、社会保障、行政管理等方面的责任，减轻在经济建设、国有资产经营管理等方面的责任,把更多的经济活动交给微观经济主体自主决策,让市场机制在资源配置过程中起决定性作用。

在地方层面,除了整体上改革地方政府治理模式外,还要改变政府行政官员的考核任用制度,更多地让当地民众发挥作用,更多体现对地方政府在民生问题、环境问题、社会问题、公共服务问题等方面的责任要求,改变不顾后果追求 GDP 的倾向,约束短期行为。

8.4.2　土地制度改革

土地制度是国家的根基,更是房地产市场的源泉。房地产市场基于城镇土地使用制度改革而发展,也因为土地制度改革的停滞而产生许多困难和问题。1988 年 4 月,《中华人民共和国宪法修正案》把宪法第十条第四款"任何组织或者个人不得侵占、买卖、出租或者以其他形式非法转让土地",修改为"任何组织或者个人不得侵占、买卖或者以其他形式非法转让土地,土地的使用权可以依照法律的规定转让"。随后,1990 年 5 月国务院发布了《城镇国有土地使用权出让和转让暂行条例》,明确规定土地使用权可以采用协议、招标和拍卖三种方式出让,城镇土地使用权从无偿到有偿、从无期限到有期限、从无市场到有市场,开启了城镇商品房市场发展的大幕。

然而,对于农村集体土地使用权的市场化问题,政府一直采取保守态度,没有出台相应的法规和条例,甚至长期将其作为"非法市场"进行清理整顿,使其处于"灰色状态"。直到 2013 年下半年,中共十八届三中全会审议通过的《中共中央关于全面深化改革若干重大问题的决定》提出,要建立城乡统一的建设用地市场。在符合规划和用途管制的前提下,允许农村集体经营性建设用地出让、租赁、入股,实行与国有土地同等入市、同权同价。据此,国家有关部门应该在总结各地试点经验的基础上,尽快出台类似"农村集体土地使用权出让转让条例"的法规,并修订土地管理法等相关法律法规,尽快实现"让广大农民平等参与现代化进程、共同分享现代化成果"的要求。

城镇国有土地使用权市场在显化土地资产价值、筹集城市建设资金、发展房地产市场方面发挥了基础性的作用。但是,在城市商品房总体供不应求的背景下，土地储备制度和"招拍挂"出让方式客观上形成了城市政府的垄断供应，城市政府在土地财政牵引下，从经营城市角度出发追求土地收益的最大化，限制了建设用地供应规模，推动了土地价格的上涨。

为了控制地价和降低商品房成本，许多专家学者建议改革土地"招拍挂"出让方式，提出了"限地价竞房价""土地年租制""地价封顶"等对策建议。其实，对于城镇国有土地市场出现的问题，不应该采取"辞退市场"的方法退回到非市场配置土地资源的老路上去。曾几何时，非市场配置土地资源带来的社会福利损失何等惊人。

海内外土地市场发展的历史表明，地价过快上涨不是土地市场发展的必然结果。通过集体建设用地市场的合法化，增加商品房市场的土地供给主体、供给类型和供给规模，完全可以实现土地价格相对稳定的目标，而且还具有显化农村土地资产价值、增加农民财产性收入、协调城乡关系、推进新型城镇化、扩大家庭消费需求等长远效应。政府应该加快集体建设用地市场制度建设，尽快出台相关法规和政策，形成城乡统一的建设用地市场。

为了逐步减轻城市政府对"土地财政"的依赖，克服"城市经营"和土地出让中"寅吃卯粮"的短期化行为倾向，应该建立"城市土地基金"，汇集国有土地出让收益，并通过立法确定土地基金归集、管理、使用的范围、程序和方法，主要用于保证城市公共品的持续供给能力，真正做到"取之于地，用之于民"。

在建立城乡统一的建设用地市场过程中，征地制度改革必须同步推进。集体建设用地市场化改革步履维艰，重要的原因在于通过维持"城镇合法、农村非法"的不对称土地使用权制度，城市政府通过土地征用扩大国有土地出让范围，获取巨额"土地价格剪刀差"，保证了土地财政的来源。在集体建设用地市场化以后，征地范围要严格控制，征地补偿要依据市场公平价格，土地市场的制度性扭曲和不公平将会成为历史。

2019年8月26日，十三届全国人大常委会第十二次会议表决通过关于修改《土地管理法》的决定，此次修订内容主要集中在农村土地制度改革，在破除集体经营性建设用地入市、打造城乡统一建设用地市场方面有所突破。新《土地管理法》删除了原《土地管理法》第43条"任何单位或个人需要使用土地的必须使用国有土地"的规定,明确农村集体经营性建设用地在符合规划、依法登记,并经三分之二以上集体经济组织成员同意的情况下,可以通过出让、出租等方式交由农村集体经济组织以外的单位或个人直接使用,且"通过出让等方式取得的集体经营性建设用地使用权可以转让、互换、出资、赠予或者抵押",这将有利于形成城乡统一建设用地市场,优化城乡土地要素流动和土地利用分配格局。

8.4.3　住房制度改革

中国住房制度改革虽然在 20 世纪 80 年代就开始探索,但真正全面实施是从 20 世纪 90 年代开始的。1994 年 7 月,《国务院关于深化城镇住房制度改革的决定》开启了城镇住房制度全面改革之路。该文件提出城镇住房制度改革作为经济体制改革的重要组成部分,目标是要建立与社会主义市场经济体制相适应的新的城镇住房制度,实现住房分配货币化、住房投资与开发建设社会化、住房产品商品化、住房保障制度化。1998 年 7 月,国务院发布了《关于进一步深化住房制度改革加快住房建设的通知》,宣布全国城镇从 1998 年下半年开始停止住房实物分配,全面实行住房分配货币化,同时建立和完善以经济适用住房为主的多层次城镇住房供应体系,发展住房金融,培育和规范住房交易市场,推行住房经济市场化。2003 年 8 月,为了促进房地产市场更好、更快地发展,国务院发布了《关于促进房地产市场持续健康发展的通知》,明确提出房地产业是国民经济重要的支柱产业,认为房地产市场基本健康,要求坚持市场化改革方向,同时加强在规划、土地、信贷等方面的监督管理,促进房地产业持续健康发展(张娟锋等,2008)。

国务院关于住房制度改革的三个重要文件推动了城镇住房市场化进程,从制度、体制和政策方面培育了巨大的房地产市场需求,其历史贡献有目共睹。2005 年以来,商品房价格持续快速上涨带来的各种负面效果越来越明显,质疑、怀疑甚至否定住房制度改革的声音不断,甚至出现了"二次房改"的设想和建议。客观地讲,住房市场化改革的方向正确,成效显著,现阶段需要进一步深化改革,完善市场机制,克服住房市场存在的一些问题,而不是否定改革,走回头路。

在商品住宅供给方面,结合农村集体建设用地使用权市场化改革,规范所谓"小产权房"市场,大幅度增加商品住宅供给的规模、类型、分布和层次,形成城乡统一的住房市场体系。同时,取消限售、限价等一系列行政管制措施,让投资者和开发建设企业分散决策,并承担相应的收益和风险责任。

在商品住房需求方面,结合户籍制度改革,取消限购、限贷等行政干预措施,既允许"农民"在城镇购房,也允许"居民"在农村购房,实现人口和资本在城乡之间的双向流动,这是城乡互动和协调发展的重要内容,也是疏导城市购房需求、抑制房价长期上涨的根本出路。

在住房保障方面,虽然政府做出了很大努力,但保障效果和社会满意度不尽如人意。借鉴国际经验教训,中国迫切需要进行住房保障制度改革和政策调整,具体包括:保障目标不再是"居者有其屋",而是"住有所居";保障对象不再以城镇户籍身份为条件,而是覆盖全体常住人口;保障标准不再随意提高,而是严格控制在满足家庭"基本居住需要"的范围;保障内容不再以实物保障为主,而是以货币补贴为主;保障方式不再以协助购房为主,而是以协助租房为主;保障房源不再以住房集中建设和管理为主,而是以市场存量房源为主。

此外,随着存量住房的不断积累并在许多城镇趋于饱和,系统地规范和完善二手房市场和住房租赁市场,必须作为住房制度和住房政策完善的重要方面,纳入深化改革的框架体系中去。

8.4.4 财税体制改革

财政税收体制是政府改革和经济体制改革的核心内容,涉及面广,推进难度大。从优化房地产市场制度安排和体制机制的角度看,主要涉及分税制改革和房地产税收制度建设两个方面。

分税制改革涉及中央和地方的关系,直接决定城市政府的城市经营行为和房地产政策取向。在建立现代国家治理体制的过程中,简政放权基础上应该整体上降低企业和家庭税收负担,增加地方政府的财政收支比例,降低城市政府对土地收益和房地产税收的依赖程度。

房地产税收问题是一个社会热点话题,在前些年房地产调控过程中,政府和舆论试图把它作为调控房价的"撒手锏",引起了广泛争论,甚至形成了一些认识上的误区。

第一,房地产税收是一个系统工程,需要根据土地制度、财产制度等基本法律法规整体设计、逐步完善,协调好土地出让、商品房开发、销售、流转、持有等各环节的相关税收,在法律层面加以规范和协调,并保持稳定性和规范性,为市场参与者提供稳定预期。房地产税收不能成为短期内政府调控和干预市场的政策工具,不能由政府随意开征、减免或者取消。

第二,房地产税收整体上应该是地方性税种,在国家基本立法基础上,由地方立法机关决定当地房地产税收具体方案,再由地方政府组织实施。随着高速城市化进程的结束,房地产税收收入应该成为城市政府收入的重要来源,主要用于城市公共品供给、维护和改善城市功能。

第三,从目前房地产相关税收体制和政策来看,房地产税收体制改革的重点是减少房地产开发和交易环节的税费负担,增加持有环节的税赋。在交易环节应该重点完善房地产增值税,抑制和平衡房地产投资收益,防止社会资本过度流向房地产。在持有环节应该征收物业税,抑制房地产过度消费和投资,防止房地产空置和资源浪费。

第四,房地产税收制度是现代市场经济体系的基本制度安排,其功能是建立公平、公正、公开、持续、稳定的现代财产制度,有利于人、财、物等社会资源流动和财产积累。不能把控制房价上涨、调节收入分配、惩治腐败等问题,作为房地产税收体系和政策的目标。

8.4.5　金融体制改革

金融改革也是相对滞后的一个领域。在中国房地产市场价格持续上涨和金融风险积累的过程中,金融机构短期化逐利行为起到了推波助澜的作用。金融体制改革的内容也十分复杂,政府已经在完善金融企业治理机制、发展多层次金融市场、加快金融市场对外开放、推进利率、汇率市场化、改善金融基础设施、加强和改善金融监管等方面,做出了部署和安排,更加需要加快改革推进的速度。从房地产市场结构优化角度看,除了上述金融体制改革的基础性工作外,主要应该加快以下几个方面的改革。

第一，在银行、信托、理财、投资等领域建立保险制度和风险分散机制，一方面为投资者开辟更加丰富的投资渠道，另一方面也要增强投资人的风险意识和风险承担责任。在尊重金融企业经营自主权的基础上，禁止金融机构利用政府信用发展业务，减少国家兜底行为，允许风险暴露和释放，允许金融企业破产倒闭，培育金融市场自主决策、自担风险的基本游戏规则。只有这样，才能从根本上防止盲目投资、大而不倒、庞氏骗局和金融风险积累。

第二，大力发展房地产金融产品，为社会资金进出房地产市场创造更加高效的金融工具和产品。目前，国内家庭投资房地产以物业购置为主，开发商资金来源以银行贷款为主，不利于房地产市场稳定发展。以房地产信托投资基金、房地产资产证券化为代表的房地产金融工具在海外已经十分成熟，具有增加房地产投资流动性、分散房地产投资风险、平衡资金流动性与资产稳定性关系等功能，应该在国内加快推广应用。

第三，完善住房公积金制度，逐步将住房公积金覆盖范围扩大到全部就业人口，规范公积金投资运作和监督管理，提高投资收益率，并确保公积金用于支持中低收入家庭住房消费。公积金提取和使用政策要与公共租赁房等其他住房保障政策衔接，使其成为住房保障体系的重要组成部分。

第四，在金融改革和创新的基础上，取消限贷等行政干预措施，并通过利息补贴、个税抵扣等经济手段，促进房地产金融发展，使其成为金融市场稳定健康发展的重要内容，并对房地产消费和投资发挥更大的促进作用。

8.4.6 体制改革的结构优化效应

通过上述五个方面的制度建设和体制改革，能够在规范、约束和引导中央政府、城市政府、金融机构、房地产开发企业、购房者等市场参与主体的行为方面发挥积极作用，使其更加符合现代市场经济体系中相应的角色定位和行为规范，进而整体上提高房地产市场绩效，形成房地产持续稳定健康发展的长效机制（见表8.3）。

表 8.3　制度建设、体制改革与房地产市场结构优化效应

改革领域	改革内容	改革效应
国家治理制度建设	(1)依法治国,简政放权,依法行政; (2)民众参与地方政府(部门、领导)绩效考核评价; (3)约束政府追求短期经济增长目标; (4)改变政府主导、投资拉动经济增长模式。	(1)政府缩减投资和产业经济职能; (2)政府减少对微观经济活动的行政干预; (3)中央政府主要承担制度建设、体制改革和宏观调控责任; (4)城市政府把公共产品供给和服务作为首要职责。
土地制度改革	(1)出台"农村集体土地使用权出让转让条例",规范集体建设用地使用权流转,形成城乡统一的建设用地市场; (2)建立"城市土地基金",汇集国有土地出让收益,用于保证城市公共品持续供给能力; (3)完善征地制度,限于公共目的,控制范围,市场化补偿。	(1)商品房建设用地供给规模、种类和层次增加,改善土地市场供求关系,抑制地价房价持续上涨; (2)实现人口和资金在城乡之间双向流动,协调城乡关系; (3)改变城市政府对土地财政的依赖和对房地产业的偏好; (4)减少政府土地违法行为。
住房制度改革	(1)规范农村宅基地和"小产权房"市场,形成城乡统一的住房市场体系; (2)取消户籍制度,城乡居民自主参与住房买卖和租赁市场; (3)住房保障"人口全覆盖,保障基本居住消费需要,以货币补贴和租赁消费为主要方式,充分利用存量房市场"; (4)规范发展二手房市场和租赁市场。	(1)大幅度增加商品住宅供给的规模、类型、分布和层次,改善住房市场供求关系,实现住房价格平稳; (2)提高住房保障体系的效率; (3)协调住房保障与商品房市场关系,实现增量与存量市场协调互动发展。
财税体制改革	(1)完善分税制改革,增加地方政府的财政收支比例,降低城市政府对土地收益和房地产税收的依赖程度; (2)加快房地产税收立法。交易环节以增值税为主,调节投资收益;持有环节以物业税为主,抑制过度消费和投资。	(1)房地产税收进入法制化轨道,减少政府随意行为,形成稳定的市场预期; (2)房地产投资收益与其他产业投资动态平衡,防止房地产投资过热和泡沫膨胀; (3)增加房地产持有成本,调节财产占有和财产收入。

续表

改革领域	改革内容	改革效应
金融体制改革	(1)允许破产倒闭，强化金融企业自主经营和风险承担机制，改变短期绩效考核导向； (2)大力发展房地产金融产品，提高房地产市场投融资效率； (3)完善住房公积金政策，与住房保障体系接轨； (4)取消限贷等行政干预措施，培育多层次住房金融市场。	(1)金融机构自主经营，自负盈亏，形成风险分担机制； (2)房地产投融资效率提高，防止利用政府信用冒险经营； (3)住房市场和住房保障都得到良好的金融服务。

8.5　小结：全面深化改革的系统工程

在经历了连续 10 年不断强化的房地产调控以后，2013 年中央政府明确了"建立房地产持续健康发展长效机制"的新思路。对于什么是"长效机制"，已经有许多不同角度的讨论，但还没有形成系统的认识。根据十八届三中全会精神，长效机制必须改变"依据政府目标、采取行政干预、限制市场行为、损害市场机制"的做法，约束和规范政府行为，尽量减少行政干预和限制，让市场机制发挥主导和决定性作用。

基于房地产市场扩展的 SCP 分析框架，为了实现"持续稳定健康发展"的房地产市场绩效目标，需要对房地产市场参与主体的行为进行分析、引导和调节。更为重要的是，引导和调节市场行为的手段，不是利用政府权力甚至国家机构进行行政干预和限制，而是在尊重市场主体自主决策权利的基础上，通过优化房地产市场制度安排和体制机制，改变市场的"游戏规则"，使市场主体的行为更加规范、理性、合理，依靠市场机制协调微观与宏观、个体与集体、短期与长远等复杂的利害关系，实现市场绩效整体性、综合性、持续性的动态优化。显然，这正是房地产持续健康发展长效机制的实质内容。

按照"结构优化—行为调整—绩效改善"的产业政策分析工具和逻辑思路，针对中国房地产市场发展的历史、现状和问题，可以把基于房地产市场扩展的 SCP 分析框架所构建的"长效机制"内容体系及其作用机制汇总起来，如图 8.3 所示。

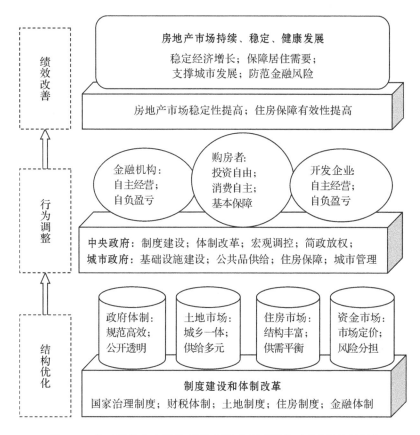

图 8.3　基于房地产市场扩展的 SCP 分析框架构建的"长效机制"

图 8.3 所显示的中国房地产市场持续稳定健康发展的长效机制表明,现阶段中国房地产市场的问题具有显著的体制特征,需要在全面深化改革过程中,依靠市场机制的健全和完善系统地加以解决。其中,土地制度、住房制度、房地产税收、房地产金融、住房保障等方面的体制改革和政策调整已经十分迫切,也积累了丰富的实践经验和研究成果,应该加快推进。

第九章 房地产市场发展政策分析

在房地产制度建设和体制改革的过程中,为了促进房地产市场的结构优化和机制完善,现行的许多房地产政策都需要进行调整和创新。其中,土地市场、房地产税收、房地产金融、房地产开发和销售、住房保障等方面的政策机制最为重要,应该加快改革推进的步伐。

9.1 培育农村土地使用权市场

城镇国有土地使用权的垄断性供给和严格控制,导致了商品房用地的供给失衡,这是快速城镇化过程中房价持续快速上涨的根本原因。同时,不允许农村集体建设用地进入商品房市场,扭曲了土地资源价格和要素市场,导致乡村土地的低效利用和严重浪费。通过大规模土地征用,维持高额"土地价格剪刀差",扩大了城乡差距,不利于改善城乡关系和促进社会和谐。

十八大以来,中央政府加快推进不动产统一登记制度,促进农地承包权市场化流转,强调建立城乡统一的建设用地市场,实现国有土地与集体土地"同权同价",依法保护农民财产权利,使他们分享国家现代化进程中土地资产的增值收益。因此,培育农村土地使用权市场是全面深化改革、统筹城乡发展的战略任务,市场化流转的方向十分明确,关键是要在总结多年实践经验和研究成果的基础上,从法律法规和政策体系方面加快改革进度。

9.1.1 完善相关法律法规

农村集体土地主要分为农地、宅基地、企业用地和基础设施用地等四大类,第一类属于集体农业用地,后三类属于集体建设用地。农地承包经营权从 20 世纪 80 年代"联产承包制"开始划归农户,按照"农村土地承包法"归农户长期使用,并可以市场化流转,形成农地承包经营权市场。宅基地根据家庭情况按照一定标准划拨给农户长期、无偿、无期限地使用,类似于计划经济时期城镇划拨用地,但禁止市场化流转和交易。企业用地是指各类经济组织使用的经营性建设用地,包括工业用地和第三产业用地等,是乡镇企业发展和股份制企业、民营企业发展过程中所形成的各类建设用地。村镇基础设施用地包括交通、水利、文化教育等设施用地,一般是划拨使用的。

2002 年颁布的《农村土地承包法》对保护农民合法权益、稳定农村土地承包关系、促进农业生产发展发挥了重要作用。但是,随着户籍制度改革和新型城镇化的推进,农地的资产价值需要通过市场化流转才能实现。需要对农村土地承包法进行必要的修改,明确农村土地承包经营权是承包农户合法财产权利,强化农村土地流转的激励扶持政策,对承包土地入股和抵押、承包土地调整和收回作出规定,科学界定农村土地承包的主体,明确农民集体经济组织成员和职业农民的认定标准,建立家庭农场登记制度等,为人口和土地在城乡之间顺畅流动创造条件。

2019 年土地管理法修订通过后,由于农民宅基地、农村企业用地和基础设施用地等集体建设用地的相关法律法规相当薄弱,应该参照《城镇国有土地使用权出让和转让暂行条例》,出台《农村集体建设用地使用权出让转让条例》,明确集体建设用地产权主体和市场化流转管理办法,针对宅基地、企业用地、基础设施用地等不同类型,建立土地使用权市场规范发展的制度框架。同时,对物权法、土地管理法等相关法规,也要按照市场化改革的需要,及时加以修订和完善,并清理原有限制农村集体建设用地市场化流转的有关政策文件,为城乡统一的建设用地市场扫清障碍。

9.1.2　加快农村集体土地产权登记

根据十一届三中全会精神,国务院在 2013 年 11 月提出,要整合不动产登记职责,建立不动产统一登记制度,将分散在多个部门的不动产登记职责整合由一个部门承担,理顺部门职责关系,减少办证环节,减轻群众负担。

按照国务院部署，由国土资源部负责指导监督全国土地、房屋、草原、林地、海域等不动产统一登记职责，基本做到登记机构、登记簿册、登记依据和信息平台"四统一"。行业管理和不动产交易监管等职责继续由相关部门承担。各地在中央统一监督指导下，结合本地实际，将不动产登记职责统一到一个部门承担。在统一登记基础上，建立不动产登记信息管理基础平台，实现不动产审批、交易和登记信息在有关部门间依法依规互通共享，消除"信息孤岛"，实现依法公开查询，保证不动产交易安全，保护群众合法权益。

不动产统一登记制度是国务院机构改革和职能转变方案的重要内容，也是完善社会主义市场经济体制、建设现代市场体系的必然要求，对于保护不动产权利人合法财产权，提高政府治理效率和水平，尤其是方便企业、方便群众，具有重要意义。经过半年多时间的紧张工作，国土资源部起草了《不动产登记条例(草案送审稿)》报送国务院审议。国务院法制办公室经征求有关方面的意见，修改形成了《不动产登记暂行条例(征求意见稿)》(以下简称征求意见稿)。2014年7月30日，国务院常务会议讨论征求意见稿，决定向社会公开征求意见。8月10日，由国土资源部、财政部、住房和城乡建设部、农业部、国家林业局联合下发了《关于进一步加快推进宅基地和集体建设用地使用权确权登记发证工作的通知》，明确要求结合国家建立和实施不动产统一登记制度的有关要求，将农房等集体建设用地上的建筑物、构筑物纳入宅基地和集体建设用地使用权确权登记发证的工作范围，实现统一调查、统一确权登记、统一发证，为建立城乡统一的建设用地市场建立产权管理的基础平台。

需要指出的是，长期以来农村土地所有权和使用权存在主体缺失和不规范等问题，违法违规用地现象较多，需要在确权登记过程中系统把握政策尺度，处理好历史遗留问题。

9.1.3　加强土地利用规划和用途管制

在关于农村集体土地市场的争论中，反对农村土地使用权市场规范发展的一个重要理由，就是担心土地市场发育过程中土地利用秩序失控，导致耕地减少、损毁和浪费，影响土地基本国策的实施。

事实上,计划体制和行政管制下的耕地占用和土地资源浪费现象并没有减少,基层政府为了自身利益违法用地问题甚至比市场经济体制下有过之而无不及。国际经验表明,发展土地市场与严格实施土地利用规划、城市规划、耕地保护、环境保护等政策并不矛盾。

在规范发展农村集体土地使用权市场过程中,要加强土地利用规划和用途管制,进入土地市场交易的各类土地,都只能在规划用途范围内使用,否则不允许办理有关产权登记和过户手续,财产权利不受法律保护。政府部门从土地市场权利人的角色,转变为行政执法和市场监管角色,更有利于落实土地基本国策,促进相关权利人做到"十分珍惜和合理利用每一寸土地,切实保护耕地"。

9.1.4　加快城乡一体化配套改革

中国城乡二元结构是与计划经济体制相适应的一种制度安排。按照全面深化改革和推进新型城镇化战略部署,要让市场机制在社会资源配置过程中发挥决定性作用,就必须打破城乡二元结构,实现土地、劳动力和资本在城乡之间自由流动和优化配置。为此,除了培育农村集体土地市场、建设城乡统一的建设用地市场外,人口、就业、投资、社会保障等方面城乡一体化改革也要协调推进。

2014年7月30日,国务院印发《关于进一步推进户籍制度改革的意见》(以下简称《意见》),部署落实十八届三中全会和中央城镇化工作会议关于进一步推进户籍制度改革的要求,促进有能力在城镇稳定就业和生活的常住人口有序实现市民化,稳步推进城镇基本公共服务常住人口全覆盖。《意见》的出台,标志着进一步推进户籍制度改革进入全面实施阶段。

《意见》就进一步推进户籍制度改革提出三方面11条具体政策措施。一是进一步调整户口迁移政策。全面放开建制镇和小城市的落户限制,有序放开中等城市的落户限制,合理确定大城市的落户条件,严格控制特大城市人口规模,有效解决户口迁移中的重点问题。二是创新人口管理。建立城乡统一的户口登记制度,建立居住证制度,健全人口信息管理制度。三是切实保障农业转移人口及其他常住人口合法权益。完善农村产权制度,扩大义务教育、就业服务、基本养老、基本医疗卫生、住房保障等城镇基本公共服务覆盖面，加强基本公共服务财力保障。

需要注意的是，建立城乡统一的户口登记和居住证制度后，户籍的就业色彩和社会身份特征将会逐步消失，不仅农村人口可以在城镇购房、就业、享受公共服务和社会保障，城镇人口也可以到农村购房、置地、就业，真正形成人口、劳动力、土地、资金、技术等资源和生产要素在城乡之间双向流动、合理配置的格局。中国城镇化将从"农村→城市"单向城市化，进入"农村↔城市"双向一体化的新阶段，这是新型城镇化的重要特征。

正是在双向一体化格局中，劳动、土地、资本等生产要素才能高效流动与组合，农村土地市场才有意义和价值。因此，在培育农村土地市场、弱化其社会保障功能、强化其资产功能的同时，还需要完善农村社会保障体系，尽快实现全覆盖和并轨运行，形成城乡统一的社会保障体系。

9.2　完善城镇住房保障政策

住房保障体系是城镇社会保障体系的重要组成部分，完善住房保障体系、满足城镇居民家庭基本居住消费需要，是政府的重要职责。中国的城镇住房保障体系是在城镇住房制度改革和房地产市场发展的过程中逐步建立和发展起来的，包括经济适用房、限价商品房、共有产权房、廉租房、公共租赁房和货币补贴等多种形式和手段。

经过多年探索，中国的城镇住房供应体系包括商品性住房、政策性住房、保障性住房三种类型。商品性住房主要由市场调节，是住房供应体系的主体；政策性住房主要解决拆迁安置、人才引进、产业发展等方面的特殊问题，由政府在土地供应、投资开发、税费减免等方面进行定向支持，面向特定对象定向供应；保障性住房主要解决住房困难家庭的基本居住需要，弥补住房市场偏差，属于社会保障范畴，由地方政府负责落实。

9.2.1　保障目标与保障标准

根据住房保障的性质，住房保障体系的目标定位是"保障居民家庭基本居住消费需要,实现住有所居"。在中国住房制度改革和房地产市场发展过程中,住房保障体系的效果不尽如人意,与保障政策目标的偏差有很大关系。

1998年中国加快住房制度改革、停止福利分房后,把经济适用房作为与商品房并列的保障性住房供应方式,通过政府建造和优惠销售住宅给中低收入家庭,解决他们的住房困难,希望学习20世纪60年代新加坡和70年代中国香港的做法,追求"居者有其屋"的理想目标。然而,随着房价持续快速上涨,越来越多的家庭面临购房困难而希望购买经济适用房,已远远超过了政府投资建设经济适用房的能力和规模,加之分配和管理的寻租空间巨大,经济适用房政策的总体效果和社会满意度不佳,城市政府开发建设的积极性也不高,调整和完善住房保障政策成为共识。2005年开始,稳定和抑制房价过快上涨的房地产调控政策不断出台,政府和公众往往把加大保障性住房开发和供应作为调控房地产价格的政策工具,希望通过增加保障性住房供应来满足家庭的购房需求,从而消减市场的购房需求,增加住房的供应总量,平衡住房市场的供求关系,继而减轻中低收入家庭购房压力和对房价过快上涨的不满情绪。但是,房价持续上涨的原因十分复杂,通过加大住房保障力度抑制房价上涨的效果十分有限。2010年开始,随着限购限贷政策出台,为了增加住房供应,并防止严厉调控政策对房地产投资和经济增长造成太大的影响,国务院要求加大保障性住房建设规模,住房保障政策又增加了"保增长"的任务。2011年两会期间明确提出了"未来5年,中国将建设3600万套保障性住房,今年1000万套,明年1000万套,后三年1600万套,使保障性住房的覆盖率达到20%"的建设计划,并通过"责任书"层层分解到地方政府。后来发现,计划指标的完成情况不尽如人意,层层分解指标的办法也不能反映不同城市住房市场的差异性和特殊性。

2012年7月20日,国务院发布了《国家基本公共服务体系"十二五"规划》,对44类80个基本公共服务项目的发展目标作出了规划。根据该规划,"十二五"期间国家将建立基本住房保障制度,维护公民居住权利,逐步满足城乡居民基本住房需求,实现住有所居。从"居者有其屋"到"住有所居",聚焦于满足城乡居民基本居住消费需要,剔除"抑制房价""稳定投资规模和经济增长速度"等额外目标，有利于住房保障政策的准确定位和稳定发展。

2014年3月28日，国务院法制办公室发出了关于《城镇住房保障条例（征求意见稿）》公开征求意见的通知，进一步明确城镇住房保障的基本原则是"保障基本"，把"保障住房困难群众的基本住房需求"作为住房保障政策目标。按照"基本公共服务"属性和"保障基本居住需要"的目标定位，保障性住房的套型面积要严格控制，总量规模和结构布局要与当地住房保障对象的规模和需求相适应。因此，在国家相关法规规定住房保障基本任务和目标的基础上，具体的住房保障政策不能"一刀切、下任务、搞运动"，应该由城市政府根据当地实际制定和落实，保障标准根据城市整体居住水平和政府的保障能力逐步提高。保障体系的运行和管理机制动态完善，不断提高保障效率，进一步优化保障效果。

9.2.2 保障范围与保障对象

在明确保障目标和保障标准的基础上，就可以界定住房保障政策的覆盖范围和保障对象。

与城乡二元结构相适应，住房保障范围一直限于城镇户籍人口。尽管快速大规模城市化已经使大量农村人口迁移到城市就业和居住，但住房和其他社会保障却把他们排斥在外，形成了规模庞大的"外来务工人员"。以深圳为例，2010年人口普查数据显示，深圳市常住人口为1037万，其中约有798万人是非户籍人口，占常住总人口的77%。如果住房保障范围仅仅局限在户籍人口，不仅不全面，而且很不公平。随着户籍制度改革和新型城镇化战略的实施，城镇住房保障政策的覆盖范围要尽快从户籍人口扩大到全部常住人口，实现"全覆盖和应保尽保"。

根据住房保障的目标定位，保障对象是依靠家庭自身力量无法通过住房市场实现基本居住消费的住房困难家庭。为了识别和筛选保障对象，在实践中应该通过"自有住房条件、收入水平条件、财产拥有条件"设置准入门槛，并做好审查、公示和管理工作。

在以往住房保障政策实施过程中，由于政策定位不明确和不稳定，已经拥有基本住房条件、收入水平较高甚至达到小康的家庭，都可能成为住房保障的对象,造成"开着宝马购买经济适用房""经济适用房空置、出租"等不合理现象,降低了住房保障政策的有效性和满意度。在扩大保障范围的基础上,严格筛选保障对象,并进行动态管理,是城市政府做好住房保障的基础性工作。

9.2.3　保障方式与保障内容

住房保障方式分为实物保障和经济补助两种类型。前者是利用政府开发建设和筹集的住房资源,配售或者配租给保障对象,满足他们的住房需要;后者则是给予保障对象购房或者租房一定的经济补助,减轻住房经济负担,保障基本的住房消费能力和水平,具体包括租房补贴、购房补贴、政策性金融支持、税费减免、税收抵扣等。

海外住房保障的经验表明,在住房市场短缺时期,实物保障有其必要性和有效性。随着住房市场存量增加和交易活跃,实物保障存在房源有限、选择性差、灵活性低等弊端,经济补助性保障方式的比例逐步增加,并成为现代市场经济体制下住房保障的主导方式。

中国的住房保障方式以实物保障为主,房源以政府投资和开发建设为主,这与经济体制和政府行为模式有关,已经暴露出许多弊端。特别是在住房累积存量逐步增加的背景下,许多城市住房总体短缺时代即将结束,政府不能再大规模开发建设保障性住房,在住房保障方式选择上应该加大经济补助的比例,更多地利用市场房源满足保障对象的住房需要。

从住房保障内容来看,主要分为购房保障、租房保障和租售结合三种。购房保障主要帮助保障对象购买住房为手段,解决家庭住房问题;租房保障主要帮助保障对象租赁住房,满足家庭居住消费需要;租售结合可以先租后买,更加灵活地满足家庭不同阶段的住房问题。

中国住房保障内容经历了从购房保障为主到租房保障为主的发展过程。1998年停止福利分房后,政府开发建设经济适用房并配售给保障对象是住房保障的主要内容,廉租房不仅比例低,而且定位于解决购买经济适用房也有困难的"最低收入家庭"。随着经济适用房开发建设难度增加和许多管理问题的出现,为了解决廉租房和经济适用房两种保障对象之间的"夹心层"住房问题,2007 年 11 月建设部等九部委联合颁布了《廉租住房保障办法》,把廉租房的保障对象扩大到"低收入家庭",保障内容中增加了租房保障的比重。

2012 年 5 月,住房和城乡建设部公布了《公共租赁住房管理办法》,规定"公共租赁住房是指限定建设标准和租金水平,面向符合规定条件的城镇中等偏下收入住房困难家庭、新就业无房职工和在城镇稳定就业的外来务工人员出租的保障性住房"。2013 年 12 月,住建部、财政部、国家发展改革委联合印发的《关于公共租赁住房和廉租住房并轨运行的通知》中提出,从2014 年起,各地公共租赁住房和廉租住房将并轨运行。

根据"住有所居"的目标定位,租房保障应该成为主导的保障内容,结合保障方式的货币化和市场化,住房保障体系的效率会逐步提高,并与住房市场形成良性互动。

9.2.4 保障房源与运行管理

海外发达国家和地区住房保障体系建设和管理的经验表明,住房保障体系的目标、方式和机制是变化的,需要因地制宜,动态完善。总体来看,保障目标从房价和房租控制转向基本居住需要的有效满足,保障方式从实物保障转向货币补贴、政策扶植和金融支持,保障机制从政府直接参与转向更多地利用市场机制。这些经验对于中国住房保障体系的建设和发展都有重要的借鉴意义。

目前,在理顺住房保障体系、多渠道开拓社会化房源收储、扩大货币补贴保障比重、建立住房保障信息化管理系统、完善住房保障准入门槛和资格审查机制等方面,还有许多工作要做。城市政府应该把住房保障的工作重心,从保障性住房开发建设,逐步调整到住房保障体系运行管理方面。

在保障房源筹集方面,要充分利用市场房源,组建政策性"房屋银行",采取多种政策鼓励措施,吸收市场房源进入"房屋银行",用于住房保障。以"房屋银行"为主要房源,不仅可以节约开发建设的资源投入,协调市场与保障的互动关系,而且能够解决开发建设效率低、房源布局集中、类型简单、保障对象自主选择性差等一系列问题。

在运行管理方面，要加强政府部门之间的协调和共享机制，建立基于大数据的住房保障信息系统，提高申请、审核、保障、监督、退出、处罚等管理流程的效率，这些方面都还有很多事情要做。

9.3　改革房地产税收体系

房地产税收体系是现代市场经济体制的重要内容，对政府财政收入、企业投资经营、家庭消费和财富管理都具有十分重要的影响。中国房地产市场发展时间还不长，房地产税收体系的定位、结构、功能和效果迫切需要系统梳理和全面改革。

9.3.1　房地产税收的功能定位

国际经验表明，房地产税收的基本功能是为城市发展和基本公共服务提供稳定的收入来源，大多数国家都以房地产税收作为房地产税费制度的核心，并由地方政府进行房地产税收的立法和征收工作。房地产税收占财政收入比重很高，以美国为例，其地方税收的 80％ 以上来源于不动产税收，不动产税收是地方政府的主要财源。

为了发挥房地产税收的基本功能，并为房地产市场投资和消费活动构建稳定的制度基础，许多研究认为①，房地产税收体系应该坚持"宽税基、少税种、低税率、严征管"的原则。

宽税基，即征税范围广，税基选择宽。一是征税范围广，各发达国家（地区）房地产的征税范围既有城镇，亦含农村；二是对减免税有严格规定，基本上只对公共、宗教、慈善机构的不动产免税；三是税基设计合理，不是以房产原值或余值作为征税依据，而是以评估价格作为税基，如美国、日本、韩国等国家都是按估定价格来征税的，这样税收收入能与房地产价格形成联动性，有利于保证税收收入的稳定性。

少税种，即各发达国家（地区）设置的有关房地产的税收种类精简、明

---

① 高杨:《中国房地产税收改革问题研究》,辽宁大学硕士学位论文,2012 年。

晰,避免因税种复杂而导致重复征税现象发生,同时减少了征税成本。如美国的房地产税收主要由财产税(保有环节)、所得税(转让环节)、遗产税或赠予税(取得环节)四个税种构成,简单明了,各有其用,发挥其调控房地产市场的作用。

低税率,包含税率形式灵活、税率水平合理两层意义。各发达国家(地区)的房地产税收在税率形式的选择上,多在保有环节采用比例税率,且税负水平较低,特别是对居民住宅采用低税率(美国在 1%～3%);而涉及不动产买卖时则多适用累进税率,如日本的法律规定:转让 5 年以上的不动产,其所得税税率为 15%,住民税的税率为 5%;5 年以下的,所得税税率为 30%,住民税的税率为 9%等。

严征管,是指房地产税收的征收流程严格、规范。各发达国家(地区)大多制定了较完备的税收体系和与之相配套的税收征收流程,基本避免了税款的人为流失问题,执行力度较强。如美国严密的税收立法及现代化的征税手段就是最典型的代表。

此外,从税种的分布看,发达国家(地区)大都重视对房地产保有环节的征税,而在房地产转让方面设计的税种相对较少,这样的结构设置,一方面可以在一定程度上避免税负转嫁,体现税赋公平,有利于抑制房地产过度消费和投机需求;另一方面,有利于增加供给,鼓励流转,促进房地产市场的持续、稳定、健康发展。

目前,中国的城市政府主要依靠土地财政为城市发展提供资金来源,随着城市化速度逐步降低,土地和房地产增量开发为主的房地产市场结构,将会转变为存量经营和流转为主,土地出让收益必然大幅减少。为了城市的可持续发展,必须加快房地产税收的立法进度,增加保有环节税种,规范转让环节税收,完善房地产的税收体系。同时,加快房地产统一登记管理,积累和完善房地产税基评估技术和方法,也是完善房地产税收体系的基础性工作。

9.3.2 稳步推进房地产税立法

早在 2003 年 10 月中共十六届三中全会通过的《中共中央关于完善社会

主义市场经济体制若干问题的决定》中，就明确要求"实施城镇建设税费改革，条件具备时对不动产开征统一规范的物业税，相应取消有关收费"。然而，十年过去了，尽管房地产税作为房地产调控政策的一个热点问题一直在讨论，部分省市也进行了物业税评估技术研究和模拟试点，但整体工作进展有限。

事实上，从2005年开始，政府对房地产市场宏观调控的涉税政策部分就主要集中在交易环节的营业税、契税和个人所得税等税种，其主要目的在于调节市场交易的频率，对市场短期内的投机交易有一定的制约作用。但从实际实施效果来看，由于保有环节不征税，对居民过度持有住房、房屋空置的行为还是无能为力。因此，从长远看，推进房地产税制改革是对房地产开发转让环节、房地产取得环节和房地产保有环节征税进行统筹安排，逐步减少房地产开发转让环节的税收，增加房地产保有环节的税收，调节市场结构的长效机制。2013年11月中共十八届三中全会通过的《中共中央关于全面深化改革若干重大问题的决定》进一步明确，要"加快房地产税立法并适时推进改革"，表明房地产税收体系改革进入了法制化、系统化的正确轨道。

物业税作为房地产保有环节的主要税种，在不同国家和地区有不同的名称。有的称"不动产税"，如奥地利、波兰、荷属安的列斯群岛；有的称"财产税"，如德国、美国、智利等；有的称"地方税"或"差饷"，如新西兰、英国、马来西亚等；中国香港则直接称"物业税"。中国内地与香港一样，房地产市场都是建立在土地使用权市场基础上，也可以称为物业税。

（1）纳税人。物业税的纳税人包括自然人和法人，分为居民纳税人和非居民纳税人。参照海外经验，中国物业税的纳税人应为拥有建筑物所有权及土地使用权的单位和个人，即房地产业主。

（2）征税对象。物业税的课税对象是纳税人拥有的全部不动产，包括土地和建筑物。随着不动产统一登记制度的建立和城乡统一土地市场的形成，物业税的征税范围不仅包括城镇国有土地上的房地产，而且包括农村集体土地上的房地产。

（3）计税依据。物业税的计税依据是征税对象物业的市场价值。由于房地产市场交易并不普遍和频繁，土地和房屋的交易价格又具有个别性和波动性,税务机关要定期进行税基评估,并通过公示接受监督和查询。

(4)税率。实行物业税的国家和地区,物业税的税率一般为比例税率。物业税税率应该体现不同种类、用途、性质房地产的差异性,具体由城市立法程序设定并动态调整。

(5)征收管理。物业税征收管理十分复杂,税务机关应该在科学评估、公平公正、公开透明的基础上,提高物业税的征收效率。物业税应该按年收缴,完税依据进入不动产统一登记系统,并在交易、转让、抵押等经济活动过程中加以审查,作为不动产权利合法有效的依据之一。

9.3.3 规范征收土地增值税

土地增值税是在房地产转让环节征收的主要税种,其功能定位是调节房地产的投资收益,在更大范围分享城市发展带来的房地产增值红利,平衡社会财富占有关系,促进城市社会经济协调发展。

早在1993年财政部就制定了《中华人民共和国土地增值税暂行条例》,从1994年开始实施。然而,土地增值税的征收一直不够规范和到位。在对房地产开发企业征收土地增值税的过程中,基本采取粗糙的预征方式,清算不及时,项目之间税赋不平衡,难以达到土地增值税的目的和效果。对于单位和个人转让房地产,基本没有征收土地增值税。

在个人转让房地产环节,还有所得税问题。根据个人所得税法,个人转让财产所得应该缴纳所得税。1999年12月和2006年7月国家税务总局等部委专门就"个人转让住房所得征收个人所得税有关问题"发出通知,但实际操作中减免和简化征收比较普遍。2013年3月4日,《国务院办公厅关于继续做好房地产市场调控工作的通知》再次要求,"对出售自有住房按规定应征收的个人所得税,通过税收征管、房屋登记等历史信息能核实房屋原值的,应依法严格按转让所得的20%计征",在市场上引起了巨大波动。

事实上,增值税和所得税都是房地产转让环节的税种,税收的功能和目的相似,应该合并起来,统一征收土地增值税,并改变预征、总价计征等粗放征管方式,严格核定增值额,严格执行差别税率和累进税率,提高土地增值税的征税效果。

借鉴境外个人出售住宅增值税制度设计(见表 9.1),中国个人转让住宅土地增值税制设计,首先应该合理确定抵扣项,使纳税额核定有章可循。除了纳税人申报和提供抵扣项目依据外,也可依据评估价值进行修正核定。其次,要保护自住性购房者的利益,首套房免征增值税,对于改善性换购性买卖,在一定期限内可以减免增值税。再次,按持有时间实行差别税率,对于持有超过一定期限的住房出售,可以降低甚至免除增值税。最后,设置必要的免征税额,保护中小业主参与住房市场的积极性。

表 9.1　境外个人出售住宅增值税征收情况

	唯一自有住房是否免征	持有时间差别化征税	设置抵扣额和免征额	税率
中国香港		持有 3 年以上免征卖家印花税		10%~20%(按交易价)
英国	免征		每位自然人每年约 1 万英镑抵税额	18%~28%(增值额)
法国	免征	持有超过 5 年开始降低税率,持有超过 30 年免征	增值额超过 25 万欧元税率增加 6 个百分点至 25%	19%~25%(增值额)
美国	自住基本免征/合理改善免征	持有超过 1 年降低税率	持有超 5 年自住房可获 5 万美元(个人)和 50 万美元(夫妻)免征额	10%~35%(增值额)
日本		持有超过 5 年开始降低税率	增值收益免征额高达 3000 万日元(约 200 万人民币)	14%~39%(增值额)

9.4　创新房地产金融体系

9.4.1　发展多层次房地产金融市场

房地产具有明显的金融属性,在金融系统运行中具有不可替代的关键作用。房地产金融体系是金融市场与房地产市场的枢纽环节,服务于房地产相关的投融资活动。融资和投资是一个事物的两个方面,针对多样化的融资和投资需要,房地产金融体系具有多层次结构特征。

目前,中国房地产金融体系的发育程度较低,重融资、轻投资;重间接债务融资、轻直接权益融资；重项目开发和物业买卖投资，轻物业持有和经营投资。房地产金融产品创新不足，不能满足房地产市场各类参与者的投融资需要，创新发展的任务十分艰巨。

随着快速城市化进入后期，房地产增量开发为主的市场格局将向存量流转和资产经营为主的方向转化，为房地产金融体系完善和产品创新提供了有利条件。在此背景下，应逐步建立起多层次、全方位的房地产金融市场。不仅要有间接融资的信贷市场，也要大力发展直接融资的资本市场，改变当前直接融资和间接融资之间不合理的结构；不仅要有直接提供融资服务的一级市场，也要有分担一级市场风险的二级市场，加快推进发达的证券化二级市场的建设。通过金融创新产生丰富的房地产金融工具，加快发展债券市场和证券市场，解决房地产资金期限错配、交易规模和流动性不足等问题。利用不同融资方式、不同金融产品、不同金融市场，来满足多层次投融资的需求。

为促进房地产业的健康发展，应采取差别化的政策，逐步扩大房地产企业股权融资比例。为扩展房地产业的融资渠道，还应探索保险资金引入的可行性。以美国为例，美国人寿保险公司作为仅次于商业银行和共同基金的第三大投资机构，从 19 世纪中期开始，就参与写字楼、购物中心等商业综合体的投资，20 世纪 20 年代后逐步进入住房消费抵押贷款市场。由于保险资金尤其是寿险资金具有聚集大量、稳定、长期货币的储蓄功能，其投资是为了追求安全、相对稳定的收益，保险资金的运用无疑能有力地推动我国房地产金融的进一步发展。

对于住房消费信贷，应创新金融工具，丰富金融产品，正确引导居民理性消费。依据消费人群的各种不同特性，细分市场，形成差别化、有梯次的金融产品体系。对于房地产投资需求，要通过金融产品引导社会资金有序、合理地参与房地产市场投资，根据人群不同的风险偏好、不同的收入、信用等情况，积极推进房地产信托投资基金、住房抵押贷款支持证券（MBS）和房地产私募基金的发展，形成资金融通、收益分享、风险分担的有效机制。

9.4.2　整合政策性住房金融机构

由于住房问题具有社会性特点,世界各国都将房地产金融和住房保障体系建设相结合,大力发展政策性住房金融机构。例如,在市场自由化程度最高的美国,其住房一级、二级市场中也有大量的政府机构和政策性金融机构参与,如退伍军人管理局、储蓄与贷款协会、联邦住房协会、房利美和房地美等。新加坡的中央公积金局对住房金融市场进行管理,日本的住宅金融公库完全依赖于财政支出,欧洲国家的住房储蓄银行等都在房地产金融体系中具有重要地位。

中国在住房制度改革和住房保障体系建设过程中,学习新加坡建立了住房公积金制度,但存在覆盖面小、资金使用效率低、低收入家庭使用较少、跨区域使用困难等问题,需要进一步完善制度体制,创新运行和管理机制。

党的十八届三中全会提出,"允许地方政府通过发债等多种方式拓宽城市建设融资渠道,研究建立城市基础设施、住宅政策性金融机构"。2014年4月初,国务院常务会议确定由国家开发银行成立专门机构,实行单独核算,采取市场化方式发行住宅金融专项债券,向邮储等金融机构和其他投资者筹资,鼓励商业银行、社保基金、保险机构等积极参与,重点用于支持"棚改"及城市基础设施等相关工程的建设。

在此基础上,组建政策性的"中国住房保障银行"应该成为下一步整合政策性住房金融机构的方向。通过法律法规建设,形成统一、规范、高效的政策性住房金融机构,对于房地产市场和住房保障体系都具有十分重要的意义。需要特别注意的是,政府主导的政策性住房保障金融机构一定要严格按照法律法规运作,服务于住房保障的基本目标,要在政策扶持下进入金融市场经营管理,成为房地产金融体系的重要组成部分。要防止政府干预和插手控制,它不是政府的"钱袋子"和"小金库"。

在依法设立、独立运营、参与市场的同时,还要借鉴海外政策性住房金融机构发展的经验教训,在发挥市场机制的过程中,严格控制金融风险。例如,2008年美国次贷危机前,美国房地产金融市场出现了大量的金融创新产品,这些产品无疑都带有高回报率的诱惑,并经过证券公司、投资银行等金融机构打包，其风险被分散甚至被掩蔽，投资者无法得知这些金融产品的真实风险，使得次贷业务在发行、销售和传递过程中，风险逐步放大，最终失去控制，导致全球金融危机。在这个过程中，房利美、房地美等政策性金融机构也积极参与了金融产品的创新，最终陷入破产倒闭的困境。

9.4.3 完善房地产金融法律法规和监管体系

第一，加快法制建设进程，加大房地产金融立法的力度，通过法律方式来界定房地产金融市场的功能及利益关系，调节和规范市场主体行为。要遵循市场经济发展的客观规律，充分考虑中国国情，构建和完善房地产金融市场的法律法规体系，制定和完善包括个人信用、住房储蓄、住房公积金、房地产担保、房地产金融市场运作管理等领域的房地产金融法律法规。同时，要将房地产金融法律建设与房地产金融监管紧密结合，强化房地产金融风险管理，保护房地产金融参与各方的合法权益。

第二，确立分业监管的新框架，形成有效的分业监管机制。加强各部门间政策的协调性，流程上做到无缝衔接，政策上避免矛盾和空白。根据我国建立市场经济体制的实际，政府在履行好规划和监管职能的同时，要发挥投资的导向作用，用市场化的手段引导社会资金的投向，逐步形成政府引导、市场推进、社会参与的运作机制。要用价格杠杆激励企业加强自律，承担社会责任，切实改变违法成本低、守法执法成本高的不正常现象，促进优胜劣汰的市场机制发挥作用。

第三，建立健全的风险控制机制。根据资产证券化发展的需要，逐步构建资产证券化风险预警系统。从发达国家风险控制的成功案例来看，该系统的建设起到第一道"防火墙"的作用。当整个金融市场的各种风险都在预警控制范围内时，将会提高金融市场的运作效率并使风险最小化，从而减少了政府在危机发生后的高成本干预。

在资产证券化的过程中，加强道德风险与信息披露的监管。资产证券化的"破产隔离"本质使银行将贷款出售后便可将风险完全转移。因此，在放贷和资产证券化的过程中存在道德风险和逆向选择。为预防发起人（银行）的道德风险，应在坚持"风险隔离"的基础上，要求发起人计提一定比例的风险自留资本,加强风险约束和完善分担机制。同时,还要加强对信用评级机构的监管。保持信用评级机构在评级过程中的独立性,明确其责任,提高评级过程的规范性和结果的可靠性。

9.5 完善商品房预售管理

预售制度是房地产企业重要的融资渠道,能够缓解开发商的资金压力,有利于增加住房供给,稳定房地产的价格预期。但是,在房地产市场波动过程中,预售项目也可能形成烂尾和交付风险,给购房者和银行带来风险。例如,在2008年和2014年房地产市场的调整阶段,许多城市都出现了项目资金链断裂、开发商跑路、项目开发停滞等案例,带来一些严重的金融风险和社会问题。因此,应通过完善立法、加强监管完善商品房预售管理制度。

9.5.1 商品房预售管理的国际经验

目前世界上大多数国家和地区都允许在房屋竣工前提前销售。但是,由于房地产开发面临的经济环境不一致,不同国家和地区对于预售及预售款的管理有所不同(见表9.2)。

表 9.2 境外商品房预售及预售款的管理措施

国家或地区	预售规模	预售条件	预售款监管
美国	70%～80%	没有特定的预售许可管理,但预售前需编制楼宇销售计划交司法局审批	预售款的支付时间、比例按双方协定的预售合约执行。通常是签订合约时支付5%～10%的保证金,根据工程进度付款,完工后清算
加拿大	普遍	安大略省1992年发布的《高层公寓法》规定:项目需预售("卖图纸")达到70%,才能开工	资金由买房人按期打到开发商选择的律师楼账户上进行监管,监管期间开发商一般不得动用,但可以此作为信用金,向银行申请建设贷款

续表

国家和地区	预售规模	预售条件	预售款监管
德国	因新建房少，虽允许新房预售，但预售规模相对较小。	政府不实行许可管理，由买卖双方通过律师自行协商预售合同并受合同法等法律的制约	①购房人按照房屋建设进度分期付款。可要求银行出具工程完工担保，促使银行对开发商进行监督。②合同通常规定全部房款的10%左右在交房后不立即支付开发商，而是在未来3~5年由律师专项保管，在确定无任何纠纷后才付给开发商
英国	预售规模相对较小	①政府不实行许可管理，对是否开工没有限制。②一般由代理机构为客户购买期房	消费者购买预售房可按当期估价获得折扣(10%~20%)，且银行在房屋完工前不得向开发商发放抵押贷款
澳大利亚	房地产市场以二手房为主，预售规模较小	严格的预售管理制度，需获得项目规划审批证书	购房时首付款一般为房款的5%~10%，由律师存入银行保证账户，竣工交付后连同剩余房款转给开发商
日本	房地产市场以二手房为主，预售规模较小	获得建筑许可后就可以预售	购房时首付款一般为房款的20%
新加坡	90%左右	严格的预售许可管理	预售款可直接用于工程建设，购房贷款存入贷款银行与开发商共管的账户，按工程进度经工程测量师及律师同意后拨付
韩国	90%左右	严格的预售许可管理	购房时首付款一般为房款的20%~30%，可在一年内分期付清
中国香港	90%左右	实行预售楼宇同意书制度，需提交银行、认可人士、律师的相关证明书	购房时首付款一般为房款的10%，预售款可直接用于工程建设，购房贷款存入贷款银行与开发商共管的账户，按工程进度经工程测量师及律师同意后拨付
中国台湾	普遍	只要土地规划通过审批，房屋兴建设计图表完成，申请建筑执照后即可预售，但对开发商资格的审核严格	①购房者只要支付定金10%的自备款，半年后开工再支付5%的工程款，到房屋建成后，再开始偿还85%的银行贷款。②实行付款中间人制度，建造商不能直接获得预售款，只能依据工期向中间人申请相应的金额

资料来源：根据相关文献综合整理

可以看出,境外商品房预售制度更多的仅仅是一种期房销售模式,具有预定产品的性质。在期房预售期间,购房人只支付一定比例的定金或房款。而中国商品房预售具有强大的融资功能,购房人在签订预售合同后,即须通过自有资金或银行按揭贷款向开发商缴纳全部房款。境外在房屋预售中一般要引入具有公信力的第三方,如中国香港的律师楼、一些国家的专营担保机构等,对预售款实施专门监管,保证预售款专项用于项目开发,切实防范预售款被挪用、套牢。中国政府主管部门对购房人的银行按揭贷款更多的是静态的、事后的管理,缺乏动态的、事前的防范,也没有引入金融监管、房产律师监管等第三方监管机制,难以保证预售款专项用于项目开发和防范预售款被挪用等。

在以往房价持续上涨的过程中,预售和按揭贷款为购房者提供了财务杠杆,风险整体不高。随着房地产市场整体供求关系的逐步改变,在市场调整阶段房地产项目风险越来越高,加强预售管理已经迫在眉睫。

9.5.2 加强商品房预售企业监管

预售制度的主要问题是风险分担机制不健全,开发商通过预售取得大笔预售资金,并且不需要承担融资成本,从而将资金成本和市场风险转嫁给购房者和银行。为此,完善预售管理的基本方向是健全风险分担机制,平衡利益相关者的风险收益关系。

第一,建立预售资格准入制度。随着房地产市场价格持续上涨,丰厚的利润吸引了大量的企业进入房地产市场,一些项目公司资金实力不足,开发经验缺乏,应对市场波动的抗风险能力不足,容易带来项目风险。因此,建立严格的市场准入制度,提高准入门槛,提高房地产企业的整体实力是十分必要的。针对目前房地产市场上开发商良莠不齐的现状,确立一套严格而又不失细节的预售准入机制,规定只有资本、规模达到一定要求,具备相关房地产资质的企业才能进入市场、取得预售资格。可将实行预售作为一项对开发商资质和信誉认可的标志,不符合条件或不具备资质的开发商不能进行预售,只能现房现售。

第二,认真落实《城市房地产管理法》和《城市商品房预售管理办法》(建设部令第131号)规定的条件、程序,严格把握商品房预售许可关。针对不同城市房地产市场供求关系动态变化,适当提高预售条件,增加开发商的资金和能力要求,降低项目风险。

第三,建立预售资格退出机制。当企业不具备从事房地产开发的实力和能力时,目前还缺乏开发资质和预售资格的退出机制,容易导致市场的混乱。现实中出现的很多问题都是由于企业的经营不善,已不再具备从事房地产开发的实力,却仍在进行相关活动,从而加剧了市场风险。因此,应该制定一套规范的预售资格退出机制,保护信誉好的房地产企业进行房地产开发,促使信誉差实力弱的房地产企业有序地退出市场,净化房地产市场环境,并向购房者和其他市场参与主体提供有效的开发商实力和能力的综合信息。

第四,实行预售项目开发进度信息披露制度。房屋预售制度的健康运行很大程度上要依赖于信息披露制度,详尽地披露项目开发进度、销售进度和周边配套进度等信息,能有效保障预购人的知情权,对开发商形成监督和约束机制。很多商品房预售纠纷案件中,预购人由于信息不对称、地位不平等等原因,都处于弱势地位,其财产权益受到了损害。申请和实行商品房预售的房地产企业,必须在网上披露预售商品房的各项详细信息,如披露土地使用权证、建设规划许可证、建设工程施工许可证、房屋施工图、各项招投标信息、承建商信息、工程竣工资料、房屋销售情况等信息,以便预购人详细了解项目细节和开发进度,降低交易风险。

9.5.3 完善商品房预售资金监管

预售款监管是中国商品房预售管理的一个薄弱环节,开发商随意支配和使用预售资金的情况比较普遍,这是项目和资金风险的主要来源因素。在美国,购房者支付的订金并不直接交给开发商,而是由第三方来保管,第三方机构包括律师事务所、保险公司和政府有关部门等。如果在这过程中,买房者改变了购房意愿,则这部分由第三方机构保管的订金必须无条件退回。在中国香港,买房人支付的首付款由开发商的代理律师以代管人身份持有,工料测量师行根据工程进度,提出拨款意见,经律师同意后,购房款可以转给开发商。银行向买房人发放的抵押贷款存放于银行为开发商开设的按揭专户,银行根据工程需要对专户资金的使用逐笔审批,从而保证资金专款专用。

可见,美国和中国香港对预售资金的管理都是引入了第三方,且均为律师事务所、房地产经纪公司、工料测量师行等专业机构,能对预售资金的使用出具专业意见。2010年开始,为了加强房地产市场调控,防范开发商和项目风险,各地根据商品房预售管理办法,出台了商品房预售资金监管办法,规定预售资金由银行专户管理,专款用于预售项目开发建设,并按照工程进度拨付使用,对控制项目风险发挥了积极作用。但是,由于银行与开发商并非独立的第三方,而是业务合作伙伴关系,专款专用可能被变相突破。

因此,完善预售资金监管的方向是引入具有公信力的第三方专业机构对预售款实施有效监管,保证预售款专款专用,防范其被挪用、套牢等风险发生。近年来,部分城市在预售款监管方面已经做出了有益的尝试,如重庆由项目监理机构实施监管,广州由房地产交易所实施监管。如果有关法规规定,预收资金监管资格具有竞争性和选择性,购房者在选择监管机构方面有一定参与和决策的权利,将会促进监管机构更加专业化,提高监管服务的质量。

9.5.4　鼓励商品房现房销售

商品房预售制度构建了一个复杂的法律关系,购房人与开发商之间在房屋真正成为商品之前就发生了所有权的预先转让,多数购房人用对房屋的未来所有权作抵押担保向银行按揭贷款,开发商则为按揭贷款提供担保,形成了开发商、购房人和银行三者之间的三角利益关系。这种复杂的法律关系,派生出房地产市场中的一系列风险,并随着市场周期性波动存在放大和扩散的可能性(张军,2009)。

在房地产市场发展初期,商品房供不应求,开发商资金规模小,预售制度发挥了一定的积极作用。预售制度的目标定位主要是满足房地产业快速发展的需要,对风险控制和权利人关系的协调考虑较少。随着市场供求关系的变化,产业进入了成熟期,许多开发商都积累了强大的经济实力和经营能力,政府应该出台政策措施,鼓励开发商现房销售。现房销售对于构建和谐消费环境、维护购房者权益,缓解金融风险积淀、降低银行贷款风险,促进房地产业优胜劣汰、提升行业综合素质,降低政府监管成本、提高监管效率等方面,都将产生积极的作用。

根据房地产市场发展阶段,从预售制度到现房销售制度,应该采取逐步过渡的方式。第一,出台鼓励现房销售的政策措施,可以在土地出让环节约定开发商现房销售,并在地价款支付和税费方面给予鼓励。第二,可以逐步提高开发商申领预售证的门槛,直至取消预售制度。在具体节点的选择上,可采用按建筑工程进度的时间节点逐步推迟预售的方式,即考虑以单体工程竣工、工程封顶、整个工程项目竣工验收、取得产权证等为节点逐步推迟预售时间。第三,根据房地产业发展实际,及时研究修改《城市房地产管理法》《城市房地产开发经营管理条例》《城市商品房预售管理办法》等法律法规,规范开发商土地开发、项目规划设计、施工建设、商品房销售、商品房质量保证和售后服务等经营行为,降低市场风险,促进房地产业持续健康发展。

第十章　房地产体制改革路径选择

中国房地产市场发展的历史较短,潜力巨大。为了消除市场发展带来的弊端和现已存在的矛盾,需要完善房地产市场的制度安排。但是,房地产体制改革是一个渐进的动态过程,不可能"一蹴而就"。同时,作为一个幅员辽阔、规模巨大的经济体,中国的房地产市场客观存在着区域性、阶段性、复杂性、差异性等特点。只有正视问题,研究问题,承认差别,才有可能稳定预期、稳定市场,继续发挥房地产市场的"天使"作用,约束其"魔鬼"性格,实现持续稳定健康发展的整体目标和效果。

10.1　主体分层次:统分有据,各司其职

政府是房地产体制改革的主体,改革方案的设计、选择、推进和实施,都需要政府的积极作为。特别是在中国现阶段,改革本身还涉及政府职能的转换和自身权利关系的调整,改革主体的层次划分显得十分必要和重要。

在以往的研究和讨论中,政府往往被假设为超越现实的一个理性行为主体,希望这个抽象的"政府"代表全社会进行整体和长远利益的思考和决策,做出完美的"顶层设计",而现实并非如此简单。事实上,政府是一个庞大的系统,既有中央政府和地方政府的层级管辖体系,又有不同政府业务部门的职能分工体系,他们各自都有自己的职能定位和职权关系,往往对房地产市场发展和体制改革有不同的利害关系和行为取向。因此,通过政治体制、行政体制和国家治理体制的现代化建设,形成高效廉洁的行政体系,是房地产体制改革的重要内容。

10.1.1 中央与地方：统分有据

中央政府和地方政府的职能定位存在差异，在房地产市场中的决策权力、参与方式和发展目标也不同。总体来看，中央政府是国家制度和体制的决策者，追求房地产市场的综合绩效目标和长远稳定发展，如"总量平衡、价格稳定、结构合理、保障有效"，并在宏观经济发展过程中发挥着积极作用。地方政府是国家有关制度和体制的落实者，更加重视房地产对地方经济发展的贡献，并希望在与其他地区的互动发展中取得竞争优势。

在现阶段中国政治经济体制下，中央政府和地方政府都存在"唯GDP论"的决策和行为偏差，政府权力过多、过大，缺乏有效的监督和约束机制。在房地产市场发展方面，中央政府的制度建设和体制改革滞后，更多关注房地产业对投资和经济增长的影响，存在房地产调控目标短期化的倾向。地方政府更加重视房地产业对地方经济增长、地方财政收入增加甚至地方官员政绩的影响，热衷于"土地出让和城市经营"，容忍地价、房价上涨对城市社会经济长远发展带来的不利影响，表现出更加"偏爱房地产"的倾向。

因此，政府改革是全面深化改革的首要任务。要简政放权，政企分开，大幅度减少政府直接参与和干预的经济活动，转变经济增长方式和发展模式，让市场机制发挥主导和决定作用。在此基础上，中央政府致力于制度建设和体制改革，追求国家治理的长效机制，做好宏观调控；地方政府在自己的权力范围内，根据当地实际，落实国家有关制度和体制，主要承担公共品供给和社会管理的职责。

10.1.2 中央政府：加快房地产市场体制改革

中央政府在中国经济改革中一直发挥着重要作用，从改革之初的"摸着石头过河"，到党的十四大提出建立社会主义市场经济，再到十八届三中全会提出全面深化改革的战略任务，中央政府的顶层设计决定了中国改革道路的选择，这种顶层设计是中央政府的首要任务。

中国房地产市场经过10多年的改革培育期和10多年的快速成长期，已经进入了产业成熟期和制度完善期，迫切需要中央政府站在国家整体利益和长远利益的高度,在总结国内外房地产市场发展经验教训的基础上,加大制度建设和体制改革的力度,理顺体制和利益的关系,规范市场行为,为房地产市场持续健康发展建立坚实的基础。具体来看,中央政府在房地产方面应该加快推进以下几个方面的法律法规建设:

(1)修订和完善土地法规。根据建设城乡统一的建设用地市场需要,系统修改土地管理法、城市房地产管理法、物权法、农地承包法等法律,出台农村集体建设用地使用权出让转让条例,形成全面统一的土地市场法律体系。

(2)修改土地征用、城镇国有土地出让转让等方面的法律法规,出台"城镇国有土地基金管理条例"。建立土地收益与城市政府分离的有效机制,使土地资产及其收益成为长期可持续发展和公共品供给的重要物质基础。

(3)修订和完善土地增值税条例,出台物业税条例。强化房地产转让环节增值收益的税收调节机制,建立房地产持有环节的税收调节机制;配合财政税收体制改革,形成中央和地方财权事权相匹配的财政税收体制。

(4)出台住房保障法规,完善住房保障制度。结合户籍制度改革,建立"覆盖全体居民、保障基本居住需要、经济补助为主、充分利用市场房源、管理规范高效"的住房保障体系,满足不同层次人口"住有所居"和"适得其所"的住房需求。

(5)出台房地产信托投资基金管理办法。结合利率市场化改革和其他金融改革措施,完善房地产金融体系,形成高效便捷的市场化投融资机制,注重风险分散和分担机制,减少政府在金融市场的管制、干预和风险兜底行为。

10.1.3　城市政府:加大城市公共品供给力度

在完善国家治理体系建设的过程中,城市政府应该从"GDP竞赛"中解脱出来,除了结合当地实际落实国家有关制度和体制外,其行为要更多地接受当地人大、政协和社会公众的考核评价,真正形成"为老百姓服务"的运行体制。

在房地产市场方面,城市政府的主要职责是:

(1)土地规划和城市规划的制定和实施。土地规划和城市规划是市场经济条件下协调和规范土地利用行为的主要手段，在世界各国得到普遍重视，并且形成了系统的理论和方法体系。中国土地规划和城市规划存在的主要问题是缺乏规范性、稳定性和严肃性，政府领导和权力部门随意干预和变更规划等违法问题十分突出。为此，必须把城市政府从"运动员"的位置换下来，才能发挥好"教练员"和"裁判员"的作用。

（2）房地产产权产籍管理服务和市场监管。在不动产统一登记制度的基础上，产权产籍管理是不动产权利保障的依据，也是不动产交易、抵押、质押、入股、继承、赠予等活动的依据和保障手段，应该成为城市政府的服务内容。同时，房地产交易关系复杂，一般市场参与者并不具备完成交易所需要的基本知识、技能和信息，需要城市政府维护市场规范和秩序，并提供必要的服务、咨询和协助。

（3）住房保障体系的运行管理和服务。在中央政府住房保障法规的基础上，由城市政府负责制定当地住房保障政策并加以实施。住房保障的标准应该根据当地社会经济发展水平进行动态调整，住房保障的申请、审核、准入、退出等日常管理应该规范高效。

（4）城市基础设施建设和运行管理服务。城市政府作为公共品供给主体，应该统筹规划和实施城市基础设施建设，制定政策促进交通、治安、环境、教育、文化等公共服务设施和机构的发展，不断完善城市功能，满足当地企业经营和家庭生活的需要。

（5）规范征收物业税、土地增值税等房地产税收。在建立"城镇国有土地基金"的基础上，逐步告别土地财政，建立科学、规范、公开、公平的不动产评估体制，严格依法征收物业税和土地增值税，使其成为城市政府提供公共品供给的主要财政来源，与城市发展形成良性互动关系。

10.2　改革分阶段：先后有序，区域有别

根据党的十八届三中全会的精神和党的十九大全面深化改革的部署，一些重要领域的制度建设和体制改革正在快速推进过程中。

2014年7月30日，国务院印发了《关于进一步推进户籍制度改革的意

见》，部署和落实中央关于进一步推进户籍制度改革的要求，促进有能力在城镇稳定就业和生活的常住人口有序地实现市民化，推进城镇基本公共服务常住人口的全覆盖。该《意见》标志着进一步推进户籍制度改革开始进入全面实施的阶段。根据国务院的要求，要建立城乡统一的户口登记制度，建立居住证制度，健全人口信息管理制度，取消农业户口和城镇户口的分类方法，促进户籍管理的功能转换，逐步弱化人口迁移管理的功能，加强人口登记服务的功能，使户籍制度向更加有利于人口迁移和劳动力流动的方向发展。

户籍制度一直以来都是我国城乡二元结构的核心，户籍身份固化人的社会身份，决定他的社会保障方式和机制，影响他的教育、就业、婚姻、消费、投资、医疗、养老等几乎所有决策和行为。户籍制度改革的实质是解除计划经济体制对人口和劳动力的禁锢，实现生存权的公平和选择权的自由，因而具有十分重要的意义和价值，也为房地产市场制度建设和体制改革创造了有利条件。

房地产体制改革涉及社会经济的方方面面，在大刀阔斧进行政府改革和全面深化经济体制改革的同时，房地产市场体制改革的具体政策还要分阶段、分区域推进，体现出差异性和灵活性，这在中国房地产市场显得更加重要。

10.2.1　有序推进土地制度改革

深化土地制度改革，不仅是房地产市场实现持续、稳定、健康发展的治本之道，也是破除城乡二元结构、促进城乡统筹发展、推进新型城镇化战略的关键举措，更是以人为本、改善民生、促进社会和谐稳定的根本要求，应该作为最重要、最急迫的改革任务，从而加快改革步伐。

土地制度改革的核心内容包括三个方面：一是规范发展农村集体土地使用权市场，逐步建立城乡统一的建设用地市场，让集体建设用地使用权与国有土地使用权享有平等权益。二是完善城镇国有土地使用权市场，进一步完善现行的"招拍挂"制度，成立城镇国有土地基金，约束城市政府土地财政，促进土地收益的可持续使用。三是改革征地制度，逐步减少征地范围和规模，从根本上约束土地财政，强化房地产作为公民财产权利的稳定性和持续性。

从实践经验来看，加快土地制度改革也具有可行性。国土资源部副部长、中国土地学会理事长王世元在2011年中国土地学会学术年会的讲话中指出，多年来，一些地方已经在这方面积累了不少有益的改革经验。例如，广东省探索了城乡土地利益的分配机制，通过农村土地使用权股份化、建立"留用地"补偿制度等方式，探索土地所有权、使用权实现的有效形式；成都、重庆探索了城乡统一的土地市场建设，注重统筹城乡规划，推动城镇村一体化建设，引入市场机制，探索土地流转新途径；江苏省探索了城乡土地的集约高效配置，通过实施万顷良田建设工程，对"田、水、路、林、村"进行综合整理，促进土地流转和规模经营。现在的问题是要突破一些认识误区和政策限制，让土地制度改革成为新时期最重要的改革红利，形成国家新型城镇化的发展战略，走出"中低收入陷阱"。

当然，对于不同类型的区域和城市，城市化水平、城镇土地和房地产市场发育程度、农村集体土地市场供求关系等方面存在显著差异，在土地制度改革内容方面可以有所选择。

以城市化水平为例，国家统计局公布的数据显示，2013年全国城镇化率为53.73%，中国总体上仍然处于快速城市化的发展阶段。但是，各省区市之间的差异巨大。上海、北京和天津三大直辖市作为现代化的城市经济体，城镇化率均已超过了80%，已经进入城市化水平稳定阶段和城乡一体化的发展阶段。广东、辽宁、江苏、浙江和福建五个沿海发达省份的城镇化率均超过了60%，这些地区城市化水平虽然会继续提高，但已经进入城镇化速度回落的阶段。中西部由于经济较为落后，城镇化水平也比较低，大部分省区市的城镇化率均低于全国平均水平。其中，西藏、贵州和云南均低于40%，四川、广西、甘肃、河南也低于45%。这些地区相当于区域间的"发展中区域"，加速城镇化将是今后一个时期社会经济发展的主旋律。

根据城市化水平和社会经济发展阶段的不同，土地制度改革推进的重点应该有所差异。在城市化水平超过60%的发达地区，土地价值较高，应该加快建立规范的农村集体土地使用权市场，推行城镇国有土地基金制度，改革土地征用制度,减少政府获取土地价格剪刀差的行为,减少其对土地财政的依赖,尽快形成城乡统一的建设用地市场,促进人口、劳动力、土地资源和资本在全社会范围内的充分流动和市场化配置,加快建立现代化的政府管理和社会治理机制,促进社会经济发展向全面协调、可持续发展的模式转轨。

对于中西部仍然处于城市化加速阶段的"发展中区域",城市外延扩张和功能构建的阶段才刚刚开始,现行土地制度通过土地价格剪刀差和土地财政支撑城市建设的作用还需要保持一段时间。同时,城市化滞后区域农村土地价值低、市场化流转需求还不强烈,土地制度改革应该注重不动产统一登记等基础性工作,逐步开展农村土地市场建设。在加快发展城市化的过程中,要注意吸收东部发达地区的经验教训,做好土地规划和城市规划,引导产业和人口集聚,防止房地产市场过热,规范征地流程、提高征地补偿标准,维护农民的经济利益和财产权利。

10.2.2　因地制宜完善住房保障体系

为了实现人力资源和土地资产的自由流动(户籍制度和土地制度的改革目的,市场经济的基础工程),还要尽快实现社会保障和公共服务的均等化,实现相关政策的体制接轨、并轨,实现城乡统筹和人口全覆盖。

就住房保障体系而言,一是要在国家层面出台住房保障法,把"保障居民基本居住消费需要"作为城市政府重要的社会保障职责,并在法律层面加以规范和约束;二是要明确规定住房保障对象覆盖城镇全体常住人口,不以户籍身份为前提条件;三是根据当地住房保障的实际需要和住房市场的供需状况,确定保障性住房的投资建设规模和机制,而不是根据中央政府的布置完成一定保障性住房开发建设任务;四是住房存量规模大、住房供给充足的城市,政府不再大规模投资开发保障性住房,而是以货币补贴、税费减免等经济补贴方式为主实施住房保障政策,充分利用市场房源,给予保障对象更多自由选择的可能性,并减轻政府在投资、开发和运行管理等方面的压力和负担,提高住房保障体系的运行效率和实施效果,实现与住房市场的有效对接和协调发展。

根据国际经验,一般居民家庭住房消费支出占其收入的25%以内是合理的。房租收入比超过 25% 的家庭需要政府协助解决住房问题，超过 30% 的家庭是政府住房保障的重点对象。浙江省 11 个城市房租收入比的调查测算结果显示，如果以政府住房保障的一般标准 60 平方米计算，房租收入比最高是杭州（24.2%），最低的是衢州（12.6%），说明在浙江省的 11 个城市，平均收入水平的家庭通过租赁方式满足基本居住消费需要，经济上是可行的。

根据"住有所居"的住房政策目标，政府在住房保障的规模和力度方面，应该重点帮助那些租房居住有困难的家庭，满足其基本居住消费需要。从房租收入比指标来看，浙江省各城市住房保障的重点，应该是家庭收入低于城市人均可支配收入的住房困难家庭，特别是要关注非户籍常住人口的住房保障问题。在这些城市，住房保障制度改革应在配合户籍制度改革的情况下，建立全覆盖、多元化的住房保障体系，并逐步实现从实物保障为主向经济补助为主的保障方式转变，以实现住房保障体系的可持续发展。

因此，在国家层面出台住房保障法规，把保障全体常住人口的"基本居住消费需要"纳入社会保障体系，成为地方政府法定职责。在此基础上，不同城市的住房保障方式和投资开发规模应该强调差别化，由城市政府根据当地实际进行动态调整和优化。

10.2.3 逐步改革房地产税收体系

财政是国家治理的基础和支柱，财税体制在治国安邦中始终发挥着基础性、制度性、保障性的作用。2014 年 6 月 30 日，中共中央政治局审议通过了《深化财税体制改革总体方案》，指出新一轮财税体制改革是一场关系国家治理体系和治理能力现代化的深刻变革，是立足全局、着眼长远的制度创新。深化财税体制改革的目标是建立统一完整、法治规范、公开透明、运行高效，有利于优化资源配置、维护市场统一、促进社会公平、实现国家长治久安的可持续的现代财政制度。

根据总体方案的安排，近期重点推进三个方面的改革：一是改进预算管理制度，强化预算约束、规范政府行为、实现有效监督，加快建立全面规范、公开透明的现代预算制度；二是深化税收制度改革，优化税制结构、完善税收功能、稳定宏观税赋、推进依法治税，建立有利于科学发展、社会公平、市场统一的税收制度体系，充分发挥税收筹集财政收入、调节分配、促进结构优化的职能作用；三是调整中央和地方政府间的财政关系，在保持中央和地方收入格局大体稳定的前提下，进一步理顺中央和地方的收入划分，合理划分政府间事权和支出责任，促进权力和责任、办事和花钱相统一，建立事权和支出责任相适应的制度。

显然，房地产税收体制的改革和完善，是新一轮财税体制改革的重要内容，而改进预算管理和调整中央与地方关系则为房地产税收体系改革创造了必要的条件。

中国房地产税收体系的主要问题有两个：一是房地产持有环节没有设置有效的税种，难以形成可以替代土地财政的地方政府稳定收入来源，不利于抑制房地产的过度消费、投资和投机行为；二是房地产转让环节的土地增值税没有规范征收，不能在更大范围内分享土地增值收益，并调节房地产投资收益。因此，房地产税收体制改革的核心内容是开征物业税和土地增值税，形成替代土地财政的房地产税收体系，并发挥调节投资收益、平衡财富差距的作用。

第一，要在深入研究的基础上，系统理清现行房地产税费政策，加快全国统一的房地产税收立法和税收体系建设。对此，十八届三中全会已经做出部署，要求加快房地产税收立法工作。《不动产登记暂行条例》由国务院于2014年11月24日发布，自2015年3月1日起施行，2019年3月24日第一次修订。这些国家层面的法规建设和技术准备，是推进房地产税收体系创新的基础工程。

第二，在国家立法过程中，要明确土地增值税和物业税为地方性税种，随着经济发展和城市化水平的提高，逐步使其成为城市政府维护城市公共品供给和社会保障的主要资金来源，一方面替代土地财政的作用，另一方面协调中央和地方的关系，给予城市政府更多的自主权，构建城市的可持续发展机制。

第三，在全国统一立法的基础上，房地产税收政策和具体征收方案由城市分散决策，不搞一刀切。地方人大是当地房地产税收立法机关，负责依据国家有关法规，制定和颁布地方房地产税收法规。城市政府依据地方法规，负责征收房地产税收，并纳入地方财政预算管理，接受人大、政协和社会的监督。城市税务机关要与房地产统一登记平台对接，建立房地产税收评估体系，按照公开、公平、公正的原则，规范征收房地产税收。

第四，房地产税收是地方政府主力税种设置，并由地方立法规范征收的制度安排。这不仅有利于理顺中央和地方的关系，为城市政府提供稳定的财政收入来源，而且能够体现区域和城市的差异，提高房地产税收体系的适应性和灵活性。发达国家房地产税收制度和政策的经验表明，区域差异化的房地产税收体系具有可行性和有效性。

房地产税收体制改革区域差异化推进的基本原则是根据城市化水平逐步开征不同的税种，与土地制度改革协同推进，逐步完成对土地财政的替代过程。在城市化水平超过 60％的发达地区，应该尽快推出物业税，规范征收土地增值税，建立城镇国有土地基金，规范发展农村集体土地市场，形成城乡统筹、可持续发展的新机制。在中西部城市化加速区域，在一定时期内还需要借助土地财政，实施政府主导的大规模快速城市化战略，可以暂缓实施物业税，鼓励房地产投资和开发。这种区域之间差异化的房地产税收安排，结合其他产业的政策引导，有利于引导社会资本和产业向中西部发展中地区转移，促进区域社会经济的协调发展。

10.2.4　建立现代房地产金融体系

房地产作为不动产和资金密集型产业，具有天然的金融属性，房地产金融是金融体系重要的组成部分。中国金融体系的改革还有许多艰巨的任务，如资本项目对外开放、汇率和利率市场化、促进民营金融机构发展、健全金融风险的分散和承担机制、鼓励金融产品和服务创新等。根据十八届三中全会的安排，金融体系改革的步伐正在加快。房地产金融领域的改革和创新应该借鉴海外经验和成熟模式，作为金融改革和创新的重要方面积极推进。

第一，要建立银行、保险、证券、期货、债券、信托、基金等金融领域的互动和协同机制，在统一监管和规范运作的基础上，实现金融行业对外开放、对民营经济开放，构建自主经营、自负盈亏的市场主体，促进资本流动，形成有效的金融定价机制。在便利融资和投资的同时，强调诚信经营和规范运作，形成有效的风险警示、风险分散、风险分担机制，把金融企业推向市场，让投资者的风险和收益对称分布，使政府从市场参与和担保状态中解脱出来，更好地发挥监管职责。

第二，尽快出台"房地产信托投资基金管理办法"，实现房地产投融资模式现代化。在现代金融工具缺乏的情况下，信贷和信托等间接融资方式成为房地产企业主要融资渠道，购房、炒房等直接持有和买卖物业成为社会公众投资房地产的主要方式，投融资效率不高。根据海外房地产金融发展的成熟经验，房地产信托投资基金是解决资金短期流动性与长期稳定性矛盾的有效方法，能够把社会资本投资需要与房地产项目运营需要有机结合起来，并且积累了完善的运作模式和技术方案，应该成为中国房地产金融创新的首要任务。

第三，在加强对各类房地产信贷、信托、基金、债券、股票等投融资方式规范化管理的基础上，停止政府对房地产企业和项目投资风险的各类"担保"行为，允许风险释放常态化，为市场发育创造条件。同时，严格限制各级政府的融资平台发展，规范政府自身的投融资行为，并强化投资者的风险意识和风险承担责任。通过健全"收益分享、风险分担"的房地产投融资机制，可以降低房地产投资的"无风险收益率"（或者期望收益率），有利于投资收益平均化和金融市场健全发育，是解决社会资本过度向房地产集结问题的基本途径。

第四，规范发展房地产抵押贷款证券化等金融工具，增强房地产贷款、债券、基金、信托等投融资工具的流动性，兼顾资金流动性与物业稳定性的不同需求，提高房地产金融体系的稳定性和有效性。在海外成熟的金融体系中，各类金融衍生工具十分丰富，鼓励金融机构借鉴海外经验，积极创新金融产品和服务的时机和条件已经成熟。

在建立和完善多层次的房地产金融体系，积极拓宽融资渠道，利用不同融资方式、不同金融产品、不同金融市场，来满足多层次房地产投融资需求的基础上，还需要发展政策性住房金融体系，通过体制改革、政府出资、政策优惠等多种手段，扶持政策性住房金融机构的发展，如住房保障银行发展、住房公积金制度改革等，也属于房地产金融体系的重要组成部分。

10.3 城市分类型：市场有别，分类调控

根据房地产的产业属性、不动产特征和投资与消费行为，房地产市场研究的视角分为宏观、中观和微观三个不同的层次。宏观层次以总量指标为对象，主要研究资产价格和金融体系的问题，分析房地产投资对宏观经济运行的影响，分析土地和商品房价格与货币政策的关系；中观层次以城市为研究单元和对象，主要研究具体物业市场的供求关系和价格变化，分析房地产开发建设和房地产市场对城市功能发育、人口和产业集聚、城市竞争力等方面的影响；微观层次以具体的宗地和物业为对象，研究其功能、业态、用途、租金、价格、投资开发、资产管理等具体的经营管理问题。

显然，三个层次的研究对象、目标和解决的问题有很大差异。目前存在的问题是许多关于房地产市场的研究、讨论和政策，都存在过于笼统的情况，没有注意区分研究对象的层次性和结论的适用范围，不能很好地回答有关房地产的政策问题、投资问题或者消费问题，甚至经常出现以点带面、以偏概全、混淆视听、误导决策的严重后果。

关于房地产市场的供求关系、价格水平、饱和与空置、泡沫大小、潜力大小等问题，基本是一个中观层次的问题，应该以城市为单元开展研究才有意义。以往一些"一刀切"的改革方案和政策措施，往往在解决部分城市特定问题的同时，加剧其他城市的另外一些问题，需要高度重视。

近年来，针对房地产市场区域发展不平衡性的特点和房地产市场宏观调控效果不尽如人意的问题，许多学者和专家提出了一系列反对房地产市场宏观调控"一刀切"的意见，指出房地产宏观调控要考虑时间差异和空间差异，应该重点调控"发炎"部位和地区，需要考虑需求差异，实施差别化的调控政策（熊方军，2008）。2014年开始，中央政府明确提出了"分类调控"的思路，要求根据不同城市的市场特征，采取不同的应对策略，促进房地产市场的持续健康发展，这是房地产调控政策思路一个很大的进步。

10.3.1 城市房地产市场运行状态指标

由于房地产的地域性特点十分突出，房地产市场是以城市为单元具体

运行的,城市之间的市场供求关系和价格水平差异明显。针对不同城市,可以用房地产投资比、商品房供销比、房价收入比、房租收入比、房价房租比等指标,分析城市房地产市场的运行状态。

(1)房地产投资比

房地产投资比,是指一定时期内城市房地产开发投资占该城市固定资产投资的比重,用来反映房地产在城市经济发展中的地位。一般认为,一个国家或地区的房地产投资比应该维持在 20%~30%,过低不利于城市化发展,过高有可能排挤其他产业投资。

国家统计局数据显示,全国房地产投资比在 2000 年只有 15%,2005 年是 18%,2010 年为 19%,2013 年达到 20%,体现了房地产投资比随着城市化水平上升而逐步提高的态势。浙江省的统计数据显示,浙江省房地产投资比在 2000 年也是 15%,2005 年是 22%,2010 年为 24%,2013 年达到 31%,与浙江省城市化速度高于全国平均水平基本适应。根据人口抽样调查结果,2013 年末浙江省城镇人口的比例为 64%,高于全国总体水平 10 个百分点。

房地产投资比在城市之间差异较大,在同一个城市也是发展变化的。北京、上海等几个城市的房地产投资比如表 10.1 所示。一般而言,越是中心城市,其产业结构中第三产业的比重越高,第二产业的比重较低,房地产投资比也越高。

表 10.1　房地产投资比的城市差异及其变化情况

城市	2000 年	2005 年	2010 年	2013 年
北京	—	54	53	50
上海	30	35	37	48
深圳	42	36	24	36
杭州	25	34	39	43
宁波	17	19	25	33

资料来源:根据有关城市统计数据整理。

在同一个区域,城市之间的房地产投资比也有显著差异。根据各城市统计数据,浙江省 11 个城市 2013 年房地产投资差异也很大,杭州最高达 43%,衢州最低只有 13%,基本体现了城市化水平和城市功能的差异。因此,判断一个城市房地产投资比是否偏高,要与同类型的城市进行比较,并考虑是否与自己的城市化阶段和城市功能相适应。

(2)商品房供销比

房地产投资开发的周期比较长,加之预售制度的影响,市场供求关系不容易衡量和分析。实践中经常使用"去化周期"这个指标,用"可售面积(或套数)除以月均销售面积(或套数)"计算当前库存可以销售的月数,分析库存压力的大小。但是,由于月均销售规模变化较快,不同人对月均销售规模的计算方法也不统一,影响了"去化周期"指标的稳定性和可比性。

针对房地产开发投资和销售特点,可以用"三年累计供销比"指标,来分析一个城市的商品房供销比。三年累计供销比是指该城市过去三年累计新开工面积与累计销售面积的比值。新开工面积反映商品房的新增产量,将会逐步进入可以销售的状态,但不一定在当年销售完毕。销售面积反映已经实现的销售规模,在预售和开发周期长的影响下,销售面积可以与新开工面积发生时间上的错位。因此,通过三年累计指标比较,可以整体上反映一个城市商品房市场的供销关系,消除季节波动,并可以在城市之间比较分析。

根据浙江省的相关统计数据,图 10.1 计算了 2011—2013 年浙江省 10 个地市(全市)商品房三年的累计供销比。

计算结果显示,温州的三年累计供销比最高,可能与近三年市场销售低迷有很大关系,商品房总体处于过剩状态。绍兴、湖州、嘉兴、金华、衢州、丽水这些城市三年累计供销比在 1～2,表明市场销售较好,历史存量供给积累不多。杭州、宁波、舟山这些城市三年累计供销比在 2～3,商品房存在积压问题。

(3)房价收入比

房价收入比是指住宅总价与家庭收入之比,反映城镇居民购房的经济压力。房价收入比越高,说明居民的购房负担越重。同时,房价收入比也常常被看作是衡量房地产泡沫程度的重要依据。

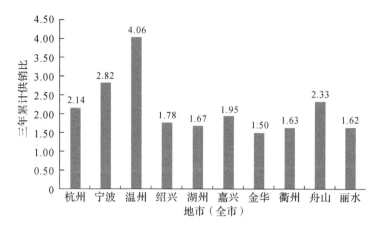

图10.1　2011—2013 年浙江省 10 个地市(全市)商品房三年累计供销比

影响房价收入比的因素主要有四个,包括住宅单价、住宅面积、人均可支配收入和家庭人口,具体计算方式为:房价收入比＝(住宅单价×住宅面积)/(人均可支配收入×家庭人口)。表 10.2 分别测算了住宅面积 60 平方米和 90 平方米的房价收入比。

根据各地统计局公布的 2013 年城镇居民人均可支配收入数据和浙江大学房地产研究中心收集整理的市区二手住房成交均价数据,可以测算出浙江省 11 个城市的房价收入比,结果如表 10.2 所示。

表 10.2　浙江省 11 个城市的房价收入比

城市	2014 年 6 月市区二手房均价(元/m²)	2013 年城镇居民人均可支配收入(元)	房价收入比(60 平方米)	房价收入比(90 平方米)
杭州	20609	41262	10.0	15.0
宁波	14037	41729	6.7	10.1
温州	18928	37852	10.0	15.0
绍兴	11386	40454	5.6	8.4
湖州	8628	36220	4.8	7.1
嘉兴	7403	36743	4.0	6.0
金华	9584	36423	5.3	7.9
衢州	7724	28883	5.3	8.0

续表

城市	2014年6月市区二手房均价(元/m²)	2013年城镇居民人均可支配收入(元)	房价收入比(60平方米)	房价收入比(90平方米)
舟山	13031	37646	6.9	10.4
台州	10791	37038	5.8	8.7
丽水	12408	26955	9.2	13.8

数据来源:各城市统计局、禧泰网数据、浙江大学房地产研究中心抽样调查数据整理。家庭平均人口以三人计算。

根据国际经验,一个国家的房价收入比在正常情况下为4~6,在中心城市一般会再高一些。以此标准,如果购买60平方米住房(住房保障标准),绍兴、湖州、嘉兴、金华、衢州、台州等城市的房价收入比低于6,平均收入家庭的购房压力并不太大,城市房价水平基本合理。杭州和温州房价收入比达到10,属于房价偏高的城市。如果购买90平方米住宅(平均住房标准),杭州、温州、宁波、丽水、舟山等城市房价收入比超过10,工薪阶层的购房压力较大。

(4)房租收入比

房租收入比,反映了城市住房租金水平与居民家庭收入的关系,可衡量租房家庭的经济负担。根据浙江大学房地产研究中心收集整理的数据,表10.3分别计算了浙江省11个城市60平方米和90平方米住宅的房租收入比。在计算中,以平均住房租金水平乘以住房面积,表示租赁一套住宅的月租金水平;用各城市公布的2013年城镇人均可支配收入水平乘以3,再除以12,表示三口之家的月收入水平。以月租金支出除以月收入水平,得到房租收入比,反映的是在租房居住情况下,房租支出占家庭收入的比例。

表10.3 浙江省11个城市房租收入比

城市	2014年6月市区房租水平(元/月·m²)	2013年城镇居民人均可支配收入(元)	房租收入比(60平方米)	房租收入比(90平方米)
杭州	41.64	41262	24.2	36.3
宁波	28.53	41729	16.4	24.6
温州	27.50	37852	17.4	26.2
绍兴	23.85	40454	14.1	21.2

续表

城市	2014 年 6 月市区房租水平(元/月·m²)	2013 年城镇居民人均可支配收入(元)	房租收入比(60 平方米)	房租收入比(90 平方米)
湖州	23.57	36220	15.6	23.4
嘉兴	20.53	36743	13.4	20.1
金华	19.91	36423	13.1	19.7
衢州	15.12	28883	12.6	18.8
舟山	26.80	37646	17.1	25.6
台州	24.51	37038	15.9	23.8
丽水	18.10	26955	16.1	24.2

　　数据来源:各城市统计局、禧泰网数据、浙江大学房地产研究中心抽样调查数据整理。家庭平均人口以三人计算。

　　数据显示,浙江省的房租收入比基本在正常范围之内,如果以政府住房保障的一般标准 60 平方米计算,所有城市房租收入比都在 25% 以内,说明平均收入水平的家庭通过租赁方式满足基本居住消费需要,经济上是可行的。如果按照 90 平方米住宅计算,除了杭州房租收入比超过 30%,其他城市都在合理的范围内。

　　在房租收入比基本合理的情况下,政府在住房保障的规模和力度方面,应该重点帮助那些租房居住有困难的家庭,满足其基本居住消费需要。从房租收入比指标来看,浙江省各城市住房保障的重点,应该是家庭收入低于城市人均可支配收入的住房困难家庭,特别是要关注非户籍常住人口的住房保障问题。

　　结合相当高的住房自有率指标可以发现,目前城市住房市场的主要问题出现在住房买卖市场(资产市场),而不是住房租赁市场(服务市场/使用市场)。部分城市高房价与低租金并存,需要通过体制改革和政策调节加以协调。

　　(5)房价房租比

　　房价房租比是每平方米的房价与每平方米的月租金之间的比值,它反映住房买卖市场和住房租赁市场的经济关系,一般用来衡量住房投资回报率,也可以反映住宅市场泡沫化的程度。影响房价房租比的因素主要是住宅单价和单位租金,具体计算方法为:房价房租比＝房价/月租金。根据浙江大学房地产研究中心收集整理的数据，2014年6月浙江省11个城市市区的房价房租比如图10.2所示。在成熟的市场中，房价房租比的合理范围在200～300，对应的住宅投资租金回报率在6%～4%。在中国现阶段，家庭投资渠道缺乏，居民更倾向于购买住房，而不愿意长期租赁住房，导致房价房租比高于海外水平。以浙江省为例，城市房价房租比在400～500是可以接受的，超过500说明该区域房价被市场高估，投资风险较大。

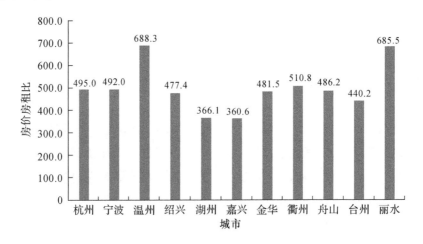

图10.2　2014年6月浙江省11个城市房价房租比

根据浙江省11个城市房价房租比测算结果，温州和丽水超过680，购房租金回报率不足2%，房地产市场泡沫化程度较高。其他城市都在可以接受的投资回报水平。如果今后一段时间房价继续稳定甚至下跌，而居民收入增加，市场房租上涨，房地产市场运行将会更加平稳健康。

10.3.2　城市房地产市场分类调控与改革策略

在承认差异和分类调控的框架下，结合中央和地方行政管理体制、财税体制等方面的改革，就可以赋予城市政府在房地产体制改革和市场调控方面更多、更大的自主权，使分类调控落到实处。

城市政府差异化的房地产体制安排和政策措施要以城市发展阶段功能和定位为基本出发点。城市发展阶段主要考虑该城市自身的经济社会发展阶段和水平的纵向演化进程，城市功能定位主要考虑该城市在区域发展和城市群体系中的横向分工关系。

从发展阶段考虑,已经进入城市化后期和小康发展阶段的城市,产业结构转型升级速度加快,创新创业能力强,房地产存量规模巨大,价格已经处于高位,存在一定的房地产泡沫。这些城市应该加快集体建设用地市场的培育,加快不动产统一登记,积极推进物业税和城镇国有土地基金,减少政府对土地财政的依赖,完善社会保障和公共服务体系,促进城乡统筹发展。对于仍然处于城市化加速阶段的城市,房地产市场也处于快速扩张阶段,可以继续保留现行房地产制度安排,发挥房地产支撑城市建设的重要作用。

从功能定位考虑,处于城市群核心位置的大都市市区经济集聚度最高,地价和房价也是最高的,应该结合产业结构升级,鼓励土地用途升级,提高土地利用效率和集约度。同时,还要加快大都市市区的交通一体化建设和运营,促进基础设施和公共服务向外围扩展,形成合理的房地产市场结构。对于城市群外围的大中小城市,则应该通过参与城市群分工协作体系,突出城市功能和产业结构特色,围绕主导产业增强对人口和产业的集聚能力,注意保持房地产市场与城市功能和产业规模的协调发展。

在此基础上,根据特定时期城市房地产市场运行的状态指标,可以对城市房地产市场进行状态分类,并在调控政策和体制改革方面做出针对性的差异化安排(见表 10.4)。

表 10.4　城市房地产市场运行状态分类与调控策略

城市分类	指标特征	运行状态	主要策略
偏"热"城市	房价收入比:偏高 房价房租比:偏高	商品房供给不足	开征物业税 培育集体建设用地市场
偏"冷"城市	累计供销比:偏高 房地产投资比:偏高	商品房需求不足	减少土地供应 鼓励人口和产业集聚
平稳城市	房地产投资比:合理 房价收入比:合理 房租收入比:合理	商品房供求平衡、结构合理、价格平稳	推进体制改革,形成持续稳定健康发展的长效机制

当然,现实中城市房地产市场的影响因素十分复杂多变,一些城市可能出现各类运行指标相互矛盾的情况,应该进一步分析原因。例如,现阶段温州房地产市场房价收入比和房价房租比都明显偏高,但累计供销比也很高,

就不能简单得出属于偏"热"还是偏"冷"的判断。2011 年以来,温州出现了民间金融危机,大批中小企业破产倒闭,房地产泡沫随之破裂,房地产价格持续下跌,商品房销售不畅,这是导致库存积压的主要原因。但是,由于过去 10 多年房价大幅上涨,尽管目前房价水平比 2010 年下跌超过 20%,但房价收入比和房租收入比依然处于偏高状态。因此,温州还需要相当长的时间消化房地产泡沫带来的风险和问题,在金融改革和经济发展过程中逐步恢复房地产市场的功能。

专　论

第十一章　土地出让收入对城市增长的影响机制研究[①]

11.1　问题提出

　　中国正处于城镇化快速发展时期,政府主导下的城市化是中国近 20 年经济社会发展中最显著的特征之一。随着城市经济学的深入发展,越来越多的学者从理论和实践的角度关注人力资本、城市环境及社会经济因素对城市增长的作用,但是相对于中国城市增长实践中亟待解决的众多现实问题,能够较好纳入中国当前情境分析城市增长的研究仍显不足,这一方面与我国城市层面历史统计资料缺乏且统计口径不断变化有关,另一方面则是由于当前中国经济社会环境的深刻变革使得城市增长问题呈现出更加错综复杂的态势,西方城市经济学中研究城市增长的理论假设和实践背景仍在匹配适用性上存在阻碍。最为明显的就是中国近些年来以城市政府经营城市理念为主导的城市增长发展路径,蕴含着中国背景下独特的经济关系和多层次的社会特色,凸现出不同于西方城市增长制度环境的应用价值。在过去 20 年中财税分权制度、土地制度和住房制度改革的实现,中国城市政府通过经营城市的理念和实践,一方面完成了对房地产市场的培育,另一方面又直接参与了城市建设,逐步形成了适应快速城市化要求的土地和房地产

---

　　①　本章主要由课题组成员李鹏完成,内容整合了他的博士学位论文部分成果,参见李鹏:《土地出让收益,公共品供给及对城市增长影响研究》,浙江大学博士学位论文,2013 年。

制度安排,城市政府以土地资源的开发运作为核心,构建了一整套支撑快速城市化进程的运作体系和财政模式。

作为政府充分利用的财政工具和资金来源,土地出让金为城市的经营建设提供了大量的可支配资金,通过对公共品的投入影响了城市的基础建设和公共服务供给。政府主导下的城市土地市场运行对城市体系产生了深刻和实质的影响,主要体现在两大内容上:一是公共品的产出得到改善,城市的基础设施和公共服务得到了提升;二是支付土地出让金的开发商将通过城市房地产市场对价格进行显化,从而影响城市的房地产价格水平。对于土地出让收入对城市增长的研究,可以从土地出让金产生的综合效果来共同分析,即从公共品和房价两个角度来考虑。

按照新经济地理学的研究视角,公共品产出和房价水平分别以集聚力和分散力的作用方向对城市增长产生重要影响,而这两组要素又是中国经营城市实践模式中共生的产物,那么在这种复合作用的驱动下,公共品产出和住宅价格水平在城市增长过程中表现出怎样的影响?这一问题很可能揭示出中国当前经营城市模式下公共品产出和房价水平对城市增长的综合影响,对现行的城市增长模式中政府制度安排的现实效果进行整体分析评估,从而为促进城市整体的良性增长提供一些有益的探索分析。

11.2　文献回顾

为了深入探究土地财政模式下房价水平及公共品产出对城市增长的影响,首先需要清晰界定以下几个问题:城市增长的概念和内容是什么?城市增长的模式和影响因素都有哪些?目前中国城市增长的研究进展如何?准确把握住该领域的系统框架和理论基础,是进一步展开研究的前提。尤其是在一种全新的财政模式框架下讨论城市的规模分布演化过程,需要我们更加谨慎地识别研究问题的情境特征,了解已有理论的匹配适用性。

11.2.1　城市增长的概念和内容

区域和城市经济学领域对城市增长的概念解释时强调了两个关键词,

扩散和集聚。扩散指的是就业和人口在城市区域整体范围的分布趋势,而集聚则是强调就业、人口高密度生活和工作区域内集中的程度趋势。城市的增长,就是关注在城市扩散分布演化过程中,城市集聚区域在规模和范围上拓展或衰退的实现。城市增长更多体现的是一种复合的城市状态,包括空间的扩散和要素的空间加速聚合,区域动态作用下劳动力的流动和人口增长,全新生产组合形成后引起的经济配置效率的优化和产出水平的提升。在城市增长的实现中,以上微观区位要素的扩散和集聚相互作用并分布演化最终表现为宏观上城市空间范围的外延扩张,城市人口数量的平滑增加,城市经济总量和产出水平的相应提升。

理解了城市增长的内涵,联系到这一动力机制在宏观层面的表现形式,也就不难从中发现城市增长概念中最为核心的内容:空间增长、人口增长和经济增长。单独从一个维度来观察城市增长,并不能反映出城市对要素组合的规模效应和集聚效应的整体作用,也不能够准确把握物理空间、人力资本转移、要素流动在具体作用中的相互制约和依赖关系,无法系统完整地反映出城市增长的完全面貌。为了避免这种单一维度研究的局限性,确保采用更加科学合理的研究方法考察城市增长,对由空间、人口和经济组成的三个维度进行综合考察是必要的。

11.2.2　土地要素价格对城市增长的影响

土地要素是城市生产活动中重要的初始投入要素,Helsley 和 Strange (1990)指出土地的稀缺会制约产业集聚的程度。然而在建立生产函数或成本函数时土地很少被直接考虑进去,这是因为有关产业地点的土地价格较难获得,而相对来说大都市区域的住房价格数据比较容易得到,从而在很多研究中住房价格为替代产业用土地价格提供了较可靠的数据。房价对城市生产联系影响的文献,始于 Helpman 在新经济地理模型基础上对住房市场的引入,房价作为城市劳动者生活成本的重要组成部分,某地区的住房价格过高会影响工人的相对城市居住效用,并抑制劳动力在该区域的聚集。在国内,城市经济和土地交互作用,共同影响城市增长的具体实现。如范剑勇、邵挺(2011)指出经济集聚会加剧大型城市土地等不可流动的稀缺资源要素的竞争关系，提高本地区不可贸易要素或服务的价格，从而"倒逼"某些有选择性的产业转移到同类要素价格相对低下的外围区域。

11.2.3 公共品对城市增长的影响

在忽略公共品变量的情况下，以往大多聚集经济的研究都假设公有资本存量在相近规模的城市之间是没有差异的，但是事实上公共基础设施等工商业成本对生产率的影响是显而易见的，如基础设施投资可以降低因为交通拥挤、能源紧缺、劳动力竞争导致的聚集不经济。同样教育和科技服务设施可以提升人力资本的价值，从而带动城市中人口素质和单位经济贡献水平的提升。Seitz(1995)利用德国85个城市研究了公共投资资本对制造业生产成本的影响，估计出公有资本的成本弹性是-0.127。李桢业、金银花(2006)以中国长三角21个城市为样本，研究指出公共资本对民营企业生产率的正影响，同时还发现这一关系与城市规模有联系。

11.2.4 中国城市增长制度因素的影响研究

聚焦到城市增长的具体实现中，中国的城市增长是否具有与发达国家相同的实现模式？在影响中国城市增长的各种因素中，有没有中国本土特征的作用因素存在？出于对这些问题的关注，很多学者都进行了相关的实证研究。多数研究者认为，中国城市体系形成中的制度因素起到了关键作用，经济因素对促进中国城市增长的影响作用并不显著，因此无法识别其是不是主要影响因素，在对制度作用的具体分析中，中央和地方政府的财政利益分配状况、城市的宏观发展政策、城市行政管理体系都是促进城市经济增长的关键因素。由于财政资源明显的向上集中，当前中国城市化过程呈现出显著的"自上而下"特征，政府在城市增长过程中扮演了重要的角色。Chen和Coulson(2002)的研究则提出，制度性作用并不是最关键的因素，经济因素对城市增长作用更大，相对于城市政府财政支出、房地产市场的发展状况和交通条件，二、三产业比率高的城市增长更快，城市的经济环境和就业水平对城市经济增长的解释力更强。黄伟等(2011)关注财政支出与人口、经济增长的关系，认为制度因素对城市人口增长有正向作用，对城市的经济增长并没有显著影响。

通过以上的文献回顾我们可以看到，无论是土地要素还是公共品产出水平，都在微观层面上对城市增长的内部形态产生了重要的影响，但是以往的文献大多是分别研究，而没有关注这两者在城市增长机制中的紧密联系和同步作用。实际上，单独讨论高房价对劳动力流入的阻碍或者单独关注公共品对生产率的提升都是不够全面的，具有不同公共品存量和房价水平的城市在经济生产效率和成本上的影响是不同的，对于城市空间的拓展，经济和人口的集聚影响也是有系统性差异的。尤其在中国特殊的土地财政模式下，政府主导城市化发展和以土地资产为公共品融资的运作模式，更加凸显了制度性因素对城市体系影响的重要性和特殊性，而在这一机制下共同产生的土地价格水平和公共品产出效果是否发挥了对城市增长的促进作用，目前还缺少系统的研究和全面的分析，因此接下来将对这一问题进行关注，希望能够通过理论和实证研究，为土地财政模式下城市增长的影响因素分析提供新的框架和思路。

11.3　理论模型

在城市增长问题领域，Glaeser 进行了卓有成效的研究并提出了研究城市增长问题的经典理论模型（Glaeser etc 1995；Glaeser etc 2008）。该模型将传统的生产函数和个人效用最大化相结合，推导严密，适用性较强，因而受到了国内外学者的青睐，并多次应用到城市增长问题领域。Glaeser，Scheinkman 与 Shleifer（1995）在研究分析 1960—1990 年美国城市增长的特征因素时首次提出了该理论模型框架。城市是共享劳动力和资本的独立经济体，在新经济地理学框架下，城市增长的差异并非取决于储蓄率和外生的劳动力初始禀赋，而是取决于可完全移动的劳动力和资本条件下城市的生产率、生活质量，城市的产出水平函数如下：

$$\text{Outcome} = A_{it}f(L_{it}) = A_{it}L_{it}^{\sigma} \tag{11-1}$$

其中 A_{it} 是城市 i 在 t 时间的产出水平，L_{it} 代表城市 i 在 t 时间的人口数量，$f(L_{it})$ 是城市间共同适用的柯布－道格拉斯生产函数。σ 是全国性的生产函数参数。

劳动力的工资等于劳动者的边际产出:

$$W_{it} = \sigma A_{it} L_{it}^{\sigma-1} \tag{11-2}$$

劳动者享受的生活质量水平随着城市规模的扩张而下降,采用简单函数形式表达如下:

$$\text{Quality of life} = Q_{it} L_{it}^{-\delta} \tag{11-3}$$

其中 $\delta > 0$。生活质量函数包含了一系列反映城市生活的要素,如犯罪率、房价和交通拥堵程度等。

劳动者在一个城市的总效用 U 为:

$$U = \sigma A_{it} Q_{it} L_{it}^{\sigma-\delta-1} \tag{11-4}$$

城市之间的迁移是自由的,所以当实现均衡时所有城市中每个劳动者在该时刻的效用水平 U_{t+1} 都是相同的,并且和上一时刻 U_t 相比,可以得到:

$$\log\left(\frac{U_{t+1}}{U_t}\right) = \log\left(\frac{A_{t+1}}{A_t}\right) + \log\left(\frac{Q_{t+1}}{Q_t}\right) + (\sigma-\delta-1)\log\left(\frac{U_{t+1}}{U_t}\right) \tag{11-5}$$

与此同时我们假设城市生产率、生活质量与城市特征之间存在如下函数关系:

$$\log\left(\frac{A_{t+1}}{A_t}\right) = \beta X_{it} + \epsilon_{it+1} \tag{11-6}$$

$$\log\left(\frac{Q_{t+1}}{Q_t}\right) = \Theta X_{it} + \zeta_{it} \tag{11-7}$$

其中 X_{it} 是通过城市生产率和生活质量影响城市增长的各种城市特征因素集合,β 和 Θ 分别是对应的系数,由上述公式可得到:

$$\log\left(\frac{L_{t+1}}{L_t}\right) = \frac{\beta+\Theta}{1+\delta-\sigma} X_{it} + \chi_{it+1} \tag{11-8}$$

$$\log\left(\frac{W_{t+1}}{W_t}\right) = \frac{\delta\beta+\sigma\Theta-\Theta}{1+\delta-\sigma} X_{it} + w_{it+1} \tag{11-9}$$

其中 χ_{it} 和 w_{it} 是误差项。因此,劳动力的增长可以被城市特征如何影响生活质量和产出率的增长所解释,而工资的增长可以认为是产出增长的加权平均与生活质量增长的($\sigma-1$)倍乘积的加总。工资方程有可能会反映劳动力结构和效用补偿的变化,因而具有内生性。

采用劳动者数量和工资水平增长反映城市增长后,Glaeser 等对观察指标进行进一步的提炼，采用城市人口数量的增长来反映城市增长，个体效用和资本回报率被同时纳入跨城市的空间均衡中，当地的产出水平被调整为：

$$\text{Outcome} = A_{it} K_{it}^{\alpha} L_{it}^{\beta} \tag{11-10}$$

其中 A_{it} 是城市 i 在 t 时间的产出水平，K_{it} 代表城市 i 在 t 时间的资本水平，L_{it} 代表城市 i 在 t 时间的劳动力数量。为了将方程转化为对城市人口指标的解释，设定劳动力数量和城市人口与参数 $z(0 < z \leqslant 1)$ 的乘积。资本的收益率 r 等于完全竞争条件下的边际产出。在这种情况下，劳动者在一个城市的总效用 U 为：

$$U = \frac{C_{it} W_{it}}{P_{it}} \tag{11-11}$$

其中 C_{it} 是城市层面消费类宜居属性指数，W_{it} 代表城市工资水平，P_{it} 代表城市价格水平（如房地产价格）。在均衡状态下城市之间的效用水平会达到一致。因此对于任何一个城市，以下方程必然成立：

$$\log(N_{it}) = \varphi_t + \frac{1}{1-\alpha-\beta} \log(A_{it}) + \frac{1-\alpha}{1-\alpha-\beta} \log\left(\frac{C_{it}}{P_{it}}\right) \tag{11-12}$$

其中 φ_t 是城市间的无差别因素，由此可以看到，城市层面的人口将会随着城市生产率和城市消费类宜居公共品的增加而增加，随着城市价格水平的上升而下降，由于 A_{it}，C_{it} 和 P_{it} 也可以写成城市具体特征因素的函数，因而就可以建立起城市增长与城市具体影响因素之间的函数关系。

通过对 Glaeser 城市增长模型的推导可以看到，城市增长中主要的微观经济活动和作用主体被纳入城市系统进行综合考虑，通过城市人口增长表征城市增长现象。为了更好地提高模型的解释力和匹配性，我们需要对模型的一些基本假设和变量选取进行探讨和改进。

Glaeser 模型的假设和实证分析是基于美国的城市现状和社会经济背景进行的，私有土地征用中复杂的法律和资产评估环节，区域和城市规划规范中严格的行政管理权限和程序，使得城市的空间拓展很难由政府主导。而在中国情境下，土地的所有权性质决定了城市政府对区域规划和土地使用具有更多的自主权，具有改变土地性质和功能的能力，从而中国的城市增长在很大程度上体现为政府主导下城市空间布局中的外延扩张，如以拓展工业园区带动城市化的发展，修改城市规划来扩大建设用地范围等。

如果不能够有效识别这一特征，则很难把握住中国城市发展中的特殊性。基于此，对城市横向拓展的研究就十分必要。我们发现，可以采用城市建成区面积来表征城市增长的变量，选择和人口变量类似的模型推导和表达形式过程，因此添加城市建成区面积表征城市增长的方程式如下：

$$\log(S_{it}) = \varphi_t + \frac{1}{1-\alpha-\beta}\log(A_{it}) + \frac{1-\alpha}{1-\alpha-\beta}\log\left(\frac{C_{it}}{P_{it}}\right) \quad (11\text{-}13)$$

推导过程同前，唯一改变是将城市劳动力数量 L 与城市总人口 N 之间存在比例关系的假设调整为城市劳动力数量 L 与城市空间面积 S 之间存在比例关系。

然而仅仅观察城市的物理空间性增长，无论是从城市增长所蕴含的内容范围，还是从政府期望的政策目标来看，都是远不能让人满意的。蔓延式的增长是否实现了对土地的综合利用和对土地利用效率的提高？人口的增加和单位面积产出是否同步实现？城市经济、社会及环境等多方面是否处于协调发展状态？这些问题都促使对城市增长的关注还需要聚焦于是否实现了理性增长。城市增长是一个包含建成区增长、人口增长和经济增长在内的复合型概念，如果建成区面积是从数量维度体现出城市增长的外在轮廓和蔓延态势，那么人口和经济的增长则是从质量维度体现出城市增长的内在核心。但是中国的人口增长又具有与美国截然不同的基本特征，体现在劳动力市场的自由性上。在美国劳动力具有高度的自由流动性，任何促进城市发展的因素都会直接或间接吸引劳动力的进入，从而反映到人口的增长上来。但是在中国，劳动力要素的流动仍受到很多限制，包括户籍、城乡二元化分割等制度，因而单纯的人口流动变化或分布态势并不能够有效反映城市增长的真实状况，这也是我们在指标考察时倾向于选择更直观可靠的城市建成区面积这一变量的深层次原因。但是这并不是说人口增长在研究中的地位不重要，恰恰相反，这是我们除了空间指标外最关注的城市增长考察内容。那么，如何在采用人口增长这一口径时，既能考虑中国特殊实际，又能增强 Glaeser 模型对中国问题的解释力和适用性？如果人口增长无法单纯表征城市增长，那么应该同时考虑和人口增长相互联系又能够共同作用于城市增长的变量(龙奋杰等，2010)。

在这一思路指导下，我们选择能够反映城市经济增长和在宏观层面代表城市收入水平的城市 GDP 指标。GDP 增长可以通过创造更多的投资和产业发展带动就业岗位吸引劳动力的流入，从而促进人口的增长；从收入水平角度来看，城市 GDP 发展水平能在很大程度上反映城市的整体收入水平，而城市经济水平和城市居民收入水平展示出的差距又会引起城市对于劳动力的吸引力差异，进而共同影响劳动力在城市间的流动和分布。而劳动力的集聚对经济的促进作用同样是显而易见的，更多劳动力在城市聚集，带来的规模效应和产生的消费需求会同步引起城市生产规模的扩大和相关消费产业的发展，而这些都是 GDP 增长强有力的推动力。

因此，如果可以认为对城市外延增长的分析属于空间外围视角，即体现在用地规模的扩大，那么结合人口和 GDP 的增长对城市增长的考察则属于非空间的经济社会视角，即理性增长的范畴。借鉴 Glaeser 对人口和工资推导的公式，用人口数量 N 和 GDP 分别替代原变量进行推导，同时又考虑到其内部互动作用关系，建立联立方程表述如下：

$$\log\left(\frac{N_{t+1}}{N_t}\right) = C_0 + C_1 \log\left(\frac{\mathrm{GDP}_{t+1}}{\mathrm{GDP}_t}\right) + C_2 \log\left(\frac{\mathrm{Wage}_{t+1}}{\mathrm{Wage}_t}\right)$$
$$+ \sum_{i=3} C_i X_{it} + \epsilon^{\infty} \tag{11-14}$$

$$\log\left(\frac{\mathrm{GDP}_{t+1}}{\mathrm{GDP}_t}\right) = C_{i+1} + C_{i+2} \log\left(\frac{N_{t+1}}{N_t}\right) + \sum_{j=i+3} C_j X_{it} + \upsilon_{it} \tag{11-15}$$

其中 N_t 和 N_{t+1} 分别代表城市 i 在第 t 和第 $t+1$ 年的城市人口数量，表示城市人口年增长水平，GDP_t 和 GDP_{t+1} 分别代表城市 i 在第 t 和第 $t+1$ 年的城市人口数量、城市经济年增长水平，由于人口增长和经济增长之间存在内生关系，所以两者同时为对方的解释变量。X_{it} 表示城市 i 在 t 年的特征变量，C 表示联立方程中的各组对应系数，ϵ 和 υ 分别为随机误差干扰项。

在模型中，影响人口增长和经济增长的因素可能是不同的，所以两式中的自变量也可能是不完全一样的，具体的设立将根据研究目的和控制作用的选择范围具体确定。

11.4 实证分析

11.4.1 城市增长影响因素的侧重点

由于研究的视角和侧重点各异,不同学者对城市增长进行研究的出发点和落脚点也不尽相同,因而在模型设计和变量选取中会有不同的技术路线和关注目标。我们最为关心的是在政府土地财政运作模式下,房价水平和公共品产出对城市增长产生的实际影响。为了回答这一问题,我们需要找到一个同时连接城市增长和政府土地财政活动结果的框架,观察政府的土地财政行为导致的城市特征状况是否促进或影响了城市的增长态势,因而对于以上问题的回答仍然属于城市增长的影响因素研究,但我们首先需要识别出政府土地财政活动到底实现了哪些与城市增长相关的城市特征因素变化。结合理论模型和现实状况,我们认为以下三方面是由土地财政活动形成的:

第一,土地出让金带来的基础设施类公共品产出实现。基础设施类公共品具有良好的经济外溢性,公共基础设施如道路、水处理、通信系统等公共资本存量,通过便利商务活动、提高劳动者生产率等方式直接影响生产的有效运作,降低了因为交通拥挤、能源紧缺、劳动力竞争导致的聚集不经济,在提供劳动密集型就业岗位,带动相关产业发展,促进 GDP 增长上又有不俗的表现,因而成为地方政府招商引资和拉动经济增长的重要工具。为了实现政策目标和经济发展,政府可自主支配的土地出让金有很大一部分被投入基础设施建设、辖内交通、市政工程方面的建设投资中,因而在很大程度上实现了城市层面基础设施类公共品的产出实现。无论是政府偏好还是投入选择,土地出让金带来的基础设施类公共品变化无疑是最为明显的,对城市的产出水平也将起到直接的推动作用。

第二,土地出让金带来的公共服务类公共品产出实现。无论在政策导向上,对社会公平和民生需求重视形成的氛围带动,还是事权财权不对称下预算内收支缺口导致的压力驱动,预算外的土地出让金都实际参与了弥补预算内支出不足,提供教育、科学、文化、卫生、社会保障等与辖区民众偏好需求密切相关的公共服务和社会产品的具体投入活动,并在一定程度上带来了这些公共服务类公共品的规模和质量改善,尽管这一效果存在着较明显的区域差异,但是无法否认的是,土地出让金对城市层面公共服务类公共品产出存在实质影响,而这也是城市社会空间布局和功能结构中非常重要的特征环节。

第三,获取土地出让金带来的筹融资价格成本。以上两方面简要介绍了土地出让投入公共品的产出分析,但是一个尚未讨论的问题是,公共品产出都是有相对成本的,如果说预算内收入的成本是税收,那么土地出让金为公共品投入产生的成本是如何体现在城市具体项目内容中的?政府获取土地出让金是通过市场化运作经营土地来实现的,在政府获取土地带来财政资源的同时,该成本由市场上土地使用者或出资方承担,并最终转嫁到购置土地载体的房地产商品的消费者身上,因而不同于预算内收入,土地出让金的获取成本更多的是由土地价格或房地产价格体现。作为生产活动中投入的重要初始要素,土地或住宅价格反映着土地的稀缺程度,也影响着产业的聚集和劳动力的成本,因而是城市价格水平体系中不可缺少的部分,而这一部分很大程度上是对政府土地出让金获取的市场价格反映。

所以我们看到,政府经营土地的财政活动直接带来了城市在基础设施类和公共服务类公共品存量上的产出影响,同时也带来了对土地要素价格水平的成本影响,而这些城市内部重要的项目特征都会对城市规模、空间结构和竞争力产生重要的影响,因而应当成为土地财政模式下城市增长研究的重点关注因素。

在研究层面选择上,中国的城市行政级别划分为县级市、地级市、省会及副省级城市和直辖市,在考虑了数据可得性后,将采用 263 个中国地级及以上城市为研究样本,这一选择可以很好地覆盖中国城市经济和城市人口的主要构成部分。把握经济和人口变化的具体状况,城市一级的政府不仅仅在投资决策和经济发展方面有很大的自由度和财政自主权,而且是城市土地经营的运作主体,因而能够比省级层面更反映当地政府财政活动的过程和效果。至于研究时间段,选取 2000—2010 年为数据时间范围,这一选择一是基于数据的可得性，二是从 2000 年以后中国的地级市行政规划变动开始趋于稳定，数据的连贯性能够有较好的保证。同时土地储备制度和"招拍挂"制度都是在 2000 年左右开始实施，这个时期内政府主导下逐步借助市场力量挖掘土地的市场价值和开发手段，土地财政逐渐开始在城市化和工业化过程中发挥日益重要的作用，因而能够帮助我们更准确地把握研究问题。

11.4.2　变量的选取和分析

对于因变量—城市增长，我们将分别从空间外延扩张视角和空间结构、功能深化视角选取三组变量。对于自变量，我们将紧紧扣住土地财政活动对城市可观察的实现结果，从基础设施类公共品、公共服务类公共品实物产出和住宅价格水平三方面选取具体变量纳入计量模型。

（1）因变量指标

建成区面积（AREA）：建成区面积是城市行政区范围内经过征用的土地和实际建设发展起来的非农业生产建设地段，是城市建设发展在地域分布上的客观反映。作为具有基本完善的市政公用设施的城市建设用地统计口径，这一指标相对于市辖区面积能够更加准确地反映一定时间阶段城市建设用地规模、形态和实际使用情况，为分析研究用地现状，建立城市空间布局与市政公用设施和公共设施的联系形成紧密的观察路径，因而成为我们观察城市空间外延拓展良好的解释变量。

市辖区年末总人口（POP）和人均国内生产总值（GDP）：城市建设用地规模逐步扩展是城市增长的一个方面，但是城市的地理区域不可能无限制扩展，因此仅仅使用建成区面积增长来度量城市增长仍然存在一定的局限性。非空间意义上的社会、环境、经济等因素的变化同样是城市增长中重要的部分，城市人口的增加、经济实力的增强等都是城市增长的表现，甚至在一定意义上，城市人口增长和经济增长所代表的侧重功能和结构性的质量增长比单纯的城市空间拓展扩张体现出来的数量增长更能反映城市增长的结果和效果。

（2）自变量

基础设施类公共品变量：为了更好地代表基础设施类公共品产出的城

市情况,结合张军等(2007)对基础设施类公共品的定义和城市层面数据情况,选择人均电信业务量(TEL)指标来反映通信领域、万人拥有公交车数量(BUS)来反映交通领域、人均铺装道路面积(ROAD)来反映城市建设领域的公共品供给状况,之所以采用人均指标,是为了更好地去除城市规模对数据结果的影响,以下的公共服务类公共品口径也都为人均指标。其中人均电信业务量是货币指标,已采用邮政业务货币指数,以 2000 年为基年进行平滑处理。

公共服务类公共品变量:对比公共服务类公共品的概念范围和城市层面的相关统计指标,分别选择城市在校大中小学师生比例(RATIO)来反映教育领域、每万人拥有医生数量(DOC)来反映医疗卫生领域、每万人拥有公共图书册数(BOOK)来反映文化领域的公共品供给状况。

城市价格水平变量:土地财政活动导致的成本将会反映在城市土地价格上,越高的土地价格将带来企业用地越高的支出成本和劳动力的集聚困难,因此可能会影响到城市人口和经济的聚集。我们希望选取土地价格指标,但是在中国的地级城市层面这一数据较难获取,相对而言城市的住房价格数据比较容易得到,而且地价又是房价成本中最主要的构成部分,因此选择城市层面的商品房销售均价(HP)代表土地财政导致的城市价格水平影响。这一指标由历年商品房销售金额除以商品房的销售面积得出,已按照房价销售价格指数,以 2000 年为基年进行平滑处理(见表 11.1)。

表 11.1　模型变量简介

变量符号	变量名称	单位
AREA	建成区面积	平方公里
POP	市辖区年末总人口	万人
GDP	人均国内生产总值	元/人
TEL	人均电信业务量	元/人
BUS	万人拥有公交车数量	辆/万人
ROAD	人均铺装道路面积	平方米/人
BOOK	每万人拥有公共图书册数	册/万人

续表

变量符号	变量名称	单位
RATIO	大中小学师生比例	—
DOC	每万人拥有医生数量	人/万人
HP	商品房销售均价	元/m²

11.4.3 数据来源和处理

城市层面的所有数据均来源于《中国城市统计年鉴》《中国区域经济统计年鉴》《中国统计年鉴》和《中国房地产统计年鉴》。选取中国 31 个省级单位的 263 个地级及以上城市作为样本，在年鉴中有全市和市辖区两个口径，选择市辖区口径，后者能够更好地表述城市核心区域开发建设情况和工业化、城市化真实水平。对于某些年份缺失的个别数据，通过该城市所在省份或自身的当年统计年鉴进行查找补充，实在无法找到的，按照前后两年做平均得出数值。文中所有货币指标均已按照 2000 年为基年进行平滑处理。

由于行政区划变更和新城市的成立，内蒙古的鄂尔多斯、呼伦贝尔、巴彦淖尔、乌兰察布，广西的百色、贺州、河池、来宾、崇左，云南的昭通、丽江、临沧，陕西的商洛，甘肃的武威、张掖、平凉、酒泉、庆阳、定西、陇南，宁夏的固原、中卫缺乏 2000—2003 年部分数据，在 286 个地级城市数据处理中按缺省处理，西藏的拉萨数据缺失严重，该城市在计量分析时被剔除。

按照 Glaeser 模型要求，所有变量都采用比例形式表达增长状况，因此以上原始变量都通过当年对前一年"做商"求出新的表达变量，并进行对数化处理，调整后的时间范围为 2001—2010 年。

11.4.4 模型表达式及实证结果

对于从空间拓展视角观察城市增长，建立城市建成区面积扩展模型如下：

$$\log\left(\frac{\mathrm{AREA}_{it+1}}{\mathrm{AREA}_{it}}\right) = \beta_0 + \beta_1 \log\left(\frac{\mathrm{HP}_{it+1}}{\mathrm{HP}_{it}}\right) + \beta_2 \log\left(\frac{\mathrm{BOOK}_{it+1}}{\mathrm{BOOK}_{it}}\right)$$
$$+ \beta_3 \log\left(\frac{\mathrm{DOC}_{it+1}}{\mathrm{DOC}_{it}}\right) + \beta_4 \log\left(\frac{\mathrm{RATIO}_{it+1}}{\mathrm{RATIO}_{it}}\right)$$

$$+ \beta_5 \log\left(\frac{\mathrm{TEL}_{it+1}}{\mathrm{TEL}_{it}}\right) + \beta_6 \log\left(\frac{\mathrm{BUS}_{it+1}}{\mathrm{BUS}_{it}}\right)$$

$$+ \beta_7 \log\left(\frac{\mathrm{ROAD}_{it+1}}{\mathrm{ROAD}_{it}}\right) + \epsilon_{it} \qquad (11\text{-}16)$$

对于非空间的社会经济视角观察城市增长,建立面板数据联立方程组,既能够反映公共品产出和房价水平对城市人口增长和经济增长的不同影响,又能把握城市经济和人口增长的内在关系,克服可能产生的内生性问题,工资和 GDP 的增长是人口增长的解释变量,人口增长是经济增长的解释变量,具体的系统联立方程设置如下:

$$\log\left(\frac{\mathrm{POP}_{it+1}}{\mathrm{POP}_{it}}\right) = C_0 + C_1 + \log\left(\frac{\mathrm{GDP}_{it+1}}{\mathrm{GDP}_{it}}\right) + C_2 \log\left(\frac{\mathrm{WAGE}_{it+1}}{\mathrm{WAGE}_{it}}\right)$$

$$+ C_3 \log\left(\frac{\mathrm{HP}_{it+1}}{\mathrm{HP}_{it}}\right) + C_4 \log\left(\frac{\mathrm{BOOK}_{it+1}}{\mathrm{BOOK}_{it}}\right)$$

$$+ C_5 \log\left(\frac{\mathrm{DOC}_{it+1}}{\mathrm{DOC}_{it}}\right) + C_6 \log\left(\frac{\mathrm{RATIO}_{it+1}}{\mathrm{RATIO}_{it}}\right)$$

$$+ C_7 \log\left(\frac{\mathrm{TEL}_{it+1}}{\mathrm{TEL}_{it}}\right) + C_8 \log\left(\frac{\mathrm{BUS}_{it+1}}{\mathrm{BUS}_{it}}\right)$$

$$+ C_9 \log\left(\frac{\mathrm{ROAD}_{it+1}}{\mathrm{ROAD}_{it}}\right) + \epsilon_{it} \qquad (11\text{-}17)$$

$$\log\left(\frac{\mathrm{GDP}_{it+1}}{\mathrm{GDP}_{it}}\right) = C_{10} + C_{11} \log\left(\frac{\mathrm{POP}_{it+1}}{\mathrm{POP}_{it}}\right) + C_{12} \log\left(\frac{\mathrm{HP}_{it+1}}{\mathrm{HP}_{it}}\right)$$

$$+ C_{13} \log\left(\frac{\mathrm{BOOK}_{it+1}}{\mathrm{BOOK}_{it}}\right) + C_{14} \log\left(\frac{\mathrm{DOC}_{it+1}}{\mathrm{DOC}_{it}}\right)$$

$$+ C_{15} \log\left(\frac{\mathrm{RATIO}_{it+1}}{\mathrm{RATIO}_{it}}\right) + C_{16} \log\left(\frac{\mathrm{TEL}_{it+1}}{\mathrm{TEL}_{it}}\right)$$

$$+ C_{17} \log\left(\frac{\mathrm{BUS}_{it+1}}{\mathrm{BUS}_{it}}\right) + C_{18} \log\left(\frac{\mathrm{ROAD}_{it+1}}{\mathrm{ROAD}_{it}}\right) + \varphi_{it}$$

$$(11\text{-}18)$$

实证的计量运算采用 EVIEWS 6.0 软件,其中单方程估计选择固定效应模型,联立方程组采用两阶段最小二乘法进行求解。实证结果见表 11.2 和表 11.3。

表 11.2　公共品产出和房价水平影响以建成区面积表征的城市增长实证结果

	全国层面
C	0.052 *** (213.201)
HP	−0.002 ** (−1.928)
BOOK	−0.002 *** (−4.072)
DOC	0.044 *** (63.489)
RATIO	0.0420 *** (35.934)
TEL	−0.014 *** (−33.335)
BUS	0.012 *** (13.459)
ROAD	0.058 *** (77.056)
R^2	0.018
调整后 R^2	0.017
F 值	47.049

表 11.3　公共品产出和房价水平影响以人口和 GDP 表征的城市增长实证结果

	全国层面
C(0)	0.026 *** (12.712)
WAGE	0.337 *** (25.215)
GDP	−0.035 *** (−3.099)
HP	−0.095 *** (−9.861)
BOOK	−0.001 (−0.083)
RATIO	−0.118 *** (−13.244)
DOC	−0.045 *** (−10.444)

续表

	全国层面
TEL	−0.023 *** (−4.106)
BUS	0.0813 *** (6.990)
ROAD	−0.157 *** (−11.154)
C(11)	−0.001 (−0.200)
POP	−0.086 *** (−2.935)
HP	0.002 (0.137)
BOOK	−0.007 (−0.621)
RATIO	0.030 * (1.910322)
DOC	0.009 (1.228)
TEL	0.001 (0.115)
BUS	0.007 (0.355)
ROAD	−0.029 (−1.181)
R^2	0.403
调整后 R^2	0.401

11.4.5　实证结果分析

在全国层面上，可以看到公共品产出和房价水平对城市增长起到了显著的影响，通过对计量结果的分析，可以得出以下基本结论。

（一）公共品产出和房价水平显著影响了城市建成区面积的扩张

以房地产价格水平为代表的土地要素价格不断上涨，而该要素价格的提升对城市增长起到了负向分散作用，反映到城市空间扩张上就是对城市空间外延的抑制。尤其值得注意的是，城市空间扩张更多的是一种外控型的扩张，政府可以通过行政规划的修改和城市建设资金的投入来重点开发拓展新城区。但是，政府仍然无法控制土地收益获取下土地成本对城市增长的抑制作用，这一环节与政府的城市化策略密切相关但并不受政府意志影响，在今后城市经营中，城市自身系统规律理应引起地方政府足够的重视。

公共品在城市增长中都具有高度的显著性，说明政府通过土地收益提供公共品的产出路径的确对城市空间延伸产生了有效影响。其中，代表教育领域的城市大中小学师生比例 RATIO 和代表医疗卫生的每万人拥有医生数量 DOC 都呈现了显著的正向促进作用，说明了教育和医疗卫生是城区拓展有效的推动力。只有当与城市外延扩展同步可及的基本教育和医疗服务配套到位时，城市建成区的扩张才有实质性意义。然而以每万人拥有公共图书册数为代表的文化服务对空间扩展的影响虽然显著，但是方向却是负向的。这也是可以理解的，在全国范围内公共服务类公共品中与民众利益更切身相关的是教育和医疗。因此，地方政府培育城市新区、拓展空间横向延伸时更关注的是这两项，而非日常生活中优先级较低的文化设施，况且文化设施的选址和效应发挥又对城市人口密度有一定的规模要求，因而文化设施的公共品可能并不一定产生与城市空间边界扩展正向的影响关系，反而可能是负向的。

基础设施类公共品，代表交通和基础设施可及性的万人拥有公交车数量和人均铺装道路面积的提升，均会带来城市建成区面积的同步增长，这也是与地方政府拓展城市的具体开发模式一脉相承的。无论是工业开发园区的建设，还是对城市边缘新征土地的改造，通过"三通一平"（水通、电通、路通和场地平整）、"五通一平"（通水、通电、通路、通气、通信、平整土地）或"七通一平"（通水、通电、通路、通邮、通信、通暖气、通天然气或煤气、平整土地）使其具备完善的城市基础设施。其中，交通和基础设施的建设都是不可缺少的，甚至说城市建成区之所以能被称为建成区，正是因为有了市政公用设施的投入才使之名副其实。

（二）公共品产出和房价水平显著影响了城市人口的增长，部分影响了城市经济的增长

如果说空间增长更多关注的是城市增长量的方面，那么代表经济社会层面的人口和经济将能更好地体现城市增长质的方面。首先来看工资水平，在全国范围内，越高的工资增长，将会带来越多的城市人口增长，这与我们的预期是相符合的。常识经验不符的是人口增长和经济增长之间的相互关系。

通过联立方程的系数和显著性水平可以观察到，人口和经济增长之间存在显著的负相关关系，在每个方程中都是1%水平下高度显著的，如果这一关系成立的话，很可能揭示了土地财政城市发展模式下隐含的深层次矛盾：以土地出让金提供公共品的城市经营路径中明显存在着经济发展和社会发展的背离，城市经济的发展不是依托人力资本集聚产生的积极带动作用，而可能更多是依赖其他各种生产要素投入的扩大而实现的简单增长，经济水平的提升不仅未能使劳动者受惠，反而导致对人力资本需求的挤占和抑制；而人口增长过程中缺乏经济水平提升分享的机会，更多的是对城市社会资源依赖下的机械式增长，土地财政运作模式使得城市化发展和工业经济发展之间协调性下降，很可能出现没有城市化的工业化，或者没有工业化的城市化，这样的发展态势显然是不平衡的，这种土地财政下产生的副作用是值得城市政策制定者们关注的。除去内生的联动关系，房地产价格对非空间性增长的影响可以概括为：显著抑制了人口在城市的集聚增长态势，城市经济水平增长显著性不明显。

具体而言，房价的提升在1%水平显著负向影响了城市人口增长，高房价增加了劳动者的城市居住成本，从而影响了劳动者的迁移决策，抑制了城市人口的增长速度。房价的提升对城市的经济发展而言是一个有利的促进因素，土地开发和房地产建设对上下游产业的带动，对固定资产投资的贡献都是显而易见的，房价的上升意味着地方政府可以获得更多的土地收益，从而进行下一轮的城市投资建设，因而在经济层面的确有其积极的作用。但是，这一作用路径中具体实现的传导链条过长，效果显现的层次不够清晰，所以在实证检验中虽然对经济增长的系数为正，但是显著性不明显。

作为为促进社会福利和改善城市硬件而进行的公共投资,却没能够有效促进人口的集聚,反而在一定程度上抑制了城市人口的增长速度,这可能并不是地方政府土地财政模式下追求城市增长的本意。计量结果表明,这一模式的确在很大程度上造成了城市人口增长速度的放慢。在基础设施类公共品的产出中,城市道路和通信设施的扩展反而会显著降低人口增速,而增加交通设备投资则可以较大提高城市人口的增长态势。公共服务类公共品的负向影响作用更为显著,文化、教育和卫生医疗的改善都不能有效促进人口的同步增长,反而加剧了城市体系对人口的分散作用。土地财政即使为改善民众福利和民生需求的公共品提供了资金的供给支持,但是这一产出的受益仍然被局限在一定的范围内,成为俱乐部产品,无法有效地把城市公共服务和社会福利的正向信号体现在对人口的吸引力上,这无疑使城市增长的实际效果大打折扣。相比较而言,公共品产出对经济发展的促进表现也不够理想,除了教育的改善可以促进经济增长以外,其他公共品对于城市经济增长的影响都是不显著的。

11.5 研究结论

政府主导下的城市土地市场运行对城市体系产生了深刻和实质的影响,分别体现在两大内容上:一方面是公共品的产出水平得到改善,城市的基础设施和公共服务得到了提升;另一方面是支付土地出让金的开发商将通过城市房地产市场对价格进行显化,从而影响城市的价格水平。按照新经济地理学的研究视角,公共品产出和房价水平分别以集聚力和分散力的作用方向对城市增长产生重要影响,而这两组要素又是中国经营城市实践模式中共生的产物,那么在这种复合作用驱动下,公共品产出和住宅价格水平在城市增长过程中表现出怎样的影响?

本章通过在 Glaeser 理论基础上构建适合中国情景的计量模型,尝试对这一问题进行系统性解答。发现在城市空间扩张层面,以房地产价格水平为代表的土地要素价格提升对城市增长起到了负向分散作用,公共品产出对城市空间延伸产生了有效影响。其中在公共服务类公共品中,教育和医疗卫生是城区拓展有效的推动力,文化设施会制约城市空间拓展;在基础设施类公共品中,代表交通和基础设施可及性的万人拥有公交车数量和人均铺装道路面积的提升均会带来城市建成区面积的同步增长,通信类公共品的增长会在一定程度上抑制对城市面积扩张的需求。在城市非空间增长方面,房地产价格水平的上升显著抑制了人口在城市的集聚增长态势,对城市经济水平增长显著性不明显;城市道路和通信设施的扩展会显著降低人口增速,增加交通类产出则可以较大提高城市人口的增长态势。公共服务类公共品的负向影响作用更为显著,文化、教育和卫生医疗的改善都不能有效促进人口的同步增长,反而加剧了城市体系对人口的分散作用。公共品产出对经济发展的促进表现也不够理想,除了教育的改善可以促进经济增长以外,其他公共品与城市经济增长的关系都是不显著的。除此之外,我们还发现,目前模式下的城市增长中明显存在经济增长和人口增长的背离,导致了人口和经济增长的不协调发展,这种现实下城市增长并没有实现理性增长的最优化状态。

第十二章　噪声交易者预期与房地产泡沫

——基于 35 个大中城市的实证研究[①]

12.1　引　言

　　近年来,中国房地产市场日益蓬勃发展,部分城市甚至出现过度繁荣的现象。快速上涨的商品房价格,不断增加的投机需求,引发了房地产市场的泡沫化膨胀问题。而房地产市场的过度泡沫化会严重制约我国房地产市场的稳定健康发展,给社会和经济发展埋下巨大的隐患,因此房地产泡沫成为社会关注的焦点和学术研究的热点。

　　根据房地产泡沫的定义,房地产泡沫实质上是由于理性与非理性等因素的影响所导致的房地产价格与市场基础价值的偏离,即房地产泡沫是房地产实际价格超出其基础价值的部分。因此,关于泡沫成因的学术研究主要分为两类:理性泡沫研究和非理性泡沫研究。Blanchard 和 Watson 认为,在投资者的理性预期下,资产价格方程的解可能存在泡沫的成分,并且他们将这种由理性预期产生的泡沫统称为"理性泡沫"。之后关于资产理性泡沫的研究都是在此基础上进行的,学者们主要聚焦于理性泡沫的存在性探索。Tirole 证明了在投资者世代交叠模型中,只要经济增长率比实际利率低,就可以排除正泡沫存在的可能。Weil 证明了只要经济是增长的,引入泡沫资

　　① 本章内容主要由课题组成员李航完成,整合了她的博士学位论文部分内容。参见李航:《城市房地产泡沫检测及其形成机理:理论模型和经验研究》,浙江大学博士学位论文,2014 年。

产可以使经济恢复到动态有效的状态。Blanchard 和 Fischer 给出了可以排除正的确定性泡沫的边界条件。理性泡沫理论建立在标准的理性预期框架下，假设简单，逻辑严谨，发展比较完善。但是，理性泡沫理论也存在局限性：投资者完全理性假设与现实有较大的差异；理性泡沫的存在性检验难度较高，且容易产生设定错误的问题；理性泡沫理论主要聚焦于泡沫的存在性检验，而对于泡沫的形成机理研究十分匮乏。

　　基于传统经济理论的理性泡沫研究，对市场中的投机过度、羊群效应、噪声交易等现象解释乏力，对泡沫形成机理的解释也无能为力。随着行为经济、金融学理论的逐步发展，泡沫研究的瓶颈得到了突破。行为经济和金融学理论立足于有限理性，通过对人的行为特征、心理倾向以及主观预期的分析和研究，对传统理论进行了拓展。由于行为经济和金融学是基于投资者非完全理性这一假设来分析泡沫的，因此这类泡沫研究为非理性泡沫的研究。对应于理性泡沫是由理性预期产生的，非理性泡沫则是由投资者的非完全理性预期所导致的。非理性泡沫研究的假设更加符合市场实际，为研究泡沫提供了新思路，对泡沫的形成机理研究更合理也更科学。Delong 等建立的噪声交易模型（DSSW 模型）从微观行为角度解释了股票的市场价格相对于其基础价值的持续偏离，为研究非理性泡沫开辟了崭新的道路。Daniel 等提出的 DHS 模型认为投资者对其私人信息过度自信，从而投资者的交易行为将使资产价格提高并偏离其真实价值，市场出现泡沫。

　　因此，我们将行为经济和金融学中非理性泡沫的研究引入房地产市场，弥补房地产泡沫形成因素相关研究的不足，为房地产泡沫研究开辟新视角。噪声交易模型将投资者心理和行为因素相结合，从噪声交易者非理性预期视角入手，以微观角度科学地分析了泡沫的产生和持续，将运用这一经典模型分析房地产市场中的泡沫现象。通过模型的数理推导分析得出影响房地产泡沫形成的因素主要有噪声交易者预期、噪声交易者预期偏差、交易者风险和噪声交易者比例。继而使用 35 个大中城市 2002—2011 年的统计数据实证检验噪声交易者预期这一因素的影响，实证结果表明，噪声交易者预期的确是房地产泡沫形成的重要影响因素。

12.2　文献回顾

非理性泡沫理论主要基于两个视角研究泡沫的形成机理，一是投资者的心理，二是投资者的行为。两者都是对同一个市场的异常现象进行研究，相互联系，互为补充。投资者心理视角的研究主要聚焦于投资者情绪、投资者的过度自信和代表性心理等。Shiller 认为股票资产的价格极易受到纯粹的时尚潮流和社会动态的影响，因此，投资者之间高度的相互关注可能会导致资产泡沫的产生。Summers 也承认了投资者心理对资产泡沫的影响作用。他认为资产实际价格对于资产基础价值的偏离是由投资者情绪或者时尚潮流变化所引起的。Barberis 等提出的投资者情绪（BSV）模型认为，当投资者使用公开的信息预测未来现金流时，会产生系统性的误差，从而造成股票价格偏离其基本价值，导致了泡沫的产生。Scheinkman 和 Xiong 基于投资者过度自信心理的视角，建立了连续时间状态下的泡沫均衡模型。该模型认为投资者对资产价格具有不同的自信程度，从而导致了市场泡沫的产生。

从投资者行为角度研究非理性泡沫，主要是集中在正反馈行为和羊群行为的观察和分析上。Delong 等指出正反馈交易投资者在资产价格上涨时买进资产，在价格下跌时卖出该资产。并且当价格上涨越大时，购买的资产就越多，这样会引起资产价格的进一步上升，正泡沫逐渐产生；而当价格下降越大时，卖出的资产越多，从而使资产价格不断下降并持续偏离其基础价值，市场产生负泡沫。Froot 等则认为，在存在普遍性的短期交易前提下，交易有可能会聚集在某些与基础价值毫无关系的信息上，这就会导致信息资源的不合理配置，进而容易导致"羊群效应"，使资产价格与其基础价值明显偏离，从而产生资产泡沫。Lux 描述了市场上投资者的从众行为，或者说是相互模仿的传染现象。他提出的传染模型认为投资者并不是盲目从众，而只是对其他投资者行为的一种快速反应。由于这种反应性的从众行为，市场价格会出现无规则的波动，从而导致资产泡沫的产生。

心理和行为两个视角不是截然对立的，有些关于非理性泡沫形成机理的研究是将两个视角结合起来分析。具有代表性的就是 Delong 等建立的噪声交易模型(DSSW 模型)。他们从微观心理和行为的角度解释了股票市场价格相对于基础价值的持续偏离。噪声交易模型认为噪声交易者非理性预期给资产价格增加了风险,而套利者的风险规避态度以及短期期界又限制了他们纠正错误定价的能力。此外,噪声交易者还会对信息做出过度反应或者采用正反馈交易策略,这些因素都导致了资产价格的剧烈波动,使资产价格持续偏离其基础价值,从而导致了泡沫的形成和持续。Shefrin 和 Statman 构建了 BAPM 模型,将投资者分为信息交易者和噪声交易者两种类型,并将两者在市场上的交互作用同时纳入资产定价模型分析框架中。他们认为,当噪声交易者占市场主导地位时,市场表现为无效率,因此可能会引起资产泡沫。Odeanl 则认为,由于噪声交易者自身情绪的不可预测性,资产价格存在更大的风险。而且,噪声交易者之间会相互学习和相互模仿,这种模仿行为还容易使噪声交易者的行为具有集群性,还使得噪声交易者对资产需求的影响加大,对资产定价产生长期的影响并导致资产泡沫的产生。

从心理和行为角度研究泡沫的形成机理,为我们研究房地产泡沫的形成机制提供了参考和借鉴。尤其针对中国房地产市场的独特情况,国内学者也积极尝试从心理预期和投机行为等方面解释中国房地产市场泡沫的形成和持续。周京奎和曹振良认为房地产泡沫的形成原因有预期、投机行为和非理性行为,他们还建立了房地产投机泡沫检验模型,并对中国房地产业的泡沫和投机度进行了实证研究。况伟大在住房存量调整模型基础上,考察了心理预期和投机行为对房价的影响。通过对中国 35 个大中城市 1996—2007 年数据进行实证,结果表明预期及投机对中国城市房价波动具有较强的解释力。余壮雄和林建浩在局部均衡框架下探讨了住房基本价格的决定机制与房地产泡沫的形成机制。他们认为过度乐观与投机行为是房地产泡沫形成的重要影响因素。

从投资者心理特征和交易行为的角度入手进行研究,为泡沫的形成提供了更为贴近现实的解释。尤其是行为金融理论中的噪声交易模型,通过严密的数理推导和大量的实验数据,提出了更为精确的泡沫理论,从而为解决泡沫形成机理问题提供了有效的方法。虽然非理性泡沫理论、噪声交易模型的相关研究以股票市场为主，但股市泡沫和房地产泡沫具有共性：两类泡沫都是资产价格长期偏离其基础价格所产生的；房地产资产具有投资属性，吸引大量的交易者对其做出非理性判断；房地产市场中同样存在两类交易者：以自住和理性投资为目的的理性消费者，以投机为目的的噪声交易者。因此，非理性泡沫理论、噪声交易模型同样适用于房地产市场，使用噪声交易模型分析房地产泡沫是存在可行性的，所以本章将噪声交易模型引入房地产研究，从购房者的心理预期和投机行为角度解释房地产泡沫的产生和持续。

12.3　模型构建与数理推导

12.3.1　噪声交易模型

噪声交易模型（DSSW）可以看作是一个资产定价模型，从投资者预期心理和由此导致的行为来分析资产的均衡价格以及资产价格对其基础价值的持续偏离。考虑到房地产市场交易的特性：交易没有股票市场频繁，房地产资产交易次数较少，且交易间隔较长，因此选取的 DSSW 模型是一个萨缪尔森两期世代交叠模型，模型包含如下假设：(1)市场参与者只有两种资产可以投资。一种是具有完全弹性供给的无风险资产 a，价格水平固定为 1，支付红利为 r，任何时期无风险资产都可转化为等量的消费品。在房地产市场中可将这种无风险资产视为储蓄，交易者将购房资金用作储蓄。另一种资产是风险资产 b，在房地产市场中为房地产资产。这种风险资产不具有弹性供给特征，支付的红利也是 r，在 t 时期 b 的资产价格为 Pt。如果两种资产的价格都等于其未来收益的折现价格，那么这两种资产可以完美替代，并在任何时期以固定价格 1 出售。(2)交易者的投资期限为两期：第 t 期（即第一期），交易者无消费、无馈赠，他们所需要做的唯一决策就是选择一个合适的资产组合。此时市场交易者分别判断价格 P_{t+1} 的分布，根据期望效用最大化的原则选取投资组合。在第 $t+1$ 期（即第二期），交易者将其持有的无风险资产转换为消费品，以 P_{t+1} 的价格将持有的房地产资产出售给下一期交易者，并消费掉所有财富。(3)市场中存在两类交易者：一类为噪声交易者，其在市场参与者中所占的比例为 μ；另一类为理性交易者，其在市场参与者中所占比例为$(1-\mu)$。(4)市场中两类交易者都是风险厌恶型的，因此在模型中，可以确定两类交易者的效用函数。

噪声交易模型认为，市场上的理性交易者具有理性预期，在 t 期以自己获得的真实信息为基础，准确地看到持有房地产资产所带来的收益分布；与此同时，噪声交易者无法获得真实信息，而会把得到的噪声信息当作关于基础价值的准确信息，并以这些噪声或干扰信号为基础，错误地认识房地产资产的期望价格。噪声交易者这种对未来的偏差判断即噪声交易者预期，下面通过数理推导来详细分析噪声交易者预期是如何导致房地产泡沫产生的。

理性投资者通过理性预期选择持有 λ_t^i 数量的房地产资产，其期望效用函数为：

$$E(U) = c_0 + \lambda_t^i [r + {}_t P_{t+1} - P_t(1+r)] - \gamma(\lambda_t^i)^2 ({}_t\sigma_{P_{t+1}}^2) \qquad (12\text{-}1)$$

噪声交易者选择持有 λ_t^n 数量的房地产资产，其期望效用函数为：

$$E(U) = c_0 + \lambda_t^n [r + {}_t P_{t+1} - P_t(1+r)] - \gamma(\lambda_t^n)^2 ({}_t\sigma_{P_{t+1}}^2) + \lambda_t^n (\rho_t)$$

$$\qquad (12\text{-}2)$$

其中：c_0 是第一期劳动收入的函数，即财富的初始值。变量的前下标表示预期形成的时间，${}_t P_{t+1}$ 为在 t 时期预测 $t+1$ 时期的房地产资产的价格。ρ_t 表示噪声交易者对资产价格的错误判断误差，ρ_t 为一个独立分布的正态随机变量，满足 $\rho_t \sim N(\rho^*, \sigma_\rho^2)$，$\rho^*$ 是噪声交易者平均的预期误差，反映了噪声交易者乐观或悲观的交易情绪。γ 是两类交易者绝对风险厌恶程度的系数。${}_t\sigma_{P_{t+1}}^2$ 为 t 期预测的P_{t+1} 的方差。

两类交易者都以谋求效用最大化为目的，因而可以通过最大化其效用函数算出各自的最优持有资产数量，再通过市场供需平衡条件即可求出市场的均衡价格：

$$P_t = 1 + \frac{\mu(\rho_t - \rho^*)}{1+r} + \frac{\mu\rho^*}{r} - \frac{(2\gamma)\mu^2\sigma_\rho^2}{r(1+r)^2} \qquad (12\text{-}3)$$

其中,μ 为噪声交易者在市场参与者中所占的比例。σ_ρ^2 是噪声交易者对房地产资产预期收益信息误差的方差。

12.3.2 房地产市场非理性泡沫的形成机理

从(12-3)式我们可以看出,当 $\mu = 0$ 时,即噪声交易者不存在时,资产的均衡价格就等于资产的基础价值 1。而当市场中出现噪声交易者时,资产均衡价格中增加了由噪声交易者引起的泡沫成分。正是由于噪声交易者的非理性预期,房地产资产的均衡价格对其基础价值产生异常偏离,从而形成了房地产泡沫。所以噪声交易者的非理性预期是房地产泡沫产生的重要影响因素,为了更清晰地研究噪声交易者预期对资产价格的影响,将 $_tK_{t+1} = {}_tP_{t+1} + \rho_t$ 式代入房地产资产的均衡价格方程(12-3),即得:

$$P_t = 1 + \frac{u(_tK_{t+1} - 1)}{1 + r} + \frac{\mu(1 - \mu)\rho^*}{r(1 + r)} - \frac{(2\gamma)(1 - \mu + r)\mu^2\sigma_\rho^2}{r(1 + r)^3}$$

$$(12-4)$$

从(12-4)式中我们可以看出房地产价格由两部分组成,一部分是房地产的基础价值 1,另一部分是由于噪声交易者介入所引起的房地产泡沫。

具体来看,首先,从(12-4)式等号右边第二项可以看出,噪声交易者预期 $_tK_{t+1}$ 是房地产泡沫产生的重要因素。正是由于市场中存在噪声信息和盲目行动的噪声交易者,他们对资产未来价格的预期会导致资产泡沫的产生。如果他们对资产的未来价格盲目乐观,即他们预期房地产价格会持续走高,那么,他们会坚信越多的现期购房将会使得未来的投机收益越大,因此,追求最大收益的噪声交易者们就会增加现期的购房行为,囤积购置住房,以期待在未来房地产价格高涨的时候抛售出去,从而赚取高额利润。这就解释了房地产价格越高,反而需求量会上升的现象。市场暂时表现出的虚假繁荣又会引起噪声交易者预期房地产未来价格的进一步上升,这就形成了一个不断自我强化的正反馈循环,并最终导致房地产价格的长时间持续上扬,房地产泡沫形成并持续。相反,如果噪声交易者消极地预期房地产的未来价格,使得他们对房地产的需求急剧降低,从而大量地抛售手中的房地产,导致房地产价格持续下降甚至低于基础价值,房地产市场可能产生负泡沫。

其次,(12-4)式等号右边第三项中的 ρ^* 表示噪声交易者的预期偏差平均值,当该平均值大于 0 时,表明市场上噪声交易者普遍持乐观的态度,容易高估房地产资产的价值,这种乐观的交易情绪会产生群体投机的正反馈行为,导致现期购房需求增加,房地产泡沫产生并不断扩大膨胀。这种情况容易发生在市场热度持续增加的情况下,房地产价格已经连续多期上涨,导致噪声交易者相信市场还会保持繁荣下去的态势,因此普遍表现出过度乐观的情绪和期望;相反,如果噪声交易者预期偏差平均值为负,则说明噪声交易者平均来说比较悲观,噪声交易者普遍对未来存在消极预期,房地产泡沫将减小,资产均衡价格被拉低。

再次,(12-4)式等号右边第四项表示的是风险所造成的房地产价格抑制效应。首先无论是理性交易者还是噪声交易者,都知道房地产的价格是有偏差的,但因为未来的不确定性,他们都不愿意在此价格偏离上下太大的赌注,他们要持有房地产资产,必须要获得他们所承担的这一额外风险的补偿。因此,绝对风险厌恶程度的系数可以相对抑制房地产泡沫的膨胀。此外,噪声交易者的未来信念不可预测性将增加房地产价格的不确定性,并影响房地产价格。因为,不论噪声交易者对未来价格的预测是积极还是消极,噪声交易者误差的不可预测性都增加了房地产价格的波动性。为了补偿这部分系统风险,房地产的价格会被拉低,房地产泡沫的成分会减少。

最后,从(12-4)式等号右边第三、四项都包含可以看出,噪声交易者的数量比例也是房地产泡沫形成的重要因素。即当房地产市场中不存在有偏差预期的噪声购房者时,房地产的市场均衡价格是和房地产基本价值相等的,市场不存在泡沫;而当市场噪声购房者的数量比例不为 0 时,噪声购房者预期偏差所引起的正反馈行为就会导致泡沫的产生和持续。

12.4 实证检验模型与数据

12.4.1 研究假设和模型构建

（1）研究假设

以上模型数理推导的结果说明，房地产泡沫的产生与噪声交易者预期、噪声交易者的数量比例、噪声交易者预期偏差、风险因素等相关。但是这些影响房地产泡沫的因素带有很强的主观性，在现实中比较难观测和量化，这给模型推导结果的验证带来了困难和挑战。考虑到可操作性，选择噪声交易者预期这一影响因素进行验证。根据理论模型的分析，由于存在噪声交易者的偏差预期，房地产价格会持续高涨并导致泡沫的产生。因此，当市场存在房地产泡沫时，噪声交易者预期对房地产价格产生了重要作用。换言之，存在房地产泡沫的地域和时期，噪声交易者预期对房地产价格具有显著的影响。因此，分别考虑城市和时期的影响作用，提出如下假设：

当只考虑城市效应时，假说为：

H1：存在房地产泡沫的城市，噪声交易者预期对房地产价格影响显著；

H2：不存在房地产泡沫的城市，噪声交易者预期对房地产价格影响不显著。

当只考虑时间效应时，假说为：

H3：无泡沫时期，噪声交易者预期对房地产价格影响不显著；

H4：有泡沫时期，噪声交易者预期对房地产价格影响显著。

（2）变量与模型

由于我国房地产市场有 70%～80% 的市场份额在住宅市场，且房地产泡沫主要存在于住宅市场，因此实证选择聚焦于城市住宅市场的分析。现实中，购房者的市场预期变量带有极大的主观性，因此很难观测和度量。在考虑可操作性问题后，选取代理变量来表征噪声交易者预期。借鉴 Dipasquale 和 Wheaton 研究住房价格预期对市场波动影响的方法，他们在分析未来住房价格预期对市场波动的影响时提出了近视价格预期的测量方法。近视价格预期是指直接根据市场在现在或过去的某种行为模式模拟预期的形成,因此,家庭会根据过去的住房价格趋势来估计未来住房价格变动。就噪声交易者而言,他们仅仅关注的是过去一段时间的市场状况,并以此为噪声信息做出反应,因此近视价格预期比较能代表噪声交易者的非理性预期。现实中噪声交易者一般会用前两年的房价状况来估计未来的房价,为了较为准确地计量噪声交易者预期,选用过去两年的房价来估算噪声交易者预期。用 K_t 来表征噪声交易者在第 t 年对第 $t+1$ 年房地产价格的预期,噪声交易者预期房地产资产未来价格会以 $\frac{1}{2}(\frac{P_{t-1}-P_{t-2}}{P_{t-2}}+\frac{P_{t-2}-P_{t-3}}{P_{t-3}})$ 的速率增长,则:

$$K_t = p_{t-1}\left[1+\frac{1}{2}\left(\frac{P_{t-1}-P_{t-2}}{P_{t-2}}+\frac{P_{t-2}-P_{t-3}}{P_{t-3}}\right)\right]^2 \tag{12-5}$$

建立的噪声交易者预期对房价影响的基本回归模型如下:

$$p = c + \alpha Y + \beta K + \varepsilon \tag{12-6}$$

其中,P 为房地产价格,选用商品住宅平均价格;c 为常数项;α 为待估参数,反映房地产基础价值对房价的影响程度;Y 为城镇居民人均可支配收入,表征房地产的基础价值;β 为待估参数,反映噪声交易者预期对房价的影响程度;K 为噪声交易者对房地产的预期价格;ε 是随机扰动项。

12.4.2　样本选取和描述

由于中国房地产市场区域发展差异性较大,对全国总体层面的分析不能充分反映市场的真实情况,所以聚焦于城市层面的研究。而中国 35 个大中城市的房地产市场发展情况有共性也有区域差异特性,满足样本代表性和差异性的要求,所以实证部分使用 35 个大中城市的样本数据进行分析。收集了 2002—2011 年中国 35 个大中城市的相关宏观经济数据,包括人均可支配收入、居民消费价格指数,同时还收集了 1999—2011 年相应城市的商品住宅平均销售价格数据,并利用式(12-5)计算出噪声交易者预期价格这一变量。为了便于比较,利用居民消费价格指数,将商品住宅销售均价、人均可支配收入数据缩减到同一年的价格水平。所有数据来自于《中国统计年鉴》《中国房地产统计年鉴》以及国泰安数据库。使用 EVIEWS 6.0 软件对数据进行处理，各变量的描述性统计如表 12.1 所示。

表 12.1　各变量的描述性统计　　　　　　　　　　单位：元

统计量	商品住宅销售均价	人均可支配收入	噪声预期价格
均值	4279.585	15305.76	5155.160
中位数	3374.033	13955.82	3851.430
最大值	19965.38	34645.39	28196.81
最小值	1205.617	6344.181	1189.451
标准差	2938.551	6524.233	4287.314
样本数	350	350	350
截面数	35	35	35

12.4.3　实证检验结果与分析

使用的面板数据集合是对不同时刻（2002—2011 年）的 35 个截面个体做出连续观测所得到的多维时间序列。面板数据可以综合利用样本在时间和截面两个方向上的信息优势，从统计的角度增加模型估计的准确性，能够较好地解决中国房地产市场发展时间短，数据较少的问题。

（1）城市效应检验

下面将实证检验假说 H1 和 H2。针对 35 个城市数据资料进行研究，试图研究各个城市独立样本的特征，因此应选用固定效应模型。此外，我们还对面板数据从统计意义上分析，进行了 Hausman 检验，检验结果显示应该拒绝随机效应假设，选择固定效应模型。

随后通过 F 检验确定模型应采用变系数的形式。确定了面板数据模型的形式即可对数据进行实证检验。研究的是各城市截面的数据特性，因此考虑截面变系数效应。实证估计结果表明，噪声交易者预期对房价的影响作用在城市之间的差异较大，根据实证结果可以将这些城市细分为三类，见表 12.2。结果显示，有 9 个城市预期价格系数显著为正，而这些城市都是我们所熟知的房价水平较高且房价增长过快的城市，因此可以把这些城市作为存在房地产泡沫的典型城市，实证结果显示，这些存在泡沫的城市，噪声预期确实对房地产价格产生了显著的影响，可见提出的假说 H1 得证，因此也切实地说明了噪声交易者预期确实是房价非理性泡沫的重要影响因素。而第二组是房地产泡沫较小的城市,房地产市场发展较适度,经济基本面对房价的影响仍占主导地位,因此噪声交易者预期对房地产价格的影响不显著,假设 H2 也得证。第三组城市数量较少,只包含呼和浩特、沈阳、昆明和银川,这些城市的房价水平偏低,而实证结果也显示这组城市的噪声交易者表现比较悲观,对房地产持消极的预期,相应拉低了房价,因此也相应符合假设。从城市效应的实证检验结果可以得出,事实数据的验证符合模型的数理推导,噪声交易者预期确实是房地产价格变化和房地产泡沫变动的重要影响因素。

表 12. 2　35 个城市实证结果分类

类别	城市
系数显著为正	北京、上海、杭州、宁波、福州、厦门、广州、深圳、海口
系数不显著	天津、石家庄、太原、大连、长春、哈尔滨、南京、合肥、南昌、济南、青岛、郑州、武汉、长沙、南宁、重庆、成都、贵阳、西安、兰州、西宁、乌鲁木齐
系数显著为负	呼和浩特、沈阳、昆明、银川

(2)时间效应检验

具体结合中国房地产市场的实际发展情况,我们可以将假说 H3 和 H4 改写为:

H3a:2002—2006 年(市场发展初期,不存在泡沫时期),噪声交易者预期对房地产价格影响不显著。

H3b:2007—2011 年(市场迅速发展,存在泡沫时期),噪声交易者预期对房地产价格影响显著。

下面将实证检验以上假说,考虑噪声交易者预期对房价影响的时期效应,模型的选择和分析过程与截面效应的实证部分相同,估计结果见表 12.3。

表 12.3　模型估计结果（时间效应）

变量	系数	标准误差	T 统计值	概率
人均收入	0.072633	0.024664	2.944896	0.0035
预期_2002	−0.366711	0.116867	−3.137846	0.0019
预期_2003	−0.397068	0.129976	−3.054937	0.0025
预期_2004	−0.219078	0.099956	−2.191756	0.0292
预期_2005	−0.033370	0.080743	−0.413282	0.6797
预期_2006	0.113441	0.056746	1.999114	0.0465
预期_2007	0.334314	0.043486	7.687789	0.0000
预期_2008	0.186885	0.024649	7.581823	0.0000
预期_2009	0.358426	0.031201	11.48756	0.0000
预期_2010	0.564507	0.031332	18.01672	0.0000
预期_2011	0.284180	0.018724	15.17718	0.0000

　　噪声交易者预期对房价的影响随时期变化而差异明显：2002—2004 年实证结果与假说 H3a 稍有出入，结果表明这段时间噪声交易者预期对房地产价格并不是没有影响，而是存在负向显著影响，说明中国房地产市场发展起步阶段，噪声交易者存在较为悲观的预期，将泡沫价格成分拉低，从而房地产价格被拉低。而 2005 年，房地产市场开始稳步发展，市场参与者悲观情绪减弱，房地产价格由经济基本面决定，噪声预期对房地产价格无影响，和假说相符。可是，2006 年预期价格的系数已经显著，和假说 H3a 相悖，可能的解释是这一年是市场发展的过渡时期，房地产泡沫已经存在并有膨胀的趋势，因此噪声交易者预期对房地产价格开始产生显著的正向影响。2007 年开始，房地产市场不断繁荣，噪声交易者活动逐渐频繁，噪声交易者预期对房价的作用也日益明显，市场出现非理性泡沫，从实证结果可以看出，这期间噪声预期系数显著，假说 H3b 得证。从时间效应的检验研究我们同样可以得出，噪声交易者预期对房地产价格和泡沫存在重要的影响作用。

12.5 研究结论与对策建议

实证结果显示,噪声购房者的非理性预期确实是房地产价格变化和房地产泡沫产生的重要影响因素。当噪声购房者对房地产未来价格有较为乐观的预期时,他们会在当期大量地购买房地产,从而拉动房地产需求的迅速增长,使得房地产价格偏离基础价值,产生了非理性泡沫。所以,当房地产泡沫存在时,噪声购房者预期是对房地产价格产生了显著影响的。正是噪声购房者的不对称信息、过度自信的投机心理等因素,使得噪声购房者对房地产资产未来价格产生错误的预期,当其预期的未来价格会升高时,就会增加当期消费,导致房地产价格不断增长,因此出现有悖于经济规律的价格越高需求量反而增大的现象。而增大的需求量又会诱发房地产市场出现虚假繁荣,引起噪声购房者对房地产价格进一步上涨的预期。正是由于市场中存在大量的噪声购房者,他们的这种不断自我强化的投资行为,对房地产价格产生了较大的冲击力,造成房地产价格偏离基础价值,产生了房地产泡沫。

近年来中央政府陆续出台和制定了相关的制度和政策,以调节房地产价格,抑制房地产投机需求。虽然这些行政性限制政策使得商品房的交易价和交易量在一定时期内出现了一定幅度的回落,但这些调控措施并没有从根源上疏导并抑制投资和投机性购房需求。根据研究结果可以发现,要防止房地产泡沫的非理性膨胀,噪声购房者及其预期是解决问题的关键因素。所以,认为国家应加快制度改革,建立真正的长效机制使市场健康有序发展,尤其从消费者角度,应积极引导市场投资者的合理预期。要抑制泡沫的膨胀和持续,政策应从购房者非理性的预期着手,通过让投资者能够及时、准确和全面地了解房地产市场的相关信息,从而减少投资的噪声信息,使其减少预期偏差,达到减小房地产泡沫异常膨胀的目的。

第十三章　万科地产 128 个房地产开发项目销售利润率调查分析[①]

万科企业股份有限公司成立于 1984 年,1988 年进入房地产行业,1991 年成为深圳证券交易所第二家上市公司。经过 20 多年的发展,2010 年万科成为国内最大的住宅开发企业,业务覆盖珠三角、长三角、环渤海三大城市经济圈以及中西部地区,共计 53 个大中城市。自 2010 年销售额突破千亿后,近三年来万科年均住宅销售规模在 6 万套以上,2011 年公司实现销售面积 1075 万平方米,销售金额 1215 亿元,2012 年销售额超过 1400 亿元,销售规模持续居全球同行业首位。

万科的成功离不开其独特的开发销售策略。在多年的经营中,万科坚持"不囤地,不捂盘,不拿地王"的原则,实行快速周转、快速开发,依靠专业能力获取公平回报的经营策略。在商品房开发方面,万科的产品始终定位于城市主流住宅市场,主要为城市普通家庭供应住房。2011 年所销售的 144 平方米以下户型占比 89%,2012 年这一比例超过了 90%,万科交付的房屋,装修房占比超过 80%,更能满足自住性购房者的需求。在商品房销售方面,万科坚持快速销售、合理定价,要求各地下属公司楼盘推出后当月销售率达到 60% 以上。为了更细致地了解万科地产的开发销售情况,选取万科地产 128 个开发项目,主要对其项目销售利润率进行分析,希望通过万科这个典型房地产企业的项目案例分析,研究和说明房地产企业的开发经营策略。

---

① 本章内容主要由王心蕊和贾生华在 2012 年完成。

13.1　项目销售利润率的计算

房地产项目的销售利润率是指项目的销售利润与销售收入的比值。项目的销售收入可以用项目可售面积与项目销售均价的乘积来表示,对于一般住宅项目,项目的可售面积约等于项目的地上建筑面积。项目的销售利润可以通过销售收入扣除项目开发成本和相关税费来计算,其中房地产项目的开发成本主要包括项目的土地成本、建安成本和三项费用:土地成本是开发商拿地时的地块价格,考虑到项目分期开发等情况,项目的土地成本通过楼面地价和地上建筑面积的乘积来衡量;三项费用包括营业费用、管理费用和财务费用,一般来讲,三项费用与公司的经营管理能力直接相关,同一公司不同项目的三项费用占销售收入的比例基本维持在同一水平,调查中涉及的三项费用也采用销售收入占比的方式进行核算;建安成本及其他费用的测算则以住宅项目基准成本为基础,再根据不同类型、不同品质的项目①进行成本调整。因此,项目销售利润率的计算方法如下:

$$ROS = \frac{R - C - T}{R} \times 100\%$$

其中,ROS 代表项目销售利润率;

R 代表项目销售收入,C 代表项目开发成本,T 代表项目的相关税费。

由于房地产项目开发时间较长,真实的销售利润率应根据资金时间价值进行相应调整。资金时间价值这一概念最早出现于奥地利经济学家庞巴维克(Eugen Bohm-Bawerk)的《资本实证论》这一著作当中。庞巴维克以生产过程中时间的流逝来解释利息的产生,提出了"时差利率论",并抽象地把货币的时间价值解释为"钱能生钱"和"现在的钱比未来的钱更值钱"。由于资金具有时间价值,不同时间的资金应折算到相同的时间点才能进行大小的比较和比率的计算。一般来讲,资金的时间价值由银行基准利率来衡量,并按照复利进行计算。对于房地产项目,从拿地到开盘的时间往往跨度较

---

① 项目品质通过项目的不同定位来衡量,如万科的"金色"系列、"城市花园"系列、"万科城"系列等。

大,项目销售收入的现金流入与项目开发成本的现金流出发生在不同的时间点,在计算时应将项目销售收入按照利率水平进行折算[①]。由于通货膨胀的存在,在计算中所使用的利率是通过 CPI 调整后[②]的利率。

$$ROS' = \frac{R' - C - T}{R'} \times 100\%$$

其中,$R' = \dfrac{R}{\prod_{n=1}^{t_1-t_0}(1-i_n)}(n = 1, 2, \cdots, [t_1 - t_0])$

上式中,ROS' 表示基于资金时间价值调整后的项目销售利润率;

R' 表示基于资金时间价值调整后的项目销售收入,R 为项目销售收入,C 为项目开发成本,T 为项目的相关税费;

i_n 为项目拿地后第 n 年的通过 CPI 调整后的银行利率,n 为自然数,取值为 $1, 2, \cdots, [t_1 - t_0]$;

t_0 为项目拿地时间,t_1 为项目开盘时间,$t_1 - t_0$ 为项目开发时间,$[t_1 - t_0]$ 表示对其取整数。

在数据搜集过程中共选取万科 2005—2011 年开盘的 24 个城市的项目 128 个,分别整理了这些项目的销售收入、土地成本等数据,并估算了项目的建安成本和三项费用。项目销售利润率数据主要来源如表 13.1 所示。

表 13.1 项目销售利润率相关数据来源

销售利润率	销售收入	销售均价	CREIS 中指数据库、搜房网等
		可售面积	CREIS 中指数据库、搜房网等
	开发成本	土地成本	CREIS 中指数据库、万科公告
		三项费用	万科年报,通过销售收入占比计算
		建安成本	万科年报(项目结算成本)
	税费	主营业务税金	万科年报

---

① 房地产项目涉及拿地、开发、管理、预售等一系列过程,每个过程都可能产生现金的流入和流出,对于多个房地产投资项目,这些现金流入流出过程难以一一计算。因此,可以将整个过程简化为两个时间点:拿地时间和开盘时间,并假定项目开发成本的流出发生在拿地时间,项目销售收入的流入发生在开盘时间,并将项目销售收入按照利率水平折算拿地时间。

② 通过 CPI 调整后的利率=(1+银行存款利率)×(1+居民消费价格指数)−1。

由于房地产项目的建安成本变动不大，且多与项目品质相关，因此，项目建安成本的计算可以以万科各年份房地产项目结算成本（见表 13.2）为基础，再根据项目所在城市物价水平以及项目品质①进行调整。

表 13.2　2005—2011 年万科平均建安成本　　　单位：元/m²

年份	2005	2006	2007	2008	2009	2010	2011
建安成本	1948	1378	1703	1689	2383	3023	3869

数据来源：万科年报数据整理。

对于三项费用，假定万科的项目运作能力和经营管理能力存在一致性，因此可以通过计算万科各年份房地产项目三项费用占其销售收入的比例来衡量三项费用占比，再将这一比率累计到各个项目中（见表 13.3）。

表 13.3　2005—2011 年万科三项费用占销售收入比例　　　单位：%

年份	2005	2006	2007	2008	2009	2010	2011
三项费用率	7.19	7.62	6.34	8.46	5.60	4.07	4.62

数据来源：万科年报数据整理。

根据上述处理方法，可以分别测算出各个项目的开发成本，并以此为基础计算项目的销售利润率，项目单方开发成本及项目销售利润率的描述性统计分析见表 13.4。

表 13.4　项目单方开发成本及项目销售利润率的描述性统计分析

变量	N	极小值	极大值	均值	标准差
项目单方开发成本（元）	128	1869	19907	6584.48	2474.44
项目销售利润率（%）	128	−13.52	57.32	24.83	15.13

最终计算出的项目销售利润率是基于资金时间价值调整后的销售利润，因此销售利润率最低的项目为−13.52%，利润水平最高的项目达到了57.32%，所选项目的平均利润水平为 25.99%。根据万科年报中公布的统计数据，万科 2005—2011 年房地产业务结算毛利率的平均值为 29.1%②，这

---

①　项目品质通过项目的不同定位来衡量，如万科的"金色"系列、"城市花园"系列、"万科城"系列等。

②　根据万科 2005—2011 年房地产业务的结算收入和结算面积计算得出。

与测算出的项目销售利润率的总体水平基本一致。

13.2 项目销售利润率调查

在所选取的 128 个房地产项目中，平均楼面地价为 3146 元/m²，可见万科的土地成本并不高，体现了万科地产"不当地王"的经营原则；商品住宅销售均价为 15171 元/m²，通过计算，未经过时间价值调整的平均项目销售利润率为 30.51%，时间价值调整后的平均项目销售利润率 24.83%，销售利润水平较为合理。以下将按照项目所在地域、项目开发时间以及项目规模进行更为详细的分析。

13.2.1 按项目地域划分

万科地产将地产业务按照区域划分为广深区域、上海区域、北京区域以及成都区域，按照这种区域划分方式，选取的 128 个项目包括广深区域① 31 个、上海区域② 48 个、北京区域③ 36 个以及成都区域④ 13 个。各个区域的平均楼面地价、销售均价以及平均项目销售利润率（基于时间价值调整后）如表 13.5 所示。

表 13.5　万科地产 128 个项目分区域销售情况

所在地域	数量	平均楼面地价(元/m²)	销售均价(元/m²)	平均项目销售利润率(%)
广深区域	31	3354	14900	23.49
上海区域	48	3544	15359	24.54
北京区域	36	2866	12437	27.82
成都区域	13	1964	10775	20.78

从表 13.5 中可以看出，在所选项目中，各个区域平均楼面地价的高低与

---

①　广深区域包括广州、深圳、东莞、佛山、福州、厦门、长沙这七个城市。

②　上海区域包括上海、杭州、合肥、南昌、宁波、苏州、无锡、武汉这八个城市。

③　北京区域包括北京、天津、沈阳、长春、大连、青岛这六个城市。

④　成都区域包括成都、重庆、西安这三个城市。

销售均价的大小相一致。总体上,上海区域的土地成本和销售价格均为最高,广深区域、北京区域其次,成都区域最低,且成都区域的平均楼面地价和销售均价要明显低于其他地区。这是因为成都区域(包括成都、重庆和西安)在经济发展水平和城市吸引力方面都要低于上海区域、广深区域和北京区域,其土地价格和房地产价格也会相对较低。

在销售利润水平上,所选项目中经过时间价值调整后的项目销售利润率最高的区域是北京区域,达到了 27.82%,上海区域、广深区域其次,成都区域最低为 20.78%。这一排序与楼面地价和销售均价有所不同,这是因为项目销售利润率通过利润与收入的比值来计算,更多强调的是企业在销售上的盈利能力。但总体上各个区域差距并不大,这也体现了万科地产在销售盈利方面的稳定性。

13.2.2　按开发时间划分

房地产的特性决定了其项目开发周期相对较长,项目开发时间,即从拿地到开盘的时间①,少则几个月,多则几年。有的项目选择快速周转,缩短项目开发时间,快速开发、快速销售,使资金尽快回笼,增加资金的使用效率以提升业绩;相反,有些项目则延长项目开发时间,甚至"捂盘惜售",以分享土地升值带来的收益,进而提高项目的利润水平。

万科地产在商品房开发销售过程中一直坚持快速周转的策略,通过对从拿地到开盘时间的计算,可以将 128 个万科项目分为 1 年内开盘、1～2 年间开盘、2～3 年间开盘、3～4 年间开盘以及 4 年以上开盘这五大类。在选取的项目中,绝大多数项目都能够在 4 年以内开盘,其中 2 年内开盘的项目总数为 62 个,将近总体的 50%,这体现了万科"不囤地、不捂盘"的快速周转策略。

万科快速周转策略的决策基础是资本成本理论。资本成本是指企业为筹集和使用资金而付出的代价。房地产开发项目的资本成本包括两个层

①　项目开发时间定义为从拿地到开盘的时间,并不考虑开盘后项目的建设时间。这样定义是因为拿地时点和开盘时点有大量的现金流出和流入,对开发决策影响较大。

面:一是包括土地成本、建安成本在内的企业必须支付的成本。这部分成本属于房地产企业的存货,项目开发时间体现了由存货到可销售产品的时间,这个时间越短,存货周转速度越快,企业资金循环越快,相应的资本成本越低。二是由于资本的占用而产生的机会成本。企业资本是有限的,企业投资了一个项目就不能再投入另一个项目,这就是资本使用的机会成本。从这一角度出发,项目开发时间越长,相当于开发成本越高,而缩短项目的拿地到开盘时间则能降低资本成本,获得更高的收益。尽管捂盘惜售的方式能够分享更多的增值收益,但延长项目开发时间将会大幅增加资金成本,并降低项目的销售利润率。

以万科项目为例,延长项目的拿地到开盘时间确实能够提高项目的销售均价,在选取的 128 个项目中,项目销售均价随着从拿地到开盘时间的延长而增加,在一年内开盘的项目销售均价为 10603 元/m²,而从拿地到开盘时间在四年以上的项目销售均价为 20318 元/m²,延迟开发能够显著提高商品住宅的销售价格,但是项目平均销售利润率却表现出了相反的趋势,如表13.6 所示。由于延迟开盘大幅提高了资本成本,基于时间价值调整后的平均销售利润率随着项目从拿地到开盘时间的增加而逐渐降低。通过对 128个万科项目销售利润率的计算,可以得出一年内开盘的平均项目销售利润率能够达到 29.39%,而从拿地到开盘时间在四年以上的平均项目销售利润率则降为 15.06%。这从项目数据的角度印证了万科"快速周转"经营策略的必要性。

表 13.6　万科地产 128 个项目根据从拿地到开盘时间分类的销售情况

从拿地到开盘时间	项目数量	销售均价(元/m²)	平均项目销售利润率(%)
1 年内	17	10603	29.39
1~2 年	45	14024	27.70
2~3 年	27	14484	26.10
3~4 年	17	17965	22.68
4 年以上	22	20318	15.60

13.2.3　按项目规模划分

房地产项目开发规模(项目建筑面积)普遍较大,但受地块区位、政府土地出让指标等因素的限制,不同项目的开发规模差异也较大,比如杭州万科金色成品项目建筑面积不足2万平方米,而2010年开盘的无锡万科城则达到134.7万平方米。根据项目的不同规模,可以将128个万科项目划分为1万～10万平方米、10万～20万平方米、20万～30万平方米、30万～40万平方米、40万～50万平方米以及50万平方米以上这六大类。其中,20万平方米以下的项目占比超过50%,说明万科仍是倾向于偏小型项目开发。

对于不同开发规模的项目,其平均楼面地价和销售均价差异较大。通过对万科128个项目的调查,可以发现10万平方米以内的项目平均楼面地价最高,达到4097元/m²;而项目规模在50万平方米以上的项目平均楼面地价最低,只有1832元/m²,如表13.7所示。这可能有两方面的原因:一方面,规模越大的项目,土地成交总价越高,这相当于是对一部分房地产开发企业设置了进入壁垒,而目前国内成交的土地多数采用拍卖的方式,因此对于规模大的项目,竞拍者反而较少,竞拍价格也会有一定程度的降低;另一方面,项目规模等于地块面积与容积率的乘积,由于容积率往往固定于某一范围,变动不大,项目规模往往能够反映地块面积的大小。规模越大的项目,地块面积往往越大,而大面积的地块一般处于城市非中心地带,售价要低于城市中心地带的地块,楼面地价自然也会降低。这同样也可以解释开发规模越小的项目其销售均价越高这一现象。

表13.7　万科128个项目根据规模分类的销售情况

项目规模(m²)	数量	平均楼面地价(元/m²)	销售均价(元/m²)	平均销售利润率(%)
1万～10万	28	4097	19213	24.01
10万～20万	40	3550	16101	26.01
20万～30万	18	2174	12315	30.45
30万～40万	15	2414	12500	26.00
40万～50万	15	3402	14047	21.54
50万以上	12	1832	12513	18.96

在选取的 128 个万科项目中,项目的平均销售利润率则表现出了较为明显的先上升后下降趋势,平均销售利润率最高的项目集中在 20 万~30 万平方米这一范围内,50 万平方米以上的项目平均销售利润率最低,只有18.96％。项目销售利润率随项目规模而变化的规律能够应用于指导房地产项目开发,并确立房地产项目开发的最优规模。

13.3 研究结论

万科是目前中国最大的专业住宅开发企业,经过 20 多年的发展,其项目运作模式已经相对成熟,项目数据的披露也较为完善。着重对 128 个万科项目的销售利润率进行调查,并从项目所在区域、项目开发时间(从拿地到开盘时间)以及项目开发规模这三个维度将项目分类,分析这三个维度与项目销售利润率之间的关系。

我们界定了项目层面的销售利润率的计算方式,由于房地产项目开发周期较长,为了剔除资金时间价值的影响,可以将项目销售收入折算到项目拿地的时间点,并以此为基础计算出基于时间价值调整后的项目销售利润率。根据这样的计算方法,计算出万科 128 个项目的平均项目销售利润率为24.83％,销售利润水平较为合理。在此基础之上,进一步地针对项目所在地域、项目开发时间以及项目规模进行更为详细的分析。

首先,根据项目所在城市将 128 个项目分为广深区域、上海区域、北京区域和成都区域,总体上,上海区域的土地成本和销售价格均为最高,广深区域、北京区域其次,成都区域最低,且成都区域的平均楼面地价和销售均价要明显低于其他地区。在销售利润水平上,所选项目中经过时间价值调整后的项目销售利润率最高的区域是北京区域,上海区域、广深区域其次,成都区域最低,这一排序与楼面地价和销售均价有所不同,这是因为项目销售利润率通过利润与收入的比值来计算,更多强调的是企业在销售上的盈利能力,但各区域之间差异并不大。

其次,根据项目从拿地到开盘时间的长短将 128 个万科项目分为 1 年内开盘、1~2 年间开盘、2~3 年间开盘、3~4 年间开盘以及 4 年以上开盘这五大类,其中 2 年内开盘的项目总数为 62 个,将近总体的 50%,这反映了万科"不囤地、不捂盘"的快速周转策略。通过对这几类项目的分析,得出了延长项目的从拿地到开盘的时间能够提高项目的销售均价,但会降低平均项目销售利润率这一结论,从项目数据的角度印证了万科"快速周转"经营策略的必要性。

最后,根据项目开发规模将 128 个万科项目划分为 1 万~10 万平方米、10 万~20 万平方米、20 万~30 万平方米、30 万~40 万平方米、40 万~50 万平方米以及 50 万平方米以上这六大类。其中,20 万平方米以下的项目占比超过 50%,说明万科仍是倾向于偏小型项目开发。通过对万科 128 个项目的调查,可以发现 10 万平方米以内的项目平均楼面地价最高,而项目规模在 50 万平方米以上的项目平均楼面地价最低,这可能是因为小规模的项目往往位于城市中心,因此土地价格较高。在项目销售利润率方面,计算出的平均项目销售利润率随着规模的扩大先上升后下降,平均销售利润率最高的项目集中在 20 万~30 万平方米这一范围内,50 万平方米以上的项目平均销售利润率最低。项目销售利润率随项目规模而变化的规律能够应用于指导房地产项目开发,并确立房地产项目开发的最优规模。

第十四章 浙江省 11 个城市 169 个 房地产项目调查报告①

14.1 研究背景与数据收集

14.1.1 研究背景

在持续严厉的房地产调控政策作用下,2012 年浙江省房地产市场投资和投机性需求受到遏制,房地产开发投资增速和商品房销售规模有所下降,商品房价格开始回落。在国家宏观调控政策效果开始显现的同时,房地产行业风险也逐渐加大,一些地方出现开发商破产跑路、商品房质量下降和"房闹"等问题,影响了房地产业健康稳定地发展。根据房地产项目的开发周期,2009—2011 年拿地的房地产项目正处于销售期,受房地产调控的政策影响较大,房地产企业普遍反映企业经营压力增大。那么,浙江省房地产企业经营状况如何? 商品房价格处于什么水平? 从开发企业角度看商品房价格是否合理? 究竟存在哪些经营风险? 这些问题迫切需要通过系统的调查研究作出有说服力的回答。

本研究通过对 2009—2011 年浙江省房地产企业和商品房项目进行分层抽样调查,详细了解浙江省房地产企业的经营状况和商品房项目开发状况,

① 本章内容来源于 2012 年浙江省房地产业协会组织开展的课题调研成果,课题负责人贾生华,课题组主要成员有周刚华、张娟锋等。

根据不同类型商品房项目成本、利润的测算和比较分析,从房地产开发企业供给成本的角度,研究商品房价格的"合理"底线;通过对 2009—2011 年浙江省部分房地产企业和商品房开发项目的现场调查,测算目前房地产项目的成本和利润水平,通过不同市场条件的模拟分析,研究房地产市场存在的各种风险,从而为政府决策和房地产企业改善经营管理提供建议。

14.1.2　数据收集

(1)样本选取

本调查首先通过浙江省 11 个城市的国土资源管理局网站、东部信息网、中国房地产投资网等网站收集浙江省 11 个城市建成区 2009—2011 年出让的土地宗地信息,在这些信息的基础上,剔除信息中包含工业、旅游和加油站等用途的宗地,采用分层抽样的方法选择 11 个城市的项目样本,即先确定 11 个城市的样本数,然后随机抽取每个城市的样本。具体样本选择原则主要考虑土地出让时间、土地性质、项目分布和项目规模等,详细要求如下:

第一,土地出让时间要求:每个样本必须是 2009—2011 年间出让的、市区建成区的宗地,每年搜集样本数各占 1/3 左右。

第二,项目用地性质要求:商品住宅用地项目(含商住用地项目)占 90% 以上,其余为商业、办公用地项目。

第三,项目区位分布要求:主要分为两个层面,第一个层面为城市之间,根据各城市近三年房地产开发规模来选取城市样本数。第二个层面是各城市内部,要求 11 个城市建成区内各行政区、各类地段的样本基本均匀分布。

第四,项目开发规模要求:根据浙江省房地产开发项目的实际情况,项目建筑面积(含地下建筑面积)基本在 5 万～40 万平方米范围。

(2)调查过程

第一步,根据课题要求设计项目调查问卷。根据课题要求设计了六个项目调查表:一是项目土地情况调查表,主要目的是了解项目宗地基本状况,包括土地宗号、四至范围、规划指标、土地价格、开工时间要求和土地款支付条件等。二是开发企业情况调查表,主要目的是了解该项目开发企业的基本情况,包括企业股东情况等。三是项目开发总进度调查表,主要目的是了解项目开发进度情况,包括项目的地上、地下建筑面积,开发期数,各期开发计划和开发面积等。四是项目各期销售进度调查表,主要目的是了解项目各期的可销售面积、已销售面积和销售价格等详细情况。五是项目开发成本调查表,主要目的是了解已开发项目的开发成本构成,包括土地成本、前期成本、各项规费、建安成本、室外工程费用、三项费用(包括管理、营销和财务费用)和税费构成情况。六是周边项目销售情况调查表,主要目的是了解周边项目的类型、销售价格、销售率等情况(见表 14.1)。

表 14.1 开发项目调查表名称和主要内容

序号	表格名称	主要内容
1	项目土地情况调查表	土地宗号、四至范围、规划指标、土地价格、开工时间要求和土地款支付条件
2	房地产开发企业调查表	企业名称、注册资金、主要股东情况等
3	项目开发总进度调查表	项目建筑面积、开发期数、各期开发计划和开发面积等
4	项目销售进度调查表	各期的销售面积和价格等
5	房地产项目开发成本调查表	土地成本、前期成本、各项规费、建安成本、室外工程费用三项费用和税费等
6	周边项目销售情况调查表	销售价格、销售率等

第二步,项目试调查和调查问卷修改。在调查问卷设计好后,课题组于 2012 年 4 月在杭州市进行试调查,总共联系了 10 个样本项目进行调查,并与项目开发企业的管理人员进行访谈,详细了解他们对调查问卷的修改意见,根据试调查情况,课题组通过反复讨论和研究,对 6 个调查表进行适当的调整和修改,形成最终调查表。

第三步,大规模调查和补充调查。2012 年 5—6 月,课题组在浙江省房地产业协会和 11 个城市房地产业协会的大力帮助下,先后到湖州市、温州市、金华市、丽水市、嘉兴市、宁波市、台州市、舟山市、衢州市、绍兴市和杭州市进行调查。先由各城市房地产协会联系样本项目的负责人,将调查问卷发给被调查单位进行预填,然后调查组分别到各城市与各调查表负责人进行详细访谈,对照调查表,详细了解各项目的开发进度、企业经营情况,并听取项目负责人对课题的有关建议。对于调查遇到困难的样本项目,课题组则重新联系项目进行补充调查,直至达到调查要求。

课题调查历时近两个月,对 2009—2011 年浙江省 11 个城市建成区 173 个商品房项目的开发企业经营状况、开发进展、项目成本、项目销售和周边项目价格进行了详细调查,取得了 169 个有效样本项目的第一手资料。

(3)数据处理

在上述调查的基础上,课题组对调查表的数据进行处理,数据处理主要采用以下基本思路:

第一,确定浙江省 11 个城市不同类型房地产开发项目的基准成本。房地产开发项目的成本主要包括:土地成本、前期费用、各种规费、主体工程建安成本、室外工程费用(含绿化)、三项费用和税费等。课题组通过对业内专家、设计师和预决算专业人员进行深度访谈,分别确定各城市不同类型商品房项目(主要分为多层、小高层和高层)的前期费用、各种规费、主体工程建安成本、室外工程费用和税费的基准;通过浙江省上市房地产公司 2009—2011 年的年度报告,确定商品房项目三项费用(包括管理费用、营销费用和财务费用)基准,经过专家反复论证,最终确定各城市不同类型商品房项目的基准成本。第二,项目数据整理、成本与利润测算。项目各项成本采用"基准成本＋项目调整"的方法确定,即根据浙江省 11 个城市不同类型房地产项目的基准成本和各项目实际调查来确定样本项目的各项成本。项目的销售收入采用"已实现收入＋可实现收入"的方法确定,即对于已经销售的项目,用实际销售面积乘以销售均价来确定该项目的已实现收入;对于项目未销售的房屋,根据各项目当前的市场价格(参考项目周边销售价格和销售情况)来确定为可销售价格,用未销售面积乘以可销售价格来确定该项目的可实现收入。第三,数据录入和数据库建立。对调查项目的基本数据进行核对、处理,最后录入数据库。

(4)总体描述

课题调研总共调查了 173 个项目,由于采用详细访谈的形式,有效样本较高,达到 169 个,占调查总数的 97.7%。与计划调查项目总数 140 个相比,超过 29 个,除了丽水市外,其他城市的样本项目数都超过计划调查项目数。在有效样本中,进行开发成本和收益测算的样本项目有 119 个,比计划测算项目 70 个增加了 49 个。

分城市来看，杭州和宁波 2 个城市样本较多，分别为 32 和 24 个，丽水项目较少，只有 6 个，其他城市基本为 10 个左右，与原来设计的城市样本数基本吻合。

分时间来看，2009 年、2010 年、2011 年拿地的样本项目分别为 79、48 和 42 个，分别占样本总数的 46.75%、28.40% 和 24.85%，2009 年拿地的样本较多，2011 年拿地样本较少，其原因主要有 2011 年的项目大多没有开工，许多样本项目没有相应指标数据，课题组做了适当调整，因而使得 2011 年样本数据相对较少。

分类型来看，商品住宅项目的有效样本为 155 个，商业办公项目的有效样本为 14 个，分别占有效样本总数的 91.72% 和 8.28%，与原计划商品住宅项目占样本总数比例 90% 以上的要求基本一致。

分项目开发总进度来看，样本项目的开发进度基本正常。在全部 169 个样本中，已开工项目达到 141 个，占总样本数的 83.43%；已经开始销售项目 85 个，占总样本数的 50.30%；已经交付项目 4 个，占总样本数的 2.37%。

分项目拿地年度来看，截至 2012 年 6 月底（调查截止时间），2009 年、2010 年和 2011 年拿地的样本项目开工率分别达到 96%、92% 和 50%，销售率分别为 70%、48% 和 17%，已经交付项目数只有 2009 年的 4 个，与一般房地产项目正常开发周期相比[1]，开工率和销售率属于正常范围。

按照项目土地出让合同约定开工计划，在 169 个调查项目中，合同约定时间内应开工的项目数为 146 个，占总样本数的 86.39%，未到合同约定开工时间的项目 23 个，占总样本数的 13.61%。在合同约定时间内应开工的 146 个项目中，按时开工项目 104 个，未按时开工项目 42 个。分城市来看，2009—2011 年，浙江省房地产项目开工率还是比较高的，剔除 14 个非商品住宅项目，按时开工率达到 71%，其中，嘉兴、衢州 2 个城市的开工率较高，分别达到 92% 和 86%，丽水市开工率较低，只有 20%。

---

[1]　课题组通过对保利、万科、金地、碧桂园和招商地产 2010 年年报披露项目开发周期情况进行分析，得出结论为一般项目开发周期平均为三年，即一个普通商品房项目从拿地、规划设计、施工建设、销售到竣工交付大约需要三年时间。

14.2　土地价格分析

14.2.1　地价水平

从样本项目土地价格来看,2009—2011 年拿地样本项目的土地楼面地价呈现逐年降低趋势。在 169 个样本项目中,2009 年、2010 年和 2011 年拿地项目的楼面地价分别为 6476 元/m²、6251 元/m² 和 4855 元/m²,后两年分别比 2009 年下降了 3.47% 和 22.33%。2009—2011 年拿地样本项目商品房销售价格[①]分别为 15687 元/m²、14332 元/m² 和 12076 元/m²,后两年分别比 2009 年下降了 8.64% 和 15.74%,与土地价格的变化基本一致。主要原因是 2009 年房地产形势较好,商品房价格较高,开发企业资金较为充裕,土地市场竞争较为激烈,土地楼面地价较高;而到了 2011 年,由于国家持续对房地产业宏观调控,房地产市场开始不景气,商品房价格下降,开发企业资金非常紧张,土地市场竞争程度降低,楼面地价开始下降。这表明 2009—2011 年国家对房地产业的宏观调控政策起到了一定的效果,项目层面表现为商品房销售价格和土地价格都有所回落。

从样本项目土地溢价率来看,2009—2011 年土地市场竞争程度逐渐降低。土地溢价率是衡量土地市场竞争程度的指标,土地溢价率=(土地实际成交价格/土地出让底价-1)×100%,其中,土地实际成交价格是指土地挂牌时最终成交价格,土地出让底价是政府在出让土地时设定的底价,高于这个价格土地才能成交,否则该宗土地将流拍,可见土地溢价率能够反映土地市场竞争的激烈程度。在 169 个样本项目中,2009 年、2010 年和 2011 年拿地项目的土地溢价率分别为 82.81%、72.63% 和 36.70%,2009 年拿地样本项目土地溢价率最高,2011 年拿地样本项目土地溢价率最低,与 2009—2011 年的全省土地市场竞争程度相吻合,2009 年土地市场竞争程度最为激烈,土地溢价率最高,2011 年土地市场竞争程度较小,土地溢价率较低。

---

① 商品房价格是 119 个样本的销售均价。

　　从全省统计数据来看，2009—2011 年全省土地价格有了大幅度提高。由于 2008 年国际金融危机，国家和地方政府一系列"保增长，扩内需"调控政策的强力启动，特别是 2009 年国家"4 万亿"投资扩大内需的刺激政策，2009—2011 年全省土地价格上升较快，土地价格上了一个新台阶。从全国统计数据来看，2009—2011 年土地价格与 2006—2008 年相比也有所上涨，但低于浙江省水平（见表 14.2）。

表 14.2　2006—2011 年全国和浙江省土地成交面积、成交金额和土地价格

		2006 年	2007 年	2008 年	2009 年	2010 年	2011 年
浙江省	土地成交面积（万平方米）	1877.2	1804.2	1656.2	1308.0	1833.7	1987.6
	土地成交金额（亿元）	419.8	491.5	458.0	784.2	909.4	964.5
	土地价格（元/m²）	2236.3	2724.2	2765.4	5995.4	4959.4	4852.6
全国	土地成交面积（万平方米）	36573.6	40245.8	39353.4	31909.5	39953.1	—
	土地成交金额（亿元）	3814.5	4873.2	5995.6	6023.7	9999.9	—
	土地价格（元/m²）	1043.0	1210.9	1523.5	1887.7	2502.9	—

　　数据来源：根据 2007—2012 年浙江省统计年鉴和全国统计年鉴整理得到；土地价格＝土地成交金额/土地成交面积，反映了土地成交均价水平。

14.2.2　地价房价比

　　地价房价比是指一个房地产项目土地成本占商品房销售价格的比重，它反映地价水平，也是影响商品房成本和价格的重要因素。根据 119 个测算成本收益的样本项目计算，土地成本占样本项目销售价格的比例为 35.5%，略高于 31.3% 的全国平均水平①，也高于一些西方发达国家的地价房价比。根据我国学者蔡剑红、朱道林（2012）研究，美国地价房价比平均值为 28%，加拿大地价房价比平均值为 24%，英国地价房价比平均值为 25%～38%。

　　分城市来看，各个城市的地价房价比表现不一，杭州和温州两市地价房价比例较高，分别达到 46.6% 和 44.4%，其中，杭州市地价房价比与《长

---

　　①　国土资源部城市地价动态监测分析组表示，2009 年全国重点监测城市居住用地的同时点地价房价比均值为 31.29%。

江三角洲地区重点监测城市报告》(2009)中的 45.5% 相比较为接近；舟
山、湖州和嘉兴三城市地价房价比相对较低，分别只有 21.3%、24.2% 和
28.8%，其他城市在 30%~40% 波动。从土地成本占项目总成本比重来看，
119 个样本项目土地成本占总成本的比例为 40.9%。分城市来看，与地价房
价比表现基本一致，房价较高的城市，土地成本占总成本的比重较高，具体
见表 14.3。

表 14.3　样本项目土地成本占总成本比重和地价房价比(分城市)

调研城市	土地成本占总成本比重(%)	地价房价比(%)
杭州	53.1	46.6
宁波	41.6	38.8
温州	52.9	44.4
绍兴	39.7	32.7
湖州	31.0	24.2
嘉兴	26.9	28.8
金华	42.2	33.0
衢州	38.7	39.6
台州	35.5	30.1
丽水	41.1	33.7
舟山	33.6	21.3
全省	40.9	35.5

资料来源：根据 119 个有成本收益数据的样本项目的数据整理得到。

　　分年度来看，各年度地价房价比变化不大。2009 年、2010 年和 2011 年
拿地项目的地价房价比分别为 33.6%、37.9% 和 37.3%。从土地成本占项
目总成本的比重来看，2009 年、2010 年和 2011 年拿地项目的土地成本占总
成本比重分别为 39.1%、43.0% 和 42.8%。后两年拿地项目的地价房价比
较高，可能是因为这两年拿地项目的开发定位和销售价格有所降低，超过了
土地价格下降的程度。

14.2.3 土地款支付

土地款支付会影响到各个城市政府土地收益和土地市场的稳定。从1994年财政体制改革以后,土地出让金已经是地方财政收入的主要组成部分,是支持城市建设的主要资金来源。依据我国《宪法》等相关法律的规定,城市土地归国家所有,开发商在国家政策允许的条件下可以购买土地使用权,国家出让土地主要采用拍卖、招投标和协议转让等三种形式。随着2002年7月1日国土资源部《招标拍卖挂牌出让国有土地使用权规定》的实施,"招拍挂"制度已经成为我国经营性土地的主要出让模式,地方政府土地出让金大大增加,成为地方政府的主要财政收入来源,具体见表14.4。

表 14.4 2001—2010 年全国土地出让金、地方财政收入及比例

年份	2001	2002	2003	2004	2005	2006	2007	2008	2009	2010
地方财政收入(亿元)	7803	8515	9850	11893	15101	18304	23573	28650	32581	35383
土地出让金(亿元)	1296	2417	5421	6412	5884	7677	11948	9600	15910	27111
比例(%)	16.6	28.4	55.0	53.9	39.0	41.9	50.7	33.5	48.8	76.6

资料来源:根据各年度中国统计年鉴有关数据整理得到。

从样本项目土地款支付来看,2009—2011年全省房地产企业土地款支付情况基本正常。在全部169个样本中,已经按时全部付清土地款的项目达到157个,占总样本数的93.0%,未付清土地款的项目仅为12个(包括退地项目),占总样本数的7.1%。分城市来看,台州市样本项目土地出让金支付率较低,为58%。从现场调研情况来看,主要原因是台州市采用"毛地出让"的情况较多,即有些土地在没有拆迁完毕或存在土地产权纠纷的情况下就进行出让,从而影响开发企业后期的房地产开发进程。同时,由于2009—2011年台州市城市土地出让中大都采用配置保障房或拆迁房,与拆迁户的关系非常复杂,从而导致开发企业土地款支付率较低。

分年度来看,在169个样本项目中,2009年、2010年和2011年拿地项目的土地款支付率分别为96%、96%和83%,2009年和2010年土地款支付率较高,2011年土地款支付率较低,这与房地产项目开发进度相吻合。根据我

国有关法规,一个项目开工前需领取"四证",即土地证、建设用地规划许可证、建设工程规划许可证和建筑施工许可证。根据房地产开发项目建设正常周期,2009 年和 2010 年的项目大都已经开工,开发企业开工前都已经付清项目土地款。对于 2011 年出让的土地,由于当年房地产市场较为低迷,一些开发企业采用一些拖延手段(如方案设计延长、规划方案报批延后等)延期开发,从而延缓土地款支付进度。同时,由于 2011 年有些项目拿地时间较短,特别是在 2011 年底拿的土地,土地款支付期限还没有到,开发企业出于成本考虑,一般不会提前支付土地款,从而导致 2011 年样本项目土地款支付率较低。

总体来看,样本项目的土地支付款较为及时,虽然有个别项目出现退地的现象(如荣安地产于 2011 年 6 月 22 日退掉 2009 年宁波地王地块——鄞州新城区庙堰 4 号地块;舟山银亿房地产开发有限公司停止开发鲁家峙岛东南涂 A 地块等),但样本项目土地款支付率总体较高,政府退地风险相对较小。

14.3　开发成本分析

14.3.1　基准成本

基准成本是指开发一个规模中等(通常为 10 万平方米),建筑档次、室外工程和绿化标准中档的商品房项目的平均开发成本(除土地成本外),它基本反映了一个城市开发某一类商品房项目的平均成本水平。由于各个城市的社会、经济和政策的不同,各个城市的基准成本有所差别;同时对于不同类型商品房项目,如多层、小高层和高层等,由于其规划布局、建筑设计和建筑结构等有所区别,其基准成本也有所不同。

课题组通过对各城市房地产业内专家、建筑师和预决算专业人员的深度访谈,经过反复修改,最终确定各城市不同类型商品房项目的基准成本,其中,前期成本、各种规费、主体工程建安成本、室外工程费用等根据各城市房地产业内专家、设计师和预决算专业人员的讨论结果确定;三项费用通过浙江省上市房地产公司的2009—2011年年报数据分析确定。基准成本如表14.5所示。

表 14.5　各城市不同类型商品房项目基准成本水平　　　　　单位:元/m²

城市	类型	前期成本	各种规费	建安成本	三项费用
杭州	高层	100	63	3100	1975
	小高层	90	60	2700	
	多层	66	115	2000	
宁波	高层	120	151	3100	1475
	小高层	70	151	2750	
	多层	90	149	2050	
温州	高层	185	85	3500	2573
	小高层	160	85	3100	
	多层	110	85	2900	
绍兴	高层	120	60	2800	1148
	小高层	100	60	2600	
	多层	90	60	2400	
湖州	高层	90	46	2400	722
	小高层	80	46	2250	
	多层	70	46	1900	
嘉兴	高层	150	35	2700	723
	小高层	150	35	2600	
	多层	120	75	2000	
金华	高层	100	37	2400	1063
	小高层	90	37	2100	
	多层	80	52	1900	
衢州	高层	75	85	2200	778
	小高层	70	85	2000	
	多层	65	120	1800	

续表

城市	类型	前期成本	各种规费	建安成本	三项费用
台州	高层	95	132	3000	1077
	小高层	90	117	2800	
	多层	85	117	2450	
丽水	高层	120	80	2450	1126
	小高层	120	80	2250	
	多层	120	110	1950	
舟山	高层	100	31	2550	872
	小高层	90	31	2350	
	多层	80	46	2150	

注：1.基准成本按照地上建筑面积 10 万平方米，地下建筑面积 4 万平方米、建筑外观和绿化档次中等的项目进行测算得到；2.建安成本包括地下室、室外工程、室外绿化工程以及设备等；3.基准成本的三项费用中，管理费用按照样本项目销售价格的 2% 计算，营销费用按照样本项目销售价格的 1.5% 计算，财务费用按照土地成本×2 年×银行贷款年利率＋建安成本×1 年×银行贷款年利率计算，其中土地成本按照各城市项目土地成本均值进行计算，建安成本按照各城市基准建安成本均值进行计算。

从表 14.5 可以看出，前期成本和各种规费在基准成本中所占的比重不大，一般在 100 元/m² 左右，由于各个城市执行国家标准的范围不同和各城市交地的标准不统一，使得各城市的前期成本和各种规费有些差异。建安成本和三项费用在基准成本中所占的比重较大，高层建筑的建安成本在 3000 元/m² 左右，小高层建筑的建安成本在 2700 元/m² 左右，多层建筑的建安成本在 2000 元/m² 左右。在三项费用中，各城市表现不一，最高的是温州市，三项费用达到 2573 元/m²，较低的城市有湖州市、嘉兴市和衢州市，三项费用分别为 722 元/m²、723 元/m² 和 778 元/m²。

课题组将各城市样本项目的各项成本单价（总建筑面积）与相应城市同类项目标准成本（总建筑面积）进行比较，发现各城市样本项目的各项开发成本高于各城市的基准成本。表 14.6 调查结果显示，在 119 个样本项目中，前期成本、各种规费、建安成本和三项费用分别为 136 元/m²、80 元/m²、3029 元/m² 和 1474 元/m²，而基准成本中，高层项目的前期成本、各项规费、建安成本和三项费用分别为 117 元/m²、77 元/m²、2727 元/m² 和 1230 元/m²。前期成本和各项规费接近基准成本。各城市样本项目的建安成本虽然高于基准建安成本 302 元/m²,但由于样本项目的建安成本中包含一些精装修的项目,建安成本相对高些,下降空间有限;各城市样本项目的三项费用虽然高于基准的三项费用 244 元/m²,但由于基准成本中的财务费用按照银行一年期贷款利率进行计算,基准成本中的财务费用较低。从调查情况来看,样本项目中许多项目的资金成本已经超过年利率 20% 的水平。

表 14.6　各城市样本项目单位面积开发成本

单位:元/m²

城市	前期费用	各项规费	建安成本	三项费用
杭州	134	77	3349	1570
宁波	160	72	3389	1762
温州	181	87	3944	3379
绍兴	131	81	3018	1303
湖州	114	46	2730	804
嘉兴	138	87	3090	1011
金华	134	42	2341	1453
衢州	87	90	2344	893
台州	172	147	3271	1254
丽水	95	134	2655	1539
舟山	143	52	2683	872
全省	136	80	3029	1474

注:样本包括有成本信息的 119 个项目。

从一些城市来看,样本项目的开发成本单价已经非常接近该城市的基准成本。如在杭州市 19 个样本项目中,前期费用、各项规费、建安成本和三项费用的平均成本分别为 134 元/m²、77 元/m²、3349 元/m² 和 1570 元/m²,四项成本合计 5130 元/m²,而杭州市基准成本中的四项成本合计 5238元/m²,两者只相差 108 元/m²。

14.3.2　成本结构

房地产项目的开发成本是指一个房地产项目开发过程中除土地成本以外所发生的成本,包括前期成本、各种规费、建安成本(包括室外工程费用)和三项费用等。根据 119 个有成本收益测算的样本项目数据,在商品房项目开发成本构成中,建安成本和三项费用占的比例最大,分别占 64.10% 和 29.26%;前期费用和各种规费占的比重较小,分别占 2.90% 和 1.78%,具体如表 14.7 所示。

表 14.7　各城市样本项目单位面积开发成本及其构成情况

调研城市	开发成本 (元/m²)	前期费用 (元/m²)	占比 (%)	各项规费 (元/m²)	占比 (%)	建安成本 (元/m²)	占比 (%)	三项费用 (元/m²)	占比 (%)
杭州	5226	134	2.56	77	1.47	3349	64.08	1570	30.04
宁波	5515	160	2.90	72	1.31	3389	61.45	1762	31.95
温州	7719	181	2.34	87	1.13	3944	51.09	3380	43.79
绍兴	4612	131	2.84	81	1.76	3018	65.44	1303	28.25
湖州	3698	114	3.08	46	1.24	2730	73.82	804	21.74
嘉兴	4388	138	3.14	78	1.78	3090	70.42	1011	23.04
金华	4091	134	3.28	42	1.03	2341	57.22	1453	35.52
衢州	3481	87	2.50	90	2.59	2344	67.34	893	25.65
台州	4978	172	3.46	147	2.95	3271	65.71	1254	25.19
丽水	4539	95	2.09	134	2.95	2655	58.49	1539	33.91
舟山	3836	143	3.73	52	1.36	2683	69.94	872	22.73
全省	4735	135	2.90	82	1.78	2983	64.10	1440	29.26

注:建安成本=建筑安装工程费+室外工程+环境工程。

从建安成本来看,全省 11 个城市中,建安成本占开发成本的比重最大,都超过 50%。湖州和嘉兴两市的建安成本占开发成本的比例最高,超过 70%,分别达到 73.82% 和 70.42%,温州市、金华市和丽水市的建安成本占开发成本的比例略低一些,分别为 51.09%、57.22% 和 58.49%,其他城市建安成本占开发成本的比例在 60%～70%。

从三项费用来看,全省 11 个城市中,三项费用占开发成本的比重都超过 20%,温州市表现突出,三项费用占开发成本的比例达到 43.79%,主要原因是温州市房地产开发项目的融资成本较高,根据课题组调查,有些项目融资的年利率达到 20% 以上,财务成本较高。

从开发成本占房价的比例来看,建安成本占房价的比例较大。根据相关研究,建安成本一般在房地产开发成本中所占比例为20%~30%。在119个样本项目中,建安成本占房价的比例达到23.68%,是除土地成本以外的第二大成本;三项费用、前期费用和各项规费占房价的比重分别为10.36%、1.07%和0.66%(见表14.8)。分城市来看,由于建安成本相对具有刚性,房价较高的城市,建安成本占房价的比例相对低一些。如温州、杭州、宁波三城市的建安成本占房价的比例分别为14.41%、18.10%和19.07%。而房价较低的城市,建安成本占房价的比例相对高一些,如嘉兴市和湖州市的建安成本占房价的比例分别为36.34%、32.13%。

表 14.8 各城市样本项目单位面积开发成本及其占销售价格比重

调研城市	销售价格(元/m²)	前期费用(元/m²)	占比(%)	各项规费(元/m²)	占比(%)	建安成本(元/m²)	占比(%)	三项费用(元/m²)	占比(%)
杭州	18502	134	0.72	77	0.42	3349	18.10	1570	8.49
宁波	17769	160	0.90	72	0.41	3389	19.07	1762	9.92
温州	27364	181	0.66	87	0.32	3944	14.41	3380	12.35
绍兴	13349	131	0.98	81	0.61	3018	22.61	1303	9.76
湖州	8497	114	1.34	46	0.54	2730	32.13	804	9.46
嘉兴	8504	138	1.62	78	0.92	3090	36.34	1011	11.89
金华	12255	134	1.09	42	0.34	2341	19.10	1453	11.86
衢州	7971	87	1.09	90	1.13	2344	29.41	893	11.20
台州	12806	172	1.34	147	1.15	3271	25.54	1254	9.79
丽水	13500	95	0.70	134	0.99	2655	19.67	1539	11.40
舟山	11133	143	1.28	52	0.47	2683	24.10	872	7.83
全省	13786	135	1.07	82	0.66	2983	23.68	1440	10.36

注:建安成本=建筑安装工程费+室外工程+环境工程。

14.3.3 投入强度

2009—2011年,由于国家持续地对房地产市场进行宏观调控,投资和投机性需求受到了遏制,刚性需求成为房地产市场的主要力量。许多开发企业为了适应刚性市场需求,考虑如何将房屋的总价降下来,一些开发企业纷纷调整原来的产品设计,用"做减法"的方式来控制开发成本和商品房总价。如:由精装修房改成毛坯房销售,项目室外绿化降低建设标准等,这种变化可以从样本项目开发投入的变化中反映出来。

在 119 个有成本收益测算的样本项目中,共有 10 个项目是精装修项目,其中六个是 2009 年的拿地项目,三个是 2010 年的拿地项目,一个是 2011 年的拿地项目。随着拿地时间推后,精装修项目个数逐渐减少,表明房地产开发企业正在设法降低开发投入强度,以适应市场刚性需求。

分年度来看,在 119 个样本数据中,前期费用和各项规费由于政府有关文件对其收费有明文规定,各年度变化不大。前期费用在 2009 年、2010 年和 2011 年的成本单价(总建筑面积)分别为 139 元/m²、145 元/m² 和 108 元/m²;各项规费(总建筑面积)在 2009 年、2010 年和 2011 年的成本单价分别为 85 元/m²、78 元/m² 和 79 元/m²。而建安成本和三项费用各年度变化幅度较大,2009 年、2010 年和 2011 年拿地项目的建安成本单价(总建筑面积)分别为 3165 元/m²、3044 元/m² 和 2513 元/m²,呈逐年下降趋势,其中,2009 年、2010 年和 2011 年拿地项目的室外工程费用单价(总建筑面积)分别为 389 元/m²、385 元/m² 和 341 元/m²,2011 年拿地样本项目的室外工程费用下降较为明显。三项费用(总建筑面积)在 2009 年、2010 年和 2011 年的成本单价分别为 1461 元/m²、1590 元/m² 和 1151 元/m²,2011 年下降较为明显。

分建筑类型来看,2011 年拿地的高层样本项目建安成本下降较为明显,多层样本项目建安成本变化不大。2009 年、2010 年和 2011 年拿地的高层项目建安成本单价(总建筑面积)分别为 3435 元/m²、3600 元/m² 和 2429 元/m²,2009 年和 2010 年项目变化不大,但 2011 年项目建安成本比 2009 年和 2010 年分别下降了 1006 元/m² 和 1171 元/m²,下降幅度分别为 29.3% 和 32.5%。从多层样本项目来看,由于项目容积率较低,定位较为高端,建安成本下降幅度不大,2011 年项目与 2010 年项目基本持平,但也比 2009 年项目下降了 504 元/m²。

14.3.4 三项费用

三项费用是指房地产项目在开发过程中所发生的期间费用，由管理费用、销售费用和财务费用三部分组成。管理费用包括公司人员工资、办公经费、工会经费、职工教育经费、劳动保险费、待业保险费以及其他管理费用。销售费用包括企业经营期间的广告费、展览费、印刷费、代销手续费、销售服务费以及专设销售机构有关费用等。财务费用包括企业经营期间发生的利息净支出、汇兑净损失、调剂外汇手续费、金融机构手续费以及企业筹资发生的其他财务费用。根据我国学者研究，三项费用一般在房价中所占比例为10%～15%。在119个样本项目中，三项费用占总收入的比重达到13.7%，其中，管理费用、销售费用和财务费用占项目总收入的比重分别为2.2%、1.7%和9.5%。

分项目拿地年度来看，各年度管理费用和销售费用占总收入比重较为平均，但财务费用各年度相差明显。2009年拿地项目的财务成本相对较低，财务成本占总收入的比例为8.8%，2010年和2011年拿地项目的财务成本占总收入的比例分别为10.2%和10.4%，表明这两年房地产开发企业的融资成本越来越高。

根据浙江省房地产上市企业2009—2011年公司年度报告，3年中浙江省上市房地产企业的管理费用、销售费用占总收入的比重分别为4.32%和1.73%，财务费用根据一般经验公式计算，财务费用占总收入的比重为5.53%。按照这个基准，表明2009—2011年房地产开发项目的管理费用和销售费用较为正常，而财务费用增长幅度较大。房地产业是资金密集型的行业，房地产企业往往有较大比重的资金需要向金融部门、其他企业筹措，涉及金额巨大。2009—2011年，随着国家对房地产业调控政策的不断深入，特别是国务院办公厅在2011年1月26日出台了新"国八条"，对房地产进行"限购和限贷"，银监会和证监委对房地产企业的信托融资、股权融资、上市融资、委托贷款等设置了较高门槛，加上项目销售不畅，造成房地产企业遭遇"资金瓶颈"，一些项目不得不走民间高息集资之路，从而使得房地产企业的财务成本大幅度提高。

从样本项目已经投入资金的来源来看,2009—2011 年银行贷款比例大幅度下降,而其他资金来源的比例提高很快。从 169 个样本项目已投入资金的结构来看,2009 年、2010 年和 2011 年拿地项目的自有资金占项目已投入资金的比例分别为 65.1%、73.8% 和 94.8%,自有资金占比逐年提高非常明显,而这三年企业银行贷款占已投入资金比例分别为 27.1%、18.2% 和 2.3%,逐年呈下降趋势。这种状况使得财务费用占项目总收入比例大幅度提高。

14.3.5 税费负担

税费也是商品房价格重要的组成部分,根据我国学者研究,税收一般占房价的 10%~15%。在我国房地产开发过程中,税费主要由税收和费用两部分构成。房地产税收主要由营业税及附加、企业所得税和土地增值税等[①]构成,其占房价的比重较大;费用主要由政府规费和房地产开发过程中的各种评估审核费用等构成,虽然项目较多,但占房价的比重较小。

在 119 个样本项目中,房地产项目税收占总收入的比例达到了 11.3%,平均达到 1632.9 元/m²,其中,营业税及附加约为总收入的 5.7%、企业所得税约为总收入的 3.75%、土地增值税约占总收入的 0.5%~2%。分城市来看,各城市税收所占房价的比例略有差别。湖州、嘉兴和舟山三个城市税收占房价比重较高,分别为 12.8%、12.5% 和 12.1%,衢州、杭州和丽水三个城市税收占房价比重较低,分别为 10.3%、10.5% 和 10.9%,各城市税收的差别基本在于土地增值税的征收税率方面有差异。

各项规费占房价的比重为 0.93%。分城市来看,各城市规费占总收入的比例相差不大,房价高的城市,规费所占比重较低,如杭州、宁波、温州三城市的各项规费占房价的比重只有 0.7%、0.6% 和 0.5%;房价比较低的城市,各项规费占房价的比重较高,如衢州、嘉兴、丽水三城市的规费占房价的比重为 1.4%、1.3% 和 1.3%。

企业所得税和土地增值税这两项税收本意是为了调节房地产投资收

---

① 土地契税也是房地产开发过程所涉及的、税率较大(3%)的一种税,在样本项目中,由于该项税收已经纳入土地成本中进行计算,故不在开发成本中讨论,其他一些如印花税和城市土地使用税等,由于所占的比例很低,在此也不进行讨论。

益,限制房地产业的高额利润,对实现房地产业健康稳定发展起到了一定的作用,但同时也增加了房地产企业的负担。从实际调查访谈中,房地产开发企业对这两项税进行核定征收的方式反响较大。因为这两项税收的核定征收方式是在房地产项目利润率较高,资金较为宽裕的条件下实施的。在当前房地产市场形势下,许多开发项目的成本利润较低,甚至有些项目亏损,采用核定征收的方式显然加重了一些开发企业(特别是亏损项目)的资金负担,提高了项目的成本。虽然这两项税收可以在项目结束后进行清算,但在目前房地产业形势下,地方财政普遍紧张,开发企业要想从税务部门退还多征部分的税收是非常复杂和困难的。

各项规费占房价的比重虽然不高,但涉及部门非常多,极大地影响了房地产项目的开发进度。据不完全统计,房地产项目从拿地到竣工交付需要政府有关部门盖 40 多个章。虽然通过几年的整顿和清理,全省房地产开发过程中各种收费趋于正常化和透明化,但从本次调研的情况来看,开发企业集中反映的问题主要是:"搭便车"变相收费、垄断部门收费高、保证金或押金退还难等,这些问题影响着全省房地产企业的发展环境,进而影响房地产企业的经营发展。

14.4 运营风险分析

14.4.1 经营风险

对于一个行业来讲,要使其稳定健康发展,稳定的行业平均利润率是一个很重要的指标,如果一个行业的平均利润率长期低于社会平均水平,社会资本便会退出这个行业,从而使得这个行业不能持续稳定地发展。同样,对于一个企业或项目,其从事经营活动的直接目的就是赚取利润,只有持续盈利,才能维持企业稳定发展。单个房地产项目的盈利能力通常采用销售利润率和成本费用利润率两个指标来衡量:

销售利润率的计算公式为:销售利润率=项目税前利润/项目总收入×100%,其中,项目税前利润=项目总收入-项目总成本,项目总收入=项目已实现收入＋项目可实现收入,项目总成本＝土地成本＋前期费用＋各项规费＋建安成本＋室外工程费＋不可预见费＋管理费用＋销售费用＋财务费用＋营业税。

成本费用利润率的计算公式为:成本费用利润率＝净利润/项目总成本×100％,其中,项目净利润＝项目总收入－项目总成本－营业税－企业所得税－土地增值税,项目总收入＝项目已实现收入＋项目可实现收入,项目总成本＝土地成本＋前期费用＋各项规费＋建安成本＋室外工程费＋不可预见费＋管理费用＋销售费用＋财务费用。

在全部 169 个样本项目中,已经销售的项目 85 个,正准备销售的项目 34 个,总共有 119 个项目可以进行项目销售利润率和成本费用利润率指标计算。从计算结果来看,样本项目的销售利润率和成本费用利润率分别为 13.1％和 16.2％。

分城市来看,各个城市项目盈利能力表现不一。2009—2011 年全省 11 个城市样本项目的销售利润率均大于 0,成本费用利润率有 10 个城市大于 0,只有台州市成本费用利润率为－1.7％,其中,舟山市销售利润率和成本费用利润率最高,分别达到 27.4％和 36.7％,其他各城市销售利润率和成本费用利润率波动较大。

表 14.9　各城市样本项目销售利润率和成本费用利润率　　　　单位:％

序号	调研城市	销售利润率	成本费用利润率
1	杭州	6.0	6.1
2	宁波	19.6	28.8
3	温州	9.9	10.9
4	绍兴	14.4	15.3
5	湖州	19.9	21.5
6	嘉兴	0.3	4.6
7	金华	20.7	30.4
8	衢州	11.5	13.1
9	台州	3.5	－1.7
10	丽水	17.8	18.0

续表

序号	调研城市	销售利润率	成本费用利润率
11	舟山	27.4	36.7
12	全省	13.1	16.2

资料来源:根据119个有成本收益测算的样本项目数据整理得到。

根据 Wind(万得)数据库提供的资料,2010 年我国房地产上市企业销售利润率平均值为 19.9%;成本费用利润率平均值为 9.8%。参照这个标准来看,浙江省样本项目的销售利润率低于行业水平,但成本费用利润率高于行业水平。

根据国家统计局发布的 70 个大中城市住宅销售价格数据,2011 年以来杭州、宁波、温州和金华 4 个城市的新建商品住宅价格指数表现出逐步回落的态势。2012 年 6 月,杭州、宁波、温州和金华四个城市新建商品住宅同比价格指数分别为 90.2、92.0、84.2 和 93.7。与 2011 年 6 月的价格指数相比,分别回落了 9.1、10.2、16.5 和 10.3 个百分点。根据近期新建商品住宅价格的变化趋势,课题组对样本项目的盈利水平进行了敏感性分析。

根据 119 个样本项目测算,若可实现收入下降 10%,则样本项目的销售利润率与成本费用利润率分别为 6.3% 和 6.8%,分别下降了 7.0% 和 9.4%,下降幅度明显。若可实现收入下降 20%,则样本项目的销售利润率与成本费用利润率分别为 −2.2% 和 −2.6%,样本项目出现整体亏损。若可实现收入下降 30%,则样本项目的销售利润率与成本费用利润率分别为 −12.7% 和 −12.1%。因此,若商品住宅销售价格进一步下降,则行业风险开始显现。

14.4.2 质量风险

商品住宅是兼具社会和商品属性的特殊商品,是家庭价值最高、开支最大的持久性耐用品,无论是经济发达国家还是发展中国家,家庭购置住房都不是轻而易举的事情,都需要经过长期的努力才能实现。因此,商品住宅质量是关系到社会民生的大事,应该引起社会各界的重视。一般来讲,商品住宅的质量与商品住宅开发过程中的成本投入和项目管理有关,如果成本投入不足,商品房质量可能低于国家的建筑标准,就会引起质量风险。

从样本项目的成本投入强度来看,建筑安装工程费用和室外工程费(含室外绿化工程费)呈现逐年下降趋势。在 119 个样本项目中,2009 年、2010 年和 2011 年拿地项目的建安成本单价(总建筑面积)分别为 3161 元/m²、3044 元/m² 和 2513 元/m²,2010 年项目和 2011 年项目分别比 2009 年项目下降了 3.7% 和 20.5%。具体来看,建筑安装工程费用和室外工程费投入强度都有所下降,2009 年、2010 年和 2011 年拿地项目的建筑安装工程费用单价分别为 2772 元/m²、2659 元/m² 和 2172 元/m²,2010 年项目和 2011 年项目分别比 2009 年项目下降了 4.1% 和 21.6%。2009 年、2010 年和 2011 年拿地项目的室外工程费单价分别为 389 元/m²、385 元/m² 和 341 元/m²,2011 年拿地项目下降明显。

根据调查,近三年全省房地产项目材料人工成本不断上涨,房地产项目建筑造价也不断上升。课题组调查了杭州市 2007 年 6 月至 2011 年 12 月的各种主要建筑材料价格和人工成本价格的变化情况,发现圆钢价格 2011 年 12 月比 2007 年 6 月增长了 22.78%,螺纹钢价格增长了 30.78%,泵送商品混凝土 C25 的价格增长了 47.04%,人工价格增长了 127.21%,人工价格增长幅度最大。一般来讲,主要材料和人工成本占工程造价的比例接近 80%(材料 63.6%,人工 15.1%),其中,三项主材占工程造价约 35%。由此推算,材料和人工价格上涨的因素会造成建筑工程造价的增加。

由此可见,一方面,在开发商控制成本背景下,样本项目建筑安装工程费用和室外工程费(含室外绿化工程费)的投入强度逐年下降;另一方面,建材、人工等成本却不断上涨。这一矛盾现象的同时出现,表明部分开发商在严峻的市场形势下可能存在过度压缩成本费用的倾向,房地产项目存在工程质量下降的风险,应引起政府有关部门重视。

14.4.3　社会风险

近几年,由于国家对房地产进行持续严厉调控,有些开发商迫于资金压力,纷纷开始降价促销,这引起了老业主"房闹"开发商事件增加。根据不完全统计,从 2012 年 1 月至 6 月,杭州各类"房闹"事件已达近 20 起,参与者上千人。特别是 2012 年 5 月份,杭州、宁波连续几天上演"房闹"事件:5 月 3 日,杭州昆仑天籁老业主拉横幅"房闹"开发商;5 月 4 日,杭州中豪四季公馆老业主举手牌静坐"房闹"开发商;同一天晚上,因不满开发商大幅度降价,镇海保亿·丽景英郡售楼处,约 400 名业主堵在门口,讨要说法;5 月 5 日,杭州江南铭庭老业主,也聚集到售楼处,摆花圈"房闹"开发商。

"房闹"事件虽然违反市场经济的"契约精神",但对房地产市场的影响却不容忽视,也给开发商和政府敲响了社会风险的警钟。从有分期销售信息的 13 个样本项目来看,一期、二期商品房销售价格分别为 12009 元/m² 和 9603 元/m²,下降了 20.03%,房价下降的幅度比较大。从项目未销售面积占项目总面积的比例来看,项目未销售面积的比重较大,一期项目未销售面积占项目总面积的比重为 42.9%,二期项目未销售面积占项目总面积的比重为 79.3%,也就是说样本项目未销售面积大大高于项目已销售面积,若开发商进行降价销售,可能引起先期购房者的不满,甚至带来社会风险。

要遏制房地产开发项目诸如"房闹"和"交房"等社会风险,政府和房地产企业必须及早对房产交易的全部环节予以监控,严厉查处违法违规现象,理性引导房产交易行为。因此全新、健全、有序的房地产市场制度改革就显得尤为必要,只有建立健全的长效机制才能保障房地产市场健康、和谐、有序发展。

14.5 研究结论和对策建议

14.5.1 成本降低与土地政策

依据 119 个样本项目测算,浙江省 11 个城市商品住宅正常利润下的房价仍然偏高,超过了普通收入家庭的支付能力。根据房价收入比的计算公式,要降低一个城市的房价收入比,一般可采用两种方法:一是提高该城市居民的家庭年度收入;二是降低该城市商品住房的价格。由于提高城市居民的家庭年度收入是一个长期的过程,短期难以快速实现,因此,从短期来看,只有降低该城市商品住房的价格,才能降低房价收入比,从而减轻城市居民购房压力。从商品住宅的价格构成来看,建安成本和税收刚性较大,开发项目的利润空间已经接近正常利润水平,压缩空间不大,因此,要降低商品住宅价格,应该从降低土地成本入手。

根据相关研究成果,在商品住宅的成本构成中,地价与房价具有非常强的相关性,相关系数非常高。课题组通过对 119 个样本项目的数据进行回归分析,发现地价与房价的回归系数达到 1.41。也就是说地价提高 1 元/m²,则房价上升 1.41 元/m²;反之,地价下降 1 元/m²,则房价下降 1.41 元/m²。可见,地价变化对房价影响很大。目前,土地成本占商品住宅价格的比例还是偏高,在 119 个样本项目中,土地成本占房价比重的平均值达到 35.5%,特别是杭州和温州两市地价占房价比重分别达到 46.6% 和 44.4%。可见,降低土地价格从而降低商品住宅价格是有空间的。

根据我国目前城市土地制度,课题组认为地方政府在降低土地价格方面,可以采取以下几种措施:

一是增加土地供应量。地方政府在科学、详细调查研究的基础上明确商品住宅市场的需求量,制定科学合理的土地供应计划,有计划地对市场释放土地,促进商品住宅市场的供需平衡;同时,应有计划安排保障性住房建设用地,解决贫困家庭的住房问题。政府不仅要对房地产市场适度释放土地,更重要的是对释放市场的土地必须严格监管限期开发,以保障市场房源,调节供需矛盾,稳定市场房价。

二是调节土地供应结构。地方政府应该根据城市发展规划,科学制定城市用地规划,避免居住用地过分集中,应根据居民工作生活习惯,合理布局居住用地,同时,还应该充分提高土地利用效率,提高集体建设用地的效率。

三是完善土地供应方式。在土地出让方式上,对于竞争激烈的优质地块,可以采取投标方式。可以完善单纯的以土地面积竞价,实行以建筑楼面地价格和房产销售价格的多元竞价方式。在土地拍卖中设定最高房价,地价与房价同时纳入竞价,房价超过土地拍卖限价部分用税收杠杆调节。[1]

---

① 殷邦权:《也谈商品房成本构成与房价调控对策》,《经济师》2010 年第 9 期。

14.5.2　成本控制与税收政策

税收是房价组成的重要因素，依法纳税也是房地产企业的职责和义务。在 119 个样本项目中，营业税及附加、企业所得税和土地增值税这三项税收占项目总收入（房价）的比例达到了 11.3%，平均值为 1632.9 元/m²（总建筑面积）。若减去房地产营业税及附加（税率为 5.7%）部分，则企业所得税和土地增值税占房价的比例为 5.6%。对于企业所得税，目前财税部门基本按照 2006 年国税发〔2006〕31 号文件进行核定征收，而根据 2009 年国家税务局新出台的《房地产开发经营业务企业所得税处理办法》（国税发〔2009〕31 号）文件第四条规定，房地产业作为一种特殊行业不适合按照 2006 年国税发〔2006〕31 号文件进行核定征收，而应进行查账征收。

课题组根据两种征收办法测算企业所得税的差额。在 119 个样本项目中，剔除亏损项目，则样本项目税前利润为 244.5 亿元，若按照查账征收（所得税率按照 25% 计算），则样本项目的企业所得税的总额为 61.1 亿元；若按照核定征收，则样本项目的企业所得税的总额为 77.1 亿元，两者相差 16.0 亿元，平均每个项目为 1340 万元。分城市来看，除嘉兴和舟山两市外，其他城市企业所得税核定征收的所得税额均高于查账征收的所得税额。目前财税部门对企业所得税采用核定征收的方式，极大提高了企业的税收成本。

对于项目的土地增值税，财税部门依据《中华人民共和国土地增值税暂行条例实施细则》[财法字(1995)]第 6 号文件，对房地产项目进行核定征收，从全省 11 个城市来看，核定征收的税率在 0.5%～2%，在 119 个样本项目中，土地增值税占项目总收入的 1.85%。按照《中华人民共和国土地增值税暂行条例实施细则》，我国土地增值税实行四级超额累进税率，增值额未超过扣除项目金额 50% 的部分，税率为 30%；增值额超过扣除项目金额 50%，未超过 100% 的部分，税率为 40%；增值额超过扣除项目金额 100%，未超过 200% 的部分，税率为 50%；增值额超过扣除项目 200% 的部分，税率为 60%。课题组根据两种不同的征收办法测算项目土地增值税的差额，根据 119 个样本项目资料，若按照查账征收，则样本项目的土地增值税的总额为 10.65 亿元；若按照核定征收，则样本项目的土地增值税的总额为 33.76 亿元,两者相差 23.11 亿元。分城市来看,11 个城市项目土地增值税核定征收的所得税额均高于查账征收的土地增值税额。因此,目前,财税部门对项目土地增值税采用核定征收的方式,增加了企业的税收负担。

综上所述,目前我省房地产企业所得税和土地增值税采用核定征收的方式,大大高于查账征收的两项税额。预征税收还大量占用企业的流动资金,增加了企业的财务成本。同时,这种核定征收的方式,对于亏损项目很不公平。对于一个亏损项目,按照国家有关规定,不用缴纳所得税和土地增值税,现在不得不进行缴纳,虽然根据有关规定,在项目结算后可以进行退还,但从实际调查来看,由于目前政府财政较为紧张,加上退税手续比较复杂,因此,企业普遍反映退还比较困难。对于一个高利润率的项目,由于采用核定征收的方式,其缴纳的所得税和土地增值税可能大大低于查账征收额,一般开发企业不会主动到税务部门进行结算,这种征税方式有利于高盈利项目。因此,政府应对房地产企业的税收制度进行改革,使用更合理的税收政策,使得低收益的项目减少成本,而为高利润项目增加税收成本。

14.5.3　加强管理与成本控制

随着房地产开发企业间竞争的不断加剧,土地成本越来越高,人工、材料价格的不断上涨,房地产项目开发成本的不断攀升,企业经营风险加大。因此,成本控制对于房地产项目利润的实现至关重要,房地产企业应加强企业内部管理,从粗放经营向精细化管理转变,提高企业经营能力。在 119 个样本项目中,非亏损项目 83 个,亏损项目 36 个。从样本项目成本结构来看,非亏损项目和亏损项目除了土地成本相差较大外,建安成本和三项费用也有所差异。非亏损项目的土地成本、建安成本和税收成本分别为 3630 元/m²、2628 元/m² 和 1151 元/m²,而亏损项目的土地成本、建安成本和税收成本分别为 5065 元/m²、2767 元/m² 和 1350 元/m²。

事实上,在具体房地产项目开发过程中,土地成本、前期费用、各项规费和税收成本是相对固定的,在房价由市场决定的情况下,房地产企业只有从建安成本和三项费用方面下功夫。在当前的形势下,控制成本费用可以提高企业竞争力,规避各种经营风险。成本和费用的高低在一定程度上决定了企业的利润高低和在同行中的竞争力，做好成本费用控制工作对于提高企业经济效益、增强竞争力、扩大经营规模、防范和规避企业经营过程中的各种风险都具有重要作用。[①]

房地产企业要进行开发成本控制，可以从以下几个方面入手。首先，企业要理性拿地，防止拿高价土地。土地成本占房价的比重较大，土地成本过高，项目以后操作难度很大。例如，某城市 2009 年的一个地王项目，由于当时拿地成本过高，到现在还没法动工，财务成本很大，按照目前的市场售价，该项目将会出现巨大亏损。其次，要加快项目前期设计。根据学者研究，房地产项目的成本控制在设计阶段占了 70% 以上，在施工阶段只占 5% ～ 10%。因此，设计阶段的成本控制对整个项目的成本控制影响很大，开发企业要特别重视。最后，各部门要协调配合。成本控制工作是一个复杂而系统的工作，要靠各个部门共同努力来完成，虽然大部分的工作依赖于财务部，但是并不能因此否认其他部门在控制过程中的作用。企业应将各个部门进行优化组合，为其发挥自己的作用创造更好的条件。

14.5.4 开发节奏与经营风险

房地产业是资金密集型行业，对资金的要求量大，一般一个房地产项目的财务费用占总收入的 10% ～ 15%。在 119 个样本项目中，财务费用占项目总收入的比重为 9.5%，折合每平方米 1048。课题组根据 119 个样本项目的数据，将样本项目中的财务成本分别下降 2% 和 4%，保持项目的成本利润率不变，则项目销售均价从原来的 13786 元/m²，分别下降到 12821 元/m² 和 11856 元/m²，分别下降了 965 元/m² 和 1930 元/m²，下降幅度分别达到 7.0% 和 14.0%，因此，降低财务费用可以大大降低项目的房价。降低财务费用，不仅可以降低商品住宅的价格，还可以节省开发企业的流动资金。课题组将项目的实际财务成本与银行一年期贷款利率测算的财务成本进行比较，发现样本项目实际项目财务费用增加 84.66 亿元，平均每个项目增加财务费用 7114 万元，可见，受房地产限贷政策影响，房地产开发项目的财务费

① 杨秀凯：《房地产企业全程成本控制的思考与对策》，《财会学习》2009 年第 1 期。

用明显增加。

现金流是房地产企业的生命线，加强现金流管理对房地产企业的生存发展尤为重要。姚武分析提出①，加强现金流的管理具体到项目开发过程主要有如下几个措施：

一是把握开发节奏，提高资金的周转率，减少利息支付周期。在房地产企业项目开发的全生命周期中，拿地、开工、开盘和竣工这四个关键节点对现金流的影响最大，前期表现为支出，后期表现为收入。如果能够缩短资金支出与收入之间的跨度，如适当调整开发节奏，将"前期资金支出的业务活动（如拿地）尽量后置，而将后期资金收入的业务活动（如开盘）前置"，就能让较少的资金沉淀在工程上，从而提高资金周转率和利用率，同时也缩减贷款利息。

二是从预算管理、计划管理等方面入手，加强对现金流的动态管理与控制，提高资金使用效率，增加单位资金利润率，在最短的周期内收回并增值投资，从而获取最大的投资收益。房地产企业是典型的资金密集型企业，其开发投资额巨大，开发周期往往跨越 2～3 年，面临着大量的资源整合工作及资金进出管理，再加上受外部竞争和政策调控风险影响，决定了房地产企业必须基于业务与财务联动，做好全面预算管理。

对于房地产项目而言，由于开发周期长、各环节牵涉巨量资金进出，做好项目全过程进度和整体计划管理就尤为重要。从某种意义上讲，计划管理的背后就是现金流收支兑现的源头，计划的制定与执行调整将直接影响业务的节奏和资金收支的节点。对于高度讲究时间概念的现金流而言，将计划和业务节点管好了，也就等于管好了资金收支的节奏和平衡。

---

① 姚武：《如何突围新政寒冬——解读新政高压下房地产企业的应对之策》，《城市开发》2010 年第 5 期。

第十五章　浙江省 11 个城市住房市场运行观测与分析[①]

15.1　房租收入比稳定，租房负担可承受

房租收入比，是指住宅月租金与家庭月收入之比，该指标表示城市居民在租房情况下，家庭房租支出占家庭收入的比重。比值越大，说明居民的租房负担越重。影响房租收入比的因素主要有四个：住宅租金、住宅面积、居民收入和家庭人口，具体测算方法为：

$$房租收入比[②]=\frac{住宅每平方米的月租金×住宅面积}{居民人均可支配年收入×户均人口×\frac{1}{12}}×100\%$$

分别按照住宅面积为 60、70、90 平方米进行数据测算，计算城市居民租赁不同面积的房屋租金分别占家庭月收入的比重，测算结果如表 15.1 所示。

---

①　本章相关内容先后在课题组的几篇论文中发表。主要有贾生华、周刚华、钱放：《浙江省 11 城市住房市场运行分析》，《中国房地产》2011 年第 2 期；钱放、贾生华：《城市住房市场运行的观测与分析——基于 2012 年浙江省 11 个地级城市的调查研究》，《中共浙江省委党校学报》2012 年第 11 期。

②　其中"住宅每平方米的月租金"通过浙江大学房地产研究中心观测统计的住宅租金挂牌均价乘以 0.9 的系数测算而得；居民人均可支配年收入为各城市当年的城镇人均可支配收入；户均人口采用 3 人；居民人均可支配年收入×户均人口/12 表示家庭月收入。

表 15.1　2012 年 6 月浙江省 11 个地级城市房租收入比

城市	月租金价格 （元/m²·月）	城镇居民人均 可支配收入(元)	房租收入比 （60 平方米）	房租收入比 （70 平方米）	房租收入比 （90 平方米）
杭州	33.0	34065	23.2	27.1	34.9
宁波	29.6	34058	20.9	24.3	31.3
温州	34.0	35431	23.0	26.8	34.5
绍兴	20.6	33273	14.9	17.3	22.3
湖州	19.8	29591	16.1	18.7	24.1
嘉兴	17.8	31520	13.5	15.8	20.3
金华	14.3	28593	12.0	14.0	18.0
衢州	10.9	24900	10.5	12.3	15.8
台州	18.0	32127	13.4	15.7	20.2
丽水	14.9	25278	14.1	16.4	21.1
舟山	24.3	30496	19.1	22.3	28.7

数据来源：房租为浙江大学房地产研究中心 2012 年 6 月观测数据，统计范围为各市市区。城镇居民人均可支配收入采用 2011 年数据，其中绍兴、嘉兴、舟山采用全市数据，其余城市均为市区数据。

根据 Feins 和 Lane 的界定，家庭可将收入的 1/4 用于住房消费，当家庭将更高比率的收入用于消费适宜住房时，就可以说其面临住房支付能力问题。目前的国际经验为，一般房租收入比在 25％以内是合理的，30％以内在承受范围之内，超过 30％则表明租房压力过大。

根据住建部的数据，2010 年中国城市人均住房建筑面积为 31.6 平方米。在浙江省，2011 年杭州市区人均住房建筑面积为 33.7 平方米，2010 年宁波市区人均住房建筑面积为 30.2 平方米，按照户均人口 3 人计算，居民的平均住房建筑面积在 90 平方米左右，90 平方米反映的是居民平均住房水平。同时根据《杭州市区经济适用住房管理办法》(杭政〔2007〕9 号)规定：经济适用住房严格控制在中小套型，建筑面积一般控制在 60 平方米左右，60平方米是保障性住房的平均户型标准。因此采用了 60 平方米、70 平方米、90 平方米这三个面积指标对房租收入比和房价收入比做测算。

通过三个面积指标的测算数据来看：对于 60 平方米的住宅，各城市的房租收入比均在 25％以下，表明各地级市的城市居民租房基本不存在租房压力；对于 70 平方米的住宅，除了杭州、温州两地的房租收入比高于 25％，其余城市的租房压力均在合理范围之内；对于 90 平方米的住宅，杭州、温州和宁波的房租收入比在 30％以上，压力超过可承受范围，舟山的房租收入比在 25％以上，存在一定的租房压力，其余城市的租房压力均在可承受范围之内。

通过不同面积的测算来看，杭州、温州、宁波的部分家庭面临一定的租房压力，需要通过住房保障手段来满足部分家庭的基本住房需求；舟山的租房压力略有显现，但尚在可承受范围之内；而衢州、金华、嘉兴等大部分三线城市未显现租房压力。总体而言，省内各城市的租房负担整体可以承受，一户三口之家如果租住 60 平方米的住房并不存在经济压力，对于居民租房的住房保障基本可通过市场化手段予以解决。

此外，还将 2010—2012 年的五次统计数据以 60 平方米为例进行了动态变化分析（见表 15.2）。动态分析来看，省内大部分城市的房租收入比基本保持平稳，部分城市小幅回升，显示城市居民的居住成本略有提升。其中宁波和嘉兴提升较为明显，以宁波为例，宁波 2012 年 6 月的房租收入比为 20.9，相比 2011 年 12 月的比值（18.8）有所提升，但未超过 2010 年 12 月的最高值（21.4），可见房租收入比仍在一个正常值范围内波动。房租收入比的变化主要取决于房租的变化和收入的变化，本次比值的提升主要由于省内城市房租水平的略微提升。

表 15.2　2010—2012 年浙江省 11 个地级城市的房租收入比动态变化

城市	2010 年 6 月	2010 年 12 月	2011 年 6 月	2011 年 12 月	2012 年 6 月
杭州	26.8	24.0	23.2	22.6	23.2
宁波	20.7	21.4	20.2	18.8	20.9
温州	24.6	28.4	25.1	22.7	23.0
绍兴	15.6	15.9	13.1	14.3	14.9
湖州	16.9	16.6	15.0	16.2	16.1
嘉兴	14.5	15.1	12.3	12.3	13.5
金华	9.6	11.8	10.6	11.5	12.0

城市	2010 年 6 月	2010 年 12 月	2011 年 6 月	2011 年 12 月	2012 年 6 月
衢州	9.9	10.6	11.2	11.0	10.5
台州	16.0	15.1	14.2	14.2	13.4
丽水	16.0	15.4	11.7	13.3	14.1
舟山	16.5	15.8	15.7	18.7	19.1

数据来源:根据浙江大学房地产研究中心 2010—2012 年的五次观测数据与当年城镇人均可支配收入测算。

另外一个值得关注的城市是舟山市,房租收入比的提高比较明显。这主要是由于舟山市近年来经济发展迅速,2011 年更被中央批准建立"新区",未来发展预期进一步提升,吸引了更多的劳动力前来就业,包括高素质劳动力和初级劳动力,从而增加了该地区居民对房地产租赁市场的需求,进而推动了房租的上涨。然而居住成本的提升将导致城市人才吸引力的下降,不利于新区的后期发展。因此舟山新区需建立完善的保障性住房政策体系,包括公共租赁房、人才专项房、农民工公寓等住房的开发建设,有效解决外来人口的住房问题,实现城市的可持续发展。

15.2　房价收入比下降,购房压力仍很大

房价收入比是指平均住宅总价与家庭年收入之比,该指标反映的是居民购房负担情况,比值越大,说明居民的购房负担越大。影响房价收入比的因素主要有四个,分别为住宅单价、住宅面积、居民收入和家庭人口,具体测算方法为:

房价收入比[①]=(住宅单价×住宅面积)/(居民人均可支配年收入×户均人口)

分别按照住宅面积为 60、70、90 平方米进行数据测算,来了解城市居民

---

① "住宅单价"通过浙江大学房地产研究中心观测统计的住宅销售挂牌均价乘以 0.9 的系数测算而得;"人均可支配收入"运用各城市的当年城镇居民人均可支配收入,家庭人口按三人计算。

购买不同面积房屋所需承受的压力水平，测算结果见表 15.3。

在房地产市场理论中，普遍认为房价与收入具有长期均衡关系，尽管短期内房价与收入可能存在不一致，但最终会趋向于均衡值。不同国家和地区具有不同的房价收入比。其中，Chen 等的研究指出，西方发达国家的房价收入比一般为 4～5，大部分亚洲国家的房价收入比会高于这个值。而国内部分学者认为，我国由于特殊的住房体制、隐性收入高及需求长期压抑等原因，房价收入合理范围比较之可能要大一点，目前 8～10 属于正常。若超过10，则居民购房困难。

表 15.3 2012 年 6 月浙江省 11 个地级城市房价收入比

城市	二手房价格（元/m²）	城镇居民人均可支配收入（元）	房价收入比（60 平方米）	房价收入比（70 平方米）	房价收入比（90 平方米）
杭州	17751	34065	10.4	12.2	15.6
宁波	13072	34058	7.7	9.0	11.5
温州	23962	35431	13.5	15.8	20.3
绍兴	10108	33273	6.1	7.1	9.1
湖州	8251	29591	5.6	6.5	8.4
嘉兴	6874	31520	4.4	5.1	6.5
金华	7603	28593	5.3	6.2	8.0
衢州	6186	24900	5.0	5.8	7.5
台州	9233	32127	5.7	6.7	8.6
丽水	10938	25278	8.7	10.1	13.0
舟山	11688	30496	7.7	8.9	11.5

数据来源：房价为浙江大学房地产研究中心 2012 年 6 月观测数据，统计范围为各市市区；城镇居民人均可支配收入采用 2011 年数据，绍兴、嘉兴、舟山采用全市数据，其余城市均为市区数据。

那么从三个测算数据来看：对于 60 平方米的住宅，省内有九个城市的房价收入比在 10 以下，绝大部分城市能够负担购房压力。其中温州、杭州的房价收入比超过 10，分别为 13.5 和 10.4，相当于这两个地区的居民家庭如购买 60 平方米的住房，分别需要 13 年和 10 年以上的家庭收入，城市置业门槛高，工薪阶层的购房压力大；丽水的比值在 8～10，居民具有一定的购房压力但尚可承受；其余城市房价收入比在 8 以下，居民购房压力较小。

对于 70 平方米的住宅,省内有八个城市的房价收入比在 10 以下。其中温州、杭州、丽水高于 10,具有明显购房压力;宁波、舟山在 8～10,具有一定购房压力但尚可承受;其余城市的购房压力较小。

对于 90 平方米的住宅,只有六个城市的房价收入比在 10 以下,也就是说对于购买一套 90 平方米的商品房来说,省内半数的城市具有较大购房压力。其中比值最高的温州为 20.3,其次为杭州达到 15.6。比值较低的是嘉兴和衢州,分别为 6.5 和 7.5。总体来看,浙江省内各城市存在较大的购房压力,其中尤以温州、杭州压力为甚,其次为丽水、宁波和舟山。

还将 2010—2012 年的五次统计数据以 90 平方米为例进行了动态变化分析,详见表 15.4。

表 15.4 2010—2012 年浙江省 11 个地级城市的房价收入比动态变化

城市	2010 年 6 月	2010 年 12 月	2011 年 6 月	2011 年 12 月	2012 年 6 月
杭州	19.0	21.2	19.1	17.0	15.6
宁波	12.7	14.2	12.8	11.1	11.5
温州	24.9	27.3	25.3	22.6	20.3
绍兴	8.6	10.3	9.1	9.2	9.1
湖州	8.3	9.3	8.6	8.7	8.4
嘉兴	8.0	9.4	7.0	6.5	6.5
金华	8.2	8.6	8.2	8.0	8.0
衢州	7.4	8.0	7.7	7.5	7.5
台州	8.6	9.9	9.4	10.5	8.6
丽水	11.7	13.3	13.1	13.2	13.0
舟山	9.7	12.4	11.9	11.3	11.5

数据来源:根据浙江大学房地产研究中心 2010—2012 年的五次观测数据与当年城镇人均可支配收入测算。

动态分析来看,不同于房租收入比的长期平稳态势,省内大部分城市的房价收入比受房价水平下降影响,呈现了持续的回落态势。2012 年 6 月份观测数据进一步下降,其中温州、杭州等城市的下降更为明显。以温州、杭州为例:2012 年 6 月份,温州的房价收入比为 20.3,是五次观测值中的最低值,自 2011 年 6 月之后呈现出明显的下降趋势;杭州的房价收入比为 15.6,同样是五次观测值的最低值,持续下降也同样出现在 2011 年 6 月之后。虽然房地产调控政策自 2010 年开始实施,但从数据变化来看,房价收入比在该年内仍进一步上升,比值的明显回落出现在 2011 年 6 月份的观测数据,其后大部分城市房价收入比持续下降。由此可见调控政策对市场的影响具有一定的滞后性,要真正实现市场的合理回归,政策在实施上需做到长期性和可持续性。

房价收入比下降主要由两方面因素构成。一方面由于持续的调控政策效果显现,住房市场供需关系和市场预期转变,房价自 2011 年下半年以来呈现稳步回落态势。而温州、杭州等城市房价收入比下降幅度较大,也是因为相较省内其他城市,温州、杭州这些原有房价水平较高的城市,由于限购政策限制了投资性需求的入市,使得新建商品房和二手房价格在这一年半以来下降更为明显。另一方面由于经济发展人均可支配收入不断提高,居民购房压力也有所降低。整体来看,省内各城市的购房压力有所缓解,宏观调控作用明显,但购房压力依旧较大,控制房价仍将是今后很长一段时间调控政策的主要目标。

15.3 房价房租比回落,房产泡沫在收缩

房价房租比,是每平方米的房价与每平方米的月租金的比值,指标反映的是住房买卖市场与住房租赁市场的关系,大致反映了房屋以出租方式取得的投资回报。影响房价房租比的因素主要是住宅单价和每平方米的住宅租金,具体测算方法为:

房价房租比[①]＝房价/月租金

2012 年 6 月测算结果见表 15.5。

---

① "房价"用二手房价格,"月租金"用住宅出租价格。

表 15.5　2012 年 6 月浙江省 11 个地级城市房价房租比

城市	月租金价格 （元/m²·月）	二手房价格 （元/m²）	房价房租比
杭州	33.0	17751	538
宁波	29.6	13072	442
温州	34.0	23962	706
绍兴	20.6	10108	490
湖州	19.8	8251	417
嘉兴	17.8	6874	386
金华	14.3	7603	531
衢州	10.9	6186	565
台州	18.0	9233	513
丽水	14.9	10938	737
舟山	24.3	11688	481

数据来源：房价和房租为浙江大学房地产研究中心 2012 年 6 月观测数据，统计范围为各市市区。

一般来说，房价房租比的合理范围在 200～300；但在我国现阶段，投资渠道狭窄，加之实际有效利率很低，居民更倾向于购买住房，而不愿意长期租赁住房，房价房租比较高。根据学者研究该比例可达到 500，超过这一比值则说明该区域房产被市场高估，投资风险较大。

通过 2012 年 6 月的数据测算可见，在浙江省的 11 个城市中，丽水、温州的房价房租比是相当高的，其中温州达到 706，丽水达到 737，也就是说在这些区域进行买房投资的风险其实已经相当大了。而嘉兴、湖州等五个城市的房价房租比在 500 以下，投资风险较低；其余六个城市的房价房租比超过500，均存在着一定的房地产投资"过热"和泡沫现象。

另外，还通过房价房租比的数据推算房屋的年投资回报率，投资回报率计算方式如下：

房屋年投资回报率[①]＝12/房价房租比

---

① 年投资回报率＝每平方米月租金×12 个月/每平方米房价。

根据国家统计局报告,2011 年全年我国 CPI 比上年上涨 5.4%;而银行一年定期存款利率为 3.5%,也就是说百姓实际存款利率为负(-1.9%),因此百姓并不倾向于银行储蓄这一投资方式。另一方面,经过浙江省 11 个城市的房屋年投资回报率测算,各城市的房屋年投资回报率平均在 2.4% 左右,最高的湖州投资回报率在 2.9%,最低的丽水投资回报率在 1.6%,通过住房出租获得的收益并不及存款所获得的利息收入。可见目前居民购买住房的关注点主要不是房租收益,而是房价的变化。如果房价涨幅高于通货膨胀率,居民便更倾向于购房;如果房价不变或下降,居民的购房意愿便会下降。而从当前政府对于房价的调控决心与力度来看,房价呈现了明显的下降趋势,因此可预见在未来一段时间内,住宅的投资收益预期将出现下行,居民对于房地产的投资热度将呈现"降温"趋势。

动态来看,除了衢州、台州以外,其他省内各城市的房价收入比呈现了自 2011 年 6 月以来的持续回落,显示房地产投资热度进一步"降温",房产泡沫在持续收缩。通过 2010 年至 2012 年的五次统计数据来看(见表 15.6),省内大部分城市房价房租水平有所降低,其中温州、台州、杭州降幅明显,以杭州为例,2012 年 6 月的房价房租比为 538,而最高点时的 2010 年 12 月房价房租比高达 707,回落明显。

房价房租比的回落主要是由于近年来房租水平的略微提升以及自 2010 年以来持续实施的调控措施。总体来说,各城市房价房租比呈现下降态势,显示出房地产投资有所"降温",房地产投资市场也处于进一步回归理性的过程。

表 15.6　2010—2012 年浙江省 11 个地级城市的房价房租比动态变化

城市	2010 年 6 月	2010 年 12 月	2011 年 6 月	2011 年 12 月	2012 年 6 月
杭州	565	707	659	601	538
宁波	490	532	505	473	442
温州	810	770	809	797	706
绍兴	439	517	552	515	490
湖州	393	446	460	431	417

续表

城市	2010 年 6 月	2010 年 12 月	2011 年 6 月	2011 年 12 月	2012 年 6 月
嘉兴	444	500	451	424	386
金华	687	584	620	554	531
衢州	598	603	548	541	565
台州	433	524	527	591	513
丽水	585	691	896	796	737
舟山	472	626	603	483	481

数据来源：根据浙江大学房地产研究中心 2010—2012 年五次观测数据测算。

15.4　调控政策见成效，政策体系需完善

15.4.1　重视城市与人群差异，提高住房保障针对性

建立完善的保障性住房体系，优化房地产市场的运行结构，是实现房地产市场稳定发展的有效措施。而在建立保障性住房体系的同时，需重视不同城市与人群之间的差异，提高住房保障政策的针对性。

首先是不同城市的差异。通过不同面积的房租收入比测算来看，省内大部分三线城市的住房压力相对较小，大部分居民可通过市场化手段租赁住房来满足基本的居住需求。部分二线城市如杭州、温州、宁波等，房租收入比仍超过合理区间，舟山也由于新区成立导致了房租收入比的明显提高并超过了合理区间，显示出这些地区的居民存在着住房压力，需要通过公共租赁房、人才专项房、农民工公寓、经济适用房等保障性住房政策来满足这类居民的基本住房需求。

其次是不同人群的差异。目前浙江省内大部分城市的房租收入比处于合理范围，同时经过近十几年有效的住房保障工作之后，浙江省基本实现了户籍居民"应保尽保"的目标。因此总体来看，各城市户籍人口不存在较大的租房压力，后续的住房保障工作，应将保障目标重点转向城市新移民，包括新就业的大中专毕业生，以及从农村向城市移民的进城务工人员，他们对城市建设开发做出了许多贡献，却承受了很大的住房压力，迫切需要通过保

障性住房的有效覆盖提升这部分人群的生活品质。

15.4.2 规范住房租赁市场，引导租房居住模式

2012年两会期间，温家宝总理曾明确表示："住有其居，并不意味着住者有其屋。从方向上看，应该鼓励更多的人租房。"在住房市场消费方面，应引导居民主要通过租赁方式解决自身和家庭的居住需求。同时从本研究的房租收入比和房价收入比的比较来看，大部分城市居民的租房压力较小，购房压力却普遍较大。然而实际情况却是，大多数居民更倾向于购房而不是租房来解决居住需求。造成这一情况主要是由于住房消费观念使得购买自有住房比租房更受欢迎。对许多中国人来说，房屋不仅仅是单纯的提供居住空间的物理概念，更是意味着"归属""安全感""港湾""温暖"等多重含义的心灵驿站。中国人独特的"家文化"使中国人对买房具有特别的偏好，只要能拥有一套自己的房子，即便是成为"房奴"也在所不惜，许多人甚至以每月要偿还的月供作为自我激励的手段。此外，我国住房租赁市场租赁关系不稳定，出租人随意调整租约内容，侵害承租人承租权，直接影响了租赁市场发挥居住保障作用，而保障性住房体系目前尚不完善，部分中低收入群体无法获得有效的住房保障，只能通过购房来解决住房问题。

因此要鼓励租房这一住房消费模式，首先要从规范住房租赁市场入手：一是要运用经济手段和法律手段调节住房空置，扩大住房供给，保障租户承租的合法权益，构建稳定健康的租赁关系；二是要进一步完善住房保障系统，发展以公共租赁房为重点的保障性住房，加大对建设公共租赁房的资金保障和土地供给，同时健全公共租赁房的监管和退出机制；三是要加强对租房市场的管理，规范租房中介市场，加快租房市场的信息化进程，减少承租人的租房成本和风险。只有租房市场实现稳定和规范的运营，租房这一消费模式才能得到可持续发展。

15.4.3 抑制房价与增加收入并举，降低居民购房压力

通过房价收入比的测算，省内大部分城市存在较大的购房压力，其中温州、杭州两地的房价收入比更是远超合理范围，居民购房负担非常大。而从

房价收入比的内涵来看，要降低购房压力，一方面需要通过市场手段和政策手段来抑制高房价，另一方面可通过提高民众收入水平来提升社会住房福利水平。

在抑制房价方面，我国实施了一系列调控政策对高房价进行抑制，目前效果有所显现。2011 年 1 月 26 日，我国在 2010 年房地产调控政策的基础上出台了新"国八条"政策，行政与经济手段进一步细化，调控政策得到强力推进和落实。与此同时，浙江省迅速做出了反应，于 2011 年 1 月 30 日发出《浙江省人民政府关于认真贯彻落实国务院常务会议精神进一步做好房地产市场调控工作的通知》，要求各市县政府坚决贯彻中央调控政策，并迅速落实。至 2011 年 4 月份，各地市相继出台了具体的房地产市场调控实施细则。通过本研究对浙江省 11 个地级城市的市场观测数据分析来看，2011 年以来各城市的二手房价格呈现明显下降趋势，调控政策初见成效，居民购房压力有所降低。

在提高民众收入方面，虽然目前我国人均可支配收入不断上涨，但居民收入水平仍与经济发展水平存在一定差距。以杭州市为例，2011 年杭州人均生产总值突破 8 万元（约合 12380 美元），但同年杭州城镇居民人均可支配收入为 34065 元，仅占人均生产总值的约 43%。而在成熟市场经济体中，初次分配后劳动者报酬占国内生产总值的比重远高于此水平，其中美国接近 70%，其他国家和地区普遍在 54%~65%。可见我国居民收入占人均生产总值的比重明显偏低，居民的劳动报酬在初次分配中的比重亟待提高。当居民的可支配收入获得了实质性提高之后，百姓购房的承受能力也会随之加强，住房市场的调控效果也将进一步显现。

第十六章 杭州市公共租赁住房 "十二五"规划研究[①]

16.1 发展公共租赁住房的背景和意义

16.1.1 住房保障体系的转变:从"以售为主"转向"以租为主"

发展公共租赁住房是现阶段我国住房保障体系改革和完善的基本方向。要理清公共租赁房在住房保障体系中应该履行什么职责,处于什么地位,必须要分析住房保障体系及其演变过程。

(1)经济适用房政策的成效显著,但也带来很多问题

标志着1998年住房市场化改革全面展开的国发〔1998〕23号文件明确提出,高收入家庭购买普通商品房,绝大部分中低收入家庭购买经济适用房,最低收入家庭通过廉租住房获得基本保障。在这个阶段,经济适用房不仅主导住房保障体系,而且主导了住房供应体系。这个阶段市场和保障之间的界限并不显著,这是从福利分房到市场化改革的一个过渡阶段。此后,房地产业作为国民经济支柱产业的地位得到确认,为了进一步发展房地产市场,国发〔2003〕18号文件将经济适用房的供给对象由"中低收入家庭"收缩为"中等偏下收入家庭",提出"调整住房供应结构,逐步实现多数家庭购

---

① 本章内容来源于杭州市住房改革领导小组办公室委托浙江大学房地产研究中心完成的"杭州市保障性住房十二五规划研究",课题负责人是贾生华,课题组成员主要有骆建艳、杨鸿、张凌等。课题研究2010年4月开始,2010年10月结束。

买或承租普通商品住房"。但此时,经济适用房仍然是住房保障体系内的主导。

过去十年中,经济适用房在解决城市住房问题方面发挥十分重要的作用。与此同时,也存在下面一些问题,使其难以继续在住房保障体系中发挥主导作用。

第一,收入审核机制不完善导致保障对象偏离。经济适用房的申请有严格的收入准入限制,虽然收入标准在变化,但收入线都是明确的。但在中国当前的社会公共管理水平下,收入很难准确审核。一方面隐性收入、非工资收入大量存在,另一方面虽然设立逐级审查制度,但各级职能部门并不容易严格执行。这些因素共同导致了经济适用房大量被收入不符合要求的人购买,导致公共资源使用的不公平和无效率。

第二,未考虑收入波动性,最需要群体难以获得保障。从保障效果来讲,最需要保障的群体却难以获益。现实中,能购买经济适用房的群体,收入并不会很低,因为经济适用房总价不低,相反真正需要的群体却买不起。另外,当前我国的收入很难准确界定,不少本不该进入的群体却获得了保障。同时,由于住房建设需要周期,往往是最需要的时候不能提供,而等到收入提高了,问题缓解了,保障住房才到手。

第三,缺少退出机制,违规出租和购房大量存在。经济适用房以申请者前一年的收入为准,缺少对收入变化的考虑。事实上,大多数人的收入处于变化之中,中低收入者收入很可能会提高,处于职业生涯早期的群体更是如此。而收入提高到一定程度之后,自然就不需要继续保障,在保障购买的方式下,已购买经济适用房的群体即便收入提高也没有较好的退出机制。当前政策上的退出机制是通过政府回购,或者上市交易并补交55%的溢价作为土地出让金。但这两种方式对于已购买经济适用房群体而言,并不具有吸引力,因此选择将经济适用房出租就可以理解。尽管建设部明令禁止经济适用房出租,但隐性出租从操作层面极难杜绝。这种欲退不得、出租违规的两难困境从根本上拷问了经济适用房政策的合理性。此外,尽管有关部门禁止已购买经济适用房家庭再次购买商品住房(必须先回收经济适用房才能购买商品房),但实际情况却是大量已购买经济适用房的群体购买了普通商品房。这种令行不止的尴尬现状,从另一个方面质疑了经济适用房存在的合理性。

第四,空间配置失当,职住分离普遍存在。由于各地的经济适用都是采用成片建设、成批次选房,而且选址通常在郊区,导致大量的保障对象面临工作和居住严重分离的情况。这种职住分离导致的通勤成本不仅增加了保障对象的生活成本,在严重的情况下,还将迫使这些家庭将经济适用房出租然后再用租金在距离工作地点较近的区域租赁住房。这种从表面上看违规的现象,本质上折射的是经济适用房保障措施的失当。

第五,保障购房没有终点。由于收入的变动,低收入者收入可能会提高,而高收入者收入也可能会降低,再加上人口的不断增长,社会上将长期存在符合保障的人群。因此,政府的保障压力长时间内存在,对于政府财力、行政成本都是巨大考验。而且,由于需要保障群体的数量庞大,覆盖面一直是一个大问题,即便是为经济适用房保障花了很大精力的杭州也不能例外。

综上所述,用发展的眼光看,经济适用房的历史使命已经完成,需要逐步退出保障体系。国际经验和国内实践、理论和事实都表明,以住房租赁为主导的新的保障体系更有效率、更公平。

(2)廉租房的覆盖面小、政府保障责任过大

2007年8月国务院第187次常务会议通过了《国务院关于解决城市低收入家庭住房困难的若干意见》(国发〔2007〕24号),明确提出将廉租住房作为住房保障的重点,对经济适用房实行动态管理和有限产权认购,住房保障的落实情况开始纳入对城市政府的政绩考核之中。24号文的出台,标志着中央对住房问题调控思路的转变,即住房调控由"主调市场"转向"主调保障",同时也标志着住房保障思路的调整,即"以售为主"转向"以租为主"。

杭州市在实践中不断积极摸索、积累相关经验,廉租住房制度在解决低收入家庭住房困难方面已取得了一定的成效。但是限于当前廉租房政策自身的特点,廉租房制度还存在一些问题,有待改进。

第一,廉租住房的总体保障范围仍然较小。从统计数据来看,杭州市廉

租住房保障进展相对缓慢,保障总量和相对数仍然较低,保障比例有待进一步提高。主要原因是廉租住房准入条件相对仍然较严格,收入和住房状况的限制标准阻碍了相当一部分低收入住房困难家庭获得廉租住房的保障。尽管近两次廉租房政策的修正都在逐步放宽条件,但是相对于"夹心层"的需要而言,还远远不够,廉租房保障占比仍然很小。

第二,"夹心层"住房困难家庭期待政策帮助。部分住房困难的低收入家庭既不符合目前的廉租条件,也无力自行购租住房,在住房解困方面存在"比萨饼"现象(排队进入比萨饼店消费的顾客,在店内享受异国美味,而在店外排队的顾客,在忍受风吹日晒)。在住房方面这种现象就是人均月收入低于两倍低保标准、住房使用面积小于 15 平方米的家庭,获得了租金补贴或实物配租,而人均月收入高于两倍低保标准,而又无力购房的家庭既不符合廉租条件又无力购房,如何解决这部分家庭的住房问题是廉租政策下一步要研究落实的问题。

第三,廉租房的保障责任较大,难以大范围扩面。廉租房的保障最早是从低保家庭开始的,城市低保家庭往往是城市中收入最低的群体、最困难的群体。因此,在廉租房的保障标准上,政府的力度很大,给予的实物配租或者租金补贴都比较到位。往往租金只是象征性地收一些,而货币补贴的标准则很高,杭州的每平方米补贴标准甚至超过 30 元。这种高标准的保障,限制了廉租房作为住房保障核心的可能。因为按照这个标准推行至当前所有"夹心层",显然地方财政不堪重负。

因此较为可行的方法是在租赁保障的体系内,对不同群体依据其自身经济能力实行差别化保障。这也是公共租赁房推出的原因所在,当然廉租房也可以纳入公共租赁房体系内,但问题涉及法律法规等方面的规定(廉租房有较为完备的制度法规规范),操作起来需要一定时间。公共租赁房作为新举措推出,可以迅速实施,避开制度层面的约束。

(3)公共租赁住房成为政府住房保障体系的重点

2010 年 1 月 10 日《国务院办公厅关于促进房地产市场平稳健康发展的通知》(国办发〔2010〕4 号)明确提出,"要增加中低价位、中小套型普通商品住房和限价商品住房、公共租赁住房、经济适用住房、廉租住房的建设规模和用地供应"，加大了住房保障的政策力度。2010 年 4 月 17 日《国务院关于坚决遏制部分城市房价过快上涨的通知》(国发〔2010〕10 号)进一步提出，住房问题关系国计民生，既是经济问题，更是影响社会稳定的重要民生问题。各地要尽快编制和公布住房建设规划，明确保障性住房、中小套型普通商品住房的建设数量和比例。房价过高、上涨过快的地区，要大幅度增加公共租赁住房、经济适用住房和限价商品住房供应。

很明显，中央层面的住房保障主导措施，转向了公共租赁房。中央层面的政策考核体系里已经不提经济适用房，只有公共租赁房和廉租房两项。政策思路的巨大转变是我们分析公共租赁住房定位的重要出发点。

16.1.2 杭州市住房制度改革取得的成就和面临的问题

(1)保障性住房覆盖面较广，户籍人口住房自有率高

随着杭州市经济社会发展和住房制度改革不断深化，政府住房保障职能不断加强，杭州市高度重视解决群众"住房难"问题，把解决城市低收入家庭住房困难作为全面改善民生的重要内容，在坚持"租、售、改"三位一体并举方针的前提下，加快建立和完善具有杭州特色的住房保障体系。经过近 10 年的实践探索和制度创新，杭州市基本构建了包括廉租房、经济适用住房、经济租赁房、限价商品房(拆迁安置房)、危旧房改善在内的住房保障体系，取得了显著成效。

公房出售情况。截至 2010 年 3 月底，杭州市区公有住房累计审批出售 263490 套，出售面积 1406.31 万平方米，户均面积 53 平方米。其中：直管公房累计审批出售 142271 套，出售面积 692.73 万平方米；单位自管房累计审批出售 121219 套，出售面积 713.58 万平方米。市区承租直管公房 21497 套，面积 109.69 万平方米。

经济适用住房保障情况。杭州市经济适用住房公开销售始于 2001 年，截至 2010 年 3 月底，累计建设公开销售及各类专项经济适用住房近 600 万平方米，其中公开销售 52713 套、建筑面积 456.6 万平方米，核发专项经济适用住房准购证 4338 份(不含省级专项房)。

廉租住房保障情况。杭州市廉租住房保障始于 2001 年，截至 2010 年 3

月底,累计保障 6696 户,拆迁保底安置 390 户(2009 年省建设厅的统计口径)。

公共租赁住房保障情况。2009 年 12 月,杭州市实行市本级公共(经济)租赁住房试点,推出房源 97 套,实际配租房源 74 套。

拆迁安置及危旧房改善情况。截至 2010 年 3 月底,市区拆迁安置房累计实行保底安置 7923 户,危旧房改善累计完成 156.8 万平方米,改善住户 31047 户。

综上所述,截至 2010 年 3 月底,杭州市区(不含萧山、余杭)通过公房出售、租赁和"六房并举"的住房保障体系,共保障家庭户数 383440 户,占市统计局提供的截至 2009 年底市区(不含萧山、余杭)家庭总户数的 58.6%。其中:廉租住房累计保障 6696 户,占市区家庭总户数的 1.02%;经济适用住房累计保障 52713 户,占市区家庭总户数的 8.06%;经济租赁住房累计保障 74 户,占市区家庭总户数的 0.01%;公有住房累计出售 263490 套,占市区家庭总户数的 40.27%;承租直管公有住房 21497 套,占市区家庭总户数的 3.28%;拆迁保底累计安置 7923 户,占市区家庭总户数的 1.21%;危旧房改善住户累计 31047 户,占市区家庭总户数的 4.75%。

不难看出,当前杭州户籍人口中,超过一半的家庭享受过住房保障,这一比例甚至超过一些西欧国家的住房自有率。表明杭州的住房保障已经取得了显著的成效,就户籍人口而言,基本住房保障工作已经十分到位。我们还必须考虑到,根据政府有关计划,在"十二五"期间,各种保障性住房的供给数量仍然维持较快的增长,总量可能超过 600 万平方米。

(2)住房存量大幅增加,住房供应总量充足

从 1998 年住房市场化改革以来,杭州市住房供应量大幅增加,市场成交量迅速攀升。1998—2008 年累计住宅竣工面积 3098.75 万平方米,住宅竣工面积总量占全部商品房竣工面积的 73%。以住宅为主的房地产开发建设有效地改善了城市面貌,提升了居民的居住质量。住房制度改革以来,通过公房出售和商品房市场,杭州市区的住房自有率已经超过 80%,超过大多数欧美国家的水平。住房供应的增加和住房成交的活跃在短短 10 年间迅速地改变了杭州的居住水平,杭州市区居民人均住房使用面积由 1998 年的 14.1

平方米提高到 2008 年的 29.83 平方米，增长超过一倍。将近 30 平方
米的人均住房使用面积表明杭州市的住房平均水平已经位居全国前列，接近西方
国家的平均水平。从 20 世纪 80 年代的住房极度紧缺，到今天的住房状况极
大改善，住房市场化改革功不可没。

2006 年房屋普查数据统计。根据住房调查，截至 2006 年 8 月 31 日，杭
州市区（含萧山、余杭）住房总量 107 万套①，总建筑面积 9050 万平方米，套
均面积 84.58 平方米。其中六城区②住房总量 80.2 万套，总建筑面积 6526
万平方米。六城区住房总量中，扣除无产权证住房、未售商品现房、已建成
但未分配的专项用房，调研时点杭州六城区城镇居民实际居住住房 71.3 万
套。据统计，六城区城镇居民住房自有率达到了 83.8％左右，其中拥有一套
住房的 43.45 万人，占 93.30％；拥有两套住房的有 2.84 万人，占 6.09％；三
套及以上住房的有 0.28 万人，占 0.6％。

2006—2009 年杭州市区房屋销售数据。根据杭州市透明售房网数据统
计，2006—2009 年，杭州六城区（不含萧山、余杭）共成交住房 164165 套。

拆迁安置数量。杭州市拆迁安置房分为城市居民拆迁安置房和农转非
居民拆迁安置房两大类。2002 年以来，杭州市区每年拆迁安置房开工量见
表 16.1。根据统计容易得到，2006—2009 年 11 月份，集体土地上的拆迁安
置房开工建设量 938 万平方米，国有土地上的拆迁安置房开工建设量 245 万
平方米。由于原先集体土地上的住房不计入 2006 年的普查范围，所以集体
土地上的拆迁安置可以算是净增量（以 9.3 万套计），国有土地的拆迁建设量
肯定大于拆迁的数量，但具体差额由于数据缺乏，并不清楚。

---

① 住房总量不包括集体土地上的农居房，但包括在建的国有土地上的住房。
② 六城区是指上城区、下城区、江干区、西湖区、拱墅区、滨江区。

表 16.1　杭州市拆迁安置房历年建设情况①　　　　单位:万平方米

年份	开工面积	竣工面积
2002 年	53	—
2003 年	56	54
2004 年	222	28
2005 年	261	79
2006 年	173	159
2007 年	251	125
2008 年	409	208
2009 年	350	151

当前杭州六城区的存量商品住房累计。综合上面三个部分的数据(71.3＋16.4＋9.3),可以初步得到 97 万套住房。这些并不包括杭州市区数量众多的城中村、城郊接合部的农居点住房,不包括无产权证的住房,不包括单位集体宿舍,不包含萧山、余杭等。所以,保守计算当前杭州市区六城区的商品住宅在 100 万套左右,仅此部分至少可供 300 万人居住。再算上为数众多的城郊接合部、城中村住房(外来中低收入家庭往往选择这些价格相对低廉的住所),以及现实中大量合租的存在,杭州市区的住房总量并不短缺。

(3)住房市场价格持续快速上涨,社会心态严重焦虑

住房市场的价格过高、上涨过快,可以从以下三个方面来看。一是住房价格高位运行。1998 年住房市场化改革以来,杭州房地产市场迅速成长,杭州市区住房价格逐年攀升。根据 2009 年杭州市区(含萧山、余杭)二手住房成交数据抽样分析显示,单价在 6000 元/m² 以下的比例为 0,单价 6000～10000 元/m² 占 17%,单价 10000～15000 元/m² 占 57%,15000 元/m² 以上占

①　说明:1.城市居民拆迁安置房开工量 2004 年 100 万平方米、2005 年 141 万平方米、2006 年 63 万平方米、2007 年 67 万平方米;竣工 2006 年 72 万平方米,2007 年 43 万平方米;2.表中 2009 年开工量截至 11 月,计划至年底开工量为 400 万平方米,竣工 202 万平方米;3.2006 年以前开工量不含滨江区;4.至今拆迁安置房已开工 2478 万平方米,竣工 1412 万平方米。

24%。对最近 12 个月新建住房成交的全体统计表明,均价 15000 元/m² 以上的比例已经占到 46%。二是住房价格上涨较快。与房价高位运行同样重要的另一个问题是房价上涨速度过快。以杭州市区为例,从 2003 年至 2009 年,住房单价普遍性上涨 3 倍以上,局部区域房价涨幅更大。与此同时,人均收入的增长远远跟不上房价的涨速。即便以杭州市统计局数据计算,从 2002 年到 2007 年,杭州市商品房平均销售价格从 3966.70 元/m²,增长到了 8275.69 元/m²,增幅达 108.6%。2009 年以来,杭州市区房价又上了一个台阶。

未购房群体的焦虑:收入增长赶不上房价增长,涨价预期导致购房能力下降。杭州市区(含萧山和余杭)2008 年的人均可支配收入为 24104 元,近 10 年的居民人均可支配收入增加率为 11.07%。低收入家庭 2002—2007 年年收入的增幅为 80.2%,增长幅度远远不及房价。毫无疑问,杭州市区住房价格超过普通家庭的承受能力,更不要说是中低收入家庭。由于房价过高导致的购房困难已经成为普通民众(尤其住房困难者),对当前住房制度最大的不满。这种现象不仅在杭州存在,在其他房价较高的城市也普遍存在。因此,住房价格过高导致的中低收入家庭购房困难成为最突出的一个问题。但这不是问题的全部,更重要的一方面是房价持续快速上涨会形成房价上涨预期,这种预期会进一步导致未购房群体的严重焦虑,因为收入上涨速度远远落后于房价上涨的速度,如果错过机会可能今后几十年都是在为房子打工。这是最普遍的社会心态之一。

未能分享财富增值的焦虑:仅有一套住房,未能有效分享房价上涨带来的财富增值。由于房价的不断攀升,住房价格增值日益显著,进而拉大了居民家庭财富差距。10 多年来的住房市场化改革使得住房在居民家庭财富中占据主要地位,成为绝大多数家庭最重要的财产组成,占比超过 5 成。因此,部分拥有较大住房或者拥有多套住房的家庭,在房价上涨过程中,财富得到巨大的增值;而另外一些住房较小甚至没有自有住房的家庭,财富差距被进一步拉大。事实上,房地产市场的财富差距已经超越收入差距,成为影响城市家庭财产水平的最重要的因素。那些仅拥有一套住房,或者自认为拥有住房数量不够的群体,显然在财富增值的道路上落后了,而这种落后不是工资增长可以弥补的。因此,未能充分分享财富增值的焦虑也是最普遍的社会心态之一。

房价过高、过快上涨的事实导致了两种典型的社会焦虑心态,而这两种焦虑情绪的弥漫导致了住房问题成为众矢之的,饱受非议。然而,这种问题背后的本质并未被政策制定者觉察,转而扭曲为单纯的以更大的住房保障力度来缓解这个问题,这是对问题的曲解,政策自然也难以到位。

(4)新就业和外来就业人口居住成本增高,影响城市人才竞争力

改革开放40多年,中国人的消费观念有了很大的转变。有关数据显示,上海、北京两地居民的家庭整体债务比例已经分别达到155%和122%,杭州等中等城市的居民家庭债务比例也平均达到了90%左右,超过了银监会的《商业银行房地产贷款风险管理指引》中"应将借款人住房贷款的月房产支出与收入比控制在50%以下"的警戒线。

2009年7月在深圳市中小企业发展报告会上,多名企业老总表示房价飙升导致了人才的流失,成为制约中小企业发展的瓶颈。以住房为代表的生活成本上升速度远超过人员薪水的涨幅,即使不低的工资在高生活成本的城市中也不具备任何优势。从SSIC调查中看,科技人才流失的原因主要是待遇问题,其次是住房问题,这占全部原因的绝大部分。是否在该城市定居生活,房价成为很重要的主导因素。高房价主导的高居住成本,让事业才起步的年轻人却步,转而投向了那些房价相对较低的地区,这对那些高房价地区来说并不是一个好兆头。

当前,杭州市房价收入比已位于我国重点城市前列水平,居住支出占消费支出的比例也已较高。尽管杭州作为一个宜居城市,对创业人才有较大的吸引力,但是居住成本却相对较高。对于创业人才而言,可以选择那些居住成本较低但生活环境和发展前景都不错的城市,这可能导致杭州市创业人才的进一步流失。

日本的经济在房地产泡沫破灭后,停滞增长了20多年,其主要原因之一是,日本大城市的住房成本太高,最具有创业精神的年轻白领阶层无法负担,从而导致人才流失,最终社会创新动力明显减弱。杭州的房价一路走高,仅次于北京、上海和深圳,如果房价持续飙涨,居住成本最终会使那些创

业人才离开杭州,去寻找更适合的城市,最终影响到城市竞争力。

16.1.3 杭州市发展公共租赁住房的政策定位

(1)公共租赁住房在住房供应体系中的定位

住房供应体系可以由不同标准进行不同的划分,但大致上不能回避租赁还是购买,市场还是保障这个四象限分析框架(也可以采用四象限图来展示)。图16.1首先将住房供应按照租赁和购买两种方式划分,然后按照保障和市场进行进一步细分。

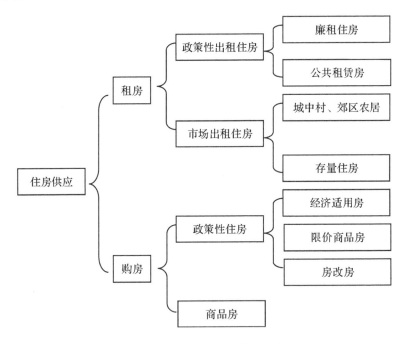

图 16.1　住房供应体系结构分析

明确公共租赁住房在体系中所处的位置:从图16.2可见,公共租赁住房是整个住房供应体系中的一个组成部分,具体而言,是住房租赁市场的一个组成部分。从供应体系和针对的家庭收入水平来看,公共租赁住房大致上处于廉租住房和普通商品房之间。也就是说,公共租赁住房在供应体系中的主要供应对象,对于户籍人口而言,是不符合廉租住房保障条件但又无力承租市场住房的部分;对于非户籍而言,就是无力在市场上承租住房的部分。随着公共租赁住房的扩大,主要分流的是租住在城中村、市郊农居等收入水平较低、居住品质较差的人群。对于租住的商品住房中的群体,收入水平通常要高一点,但这部分人中也有群租等现象存在,这部分人群的收入通常也较低,也可以纳入公共租赁住房保障的范围。

	购买	租赁
市场	各种类型的普通商品住房	普通商品房； 城中村农居； 市郊农居； 等等
保障	经济适用房、限价商品房等	公共租赁房 廉租住房

图 16.2　住房供应体系四象限分析

公共租赁住房对租赁市场的影响分析:从公共租赁住房所处的位置看,很显然,公共租赁住房是住房供应体系的一个补充。考虑到当前杭州市区的租赁市场基本处于均衡状态,住房租金水平合理,并且基本保持稳定,收入较低的群体租住品质稍微差点的农居房,收入较高的群体租住品质较好的商品房,住房并不存在绝对数量的稀缺。因此,公共租赁住房大量进入供应体系,毫无疑问将打破原有的这种均衡态势。假定住房租赁总量在公共租赁房进入体系前后不变,那么毫无疑问其他类型的住房租赁需求将被分流,分流的多少与公共租赁房的保障标准、租金水平和准入的难易程度有直接关系。所以,公共租赁住房的保障数量应该充分考虑当地实际情况,以避免对租赁市场造成太大冲击,更不能取代住房租赁市场。总体而言,在市场相对均衡的情况下,公共租赁房建设筹集数量不宜过大,公共租赁住房应该是整个住房供应体系的有益补充,是现有租赁住房体系的有效补充,不能替代租赁市场。

(2)公共租赁住房在住房保障体系中的定位

公共租赁住房的当前定位和中远期定位,与城市的经济社会发展水平,尤其是住房市场状况和住房保障水平密切相关。对于住房保障工作还不够到位、户籍人口住房困难还较突出的大城市，有必要加大公共租赁房建设力度。对于住房自有率很高的中小城市，必须要结合当前城市自身的住房状况，实事求是，不搞盲从。所以，此处所分析的当前定位和长远定义只是在一般意义上讨论，具体分析必须因时而变、因地制宜。

2010年6月11日国务院召开的全国公共租赁住房工作会议提出，公共租赁住房主要面对城市中等偏下收入家庭，有能力的城市可以把新职工和流动就业人口纳入保障，以更好地满足夹心层的住房需求。可见，公共租赁房实际上在与经济适用房进行过渡交接，保障对象是承接了原先经济适用房的保障对象，即城市中等偏下收入家庭。全国层面上，政策重点仍然是城市户籍人口，另外，有条件的地方可以考虑外来务工人员等群体。

中远期的政策发展看，公共租赁住房必然全面替代经济适用房、限价商品房等以售为主的保障房，成为住房保障体系的核心。也只有将公共租赁住房定位为未来住房保障体系的核心，公共租赁住房才有大力发展的必要。否则，在繁多而复杂的现有体系内，公共租赁住房如果只是一个补充，定位将非常尴尬，更不存在大力发展的必要。此外，随着经济社会的发展，住房保障突破户籍限制也是大势所趋，因此，作为核心的公共租赁住房必将突破户籍限制进而覆盖全部城市常住人口。

（3）杭州市发展公共租赁房的政策目标定位

住房是人类生存和发展的最基本需要，基本居住权已经成为现代社会的一项基本人权。建立居住权制度，保障弱势群体基本生活，对于维护公平和正义、促进社会和谐具有重要的意义。基本居住权在很多国家都已经成为共识，并以法律形式确认政府在保障居民基本居住权利上的责任。例如日本1951年颁布了《公营住宅法》，韩国2007年通过了《住宅法》修正案。除我们的近邻日本、韩国之外，普通法系的代表美国早在1949年就通过了《全国可承受住宅法》《住宅法》《住宅与社区发展法》等法律。另外，《世界人权宣言》第13条规定："人人在各国境内有权自由迁徙和居住。"这一规定也体现在《经济、社会及文化权利国际公约》之中，当然这里的"居住权"具有普遍人权的含义，是一种人生而不可剥夺的权利，是一国政府应当为本国公民提供的必要保障。因此,实现"人人享有基本居住权"是我国住房制度改革、住房市场发展、住房保障工作的根本目标。

我国此前所进行的住房制度改革,终结了住房分配福利制度,随着住房市场化的运行,房屋已成为人民群众重要的财产。但是我国人口众多,收入差距逐年加大,家庭财富两极分化趋势明显,房价又连年攀升,实现所有人都拥有住房非常困难。但是如果抛开人人拥有住房的思路,转为"人人有房住",而不是"人人有住房",从保障居住权的角度看,实现人人都享有基本的居住权利,并不是很困难的事情。结合中央层面住房保障发展思路的转变,即从"租售并举,以售为主"转变为"租售并举,以租为主",我国住房保障改革已经到了一个转折点。住房保障工作思路转变的要点,应该是建立以"保障基本居住权"为核心的多层次住房保障体系。公共租赁住房作为我国住房保障的新举措新核心,其本质是"通过租赁的方式保障基本居住权",这也是杭州市公共租赁住房的政策目标定位。

(4)杭州市发展公共租赁房的保障人群定位

从1998年的住房全面市场化改革以来,我国各城市通过公房出售、经济适用房、廉租住房等不同的保障方式为绝大部分城市居民提供了基本的住房。加上十多年商品住房市场的发展,我国城市的户籍人口住房自有率相当高,杭州市区这个数据为83%,中小城市比例通常而言只会更高。世界上绝大多数国家都没有达到我国这个标准。按照UNECE(联合国欧洲经济委员会)住宅统计资料,欧美发达和较发达国家的总自有住宅率普遍在60%～70%。比较高的是爱尔兰(80%)、挪威(78%)、葡萄牙(76%)、英国(70%)、美国(68%)、意大利(68%);比较低的是瑞士(31%)、德国(39%)、瑞典(46%)、丹麦(50%)、荷兰(50%)、奥地利(57%);处于中间层次的有法国(60%)、芬兰(63%)、加拿大(64%)。

数据告诉我们,尽管当前中国社会的住房矛盾很尖锐,但经过10多年积极有效的住房保障工作之后,主要矛盾不在城市户籍人口上。相反,这种矛盾主要来自中低收入阶层对住房价格上涨过快的不满,因为其中的未购房群体的支付能力随着房价上涨而迅速下降,其中的未投资住房群体没能从房价上涨中获得收益,财富差距被拉大。真正承受城市高房价压力的,是城市新移民,包括新就业的大中专毕业生,以及从农村向城市迁移的进城务工人员。当然,城市户籍人口中,新近组建家庭的年轻群体也在一定程度上有住房压力,但他们中的中低收入者已经在住房保障体系之内得到较好保障,将来也可以继续用公共租赁房保障。

因此,就当下而言,对于大城市而言,最需要住房政策支持的群体应该是城市新移民群体,主要由大中专毕业生和农民工群体组成。这部分人群住房压力巨大,但却游离于当前城市住房保障体系之外,毫无疑问应该成为公共租赁住房保障的重点群体。

从住房保障发展的长远方向看,公共租赁住房的保障群体应该是所有不能通过市场途径获得基本住房需要(实现基本居住权)的群体。这是住房保障发展的大方向,即从"租售并举,以售为主",转变到"租售并举,以租为主",更进一步发展到"只租不售"。只要没有获得过其他形式的住房保障,只要当前未能满足基本居住需要,也不能通过市场途径满足基本居住需要,无论户籍状况、婚姻状况,都应该纳入公共租赁住房保障体系。

综上所述,公共租赁住房的保障群体应该是城市未能满足基本居住需要、也没有能力通过市场途径满足基本居住需要的群体,当前的政策重点是城市新移民群体,主要由大中专毕业生和农民工群体组成。

16.2 杭州市区公共租赁住房的保障对象和保障规模

16.2.1 公共租赁住房的保障对象与人口规模

(1)公共租赁住房的主要保障对象

目前,公共租赁住房保障的群体具体构成如下:①以市场租金向私有业主租赁成套售后公房的家庭:收入属于中低层次,或是新近落户杭州的高学历青年,或临时过渡户,这些家庭向售后公房产权人以市场租金承租住房。其住房困难表现为租金支出占收入的比重较大。②市场租金承租非成套公房的家庭:收入较低,这一群体或是外来务工者,或临时过渡户,在市场上向原公房承租户转租取得。其住房困难也表现为住房设施简陋,甚至没有厨房和卫生间。③以市场价格租赁商品住房的家庭,其收入虽处于中等水平,但为了就业或孩子就学,以较高的租金租赁商品房,可能为此而节衣缩食。这些家庭大多为新落户杭州的三口之家。其住房困难表现为住房支出占据了其收入的很高比例。

可见,无法依靠自身能力通过市场满足基本居住需要,是公共租赁住房保障的目标群体,他们有三个共同特点:①收入处于中、低水平;②没有享受过购房福利或购房补贴;③存在住房面积不足、住房设施不齐配套不完善、住房支出占收入比重过高等方面的住房困难。

造成上述人群住房困难的原因主要有两个:①能力问题,家庭收入低,住房支付能力差;②品质问题,包括面积不足、配套不全、区位不佳、环境不好等。

(2)户籍"夹心层"的潜在保障人口规模

户籍人口中,住房保障应覆盖两个"夹心层":一是既无力购买一般商品房、无资格购买经济适用房的群体,本研究称为"第二个夹心层";另一"夹心层"为无力购买经济适用房但又不能享受廉租房政策的群体,本研究称为"第一个夹心层"。在测算规模之前,首先界定各"夹心层"的收入和居住面积范围。

"第二个夹心层"的范围:假定家庭承租50平方米的住房,每平方米的租金为30元/月①,每个月家庭的住房支出为1500元。以住房消费支出占家庭可支配收入25%为标准,即超过25%为住房负担较重,小于25%为住房负担可承受。容易算出,家庭月收入在6000元,即年收入约7.2万的家庭,不存在住房负担过重问题。据杭州市统计年鉴数据,2009年杭州市城镇居民人均可支配收入26864元,以平均三口之家计算,家庭年收入为80592元。这表明,杭州市区收入水平为人均可支配收入90%的家庭,并不存在住房消费负担过重问题(从租赁住房消费角度来看)。

因此,"第二个夹心层",即中高收入"夹心层"的范围在人均可支配收入

① 30元/(m²·月)是杭州市区当前廉租房货币补贴的标准。50平方米是当前公共租赁房的平均建筑面积,以三口之家计算,人均住房面积已经超过16平方米的经济适用房准入条件。因此,以此作为杭州市区满足基本的住房需要的标准,具有合理性。

90％以下，同时考虑到杭州市区经济适用房的收入准入上限为人均可支配收入的 80％，显然"第二个夹心层"的范围为 80％～90％人均可支配收入这段。

"第一个夹心层"的范围：当前，杭州市廉租住房的收入准入为杭州市低保家庭人均收入水平的 2.5 倍，具体数据采用 2010 年杭州市低保家庭人均收入最低标准，即人均月收入 440 元的 2.5 倍，折合人均年收入为 13200 元，为 2009 年杭州市城镇居民人均可支配收入 26864 元的 49.10％。因此，"第二个夹心层"只可能在 50％～80％人均可支配收入范围内。考虑到当前杭州市区的经济适用房绝大部分为 60 平方米的建筑面积，每平方米定价为 3000 元，总价为 18 万元。以人均可支配收入的 50％计算，三口之家的年均可支配收入为 40296 元。容易算得，房价收入比约为 4.5 倍。这个房价收入比并不高，即便放到西方国家也算是可承受的住房支出。加上住房公积金等金融扶植政策，多数家庭购买经济适用房并不困难。因此，基本可以认为，这个范围内不存在明显的"夹心层"，或者说"第一个夹心层"理论上是不存在的。

人口规模测算：根据杭州市房管局和杭州市统计局联合执行的 2006 年 10 月份杭州市城镇居民基本住房状况调查，调查范围包括杭州 6 城区的 264 个社区和萧山、余杭两区，调查总数为 6.35 万户，其中杭州市主城区的样本数量为 5 万多份。之所以可以采用该数据，是因为该调研抽样基数大，偏差较小，且城市收入层次和住房面积分布结构一般较稳定，数据质量较有保障。课题组在前期研究中，已经对数据的分布情况进行过详细的研究，见表 16.2。

表 16.2 户籍内综合考虑收入层次和住房面积层次的分布比例

收入层次	住房面积比例和收入层次比例综合考虑的测算结果			
	0～10m²	10～12m²	12～15m²	15m² 以上
90％～100％	0.11％	0.28％	0.78％	8.19％
80％～90％	0.05％	0.08％	0.19％	1.60％
70％～80％	0.39％	0.71％	1.74％	16.36％
60％～70％	0.32％	0.53％	0.94％	3.75％
50％～60％	0.26％	0.64％	1.69％	9.11％

续表

收入层次	住房面积比例和收入层次比例综合考虑的测算结果			
	$0\sim10m^2$	$10\sim12m^2$	$12\sim15m^2$	$15m^2$ 以上
40%～50%	0.23%	0.42%	0.75%	3.03%
30%～40%	0.29%	0.70%	1.85%	4.70%
20%～30%	0.24%	0.24%	0.70%	2.34%
10%～20%	0.12%	0.11%	0.21%	0.87%
0～10%	0.07%	0.06%	0.15%	0.70%

（3）非户籍常住人口潜在需求测算

根据 2009 年杭州市统计公报，年末全市常住人口达 810 万人，其中全市户籍人口 683.38 万人，市区（不含萧山、余杭）的户籍人口约 220 万人。可见，全市非户籍常住人口数为 126.62 万人。

假定常住人口的一半在杭州主城区，约 63.31 万人，以三口之家计算约为 21 万户。这部分群体中，需要扣除已有住房的部分，扣除住房支付能力没有问题的部分，扣除没有租赁公共租赁房意愿的部分，等等。

根据课题组对杭州市区外来务工人员与大学毕业生住房情况抽样调查数据，有意愿申请公共租赁房的比例大约为 50%。如果非户籍常住人口的收入比例分布接近户籍人口，那么，租赁住房负担过重的比例约为 56%。在高学历青年创业人才的调研结果中，已经在杭州购房或即将购房的比例约为 20%；外来务工人员中，这个比例为 6%。所以，经过这样简单推算，常住非户籍人口中属于公共租赁房潜在需要人群的比例，大概在 20%～25%。以 63.31 万人口计算，人数大概在 12.6 万～15.8 万人[①]，取中间值 14 万人作为估算规模。

---

① 这个数据还没有考虑公共租赁房申请条件中的纳税时间或者缴纳社保时间，以及稳定工作（即签署一定年限的工作合同）等要求，所以人数可能会更少。

16.2.2 公共租赁住房的供应数量与模式匹配

（1）公共租赁房供应规模测算

据上述测算，户籍人口"夹心层"为 2054 户，人均建筑面积分别以 15 平方米和 20 平方米计算，公共租赁房的潜在需求量约为 9.2 万平方米和 12.3 万平方米。

同样据上述测算，非户籍常住人口中，以 14 万人需要公共租赁房计算，人均建筑面积分别以 15 平方米和 20 平方米计算，潜在需求量为 210 万～280 万平方米。

两者相加，杭州市区公共租赁房的潜在需求量约为 220 万平方米（以人均建筑面积 15 平方米计算），或者 290 万平方米（以人均建筑面积 20 平方米计算）。

（2）不同保障对象的供应模式匹配

尽管户籍"夹心层"、大学毕业生新就业人口和外来务工人员都属于公共租赁房的潜在需求者，但是从就业特点、收入特点、分布特点等角度看，这三个群体之间存在较大的差异。保障的优先顺序上也有一定差别，一般按照户籍"夹心层"、大学毕业生和普通外来务工人员的顺序依次进行。不同保障群体之间公共租赁房的供应模式也应该有所不同。

模式一：大学毕业生的供应模式

大学毕业新就业人口通常未成家，保障模式以青年公寓为主，人均 20 平方米左右的建筑面积，可以采取合租的形式。这部分人群的收入处于快速变化阶段，通常而言是上升阶段，目前面临的住房困难只是短期的、暂时性的。建议公共租赁房保障对象主要是工作年限五年以内的大专以上毕业人员。

在供应规模上，扣除杭州市区当前已建和在建的青年人才公寓，在未来 5 年逐步增加存量到需要规模。供应模式上，首先以区级政府建设和管理为主，并逐步通过政策优惠吸纳市场存量住房进行租赁公司配租。

模式二：外来务工人员的供应模式

外来务工人员的构成非常复杂，但主要集中在产业园区、服务行业和建筑行业。服务行业由于分布过于分散,且多数没有就业合同,大多数暂时难以纳入保障体系中。建筑行业的外来务工人员流动性大,应当通过提高建筑工棚的建设标准来解决。当前,需要通过政策层面进行解决的保障对象为大型企业和产业园区的产业工人。

住房标准以集体宿舍为主,人均15平方米建筑面积左右,以合租为主。供应模式应以优惠政策,鼓励各区和产业园区、大型企业建设和管理产业公寓。

模式三:户籍"夹心层"的供应模式

户籍"夹心层"经测算比例非常低,总数仅为2000多户。这部分群体的解决模式,可以通过公共租赁房解决,也可以通过经济适用房的扩面来解决。如果采用公共租赁房解决(当然更符合住房政策发展的趋势),建议以成套住房保障为主,人均建筑面积在20平方米左右。供应模式上,近期可以由市本级集中建设和管理配套完善的成套住宅。

16.3　公共租赁住房的供应模式与管理模式

16.3.1　公共租赁住房的不同供应模式及其优缺点

(1)政府集中建设模式

政府集中建设模式由政府相关部门直接负责公共租赁房的投资建设和运营管理,在城市的一个或几个区域集中供应公共租赁住房。这种模式有利于政府直接掌控公共租赁房的供应数量和品质,也是世界各国在解决住房保障问题初期常用的方法。其优点是可以较快速度、较大规模增加公共租赁房供应,便于房源掌握、质量标准和租金标准的控制。但它最大的问题是政府所需要的投入大,难以长期持续;大量低收入家庭的集中居住也可能产生贫民窟等社会问题;建设选址困难,租房者缺少区位选择机会。政府集中建设的供应模式适用于住房供应比较短缺,迫切需要增加租赁型住房的供给,同时政府要具备建管能力。

建设资金投入:土地机会成本＋建安费用。政府直接建设公共租赁房,首先需要选址拿地,虽然可以采取行政划拨的方式获取土地,但仍然要支出一些基本的土地费用,并且由于失去了将这些土地拍卖出让的机会,实际的土地投入应该按机会成本考虑。目前经营性项目建设用地通过"招拍挂"方式出让,实际成交价格由竞拍结果产生,在不同时期受房地产市场行情影响,与拍卖或挂牌起价会有程度不同的差价。本书以基准地价考虑土地的支出费用,以相应地块的市场价格考虑土地的机会成本。

运营管理费用:房屋维修费+运营费用。公共租赁房投入使用后,有关政府管理机构需要承担房屋维修费,以及日常的运营管理费用。其中房屋维修费参照商品房房屋维修基金按房屋总价的2%考虑,运营管理费用按每年一个月的成本租金计算。

在集中建设方面,建议市本级以家庭公寓为主,区级以青年公寓和产业公寓为主。根据租金成本测算,建设用地的级别应选在3~5级。

(2)在经济适用房和拆迁安置房项目中配建

相对于集中建设,在经济适用房和拆迁安置房小区配建公共租赁房在加强社区融合方面有明显优势,避免了集中建设所带来的居民层次单一,社区公益岗位少等问题。其他国家在这方面也有先例,法国政府在2000年专门颁布法律,规定任何一个开发商在住宅建造规划中,至少拿出20%的面积,卖给社会福利房屋管理公司,由其出租或出售给低收入者,并提供房屋的日常维护和管理,其余80%按照市场价格销售。在我国当前情况下,因为经济适用房和公共租赁房用地同属于划拨性质,因此相对于商品房小区的配建,在经济适用房小区配建,然后政府出资收购的方式更具可行性。这种模式的优点是:分散居住,有利于社会和谐,增加住户的选择机会,减少通勤成本。其缺点是:可能会影响其他类型保障性住房建设和供应规模,也面临较多的政策协调问题。

资金投入:收购费用。在经济适用房和拆迁安置房小区配建公共租赁房,需要出资收购已建成的符合标准的住房。由于经济适用房本身也是划拨用地,经济适用房项目的开发是保本微利的,所以政府按经济适用房的销售价格,或者按更低一点的成本价购买,所需费用与政府直接建设的花费基本相当。

运营管理费用:房屋维修费＋运营费用。配建的公共租赁房投入使用后,有关政府管理机构需要承担房屋维修费,以及日常的运营管理费用。其中房屋维修费参照商品房房屋维修基金按房屋总价的2%考虑,运营管理费用按每年一个月的成本租金计算。

(3)在普通商品房项目中配建

大规模建设公共租赁房耗资巨大,单靠政府的力量缺乏可持续机制,吸引社会资金投资应是有效的途径。但社会资金投资以营利为目的,必须有吸引其进入的优惠政策,以保证其在保本的前提下有微利。以美国为代表的发达国家也采用过类似的模式,1968年美国的《住房法案》规定:为建造公寓发展商提供低于正常市场水平的贷款利率,使其为中低收入者提供低于正常市场租金水平的住房。1974年的《住房和社区发展法案》包括了低收入者租金帮助计划,承担新建和修复工作的私营发展商和非营利发展商,可获得FHA(联邦住房行政管理局)担保的金融支持,HUD(美国住房和城市发展局)与发展商签订20~30年的长期合同,在这个过程中HUD补贴发展商市场正常租金与房客支付的实际租金之间的差额,同时规定房客支付的实际租金应占其收入的25%(1981年之后提高到30%)。由于新建计划代价过大,1983年美国政府终止了住房新建补贴计划。

采用这种模式政府可能给予的优惠包括土地费用优惠、税收减免和贷款利率优惠,从操作层面上讲,前两种属于政府的权限,也更容易操作,但地方政府可以调节的房地产税收十分有限,因此,土地费用优惠或者土地款缴纳方式的优惠可以是主要措施。在当前阶段,可以在商品住房土地出让合同中明确规定公共租赁房配建的比例,以及政府回购的价格比较有操作性,后期可以试点以优惠政策鼓励社会投资建设、经营公共租赁房。

在普通商品房中配建可以增加住房供应,减少政府直接建设、管理投入,同时也可能影响开发商竞拍土地的积极性,降低地价,减少地方财政收入。相对而言,适用于房地产市场有活力,配建的商品房项目总体上有盈利的情况。

资金成本:收购费用＋土地收益损失。商品房小区配建的公共租赁房,政府直接投入的是收购费用,隐性支出的是土地收益损失。收购的费用按土地的基准地价加建安费用,总支出不超过政府自建所需费用。开发商在这部分建筑面积的损失可以通过商品房销售部分平衡,或者降低土地报价,因此政府实际上还承担了土地收益损失。

运营管理费用:房屋维修费+运营管理费用。在运营管理阶段,政府管理机构主要承担房屋维修费和运营管理费用等支出。其中房屋维修费参照商品房房屋维修基金按房屋总价的 2% 考虑,每年的经营管理费按约一个月租金水平计算。

(4)吸收私人住房纳入公租房经营管理

杭州市区的存量住房总量并不短缺,租客感觉供不应求主要是因为租赁市场并不规范,一些房主不愿费时费力与租客谈判并进行房屋维护管理,干脆选择空置。如果由政府出面,公共租赁房经营管理机构统一承租这些住房,房主可以轻松地收取稳定的租金,即使略低于市场租金水平也有一定的吸引力。这些公共租赁房分散在一般的住宅小区,有成熟的配套,也有利于低收入人群的分散居住。事实上,这也是以美国为代表的发达国家目前解决中低收入家庭住房问题的主流方式。美国 1974 年制定了存量住房计划,与以往住房政策最大的不同是该计划是一个面向需求方的补贴计划,符合资格的房客可从地方住房管理机构获得租金证明,到市场上去求租满足 HUD(美国住房和城市发展局)规定质量等级和租金限额以内的住房。地方住房管理机构限定房客所选的区位,协助房客与房主间的租金谈判,并按市场租金额度直接支付总租金给房主。该计划沿用至今,被证明是一种效率较高的保障模式。

优点:存量住房的多样性和分散性好,充分利用存量住房有利于整个住房供应体系的合理性。缺点:初期可能吸引的私人住房数量有限。适用条件:市场有大量存量住房,有吸引私人房主的优惠政策。

资金成本:房屋维修费+运营管理费用+租金补贴。吸收私人住房纳入公共租赁房管理体系,对于政府以及整个社会都可以最大限度地减少资源浪费。政府不需要投入建设费用,仅需要投入房屋维修费、运营管理费和租金补贴。房屋维修费如前文所述,按房屋总价的 2% 计算,运营管理费每年按一个月租金计算,租金补贴是市场租金与租户实际支付租金之间的差价。

16.3.2　公共租赁住房的管理模式

公共租赁房保障面临的很多问题本质上都是管理的问题,具体而言是中国当前的社会公共事务管理水平、城市管理水平等严重滞后经济社会发展的问题。住房保障领域的诸多关键问题(如收入认定、财产认定、退出机制等)其背后原因都可以归结到落后的社会公共事务管理能力、城市管理能力。可见,公共租赁房的管理问题是关系到公共租赁房保障工作成效的核心问题、根本问题,必须引起高度重视,进行适度创新,以制度促保障。

在明确公共租赁房房源之后,如何进行有效的管理,是公共租赁房制度设计方面的一个重要问题。课题组提了两个原则性建议:一是公共租赁房行政审批和经租管理相分离,让公共租赁房经租公司成为市场经营主体;二是实行市区两级协调管理,建立统一的数据信息平台,市本级负责房源调配和资格审核,区级负责其他经营业务。

(1)行政审批和经营管理相分离,让公租房经营公司成为市场主体

为了坚持公共租赁房住房保障中的市场化导向的原则,我们认为公共租赁房的行政审批和日常经租管理要相分离,市区两级分别成立公共租赁住房经营管理公司。具体而言,公共租赁房的资格审核(含准入和退出)、房源调配、租金补贴等涉及公权力运作的部分由住房保障管理部门负责,具体的租金收缴、日常维护、房源筹集等经营性业务由专门成立的公共租赁房经营管理公司负责。

市区两级分别成立公共租赁住房经营管理公司,其主要承担以下任务:一是承接市区两级集中建设、配建等途径新增公共租赁住房,行使产权人职责;二是在优惠政策鼓励和扶持下,通过存量市场筹集公共租赁住房房源;三是进行公共租赁住房配租、收租、退出等经营管理工作。随着公共租赁房的供应模式从建设转向存量筹集,经营管理公司的业务范围将逐步扩大。

行政审批和经租管理分离至少有以下几个好处:第一,减少行政主管部门的日常事务,提高运作效率。第二,专业的住房租赁经营管理公司可以发挥其市场化运作的优势,在房源筹集、租金收取等方面完成行政部门难以完

成的工作。第三，该公司参与租赁房市场竞争，作为市场的主体之一，可以引导租赁房市场的规范化运作，促进租赁房市场发展。第四，通过市场途径筹集剩余房源是可持续的发展模式，住房市场当前已不再是绝对数量稀缺，而是相对配置不均衡，以租赁委托方式进行存量房源筹集可以极大降低保障成本。

（2）收支两条线，租金收缴和租金补贴分离

公共租赁房管理模式的另一个重要原则是收支两条线，租金收缴和租金补贴相分离。在公共租赁房的政策定位部分，我们分析了公共租赁房在住房供应体系和住房保障体系中的定位，提出公共租赁房是住房供应体系的有益补充，弥补了当前住房租赁市场的不足；是住房保障体系的重要组成部分，弥补了"夹心层"、外来务工人员等保障缺口。同时也明确提到，公共租赁房不应该替代市场，甚至不能对市场有过大的干扰，因为公共租赁房的推出是为了弥补租赁市场，引导租赁市场，规范租赁市场。

公共租赁房实行收支两条线管理至少有以下好处：第一，收支两条线，可以使公共租赁住房租金标准参照市场租金来核定，这样对整体租赁市场几乎没有行政性干扰，而且也不存在租金定价的困难。第二，收支两条线的重点是租金补贴，通过对不同收入水平家庭进行不同的补贴，体现公共租赁房的政府保障性质，收入低补贴多，收入高补贴少，收入到达一定程度之后就不再补贴。第三，通过收支两条线机制，可以更好实现公共租赁房保障对象的退出，不再符合保障条件的租赁对象，只需停止租金补贴即可。

总体来看，收支两条线的管理模式接近于当前西方国家的市场化租金补贴模式，既可以在一定程度上满足保障对象的选择权，减少由于"职住"不平衡问题导致的空间失配问题，又可以在市场机制的主导下，提高住房保障的公平和效率。

（3）建立信息共享平台，市区两级协调分管

市、区级政府应成立相应的公共租赁房管理机构，市级公共租赁房管理机构对区级公共租赁房管理机构起到统筹和指导作用。市、区将建立全市联网的公共租赁住房服务信息平台，形成完整的全市公共租赁住房服务信息网络系统，发布房源信息、提供租赁服务、实行监督管理。

市本级和各区筹集建设的房源统一在信息平台备案,供符合条件的租户选择。各区房源优先供应本辖区范围内的申请者,多余房源向有承租意向的申请者配租。各区之间的房源调配由市公共租赁房管理机构统筹把握。

企事业单位或产业园区自建的公共租赁房优先满足本单位青年职工和住房困难职工的需要,但具体配租人员名单及收入、住房状况应报市公共租赁房管理中心备案。多余房源应交公共租赁房管理中心统一调配,政府给予适当的补贴。

(4)房源配租管理模式

对于各种渠道和方式筹集到的公共租赁住房房源,应该统一纳入市、区两级公共租赁房经营管理公司的管理范围,采取"核定租金、公开房源、个人申请、资格审定、轮候配租、动态管理"的方式进行供应和管理。

"核定租金":由公共租赁房经营管理公司根据房源性质、区位、成本等因素,参照同地段、同类住宅市场租金水平,提出自己经营管理的公共租赁房租金标准建议方案,由市房改办等相关职能部门审核确定。核定租金每两年调整一次。

"公开房源":公共租赁房经营管理公司经过核定租金的房源,在市房改办和各公司网站公开房源信息,包括地段、面积、户型、装修、家具、租金等。同时,公布公共租赁住房申请和配租的条件、程序和方法,供居民选择申请,并接受社会监督。

"个人申请":需要租赁公共租赁住房的家庭,如实填写相关表格,向公共租赁房经营管理公司提出申请。申请表格的相关信息,需要工作单位、家庭成员、房管部门、税务部门等签字确认。个人申请的机制可以给保障对象一定的选择余地。家庭可在房源信息的基础上,根据不同的支付能力和居住偏好,在面积、区位、品质等方面进行权衡和取舍。

"资格审定":由市房改办对申请人及其家庭是否符合公共租赁房保障对象进行审核,并将结果反馈给公共租赁房经营管理公司,作为配租依据。

"轮候配租":公共租赁房经营管理公司根据资格审定意见,对通过审定的申请人按照申请顺序纳入轮候序列,根据房源情况,考虑申请意愿,依次进行配租,每个租期三年。

"动态管理":公共租赁房经营管理公司对住户进行动态管理,租户每年需要填报家庭和工作相关信息报表。租期到期前三个月,需要续租的家庭,由租户重新提出申请,并进入新的资格审定程序。通过审定的家庭,继续给予配租。没有通过审定的家庭,要求退出租住的公共租赁房。不能按时退出的,需按照市场租金交纳房租。

16.4 公共租赁住房的租金标准与布局选择

16.4.1 公共租赁住房的租金标准研究

(1)公共租赁房的成本租金测算

公共租赁房的成本租金可以根据其所在位置和住房质量测算,该成本租金对于政府直接投资的项目是非盈利的保本租金,对于社会投资机构投资的项目是保本微利的租金。政府集中建设公共租赁房的建设投入主要包括土地费用和建安费用两部分。其中土地费用支出按基准地价计算。杭州市区各级土地的住宅用地基准地价见表 16.3,容积率大于 2.0 的住宅用地楼面地价如表 16.4 所示。

表 16.3 杭州市区住宅用地基准地价标准(容积率为 2.0) 单位:元/m²

土地等级	I	II	III	IV	V	VI	VII	VIII	IX	X	XI	XII
基准地价	6600	5780	4770	3410	2430	1460	930	540	440	350	300	250

表 16.4 杭州市区不同等级住宅用地楼面地价(基准地价) 单位:元/m²

容积率	I	II	III	IV	V	VI	VII	VIII	IX	X	XI	XII
2.0	3300	2890	2385	1705	1215	730	465	270	220	175	150	125
2.5	2772	2428	2003	1432	1021	613	391	227	185	147	126	105
3.0	2398	2100	1733	1239	883	530	338	196	160	127	109	91
3.5	2112	1850	1526	1091	778	467	298	173	141	112	96	80

杭州市区经济适用房、经济租赁房集中地三墩、丁桥、半山等均属于 V

级地段,由于Ⅷ级地块包括瓶窑、义蓬、瓜沥、临浦等区片,Ⅸ级以外的地块已经接近桐乡、富阳、德清等地,在地铁尚未开通的前提下,公共租赁房的选址最好在Ⅶ级以内。

政府集中建设的公共租赁房建安费用可以参考现行廉租房和经济适用房建安工程造价。杭州市经济适用房北景园小区某组团的建设成本见表16.5,参照该建设成本,扣除土地费用、营业税和利息,公共租赁房的建安费用约为840元/m²。

表 16.5 杭州市某经济适用房小区某组团建设成本 单位:元/m²

成本项目	费用
楼面地价	1300
建安成本	700
市政配套	45
高教费	5
白蚁防治费	1.6
人防费	15
营业税	147.5
利息	66
组团内绿化	20
设计及地质勘探费	14
工资办公费用及其他	36
合计	2350.1

当前丁桥地区经济适用房容积率一般在2.3左右,参照此容积率下各级土地的基准地价,则各级土地建造公共租赁房的建设费用如表16.6所示。

表 16.6　各级土地上公共租赁房的建设费用

各项费用	Ⅰ级	Ⅱ级	Ⅲ级	Ⅳ级	Ⅴ级	Ⅵ级	Ⅶ级
基准楼面地价(元/m²)	2772	2428	2003	1432	1021	613	391
单方建设费用(元/m²)	3612	3228	2843	2272	1861	1453	1231
40平方米建设费用(万元/套)	14.45	12.91	11.37	9.09	7.44	5.81	4.92
50平方米建设费用(万元/套)	18.06	16.14	14.22	11.36	9.31	7.27	6.16
60平方米建设费用(万元/套)	21.67	19.37	17.06	13.63	11.17	8.72	7.39

注:基准地价为容积率2.5时的楼面地价。

假定建设费用在建设期分两年均匀投入,整个计算期按30年考虑,房屋维修费按房屋总价的2%计算,运营管理费用按一个月的租金计算。Ⅴ级土地上建设一套50平方米公共租赁房的现金流量如图16.3所示,含建设期利息的总建设费用为9.795万元,房屋维修费用按30年分摊每年65.3元,当前1~3年的银行贷款利率为5.4%,以此利率水平作为项目投资保本的内部收益率,测算成本租金为647元/套。

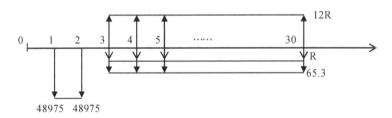

图 16.3　Ⅴ级土地50平方米公共租赁房项目的现金流量

同样方法,其他各级土地上不同面积标准的公共租赁房成本租金如表16.7所示。这个成本租金是不考虑土地出让机会成本的核算成本。

表 16.7　不同级别土地上不同面积标准公共租赁房的成本租金

单位:元/套·月

	Ⅰ级	Ⅱ级	Ⅲ级	Ⅳ级	Ⅴ级	Ⅵ级	Ⅶ级
套均40平方米	1000	895	790	632	519	407	345
套均50平方米	1250	1120	985	790	647	506	430
套均60平方米	1500	1340	1182	945	775	606	515

（2）公共租赁房保障对象的支付能力测算

公共租赁房主要面向中低收入户籍人口，以及大学毕业生和外地来杭工作的常住人口，有一定租金支付能力的住房困难人群。其中，中低收入户籍人口是城市稳定居民，其住房困难问题理应得到地方政府的帮助和支持；大学毕业生和外地来杭工作人员等常住人口作为城市的新进人口，在城市做阶段性居留或永久定居，城市的发展和竞争力的提升需要这些新生力量，帮助他们解决住房问题也是城市政府吸引人才的一个重要举措。

外地来杭工作人员中的一部分由于没有学历或技能，收入相对较低，增长较慢，在较长时期只能支付较低租金。大学毕业生等高学历青年人群在入职初期收入不高，新建家庭生活花费大，但一般情况下收入增长较快，公共租赁房作为过渡性支持可以减轻职业生涯早期的生活压力。因此，不同人群可以承受的公共租赁房租金水平并不相同，公共租赁房政策需要分层次确定住房质量和租金水平。

由于公共租赁房政策目标在于实现中低收入住房困难家庭的住房保障全覆盖，未来逐渐与廉租房和经济适用房政策贯通，因此本课题按中低收入阶层的细分层次测算相应的住房支付能力。一般认为，每月的住房支出不应超过家庭收入的25%至30%，否则会面临较重的生活负担，课题组调研发现，杭州市居民的住房租金占收入比例一般在20%～25%。因此，本课题按家庭收入的25%测算住房支付能力。

第一类：低收入住房困难群体的租金支付能力（80%平均收入以下）。

目前杭州市廉租房申请标准为家庭人均收入在低保标准2.5倍以下，杭州市目前的低保标准是440元/月，2.5倍也就是1100元/月，相当于杭州市人均可支配收入的49.1%（2009年杭州市区人均可支配收入为26864元）。

按杭州市低收入住房困难家庭的收入中间数（49%和80%的平均值），即杭州市人均可支配收入的65%计算收入水平，并按其月收入的25%计算租金支付能力，则低收入住房困难家庭的住房支付能力为每月364元（单身）和728元（两口之家）。

第二类：中低收入住房困难群体的租金支付能力（80%～120%）。

对于中等收入家庭的界定标准有不同的方法，采用较多的是将120%作为中等收入的分界线，本课题将人均可支配收入 80%～120% 的范围划分为中低收入家庭，对其中有住房困难的家庭给予享受公共租赁房政策。

以该群体的收入中间数，即杭州市人均可支配收入的 100% 计算收入水平，按其月收入的 25% 计算租金支付能力，则中低收入住房困难家庭的住房支付能力为每月 560 元（单身）和 1120 元（两口之家）。

第三类：中等收入住房困难群体的租金支付能力（120%～150%）。

考虑到大学毕业生等新入职人群虽然收入不是很低，但处于职业生涯初期，其他方面的生活开支较大，一定阶段需要帮助解决住房问题。因此将杭州市人均可支配收入 120% 至 150% 水平的无房户，定为中等收入住房困难家庭。

以该群体的收入中间数，即杭州市人均可支配收入的 135% 计算收入水平，按其月收入的 25% 计算租金支付能力，则中等收入住房困难家庭的住房支付能力为每月 756 元（单身）和 1512 元（两口之家）。

（3）租金成本与保障对象支付能力的匹配机制

公共租赁房住户实际支付的租金应结合成本租金和住户支付能力综合考虑。①低收入住房困难家庭按其支付能力确定交纳的租金水平，其实际支付租金与成本租金之间的差价由政府财政补贴，为保持此项事业的可持续性，应尽可能控制成本，满足最基本的居住需要。②中低收入住房困难家庭租金支付能力稍高，应尽可能将其实际支付租金与成本租金接近，最大限度减少政府对差价的补贴。③中等收入住房困难家庭租金支付能力相对更高，他们甚至能够承担市场租金，强调的是居住质量和稳定的租约，可以为这部分人提供市场化程度更高的公共租赁房，租金水平在成本租金基础上参考市场租金略低确定。

以 60 平方米公共租赁房为例，不同收入水平的租金支付能力曲线如图16.4 所示。

图 16.4 可见，只有中等收入阶层的租金支付能力超过了各级土地上的成本租金；中低收入阶层的租金支付能力可以负担Ⅳ级及其以外土地上的公共租赁房成本租金；而低收入阶层的租金支付能力只能负担Ⅵ级及其以外的公共租赁房成本租金。因此，假设各级土地上都有 60 平方米的公共租

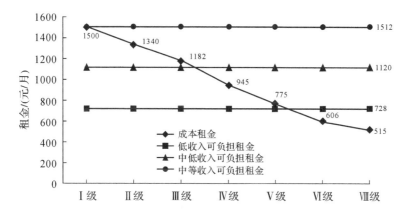

图 16.4　不同收入水平的租金支付能力与 60 平方米公租房成本租金

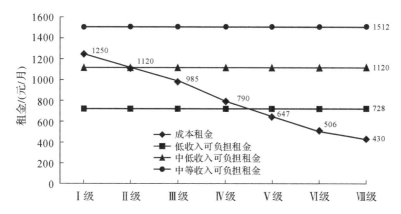

图 16.5　不同收入水平的租金支付能力与 50 平方米公租房成本租金

赁房供应,并按成本租金定价,则政府需要对不同收入等级的家庭补贴额度如表 16.8 所示。

表 16.8　各级土地上 60 平方米公共租赁房住户的租金补贴额度

单位:元/(月·套)

收入水平	Ⅰ级	Ⅱ级	Ⅲ级	Ⅳ级	Ⅴ级	Ⅵ级	Ⅶ级
低收入	772	612	454	217	47	0	0
中低收入	380	220	62	0	0	0	0
中等收入	0	0	0	0	0	0	0

同样,50 平方米公共租赁房与各收入阶层的成本租金如图 16.5 所示。

其中中等收入家庭可以负担各级土地上 50 平方米公共租赁房的成本租金；中低收入家庭可以负担Ⅲ级及其以外土地上 50 平方米公共租赁房的成本租金；低收入家庭可以负担Ⅴ级及其以外土地上 50 平方米公共租赁房的成本租金。

假设各级土地上都有 50 平方米的公共租赁房供应，并按成本租金定价，则政府需要对不同收入等级的家庭补贴额度如表 16.9 所示。

表 16.9 各级土地上 50 平方米公共租赁房住户的租金补贴额度

单位：元/(月·套)

收入水平	Ⅰ级	Ⅱ级	Ⅲ级	Ⅳ级	Ⅴ级	Ⅵ级	Ⅶ级
低收入	522	392	257	62	0	0	0
中低收入	130	0	0	0	0	0	0
中等收入	0	0	0	0	0	0	0

与前两种情况类似，40 平方米公共租赁房与各收入阶层的成本租金如图 16.6 所示。其中中等收入家庭可以负担各级土地上 40 平方米公共租赁房的成本租金；中低收入家庭也可以负担各级土地上 40 平方米公共租赁房的成本租金；低收入家庭可以负担Ⅳ级及其以外土地上 40 平方米公共租赁房的成本租金。

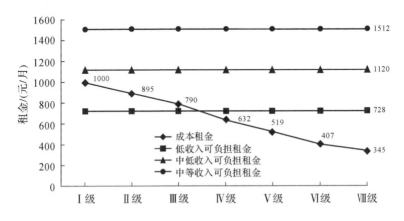

图 16.6 不同收入水平的租金支付能力与 40 平方米公租房成本租金

假设各级土地上都有 40 平方米的公共租赁房供应，并按成本租金定价，则政府需要对不同收入等级的家庭补贴额度如表 16.10 所示。

表 16.10 各级土地上 40 平方米公共租赁房住户的租金补贴额度

单位:元/(月·套)

收入水平	Ⅰ级	Ⅱ级	Ⅲ级	Ⅳ级	Ⅴ级	Ⅵ级	Ⅶ级
低收入	272	167	62	0	0	0	0
中低收入	0	0	0	0	0	0	0
中等收入	0	0	0	0	0	0	0

以上测算分析表明,在家庭收入水平和住房支付能力既定的情况下,公共租赁住房供应的面积标准不同、区位布局不同,将会导致政府的保障投入和补贴支出发生很大变化。政府可以根据保障水平和保障投入的多少,合理确定保障标准、保障水平和保障方式。

16.4.2 公共租赁住房的布局选择

成本租金是根据政府的实际支出资金测算的,但实际上,无论是政府集中建设的公共租赁房,还是在经济适用房小区和拆迁安置房小区配建的公共租赁房,由于占用了划拨用地,政府失去了将这些土地作为经营性用地出让的收益,这部分土地的机会成本是政府总投入中最大的一部分。

(1)集中建设布局选择分析

政府集中建设公共租赁房模式,在建设阶段隐性投入的是土地的出让收益,由于各级土地上不同区块的宗地出让价格也有较大差别,因此很难准确计算各级土地的机会成本。近半年来各级土地上出让住宅用地代表性宗地的实际成交价格如表 16.11 所示,Ⅰ级和Ⅶ级地块近期没有住宅用地出让记录,有些级别宗地的成交价格相差较大,如同属Ⅵ级地块的蒋村新区 A-05 地块,2010 年 5 月的成交楼面地价为 13796 元/m²,比表 16.11 中所列转塘地块价格高了一倍多。因此,表中数据只能作为各级土地机会成本的近似数据。

表 16.11 各级土地代表地块的实际成交价格

	Ⅱ级	Ⅲ级	Ⅳ级	Ⅴ级	Ⅵ级
代表 地块	下城区 （文晖单元 FG05- R21-07 地块）	江干区 （章家坝 R21- 01、02 地块）	江干区 （彭埠单元 R21-24 地块）	拱墅区 （田园 R21- 19 地块）	西湖区 （转塘 G-R21- 16-01 地块）
交易时间	2010-03-25	2009-12-24	2010-06-17	2010-05-20	2009-12-24
楼面地价 （元/m²）	24621	18206	12860	9143	6417

数据来源:杭州市国土资源局网站。

算上土地机会成本后,建设和运营一套 60 平方米公共租赁房的政府总投入如表 16.12 所示。

表 16.12 建设一套 60 平方米公共租赁房政府总投入　　　　单位:万元

	Ⅰ级	Ⅱ级	Ⅲ级	Ⅳ级	Ⅴ级	Ⅵ级	Ⅶ级
建设费用 （含土地支出）	/	19.368	17.058	13.632	11.166	8.718	/
土地机会成本	/	147.73	109.24	77.16	54.86	38.50	/
运营管理费用	/	4.02	3.55	2.84	2.33	1.82	/
房屋维修费	/	0.39	0.34	0.27	0.22	0.17	/
合计		171.51	130.19	93.90	68.57	49.21	
租金补贴成本 （对低收入家庭）	/	22.03	16.34	7.81	1.69	0	/
租金补贴成本 （对中低收入家庭）	/	7.92	2.23	0	0	0	/

同样,算上土地机会成本后,建设和运营一套 50 平方米公共租赁房的政府总投入如表 16.13 所示。中低收入家庭租住Ⅱ级及其以外土地上 50 平方米的公共租赁房不需要租金补贴。建设和运营一套 40 平方米公共租赁房的政府总投入如表 16.14 所示。

表 16.13 建设一套 50 平方米公共租赁房政府总投入　　　　单位:万元

	Ⅰ级	Ⅱ级	Ⅲ级	Ⅳ级	Ⅴ级	Ⅵ级	Ⅶ级
建设费用 （含土地支出）	/	16.14	14.215	11.36	9.305	7.265	/
土地机会成本	/	123.11	91.03	64.30	45.72	32.09	/

续表

	Ⅰ级	Ⅱ级	Ⅲ级	Ⅳ级	Ⅴ级	Ⅵ级	Ⅶ级
运营管理费用	/	3.36	2.96	2.37	1.94	1.52	/
房屋维修费	/	0.32	0.28	0.23	0.19	0.17	/
合计		142.93	108.48	78.26	57.15	41.04	
租金补贴成本（低收入家庭）	/	14.11	9.25	2.23	0.00	0.00	/

表 16.14　建设一套 40 平方米公共租赁房政府总投入　　单位:万元

	Ⅰ级	Ⅱ级	Ⅲ级	Ⅳ级	Ⅴ级	Ⅵ级	Ⅶ级
建设费用（含土地支出）	/	12.91	11.37	9.09	7.44	5.81	/
土地机会成本	/	98.48	72.82	51.44	36.57	25.67	/
运营管理费用	/	2.69	2.37	1.90	1.56	1.22	/
房屋维修费	/	0.26	0.23	0.18	0.15	0.12	/
合计		118.30	90.28	65.40	48.00	34.63	
租金补贴成本（低收入家庭）	/	6.01	2.23	0.00	0.00	0.00	/

(2)吸纳私人住房的布局选择分析

将存量私人住房纳入公共租赁房管理体系,政府需要投入房屋维修费、运营管理费,以及市场租金与租户支付租金之间的差价。政府成立的公共租赁房经营管理公司对加盟的私人住房进行统筹管理,配租给需要的住户。假设一套私人住房加盟公共租赁房的周期为一个租赁期五年,房屋维修费用和运营管理费每户按 1 万元计算,计算期 30 年总共需要 6 万元。政府在与房主签约期间,每年初向房主支付当年的租金,价格相当于市场上同类住房的长期租约价格,以略低于市场价格统一向公共租赁房申请者出租,并对不同收入阶层给予相应的补贴。政府实际支出的就是市场租金与租户支付能力之间的差价。

课题组通过网络收集了 2010 年 6 月份杭州市区 2000 个住房出租挂牌样本,并以挂牌租金的 9 折估算实际租金水平,测算了不同面积住房在不同级别土地上的平均租金水平,如表 16.15 所示。

表 16.15　不同级别土地上的住房平均租金水平

住房所在的 土地级别	挂牌租金 （元/m²）	挂牌租金× 0.9（元/m²）	40m² 月租金 （元）	50m² 月租金（元）	60m² 月租金（元）
Ⅰ级	54	48	1936	2420	2904
Ⅱ级	46	42	1663	2078	2494
Ⅲ级	38	34	1379	1724	2069
Ⅳ级	37	33	1329	1661	1993
Ⅴ级	27	24	954	1193	1431
Ⅵ级	20	18	711	889	1066
Ⅶ级	19	17	672	840	1008

　　参照表 16.15 中不同级别土地上的市场租金水平，结合不同收入水平家庭的住房支付能力可以看出，如果租住 60 平方米住房，中等收入在Ⅴ级以外地块上、中低收入在Ⅵ级以外地块上，租金支付能力超过市场租金，不需要租金补贴，具体如图 16.7 所示。

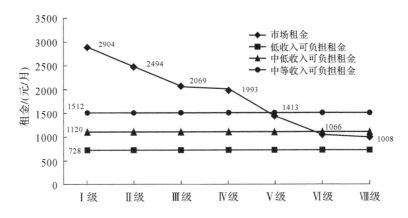

图 16.7　各级土地上 60 平方米住房的市场租金与不同收入家庭租金支付能力

（3）关于公共租赁住房布局选择的讨论

　　分析可见，在一些地段比如Ⅴ级及其以外地块，中等收入和中低收入阶层的租金支付能力都超过了市场租金，只有低收入阶层租市场住房有一定困难，但事实上在这些地块上由于有大量城中村、农民房提供群租，市场租金比通过中介公司正规出租住房要低，可以满足部分低收入阶层的需要。因此，对于是否要在Ⅴ级以外地块大规模建设公共租赁房需要慎重考虑，如果在这些区域城中村和农居点住房数量已经相对过剩,则政府需要做的是逐渐规范这些出租房的管理,通过这些地点布置少量公共租赁房,形成一定的竞争关系和示范作用,引导城中村和农居点出租房提高质量,提供更好的服务。

同时,在Ⅳ级及其以内的靠近市中心区域,市场租金普遍远高于中等收入的可支付租金,说明中等及其以下收入水平的家庭在这些区域租房存在一定困难,需要政府的帮助。同时,这些区域的成本租金低于市场租金,也就是说从政府实际支出资金看来,在这些区域可以保本地提供低于市场租金的公共租赁房。但是,如果算上土地机会成本,政府的总投入就会大很多,在Ⅱ级和Ⅲ级土地上建造一套60平方米的公共租赁房政府总投入分别为171.5万元和130.2万元,而如果在这些区域吸纳私人住房用于公共租赁房管理,最多情况下(给低收入者补贴)的总投入分别是48.2万元,如果租给中等收入阶层只需总投入19.97万元。

因此,从减少政府投入,合理利用社会资源的角度出发,在Ⅲ级及其以内的地块不适合新建公共租赁房,应该通过吸纳私人住房加入公共租赁房管理的模式,为中低收入阶层提供舒适、便利的居住条件。在财政资金许可的前提下尽量在Ⅳ级土地上选址建设公共租赁房,在Ⅳ级以外土地上建设公共租赁房应选址在交通和生活设施配套完善的区域,尽可能降低居住的交通成本。

16.5　杭州市发展公共租赁住房的政策建议

16.5.1　发展公共租赁住房的基本思路

(1)公共租赁房的政策目标是保障基本居住权

基本居住权利是现代文明社会的基本人权,也是维护社会稳定和发展的基本要求。实现"人人享有基本居住权"是我国住房制度改革、住房市场发展、住房保障工作的根本目标。住房保障工作思路转变的要点,应该是建立以"保障基本居住权"为核心的多层次住房保障体系。

公共租赁住房作为我国住房保障的新举措,其本质是"通过租赁的方式保障基本居住权",这也是公共租赁住房的政策目标定位。这个目标定位明确了公共租赁房保障的对象是不能通过自身能力在住房市场中获得基本居住权的群体;保障程度是解决这部分群体的基本居住权,也就是说公共租赁房保障水平(包括保障房的面积标准、品质标准、区位布局、租金标准等)不能太低,也不能太高,要以满足基本居住需要为标准,与政府的保障能力匹配;保障基本居住权的方式是"租赁",而非购买住房。这一点是理解公共租赁房发展的根本出发点。

(2)公共租赁住房体系要坚持政府主导、市场化运营

要理顺"保障"与"市场"的关系,充分认识市场作为住房资源配置手段的效率,立足我国的基本国情和发展阶段,坚持住房制度改革的市场主导方向。落实到公共租赁房发展上,应当坚持政府主导,市场运营。

本课题认为公共租赁房的行政审批和日常经营管理要相分离,公共租赁房的资格审核(含准入和退出)、房源调配、租金标准、租金补贴等涉及公权力运作的部分由住房保障管理部门负责;具体的租金收缴、日常维护、房源筹集等经营性业务由专门成立的公共租赁房经营管理公司负责。

公共租赁房经营管理公司在性质上由政府控股,在运营上与正常的市场中介服务公司类似,要逐步成为住房租赁市场中的重要参与主体之一。该公司的成立在初期阶段,主要负责政府集中建设的公共租赁房的日常经营管理性业务,然后逐步将职能范围扩大到吸纳市场存量住房进入公共租赁房储备房源,完成公共租赁房供应模式的转变。

公共租赁房经营管理公司的成立,再结合租户租金收缴和政府租金补贴的收支两条线运作,公共租赁房的保障方式基本实现政府主导、市场运营。这种保障模式对租赁市场冲击很小,而且租户的退出较为容易。只需要通过租金补贴的停止发放,或者把租金提高到市场租金即可实现。这样,在与住房租赁市场对接充分的情况下,退出可以只是"保障退出",而不一定要求"住房退出"。

(3)注重配套改革,各领域综合推进

住房制度关系到经济社会的多个领域,住房问题也不仅仅是简单的房

子问题,而是一系列问题的组合。公共租赁住房保障是一个全新的保障措施,相对经济适用房、廉租住房等比较成熟的保障举措,公共租赁房的很多法律法规、制度政策都尚未制定,仍然在摸索中发展。因此,有必要完善各个相关领域的配套改革,综合推进公共租赁房的发展。

在配套改革中,最重要的是法律法规支持,当前公共租赁房发展的一些重要问题只能参照已有的保障方式进行,而没有针对性的专门规范。另外,住房租赁市场的制度完善,以及如何以税收方式调节租赁市场的房源供应都是值得认真研究的问题。

16.5.2 "三阶段"发展的战略组合

公共租赁房保障工作的推进必须考虑经济社会的发展现状,尤其是当地住房保障工作的进展以及住房市场的实际情况,将改革的力度、发展的速度和社会的承受度统筹考虑,通过分阶段实施的方法,有序推进。

就杭州市而言,我们认为在公共租赁房基本定位、保障对象和供应模式上应采取"三阶段"发展的战略。根据各个阶段的矛盾焦点和解决思路,分为近期、中期和中远期,每个阶段都有不同的重点、不同的供应模式。

(1)近期战略——政府建设为主导,建设模式多元化

政府集中建设公共租赁房,可以直接掌控公共租赁房的供应数量、住房品质和管理模式,是解决住房保障问题初期最快速有效的方法。住建部等七部门联合出台《关于加快发展公共租赁住房的指导意见》,明确了发展公共租赁住房实行省级人民政府负总责、市县人民政府抓落实的责任制。因此,市级政府有责任积极建设公共租赁住房,将中等偏低收入住房困难家庭的住房保障工作尽快落实,让更多的城市居民看到信心和希望。

市级政府集中建设的公共租赁房应选址在交通方便、公共设施配套齐全的区域,为减少租户的通勤成本和城市的交通压力,应尽可能选择在城市的各个区域青年人较为集中的地方,比如城西、滨江、下沙等地分散布局。

区级政府落实配建,有利于对房源的落实和租户的管理。通过在各行政区青年人工作集中的地方选址建设公共租赁房,可以更好地满足住户需要。在商品房小区、经济适用房小区和拆迁安置房小区配建公共租赁房,可

以实现不同收入人群的居住融合，让公共租赁房住户分享更优质的公共资源，避免单独集中建设可能带来的各种社会问题。

在商品房小区配建的公共租赁房，如果产权归属开发商，由其出租给经政府批准的住户并进行经营管理，投资回报率低并且风险较大，开发商没有参与的积极性。通过对一些从事商品房和经济适用房小区开发的企业访谈了解到，开发企业更倾向于将小区中按规定划为公共租赁房的部分建成后交给政府，由政府去运营管理，开发企业相当于在开发小区过程中代建一部分公共租赁房。

有条件的企事业单位或产业园区可以在自有土地上建设公共租赁房。在建设期间，企事业单位或产业园区投入土地机会成本和建设费用，运营期投入运营管理费。政府不需要投入直接的建设和管理费用，但需要付出对相关单位的监管费用，制定一定优惠政策可能产生税收等方面的损失，对于企业多余的房源支付一定的资金补助。

（2）中期战略——建立市场化运营机制，充分利用市场存量住房

杭州房地产市场住房总量并不短缺，为防止未来几年出现住房总量过剩现象，在进行启动阶段成规模建设公共租赁房的同时，应积极探索如何充分利用现有房源，吸收私人住房纳入公共租赁房管理体系。

为此，建议尽快成立公共租赁住房经营管理公司，近期先承接管理政府集中建设的公共租赁住房，并积极筹划与住房租赁市场对接的模式和机制，在2~3年内成为公共租赁住房供应主体。

吸收私人住房纳入公共租赁房运营管理，政府可以省去建设的费用，只需要投入房屋维修费用、运营管理费用和租金补贴。对于一套加盟公共租赁房管理的私人住房，政府公共租赁房经营管理机构在初期要对房源进行简单的维护和装修，运营期间承担房屋维修费用，配租过程中需要花费运营管理费，租金补贴是指政府支付给私人房主的市场租金和租户支付租金之间的差价。

（3）中长期战略——鼓励社会力量投资，政府发挥引导作用

仅靠政府的力量建设公共租赁房资金有限，因此要想长期持续地解决中低收入家庭的住房问题，必须引入社会力量投资。但由于公共租赁房的

公益性质,社会力量必须在一定的政策优惠、资金补助的前提下,才可能参与投资。

根据测算,由社会机构投资建设和持有公共租赁房并运营管理,当租金增加到 1800 元/m²,土地费用优惠到 5000 元/m² 以下,项目的投资回报率才勉强达到保本的水平,社会投资机构还要承担租金不能按时收缴的风险,必然没有参与的积极性。因此,比较可行的方案是采用公私合作的方式合作建设管理公共租赁房,政府可以通过直接注入部分资本金,或者以土地费用作价入股的方式,与社会投资者成立合作机构,由合作机构负责公共租赁房项目的建设和运营管理,政府可以通过贷款贴息、负责收取租金等方式大大减少社会投资者的风险,使项目更具可行性。

公私合作机构还可以通过收购市民私人住房或者腾退公房的方式筹集房源,纳入公共租赁房管理体系。政府再通过投资补助、税费减免、租金补贴和贷款贴息等方式,合理地分担风险,提高社会投资者的积极性。

在目前房价不断上涨,社会资金投资住房资产积极性高涨的形势下,也可以考虑设计一定的金融创新工具,一方面让投资者持有住房投资增值权(和亏损风险),另一方面把住房使用权留给公共租赁住房经营管理公司,用于出租经营。这对缓解高房价与高空置率问题很有意义。

综上所述,杭州市公共租赁住房分阶段的发展战略是:近期(2010—2011 年)以政府主导和集中建设供应为主,同时积极建立住宅项目配建和利用存量住房的政策体系;中期(2012—2015 年)以政策安排的住宅项目配建供应为主,同时吸收和利用存量住房增加公共租赁房供应;中长期(2016 年以后),政府掌握的公共租赁住房存量已经达到相当规模以后,应该通过政策引导,吸收私人存量住房,吸引社会力量投资和建设,逐渐融入住房租赁市场体系。

16.5.3　公共租赁住房发展的配套政策措施

(1)完善公共租赁房发展的法律支持

公共租赁房保障工作当前急需相关的法律法规支持。尤其在公共租赁房保障的资金来源、房源筹集、租金收缴、退出机制等方面,缺少明确的规定,部分规定缺少上层法律的支撑。

具体而言,在租金收缴方面,对于不按规定缴纳租金的租户如何管理?部分文件里提出采用工资中强制扣除的方式是否符合上位法?退出机制方面,必须明确由哪些单位部门配合执行,简单的"责令退出"并没有可操作性,因为住房保障管理部门并没有执法权。

住房保障管理是一个涉及多种政府职能、涉及多种法律法规的任务,单独依靠住房管理部门往往难以实施有效管理,需要多部门配合,更需要相关法律法规的明确。

(2)完善住房租赁市场的制度和管理

住房租赁市场是一个长期被政策忽视的领域。由于当前住房市场关注的核心仍然是住房开发建设、销售等增量环节,作为存量住房配置的租赁市场一直以来处于无序发展的状态。在管理上各部门职责不明,管理混乱;在制度规范上严重缺失,租住双方的权利得不到有效保障。

住房租赁市场的运行不规范是导致一部分人难以从租赁市场获取合适居住条件的重要原因。这又进一步加剧了中低收入住房困难群体的住房矛盾。公共租赁房的推出,在履行保障职能的同时,更重要的一个目的是促进租赁市场的规范运行。要实现这种规范运行,需要在政策法规层面完善住房租赁市场的制度和管理,注重维护市场秩序,保证参与各方的合法权益。

(3)完善税收调节机制

税收调节是公共租赁房市场化运营的重要政策支持,这种调节可以分为两个层面。

首先,当前住房租赁市场普遍存在偷漏税现象,很少有房东主动缴纳租赁住房的税费,而政府监管难度又极大,因此这个问题一度陷入困境。如果政府背景的公共租赁房经营管理公司在吸纳存量房源时,政策明确房东的房屋出租可以免税,这个问题就可以有更好的结果。税收减免政策相当于将原本难以收缴的税费,用于鼓励存量房源进入公共租赁房体系,可以有效增加租赁市场的房源供应,有助于整体上提高住房租赁市场的发育水平。

其次,对于公共租赁房经营管理公司,可以通过税收减免的方式支持其发展。因为公共租赁房经营管理公司的业务具有公益性质,而且由于租赁对象的限制,自身自主权受到一定程度的限制,运营上比较难以盈利。对其进行税收减免或者补贴,是启动公共租赁住房保障工作,并促进其可持续发展的重要手段之一。

参考文献

［1］ Bulan L，Mayer C，Somerville C T. Irreversible investment，real options，and competition，evidence from real estate development［J］. Journal of Urban Economics，2009，65(3)，237-251.

［2］ Campbell J Y，Cocco J F. How do house prices affect consumption? Evidence from micro data［J］. Journal of Monetary Economics，2007，54(3)，591-621.

［3］ Chen A M，Coulson N E. Determinants of urban migration：Evidence from Chinese cities［J］. Urban Studies，2002，39(12)：2189-2197.

［4］ Glaeser E L，Kahn M E，Rappaport J. Why do the poor live in cities? The role of public transportation［J］. Journal of Urban Economics，2008，63(1)：1-24.

［5］ Glaeser E L，Scheinkman J，Shleifer A. Economic growth in a cross-section of cities［J］. Journal of Monetary Economics，1995，36(1)：117-143.

［6］ Helsley R W，Strange S. Matching and agglomeration economies in a system of cities［J］. Regional Science and Urban Economics，1990，20(2)：189-212.

［7］ Seitz H. The impact of public infrastructure capital on regional manufacturing production cost［J］. Regional Studies，1995，29(3)：231-240.

［8］ 巴曙松.地方政府投融资平台的风险评估［J］.经济,2009(163).

[9] 陈建设.建立土地收购储备制度,实现政府垄断土地机制[J].经济问题,2001(1).

[10] 程世勇,李伟群.国家土地征用中地方政府违规的制度性原因探析[J].经济体制改革,2008(1).

[11] 崔裴,严乐乐.住房租买选择机制缺失对中国房地产市场运行的影响[J].华东师范大学学报(哲学社会科学版),2010(1).

[12] 丁晨.房地产价格与货币政策的关系研究[D].上海:上海交通大学,2009.

[13] 丁军.我国利率调整对房价影响的理论与实证研究[J].改革与战略,2013(3).

[14] 段忠东.房地产价格与货币政策[D].长沙:湖南大学,2008.

[15] 樊悦晨.我国房地产业市场绩效分析[J].统计与咨询,2010(3).

[16] 范剑勇,邵挺.房价水平、差异化产品区位分布与城市体系[J].经济研究,2011(2):87-99.

[17] 方建国.政府住房保障制度新政的经济学分析——重新认识"实物补贴"和"货币补贴"问题[J].中山大学学报(社会科学版),2008(6).

[18] 黄静,屠梅曾.房地产财富与消费:来自于家庭微观调查数据的证据[J].管理世界,2009(7).

[19] 黄伟,张思彤,陆凡.我国城市增长绩效评价研究[J].城市发展研究,2011(5):102-107.

[20] 贾生华,孟桢超.房地产限购政策及其可持续性——基于北京商品住宅市场量价波动关系的实证研究[J].中国经济问题,2012(5).

[21] 贾生华,王福林.股票市场与住宅市场财富效应的比较分析[J].中国财经信息资料,2003(11).

[22] 姜健.我国房地产市场调控政策研究[D].武汉:华中科技大学,2012.

[23] 蒋省三,刘守英,李青.土地制度改革与国民经济成长[J].管理世界,2007(9).

[24] 况伟大.中国住房市场存在泡沫吗?[J].世界经济,2008(12).

[25] 李艳琳,李丽.市场集中度与市场绩效的悖论——以中国房地产业为例

的实证分析[J]. 财贸经济, 2008(3).

[26] 李永前. 中国房地产市场利益主体矛盾及协调机制研究[D]. 北京：中央民族大学, 2010.

[27] 李桢业, 金银花. 长三角政府公共资本和民营资本生产率及其经济增长效应的比较研究[J]. 中国工业经济, 2006(3):5-12.

[28] 刘洪玉, 任荣荣. 开发商的土地储备与竞买行为解析[J]. 中国土地科学, 2008(12).

[29] 刘泽仁. 改革开放三十年中国土地制度改革的回顾与展望[J]. 西华大学学报(哲学社会科学版), 2008(10).

[30] 龙奋杰, 王宁, 张艳奇. 影响中国城市增长的因素：地级及以上城市的实证检验[J]. 城市发展研究, 2010(10):83-86.

[31] 牛凤瑞. 中国房地产发展报告[M]. 北京：社会科学文献出版社, 2009.

[32] 彭方平, 方齐云. 房地产开发商与地方政府的博弈分析[J]. 价值工程, 2003(5).

[33] 萨秋荣. 房地产价格波动与银行信贷关系研究[D]. 天津：南开大学, 2011.

[34] 沈悦, 刘洪玉. 中国房地产开发投资与 GDP 的互动关系[J]. 清华大学学报(自然科学版), 2005(9).

[35] 田光明. 城乡统筹视角下农村土地制度改革研究[D]. 南京：南京农业大学, 2011.

[36] 王淑华. 城乡建设用地流转法律制度研究[D]. 上海：复旦大学, 2011.

[37] 王志铭. 中国住房市场分层次调控体系研究[D]. 南昌：江西财经大学, 2012.

[38] 熊方军. 我国房地产市场分类宏观调控研究[D]. 成都：电子科技大学, 2008.

[39] 杨建荣, 孙斌艺. 政策因素与中国房地产市场发展路径——政府、开发商、消费者三方博弈分析[J]. 财经研究, 2004(4).

[40] 叶剑平, 谢经荣. 房地产业与社会经济协调发展研究[M]. 北京：中国人民大学出版社, 2005.

［41］尹中立.楼市观察——从金融视角看房地产市场［M］.北京:中国金融出版社,2010.

［42］曾龙.中国住房金融风险分析及防范机制研究［D］.武汉:武汉大学,2010.

［43］张娟锋,贾生华.城市间住宅土地价格差异的决定因素——基于长江三角洲城市的实证研究［J］.中国软科学,2008(5).

［44］张娟锋,刘洪玉.中国房地产制度改革的内在逻辑及其发展趋势分析［J］.河北经贸大学学报,2009(6).

［45］张军,高远,傅勇,等.中国为什么拥有了良好的基础设施?［J］.经济研究,2007(3):4-19.

［46］张军.商品房预售制度发展路径分析［J］.企业经济,2009(10).

［47］张正梅.我国经济开发区社会管理存在的问题与治理措施探究［J］.曲阜师范大学学报,2013(4).

［48］赵海华.我国货币流动性变化的若干影响因素研究［D］.上海:复旦大学,2012.

［49］赵燕菁.宏观调控与制度创新［J］.城市规划,2004(9).

［50］周飞舟.生财有道:土地开发和转让中的政府和农民［J］.社会学研究,2007(1).

［51］周京奎.房地产价格波动与投机行为——对中国14城市的实证研究［J］.当代经济科学,2005(7).

［52］周京奎.货币政策、银行贷款与住宅价格——对中国4个直辖市的实证研究［J］.财贸经济,2005(5).

［53］周京奎.金融支持过度与房地产泡沫研究［D］.天津:南开大学,2004.

［54］周天勇.土地制度的供求冲突与其改革的框架性安排［J］.管理世界,2003(10).

［55］朱迎春.我国房地产税收对房价的调控效应研究［J］.价格理论与实践,2013(1).

图书在版编目(CIP)数据

中国房地产市场：制度、结构、行为和绩效 / 贾生华等著. --杭州：浙江大学出版社，2019.12
ISBN 978-7-308-19962-9

Ⅰ.①中…　Ⅱ.①贾…　Ⅲ.①房地产市场－研究－中国　Ⅳ.①F299.233.5

中国版本图书馆 CIP 数据核字(2020)第 012663 号

中国房地产市场：制度、结构、行为和绩效
贾生华　等著

责任编辑	吴伟伟 weiweiwu@zju.edu.cn
责任校对	高士吟　汪　潇
封面设计	雷建军
出版发行	浙江大学出版社
	(杭州市天目山路 148 号　邮政编码 310007)
	(网址：http://www.zjupress.com)
排　　版	浙江时代出版服务有限公司
印　　刷	虎彩印艺股份有限公司
开　　本	710mm×1000mm　1/16
印　　张	23.5
字　　数	361 千
版 印 次	2019 年 12 月第 1 版　2019 年 12 月第 1 次印刷
书　　号	ISBN 978-7-308-19962-9
定　　价	88.00 元